이곳은 소피아가 숨 쉬는 공간입니다.

소피아란,
보이지는 않지만 이 세계와 우리 가운데 함께 거하는
하느님의 영을 일컫는
오래고도 사랑스러운 이름입니다.
생명의 피어남을 위한
우리의 고투와 성찰, 이야기의 틈새로
우리의 벗, 언니, 어머니와 할머니인 소피아가
일하고 기뻐합니다.
그리고 서로 포옹합니다.

정애성
鄭愛星

정애성 목사는 1967년 1월 18일 강원도 영월에서 태어났다. 장로교 목사였던 부친을 여섯 살에 여의었고, 감리교회에서 목회하며 남매를 키운 모친 이양운 목사의 슬하에서 성장하여 감리교회의 목사가 되었다.

감리교신학대학과 동 대학원에서 수학하면서, 여성신학자 E.S.피오렌자의 성서해석학을 주제로 석사학위논문을 썼다. 이후 미국으로 건너가 유니온신학교에서 공부했으며, 한국에 돌아와 감리교신학대학 대학원에서 박사학위를 받았다. 박사학위논문이었던 〈현대 삼위일체론에 나타난 신적 관계성 고찰〉(감신대, 2007)은 여성신학적 상징 해석을 통해 삼위일체 이해를 확장했다는 평가를 받았다. 이 논문에서, 인간 중심적이고 남성 중심적인 신학의 지평을 자연으로까지 확장 포괄하고 생태신학의 관점으로 해석하여, 유기체적이고 상호교류적인 삼위일체의 모형을 구성함으로써, 사랑과 화해와 평등을 바탕으로 한 삼위일체 신학을 제시했다.

정애성 박사는 모교인 감리교신학대학교에서 조직신학 분야의 객원교수로서 여성신학, 동방신학, 기독교고전읽기, 여성정치사상, 한국근대여성학, 조직신학을 가르쳤고, 자신의 학문적인 관심을 담은 중요한 책들을 번역하고 다수의 논문을 썼다.

그는 서른 중반에 목회를 시작하면서 정착하게 된 호반 도시 춘천을 좋아했고, 고즈넉한 대학교정과 호숫가를 산책하는 시간을 사랑했다. 춘천에서의 이십여 년간, 소명의 자리였던 생명수교회에서 그만의 아름답고 특별한 목회 역시 소중했다. 2011년 희귀암인 흉선종이 발견됐을 때, 병원 치료 대신에 단식과 자연치료를 하며 학생들을 가르치는 삶을 선택했다. 그로부터 십 년이 지난 2021년 10월 10일, 그는 소풍을 끝내고 하늘로 돌아갔다.

이곳은 소피아가 숨 쉬는 공간입니다.

소피아란,

보이지는 않지만 이 세계와 우리 가운데 함께 거하는

하느님의 영을 일컫는

오래고도 사랑스러운 이름입니다.

생명의 피어남을 위한

우리의 고투와 성찰, 이야기의 틈새로

우리의 벗, 언니, 어머니와 할머니인 소피아가

일하고 기뻐합니다.

그리고 서로 포옹합니다.

위의 인용문은, 고 정애성 목사가 2003년부터 2005년까지 운영한 인터넷 카페 '소피아의 방' 대문에 걸린 글이다. 그가 소수의 지인들과 소통했던 공간인 '소피아의 방'에는, 정갈한 언어와 문장으로 일상의 통찰을 담아낸 수백 편의 작문노트와 일기노트가 남아있다. 정애성 목사의 평범한 삶과 목회와 관계를 보여주는 이 글들을 근간으로 하여, 선생으로서의 신학적 사유와 학생들을 대하는 사려 깊은 눈매에서 태어난 글들을 모아 유고집에 실었다. 십여 년간 감신대에서 강단에 섰던 학자의 노트북에서 발견된, 기고, 논문, 번역문 등 묵직하고 날카로운 글들도 상당히 있었지만, 이번 유고집에서는 폭넓은 독자들에게 편히 다가갈 수 있는 글들을 고르고 또 골라서 묶었다.

물을 길어 올리듯 일상에서 끌어올린 단상들은 유려한 필력을 힘입어 뜻밖의 통찰에 이른다. 때로 급진적이고 논리적인 비평들은 생명에 대한 애정에서 발원하여 자비의 바다로 흘러간다. 자신의 글 카페를 '소피아의 방'이라고 명명한 것에서 짐작하듯이 저자 정애성은 글쓰기를 통해 지혜의 영에 닿으려 했고, 지혜의 음성이 묻어나도록 자신의 문장을 가다듬었다.

정애성스러운 언어와 문장의 맛! 그 맛과 멋을 오롯이 품은 한 권의 책을 「소피아의 방」이라는 이름으로 내놓는다. 이 책을 만드는 여정 속에서 정애성 목사는 깊은 그리움으로 되살아왔다. 시간을 초월하여 우리 곁에 있는 정애성을 만나는 시간의 시작이다.

번역서

「**은유신학**」 종교 언어와 하느님 모델, 샐리 맥페이그, 2001

「**어머니·연인·친구**」 생태학적 핵 시대와 하나님의 세 모델, 샐리 맥페이그, 2006

공동번역서

「**친교로서의 존재**」 존 지지울러스, 2012

「**탁상 담화**」 마르틴 루터, 2017

출간 예정

「**She Who Is**」 The Mystery of God in Feminist Theological Discourse

엘리자베스 존슨, 생의 마지막 힘을 다해 번역함

유고집 편집위원회

소피아의 방

만유에 감사
만유에 평화

여성신학자 정애성 유고집

소피아의 방

명작

누이의 유고집을 펴내며

정명성

가을, 지다

햇볕이 엷어졌기 때문이 아니다
바람이 차가워졌기 때문이 아니다
강물이 줄었기 때문이 아니다
풀벌레 소리가 그치고
서리가 내리기 때문이 아니다

물들면서 마르고
시들어 떨어지는 것은

사랑이 식어진 까닭이 아니다
희망이 사라진 까닭이 아니다
길이 끊어진 까닭이 아니다
찬 겨울이 가까이 오고

밤이 길어진 까닭이 아니다

지는 것은
온 힘을 다해 살았기 때문이다
어느 곳에서 무엇이 되어
얼마의 시간 동안 어떻게 피었었건
당신은 다하여 산 것이고
남김없이 다했기 때문에 지는 것이다

소멸하는 계절이 이토록 장엄하고
지는 순간 마침내 평화로운 까닭은
다하고 돌아가는 생명에게 보내는
하늘의 찬사 때문인 것이다

한여름이었던 작년 이맘때, 방사선 시술을 받던 한 달 내내, 누이는 매일 통원 치료를 마치고는 우리 집에 들러 저녁을 먹고 팔미천 강둑을 함께 걷고 집으로 돌아갔다. 뜨거운 여름날이라 해질 무렵에야 강변 산책을 나섰다. 작은 동네 외곽의 샛강은 고즈넉했고, 저녁놀은 아름다워 자주 가슴이 미어지곤 했다. 느린 걸음에도 금세 숨은 가빠져 걷는 시간보다 더 오래 멈추어야 하는 이 산책은, 누이가 온 힘을 다해 도달하는 하루의 종착지였다. 그리고 그즈음의 하루하루는 누이 인생의 마지막 저녁들이었다. 그 여름의 산책을 끝내고, 가을의 손을 잡고 누이는 하늘로 돌아갔다.

이 유고집을 출간하기로 한 것은, 고 정애성 목사의 유일한 혈육지친(血肉至親)으로서, 고인의 유언을 지키지 못함에 대한 나의 속죄에서 비롯되었다. 세상을 떠나기 열흘 전, 누이와 나는 코로나로 지연되는 입원 승인을 기다리며 병원 주차장에서 예닐곱 시간을 대기하고 있었다. 우리는 이 고비를 넘기 어려우리라 예감했고, 누이는 가빠오는 호흡을 고르면서 마지막 말과 당부를 남겼다. 그 당부 중에는 자신의 장례에 대한 부탁도 있었는데, 가장 좋은 음식으로 조문객들을 대접하고 부의금은 받지 말라는 내용이 있었다. 장례비용은 따로 준비해 두었다고도 했다. 얼떨결에 나는 그러겠다고 약속했는데, 결과적으로 온라인 부의금은 사양했지만, 직접 온 분들의 성의는 거절하지 못했다.

누이가 왜 그런 뜬금없는 유지를 남겼는지 장례를 지내면서 알게 되었다. 누이와 나는 연년생으로 같은 신학교를 졸업하고 둘 다 감리교 목사로 살아왔으니, 지인 관계가 거의 중복될 수밖에 없었다. 그런데 예상치 못한 이삼십 대 젊은이들이 누이의 장례식에 몰려왔다. 일과를 마치는 저녁 이후부터 자정 너머 시간까지 이 낯선 젊은이들은 장례식장 여기저기에 모여 앉아 멀리서 오는 친구를 기다리고, 나지막이 이야기를 나누기도 하고, 누이의 영정 앞에서 오래 훌쩍거렸다. 그중에는 화장하고 안치하는 자리까지 함께한 이들도 있었다. 내가 아직도 이름조차 모르는 이 사람들은 누이의 학교 제자들이었는데, 누이는 그들이 오리라는 것을 예상했고 그들을 환대하고 싶었던 것이다.

장례가 끝나고 할 수 있는 대로 감사 인사를 전했지만, 누이의 제자들과는 닿을 방도가 없었고, 나는 그것이 내내 마음에 걸렸다. 그래서 누이의 일주기 추모모임과 유고집 출간을 통해 이들에게도 인사를 전하면 좋겠다는 방안을 떠올렸다. 약속을 어기고 부의금을 받은 죄책감을 덜어보려는 수습의 차원이기도 했다.

혼자였다면, 이 계획은 생각으로 끝났을지도 모른다. 고맙게도 누나의 벗이요, 동지요, 제자이기도 한 여러분들이 취지와 여정에 동참해주셨다. 고인을 애도하고 기억하고 흔적을 찾으며 되살리는 일이 우리에게는 또 하나의 새로운 길이었다. 그 길에서 우리는, 우리가 알았던 정애성만이 아니라 몰랐던 정애성과 만나며 공감하고 놀라워했다. 이것은 애초에 기대하지 않았던 이 여정의 은총이요 선물이기에, 유고집을 어떻게 구성해가야 하는지에 대한 처음 근심은 기우가 되었다.

「소피아의 방」이라는 이 유고집이 담고 있는 모든 글은 고인이 보여주는 자신의 삶이요, 들려주는 이야기요, 펼쳐주는 생각이요, 건네는 사랑이다. 아무도 모르게 감추어져 있던 정애성의 세계를 우리가 찾아낸 것은 아닐 것이다. 고인이 우리 곁에 여전히 함께 있으며 자신을 열어 보여준 결과라고 믿는다. 그 결실을 이 책으로 펴내며, 정애성을 친구로 여기는 모든 이들과 나누게

됨을 감사히 여긴다.

마지막으로, 고 정애성 목사의 인사를 전한다. 고인은 십여 년 동안 희귀암을 자신의 반려로 삼으면서 가까운 지인들에게조차 내색하지 않았다. 그래서 고인의 소천 소식을 급작스럽게 여기는 이들이 많았다. 더구나 코로나 팬데믹 때문에, 병세가 급격히 기울었던 몇 달 동안 누이와 작별할 기회도 봉쇄되어 안타까움이 더욱 컸다. 고인의 마지막 시간을 동행한 증언자의 자격으로, 나의 누이 고 정애성 목사의 인사를 대신 전한다.

인사

에누리 없는 십 년 세월이었네요
육 개월 시한부가 된 그 시각부터
지지 않는 노을처럼
삶은 여느 때보다 빛나고
오래도록 불꽃은 꺼지지 않았어요
타면서도 재가 되지 않는
광야의 떨기나무처럼

외로움과 아픔을 견디고
두려움과 절망을 다독여 안으며
몇 번, 죽음 문턱에서 다시 돌아서면서

십 년의 한날 한날은 마지막 하루였고
눈뜨던 모든 아침은 선물이었어요

마지막이어서 충만하고 생생했네요
더딘 걸음으로도 숨 가빴던 지구별 산책
별처럼 빛나는 영혼들과 이어지던 밤의 독서
소명의 고통과 환희로 가득했던 강의실
혼란했던 어둠의 시간과
화창하고 관대했던 빛의 날들

선물이었던 그대들 모두, 고마웠어요
햇볕과 바람과 바다와 숲과 새들에게
기쁘고 슬픈 기억 속에 있는 친구들에게
노을이 지고 불꽃이 꺼지는 이 시간
신비로운 섭리와 은총이신 하늘에게

2022년 겨울에

contents

작문노트

1. 만유에 감사

내 어린 시절, 젊은 날의 초상 2003-2005

2. 만유에 평화

폭력과 차별 너머, 목회의 여정 2003-2005

contents

3. 날마다 길 위에서 황금률

신학의 길 위에서 2006-2020

제자들 좌담

일기노트

작문노트

만유에 감사

만유에 평화

날마다 길 위에서 황금률

01

작문노트

만유에 감사

내 어린 시절, 젊은 날의 초상

2003-2005

먼지를 닦아내며

창 가득히 쏟아지는 초봄 햇살이 좋았던 며칠 전, 모처럼 집 구석구석에 쌓여있는 먼지를 닦아냈다. 여러 식구가 사는 집도 아니고 평상시 청소를 즐겨하지도 않는지라, 며칠에 한 번씩 하는 내 방식의 청소란, 청테이프를 알맞은 크기로 잘라 손에 두르고 방바닥에 뒹구는 머리카락 류를 주워낸 뒤 걸레로 바닥을 두어 번 닦아내는 것이 고작이다. 혼자 살다보니 외출하고 돌아온 뒤 집에 들어서기 전에 상의, 하의, 신발을 한 번씩 털어낸다든가, 밖에서 가져온 물건들도 털고 씻어서 들여놓거나, 타인과의 접촉에 예민해지는 등 약간의 결벽증(?) 류의 습관들이 몸에 배었는데, 이런 습관들 덕분인지 며칠에 한 번씩 청소해도 방은 별로 더럽지 않다.

주변을 쉬이 더럽히지 않는다는 사소한 장점도 있지만, 한편으로는 이러한 습관으로 인해 불편하고 난감한 감정이 내 생활의 바운더리를 불현듯 침범해올 때도 많다. 얼마 전의 일이다. 겨울방학 동안 금요일 저녁이면 교회 아이들 두 명이 집에 와서 영어공부를 했는데, 두어 주 전 금요일 저녁에 집으로 들어서는 한 녀석이 맨발이었다. 아직은 겨울, 그것도 한낮의 온기가 사라져버린 추운 시간이었다. 항시 몸이 차서인지 잠에서 깨어나면 양말부터 찾아 신는 나로서는 깜짝 놀랄 만한 일이었다. 얼마나 발이 시릴까 싶어서 얼른 서랍장에서 양말 한 켤레를 내주었다.

고백하건대, 그럴 수밖에 없었던 또 다른 이유가 있었다. 한겨울 내내 눈과 비, 흙탕물을 맞고 온갖 먼지의 온상지가 되었을 신발을 하루 종일 맨발로 신고 돌아다니다가 그 발로 저벅저벅 걸어 다니며 아침에 청소해놓은 내 방에 출처를 알 수 없는 먼지를 묻혀내는 것을 눈뜨고 보려니 순간 아찔해질 수밖에. 그때의 불편함과 난감함을 견뎌낼 만큼의 인내력을 내가 언제, 어디서 배워보았겠는가? 그래서 양말을 꺼내 주면서 처음에는 "발이 따듯해야 몸이 따숩다"라고 점잖게 말하다가 나중엔 솔직하게 내 느낌을 털어놨다. 영특한(?) 아이는 얼른 알아들었고 그 뒤론 꼬박꼬박 양말을 신고 다닌다. 요즘엔 교회 아이들이 교회를 들어올 때나 우리 집을 들어올 때나 시키지 않아도 알아서 옷을 한 번씩 털어내곤 한다. 나의 좁쌀스런 결벽 증세를 마다하지 않고 감내할 만한 드넓은 아량이 있는 것인지, 아니면 오히려 내 증상을 닮고 있는 것인지.

한참을 닦아내야 하는 이 많은 먼지는 다 어디서 온 것일까? 각종 물건, 책, 패인 홈 위에 날 비아냥대듯 뽀얗게 내려앉은 저 먼지들. 순간, 어떤 생각이 주저 없이 내 안을 비집고 들어왔다.

'이 먼지는 밖에서 들어온 것이 아니라 내 안에서 나온 더러움은 아닐까?' 바깥의 먼지는 잘도 털어내고 예민하게 굴면서 내 안에서 나온 먼지가 이렇게 쌓이는 것은 모르고 살았던 것은 아닐까. 하기야 내 몸에서 방귀도, 똥도 나오는데 먼지라고 나오지 말란 법은 없을 테니까.

나는 그날도 청소를 하는 동안 습관적으로 촛불을 켜두었다. 밤늦은 침묵 시간에, 어느새 집에 배어 든 냄새를 제거할 때 그리고 청소를 할 때 촛불을 켜곤 한다. 마지막 경우에 그냥 불을 켜두고 싶어서였을 뿐, 그동안은 내 행위에 대한 정확한 이유를 알지 못했다. 그날 드디어 나는 먼지를 털어내는 동안 왜 촛불을 켜 두었는지를 확연히 깨닫게 되었다. 내가 켜둔 촛불과 조용한 음악은 그날의 집안 청소가, 내 영혼에 부옇게 내려앉은 먼지를 닦아내는 거룩한 의례(ritual)였음을 알려주고 있었다. 내 일천한 의식 세계가 미처 깨닫기 전에 나의 영혼은 이미 그것을 오롯이 알고 있었다.

모든 의례는 어떤 행위를 반복적으로 하는 데서 시작된다. 하루에 세 번 소박한 식탁을 마주하는 것, 하루에 한번은 바흐를 듣는 것, 교회 안에 들어서면 옷깃을 여미고 나지막한 가락을 읊조리고 싶은 것, 이메일로 누군가의 안부를 묻고 일의 진행 상태를 알아보는 것, 오전에는 진하게 오후에는 옅게 하루 두 잔의 커피를 마시는 것, 말씀을 묵상하고 늦은 시간이면 더 깊은 침묵으로 내려가는 것, 해저물녘 고즈넉한 동네를 한 바퀴 돌아보는 것, 얼굴과 손발을 씻고 몇 가지 옷을 손빨래하는 것. 나의 일상은 이러한 의례들로 가득 차 있다. 그렇다면 다소 귀찮지만 빼먹을 수 없는 청소야말로 나의 또 다른 의례임이 분명하다. 더구나 먼지를 닦아내는 이 일이 교만하고 무기력하게 내려앉은 내 영혼의 먼지를 닦아내고 창조주의 형상을 닮은 본연의 빛을 그리워하는 일임을 깨닫게 된 이상, 나는 그것과 좀 더 친밀해져야 하고 좀 더 반복해야 할 터이다. 먼지를 닦아낸 후 찾아온 맑은 상쾌함이 어찌 아니 감사하겠는가.

2003.04.20

감리교여성지도력개발원 소식지 제7호

내면의 얼굴, 눈빛

수없이 많은 사람들을 만나고 스치게 되는 날들이 있다. 처음 만나는 사람도 있고, 오랜 구면의 사람들도 있다. 가끔씩 얼굴을 마주치지만 다정히 앉아 도란도란 얘기 한번 나눠본 적 없는 사람이 있는가 하면, 자주 만나지는 못해도 이웃보다 정겹게 느껴지는 사람도 있다. 내 옆에 서 있어도 말을 떼기가 영 꺼림칙한 사람이 있고, 멀찍이 비껴 서 있어도 하염없이 반가운 눈길로 좇게 되는 이도 있다. 누군가를 마주칠 때 거의 본능적으로 느끼게 되는 반응과 생각이 이렇게 다양할 수 있다는 것은, 한편으로는 나 자신의 제한성을 드러내는 것이기도 하지만, 또 한편으로는 그만큼 사람들간의 관계가 상호적이라는 의미도 될 것이다. 즉, 나는 내가 그이에 대해 알고 있는 만큼, 그이를 읽은 만큼 반응하게 되는 것이다.

물론 사람들을 읽고 알아가는 방법에도 여러 가지가 있을 것이다. 나의 한 친구는 무작정 상대방과 사귀고 부딪쳐봐야 직성이 풀린다고 한다. 상대방을 알아가는 동안 그 친구는 무한한 호의와 애정을 베푼다. 거기에 비하면 몸으로 부대낌보다는 주로 오랜 시간의 관찰을 통해 사람(과 사물)을 알아간다고 봐야 할 나의 방법은 참으로 밋밋하고 재미없고 수동적인 것임에 틀림없다. 그이의 말투, 버릇, 행동거지, 성격 등 나의 시야에 들어오는 많은 것들이 있지만, 사람들을 관찰하기 시작한지 얼마 안 된 비교적 빠른 시기에 나는 특히 그이들의 눈빛을 흥미롭게 관찰하게 되었다. 그이의 눈, 눈빛은 어느 정도 그이를 투명하게 비춰주기 때문이다. 특히 누군가를 처음 만났을 때, 그이가 어떤 사람인지, 순하고 정직한 사람인지, 공격적이고 위선적인 사람인지를 전혀 알 수 없어서 곤란할 때, 난 그이의 눈빛을 지켜보면서 그것에서 감지한 것을 많이 의존하는 편이다. 상대방의 눈빛을 오래 지켜보게 되는 경우는 또 있다. 오래전에 알게 된 사람이지만 상당한 시간 동안 교류가 없었던 관계로 그간의 변화와 현재 삶의 태도를 알 길이 없을 때, 즉 오래된 공백 끝 마주침이 일으키는 경계심 앞에서도 그러하다. 그이가 떠드는 숱한 이야기들보다는 그이의 눈빛을 제대로 응시하게 될 때 마음이 편해진다.

최근에 오래된 선배 한 사람을 몇 년만에 다시 만날 수 있었다. 그 몇 년의 시간동안 얼핏 듣기에도 선배는 많은 변화를 겪으며 살고 있었고 나 또한 삶의 터전을 여러 번 옮기며 변화를 거듭해온 셈이었다. 물론 예전에 내가 그 선배의 이런 저런 면모를 존경하고 성원했었던 것은 사실이지만, 상당히 긴 공백 때문이었는지, 예기치 않은 만남은 알 수 없는 경계심을 슬며시 불러일으키고 있었다. 난 한동안 그이의 눈을 바라보았다. 그리고 조금은 더 순수하고 자애로운 눈망울과, 시간의 덮개 위로 좀 더 여유 있고 관조적으로 빛나는 그의 눈빛을 발견했다. 그가 쉽지 않은 환경 속에서도 주님과 온 우주 생명에 대한 더욱 깊은 교제를 끊임없이 추구해왔음을 무언으로도 알 수 있었다. 그러니 그 만남이 어찌 아니 반가울 수 있으랴! 그동안 두절되었던 소통의 다리는 순식간에 다시 이어질 수 있었다.

어제 오전에도 나는 어떤 눈빛을 해후한 뒤 작은 평온함을 느꼈다. 처음 이 지방에 온지 얼마 안 되어 오간 몇 마디로 인해 나를 오해한 듯한 목사님이 한분 있었는데, 어제 그 분의 눈을 가까이에서 오랫동안 쳐다볼 수 있었다. 첫 이미지와는 달리 목사님은 천진하고 순수한 어린아이의 눈빛을, 어찌 보면 사슴과 같이 섬약한 눈빛을 반짝이고 있었다. 그분과 오간 예전의 몇 마디를 떠올리며 나는 최소한 그분에 대한 오해를 풀 수 있어서 홀가분해질 수 있었다. 그분은 계속 나를 오해하든 말든.

오전 모임 하나, 오후 서울 모임 둘을 위해 아침부터 부지런히 쫓겨 다녀야 했던 어제, 나는 온종일 숱한 눈빛들과 마주쳤다. 쉴 새 없이 눈망울을 굴리며 타인을 탐색하는 불안한 눈, 타인을 압도하고 지배하려는 교만하고 강한 눈, 오랜 침체기에서 벗어나 서서히 자기 자신을 회복해가는 신록의 눈, 타인을 받아들이거나 이해하려 하지 않는 고집스럽고 무력한 눈, 지리한 일상의 터널 속에서 진주 같은 진리를 캐내고 즐거워하는 도인의 눈…. 스쳐가는 색색깔의 눈빛들을 나 또한 때로는 경계심으로, 때로는 반가움으로, 기쁨으로, 격려로, 때로는 어찔한 의혹으로 마주보고 있었을 것이다.

신에 대한 믿음이 먼저냐, 이해가 먼저냐 하는 오래고 오랜 신학적 물음이 있다. 즉 어떤 이는 신을 이해하기 위해서 먼저 믿는다 하고, 또 어떤 이는 신을 믿기 위해서 먼저 이해한다고 주장한다. 그러나 조금 삐딱하게 그 문제를 본다면, 인간의 믿음과 인간의 이해 자체가 이미 상대적이고 불완전한 것이다. 즉 인간은 아는 만큼 믿고 믿는 만큼 알 수밖에 없다. 오히려 나는 좀 더 이해하고 믿으려고 하는 인간의 '눈'이 더욱 중요하다고 생각한다. 어떤 말과 글, 문법구조와 주장도 신과 세상이라는 텍스트를 이해하고자 하는 힘을 따라올 수는 없기 때문이다. 어렵고 까다로운 구절을 따지고 분해하다가 더 큰 혼란스러움으로 빠져들게 되었을 때, 그 구절을 이해하고 끌어안으려는 내 자포자기적 심정 한가운데로 문득 구원의 빛이 찾아들어 새로운 것을 발견할 때가 종종 있다.

나는 살아가는 동안 바로 이러한 눈빛, 누군가를, 혹은 무엇인가를 '이해'하고자 하는 눈빛을 체득하길 간절히 바란다. 어쩔 수 없이 나의 눈빛은 타인에 대한 경계심과 의혹, 연민, 반가움, 무관심, 격려, 기쁨 등으로 순간순간 채색되지만 그 순간에도 나는 그이를 이해하려는 노력을 내려놓지 않기를 소망한다. 그리하여 나의 눈빛은 결국에는 넓디 넓은 이해의 바다에 이르러 그 안에서 자유롭고 충만히 출렁일 수 있었으면 좋겠다. 하지만 아직은 갈 길이 멀었고, 날마다 기도하며 갈 일이다.

2003.05.02

내 유년의 유일한 선생님

별로 말할 만한 것도 즐거운 일도 없었던 내 유년시절의 기억은 5학년때 담임선생님을 축으로 피어오른다. 그분은 축축한 음지에서 혼자 우두커니 앉아 있던 나를 따스한 햇살이 비쳐드는 선생님의 창가로 불러내 주신 내 유년시절의 유일한 선생님이었다.

초등학교 4년을 지내는 동안 4번의 전학을 하면서 나는 꽤 지쳐 있었던 것 같다. 잦은 이사와 내성적인 성격 때문에 친구도 없었고, 지금 생각하면 우울증에 빠져있지 않았을까 싶기도 하다. 내가 우울증까지 언급하는 데는 그럴만한 이유가 있다. 4학년을 마치고 겨울방학에 들어가는 종업식 날 한 반에 3명씩 받는 우등상을 누군가 받고 있는데 잠시 '저 상은 내가 받아야 하는 게 아닌가?' 하는 생각을 했지만 곧 잊어버렸다. 40대 후반의 번들거리는 대머리였던 4학년 담임선생은 걸핏하면 성적표를 꺼내들고 애들을 때리고 욕하고 이유 없는 체벌을 가하던, 무식한 비인격자였다. 나 대신 상을 받은 아이의 어머니는 학교에 자주 찾아와서 선생을 만나곤 했는데, 다른 아이들과 학부모들이 우등상을 놓고 이러쿵저러쿵 떠들었지만 이상하게도 정작 당사자인 나는 서운함이나 화가 나는 감정은 전혀 느끼지 못했기 때문이다. 그 나이의 아이가 가져야 할 감정도 못 느끼고 있었던 만큼, 난 학교생활을 포기하고 있었거나 우울증에 갇혀 있었거나….

5학년이 되었고 키가 크고 예쁘고 이지적으로 생긴 선생님이 새로 오셨다. 며칠 후 점심시간에 혼자 교실에 앉아 운동장에서 공차기나 고무줄놀이, 땅따먹기놀이를 하고 있는 아이들을 물끄러미 쳐다보고 있던 나에게 선생님이 다가오시더니 학급문고 열쇠를 건네주면서 "부반장이 학급문고도 관리하면 되겠다"고 하셨다. 시골학교 아이들의 교육문제를 남달리 고민했던 선생님은 어디서 얻어오는 건지 차고 넘칠 정도의 책들을 구비했고 책읽기와 글쓰기 훈련을 강조하셨다. 그날부터 그 책들을 읽어가는 게 내 일과가 되었고 방과 후엔 선생님의 일을 도와드리기도 했다. 시험을 보면 조금이라도 성적이 오른 아이에게 아낌없는 칭찬과 학용품 선물을 주셨고 한 번도 시험결과를 놓고 체벌하지 않았다.

초여름이 시작될 무렵 선생님은 예닐곱 명의 5,6학년 학생들을 모아서 문예반을 만들었고 우리는 일주일에 한두 번 모여 선생님과 함께 책을 읽고 글을 쓰기 시작했다. 독후감을 쓰고 시를 쓰는 일이 금방 익숙해지거나 어디 쉬운 일이었으랴. 아이들이 흐트러지고 지친 기색을 보이면 선생님은 우리를 데리고 학교 뒷산에 오르거나 20분쯤 떨어진 덕산바닷가로 향했다. 맛있는 찐빵과 김밥 등을 한보따리 들고 선생님과 함께 바닷가를 거닐고 관덕정에 올라 메아리를 울리던 일을 생각하면 지금도 행복한 미소가 내 입가에 머문다. 선생님의 꾸준한 노력과 애정에 힘입어 우리 문예팀은 그 다음해 삼척군 내 초등학교 글짓기 경시대회에 나가서 반 이상의 상을 휩쓸어오는 시골학교 초유의 혁혁한 성과를 올리기도 했다.

선생님은 다음 해에도 내 담임선생님이었다. 그리고 새로 전근 온 어떤 남자 선생님과 절친하게 지내셨다. 그는 테리우스처럼 곱슬머리에 멋진 목소리를 지녔고 주로 음악을 담당했는데 선생님의 어릴 적 옆집 오빠였다고 한다. 그리고 유부남이었다. 선생님은 점심시간 종이 울리면 가끔씩 작은 봉지나 책을 쥐어주면서 그 남자 선생님께 전해 주라고 하셨다. 열어보지 않아도 봉지 안에는 정성스럽게 만든 김밥이나 샌드위치, 과자류가 담겨져 있다는 것을 감촉으로 알 수 있었다. 그리고 남자 선생님도 가끔씩 우리 반에 들러서 선생님께 전해 달라며 내게 다시 종이봉지나 책을 돌려주곤 했다.

어느 정도 시간이 흘렀을 때 난 그 안에 더 중요한 무엇(연애편지)이 들어있다는 것을 눈치챌 수 있었고, 흡사 아주 귀중한 보물을 껴안고 가는 양 더 조심스럽게 발걸음을 떼어놓곤 했다. 실제로 방과 후에 두 분 사이에 끼어 저녁을 먹은 일도 여러 번 있었다. 즉 두 분은 오랜만에 해후한 이웃지간의 정 이상의 애틋한 사랑에 빠진 것이고, 어쩔 수 없는 죄책감과 타인들의 시선에서 벗어나기 위해 고투하고 있었다. 그리고 나는 직감적으로 두 분의 위험한 곡예를 알아차렸고, 어린 마음에도 두 분의 사랑을 비밀스럽게 지켜주어야 하는 어떤 것으로 여기고 지켜보고 있었다. 결국 학교 안에 두 분의 관계에 대한 악성 루머들이 떠돌게 되었고 교장 선생은 그해 말 두 분을 따로 따로 전근을 보내고 말았다.

가끔 선생님은 "어머니 좀 뵙자고 해라"라고 말씀하셨는데, 난 그때 교회를 새로 신축하고 있었던 어머니가 매우 바쁠 거라고 내심 여기고 어머니에게 그 말을 전하지도 않았다. 딱 한번 "선생님이 학교에 한번 오시래요"라고 아침 밥상머리에서 말했지만 어머니는 "너, 잘못한 일 없지?"라는 한마디 외에 관심도 없었다. 내가 중학교에 들어가고 6학년이 된 연년생 동생이 전교 학생회장이 되었을 때도 동생으로부터 몇 번인가 교장선생이 어머니 좀 뵙고 싶어한다는 전갈이 있었지만 어머니는 결코 학교에 찾아가지 않았다. 지금은 학부모들이 학년이 바뀌고 새 담임을 맞으면 알아서 학교에 찾아가서 인사하고 때때로 선물과 촌지를 줘야 아이 신세가 편하다고들 하는데, 선생의 호출에도 한 번을 가지 않았던 내 어머니의 그 고집과 배짱은 대체 어떤 것이었는지 알다가도 모를 일이었다.

올케와 친구들로부터 아이들의 학교생활 얘기를 듣다보면 선생들이 어머니 한번 뵙자는 말은 선물이나 촌지를 겨냥한 말인 경우가 많다고 한다. 그렇지만 난 아직도 선생님께서 어머니 한 번 오시라고 했던 말에 대해 순수한 믿음을 가지고 있다. 어머니가 한 번도 학교에 찾아오지 않았지만 난 선생님과 더불어 멋지고 행복한 2년을 보낼 수 있었음이 그 증거이다. 시골의 결핍 투성이 아이들에게 어떤 것을 제공해야 하는지를 고민했던 선생님이 며칠 전부터 몹시 그리워진다. 어느 곳에 계신지 소식이 궁금하다. 내 유년시절의 유일한 선생님이.

2003.05.15

'은유신학'과
그 길에서 만나는 친구들

2001년 뜨거운 한여름, 난 책 한 권을 번역해서 출간했다. 샐리 맥페이그(Sallie McFague)의 「은유신학」(Metaphorical Theology). 다산글방에서 일하는 후배가 책 한 권 번역하지 않겠냐는 우연한 제의가 계기였는데, 출판사에서 미리 정해둔 다른 책을 접어두고 난 생소하기만 했던 이 책을 고집했다.

「은유신학」은, 들춰보기도 벅찬 무겁고 두터운 휘장의 세계 같던 신학수업이 어렴풋이 내게 이해의 기쁨과 삶의 자유를 엿보게 해줄 무렵 만난 내 일생의 소중한 책이다. 이 책을 제대로 정독하면서 난 책을 통한 공감과 감동이 밖에서 내 안으로 스며드는 것이 아니라 마치 내 안 깊숙이에 소화와 표현 방법을 찾지 못해 쌓여 있던 무지룩한 것들이 밖으로 마구 토해지는, 형용할 수 없는 일체감과 해방을 맛보았다. 「은유신학」은 내 지나온 삶의 궤적과 고민의 언어였고, 해석학이었고, 또 앞으로 나아갈 방향의 길잡이였다. 나는 그것과의 해후를 마치 예정된 것처럼 받아들였고 비로소 신학의 길을 가는 '자유한' 사람이 되었다.

수업과 아르바이트를 마치고 난 뒤 밤 시간이 되면, 난 진한 커피 한잔으로 피로를 달래면서 내 신통찮은 이해력과 언어력이 진리를 방해하지 않도록 해달라는 짤막한 기도를 뇌까렸다. 그리고 「은유신학」을 소중하게 펴놓고 미친 듯이, 사무치는 심정으로 번역작업에 매달렸다. 일을 하다보면 밝아오는 새벽미명에 문득 놀라기도 했고, 오히려 밤새 내가 우물에서 퍼 올린 시원하고 쾌청한 생수에 흥건히 젖어 육체적 피곤함 너머로 전해지는 짜릿한 감격에 사로잡히기도 했다.

번역을 해본 이라면 그것이 어떤 일인지를 알 것이다. 한 언어체계의 사상을 이해와 전달의 바다를 헤엄쳐 또 다른 언어 체계로 옮겨야 한다는 것, 두 말하지 않아도 충분히 고통스러운 일이다. 어떤 이가 "번역은 장미밭에서 춤추기, 즉 고통 속의 쾌락"이라고 표현했듯이, 그 작업은 '오로지 고통'의 차원을 뛰어넘는 또 다른 쾌락, 혹은 고통을 반전시킬만한 감미로움의 세계로 인도한다. 그래서 그 지난하고 지루한 과정을 마다하지 않고 스스로 불 밝히며 헤집고 걸어 들어가게 만든다. 이전에도 여러 번 짧거나 긴 글들을 번역해본 경험은 있었지만, 「은유신학」을 통해 난 번역의 진미를 조금이나마 제대로 느끼게 되었고, '번역'이란 작업이 나의 적성에 상당히 조응할 거라는 예감이 적중한 순간이 되었다. 가만히 앉아있어도 땀방울이 떨어지는 무더운 여름 밤, 에어컨도 선풍기도 없는 좁은 방에서 갑작스런 작동 정지로 내 간담을 서늘케 하던 수명 다 된 노트북 하나에 의지해서 그 긴 작업을 해내던 일은 지금 생각해도 내 믿지 못할 체력과 정신력만으로는 도저히 불가능한 일이었다. 내 짧은 기도 한 마디에 소피아와 지혜의 천사들이 내게 달려와 나와 함께 밤새 놀아주지 않았다면 내가 무슨 수로 그 일을 해냈으랴. 「은유신학」의 번역일은 내 일생에 가장 추억할만한, 가장 짜릿했던 순간의 하나로 남을 것이다.

책이 출간된 뒤에도 한동안 내 수줍은 성격 때문에 지인들에게 책에 대해 아무런 말도 하지 않았다. 오히려 그들이 뒤늦게 알고 나서 "왜 미리 알리지 않았냐"고 된소리를 해대곤 했다. 내 성격만큼이나 「은유신학」은 조용하고 말 없는 책이 된 셈이다. 난 지금도 그 책이 얼마나 팔렸는지 모른다. 혹자들은 인세에 대해 궁금해 하는데, 나는 1쇄가 팔린 다음 인세를 주겠다던 출판사의 약속에 대해 별로 신뢰하지 않는다. 영세한 출판사에 인세 달라고 조를 내 성미도 못되거니와, 그 책의 많은 구절들을 읽고 또 읽으면서 밤새워 씨름하던 동안 난 이미 그 이상의 기쁨과 감동을 만끽해버렸다. 사람들이 인세 얘기를 꺼내지 않는 이상 내 머리에서는 더 이상 튀어 오르지 않는 이야기가 되었다.

이 책에 대한 반응도 역시 조용하게 일고 있다. 책이 출간된 뒤 학교의 몇몇 선생님들이 내 작업을 '조용하고 짤막하게' 칭찬해 주었고, 감신의 한두 과목에서 교재로 선택되기도 했다고 전해 들었다. 그러나 예상대로 여성신학계의 반응은 크게 일어나지 않았다. 이 책이 사회학적, 역사적, 성서적 비평방식에 의존해온 기존 여성신학적 패러다임과는 약간 다른 방식으로 신학의 언어성과 모델, 새로운 해석학의 가능성 등에 대해 다루고 있기 때문에 어쩌면 생소하고 어렵게 들리는 듯하다. 그러나 이 책을 읽은 이들의 목소리는 시끄럽지 않게, 조용하게 꾸준히 들려온다.

며칠 전에는 현재 연세대에서 박사과정 중에 있는 한 지인이 이 책을 읽다가 감동에 괴여 고맙다며 전화를 했다. 그이는 얼마 전에 이 책을 접했고 내가 역자라는 사실에 일종의 '배신감'을 느꼈다고 했다. 그러나 책을 읽는 동안 배신감보다는 좋은 책에 대한 고마움이 더 커져서 하는 수없이 전화하는 거라고 했다. 책을 번역해 놓고 알리지 않은 내 성격을 놓고 누굴 탓하랴. 그러한 배신감 속에서도 그 책을 읽고 진가를 알게 된 이들이 점점 늘어나고 신학의 길에서 친구로 만나게 된다는 것이 더없이 황송하고 반가울 수밖에.

살아가면서 친구가 되는 방법은 여러 가지가 있다. 시끄럽고 번잡한 것을 피하고 홀로 있는 것을 즐기는 내 습성과 진득하게 한 사람에게 전폭적인 애정을 표현하지 못하는 내 성격 때문인지 어린 시절에는 친구가 별로 없었다. 얼마나 제멋대로였는지 친구가 아쉬운 줄도 모르고 오랫동안 살아왔다. 사람들끼리의 직접적인 부딪침과 잦은 교류로 가능한 친구 되기를 잘해내지 못하는 내게도 하느님은 다른 방식으로 친구를 만들어 주신다. 매일 아침 나를 깨워주고 잠들게 하는 해와 별빛, 계절에 따라 몸을 단장하고 생명의 기운을 전해 주는 주위 풍경, 책과 음악을 통해 가슴을 파고드는 작고 큰 만남과 그 파장들, 멀리 떨어져 있어도 마음을 훈훈하게 데워 주는 고맙고 따뜻한 사람들, 신학적 사유의 지평에서 우연히 만나 길동무하게 된 이들, 이들이 모두 내게는 삶의 친구들이다.

이제 나는 이들 모두에게 진심어린 감사를 표할 만큼 키도 자랐고 나이도 먹었다. 특히 '은유신학'의 길에서 만난 낯모르는 친구들의 조용한 두런거림이 들려올 때, 내 호흡은 더 깊어지고 우리 모두를 길 위에서 만나게 하시는 분에 대한 아련한 그리움은 더욱 짙어간다. 사유와 진리의 길 위에서 우리는 더욱 더 자유하게 되리라.

2003.06.06

샌프란시스코의 인디언 천사

1997년 미국에서 돌아오는 길에 나는 그레이하운드 버스로 대륙을 횡단하겠다는 계획을 세워놓고 혼자서 너무 행복해했다. 내 계획에 대해 주변 지인들은 무모하다, 뭘 모르니까 하는 소리다, 위험하다고 하나같은 반응을 비쳤다. 사실 땅 면적이 넓어서 이웃의 도시 여행도 웬만해서는 비행기를 이용하는 미국에서 버스 여행은 가난한 흑인들과 히스패닉들의 전유물이다. 인간이 때때로 직면하는 두려움의 실체가 저편에 놓인 것을 잘 알 수 없음에 기인하는 것과 마찬가지로, 그 끝없는 길을 수없이 갈아타야 하는 번거로움을 동반한 버스에 몸을 싣고 밤낮으로 달려보지 않은 대부분의 백인들과 중산층, 그리고 가진 자들의 이데올로기를 몸에 문신처럼 기워 넣고 싶어하는 수많은 소수 인종자들(대다수의 한국인들을 포함한)에겐 실로 위험하고 고생스러운 일로 여겨졌을 것이다.

나는 미 동부의 뉴욕을 출발해서 좀더 북쪽 보스턴으로, 그리고 남쪽으로 남쪽으로 앨라배마를 거쳐, 다시 서부 위쪽으로 올라가 샌프란시스코를 거쳐 로스엔젤리스에서 한국행 비행기를 타는, 9박10일의 여행경로를 만들었다. 물론 내가 유숙하기로 점을 찍은 그 도시들에는 날 맞아줄 지인들이 있었기에 가능했다. 실제로 버스를 숱하게 갈아타고 다시 기다리고 버스 안에서 눈을 붙이려고 애쓰고 고깃덩어리를 빼낸 햄버거와 감자튀김 류의 식사에 의존해야 했던 여행을 하는 동안 나는 버스 안에서 단 한명의 백인도 보지 못했고, 버스를 오르내리는 대부분의 유색인들의 얼굴엔 고달픔과 피곤의 빛이 역력했다. 그리고 유창하지도 않은 영어에, 여성의 몸으로 이런 여행을 한다는 게 얼마나 위험한지를 여러 번 설교했던 사람들의 예상과는 달리, 가난하고 위험스런(?) 이들로 인한 어려운 상황은 버스 안에서 단 한 번도 일어나지 않았다.

여행의 후반부에 접어들어 나는 아름답고 매혹적인 샌프란시스코를 향했고, 그 도시에는 권희순 목사님이 살고 계셨다. 버스 안에서, 길과 터미널에서 지내는 7박8일 동안 좋아하지도 않는 버거 류에 겨우 의존하다보니 그랬을까. 권 목사님은 내 얼굴을 쳐다보더니 "사람의 얼굴이 아니네. 우리 집에서 쉬고 인간의 얼굴로 돌아가라"고 하셨다. 사람의 얼굴이 아닐 정도로 육신은 상했을지 모르지만, 당시 여행을 통해 내 가슴은 얼마나 행복한 춤을 추고 있었던가. 아직 학교 수업이 남아있었던 목사님은 이튿날 푸짐한 아침식탁을 차려주시고, 당신이 수업 마치고 올 때까지 즐기라며 미리 예약한 샌프란시스코 버스

투어 티켓을 주셨다.

너무 넓은 뉴욕과 삭막한 서울의 확대판과 같았던 맨해튼에 비해, 듣던 대로 샌프란시스코는 내 마음에 쏘옥 들게 아담하고 아름다운 도시였고, 다양한 인종과 문화가 자아내는 충일한 기쁨이 곳곳에 출렁이고 있었다. 또 이러한 조화를 이루어내기까지 얼마나 많은 피와 눈물, 투쟁이 있었으랴.

도시 투어를 마치고 목사님이 일러준 대로 버스에서 내렸다고 믿었지만 목사님의 집을 찾을 수 없었다. 내 특기 중의 하나, 길을 잃어버린 것이다. 나의 길 잃기 역사는 초등학교에 입학하던 날부터 시작되었으니 꽤 오래된 셈이다. 그후 이사를 할 때마다 길을 잃었고 낯선 동네에서 헤매는 일은 계속되었다. 그런데 이상한 일은 어렸을 적에도 깜깜한 밤에 혼자 길을 뒤척이면서도 무섭다는 생각은 들지 않았다. 나이가 들어서는 오히려 길을 잃고 나서야 본격적으로 길을 찾아 나설 여유가 생길 정도가 되었다. 샌프란시스코에서 길을 잃었던 그날도 별 다급함이나 두려움이 없이 이 길 저 길을 기웃거리고 있었는데, 아무리 기웃거린다고 해도 그 동네의 면모를 제대로 알 길이 없었으니 실은 길 잃은 상태를 혼자 즐기고 있었다고 봐야겠다. 그러다 보니 해가 뉘엿뉘엿 져서 어둠이 내리기 시작했는데 그제서야 '목사님이 얼마나 걱정할까'를 염려하게 되었다. 그래서 좀더 빠른 걸음을 걷기 시작했지만, 어디로 가야 할지를 여전히 알 수 없었다.

그때 문득 가방을 들고 맞은편에서 걸어오고 있는 우체부가 눈에 들어왔다. '아하, 우체부는 길을 잘 알겠구나' 싶어서 다가가 길을 잃었는데 도와달라고 말을 건넸다. 키가 작고 약간 야윈 듯한 그이의 얼굴을 보며 '백인도, 흑인도, 히스패닉도 아닌 듯한 이 사람은 어디 출신일까?'를 잠깐 생각해보았다. 집 주소를 본 그이는 아예 다른 방향으로 왔다면서, 어느 나라에서 왔는지, 얼마나 이렇게 헤매고 다녔는지를 물었다. 이미 내 얼굴과 억양에서 피곤한 이방인의 기색을 읽은 것이리라. 그러더니 아직 남은 편지들을 전한 후 이 자리에 올 테니 꼼짝 말고 앉아있으라는 거였다. 낯선 땅에서 낯선 사람에게 도움을 청하게 된 마당이었지만, 나는 그이의 순하고 선한 눈망울과 웃음을 신뢰하게 된 후라 순순히 그러겠다고 했다. 채 1시간도 되지 않아 그가 다시 나타났고 우리는 주소를 들고 나란히 걷기 시작했다. 그리고 자연스레 이런저런 이야기를 나누게 되었다.

예감했던 대로 그이는 남부 인디언 고을에서 태어난 인디언의 후예였다. 여섯 살까지 그 고을에서 어머니와 함께 살았지만, 6살이 되던 해에 어머니와 떨어진 채 백인 동네에 강제 이주해야 했다. 그리고 백인 동네에서 백인들 속에 섞여서 고등학교까지 다녔다. 그동안 어릴 적 인디언의 기억도, 어머니에 대한 기억도 거의 사라져 갔고, 심각하게 '내가 누구인가'를 고민할 여지가 없었다고 한다. 그러나 학교를 졸업한 후 백인 동네를 떠나 이 일 저 일을 찾아 떠돌기 시작하면서부터 자신의 정체성에 대한 물음들이 쉼 없이 찾아들기 시작했다. 누구보다 유창한 영어를 구사하며 백인들의 틈 속에서 자라났지만 그는 엄연히 백인들의 언저리에 편입될 수 없는 존재였다. 그는 혈통적으로 인디언의 후예였지만, 그동안 그의 삶의 둔덕이 되어온 것은 인디언이 아닌, 오히려 인디언의 삶과 역사를 무참하게 짓밟은 사람들이었다. 뒤늦게 찾아간 인디언 동네에서 그는 그곳에서 어렵사리 생존해온 인디언 후예들에게 백안시당하고 '배반자'라는 모욕을 들었고 "너도 인디언이냐?"라는 뼈아픈 말을 들어야만 했다. 즉 그는 어디에도 속할 수 없었고 그를 받아주는 사람도 없었다. 그는 자신이 발 딛고 설 곳, 자신의 자리가 없다는 것이 얼마나 외롭고 쓸쓸한 일인지 아느냐고, 너는 돌아갈 고향과 가족이 있으니 얼마나 행복하냐고 내게 반문했다.

그렇지만 자신은 틀림없는 인디언이며, 그것에 굉장한 자부심을 느낀다고 했다. 다인종 다문화의 그나마 조화로운 도시가 된 이곳에서 우체부로 일한지 10여년이 되었지만 친구가 별로 없긴 마찬가지이며, 여자 친구는 있지만 결혼할 생각은 없다고 했다. 어떤 때가 가장 외롭냐고 물었더니 그는 웃으면서 이렇게 대답했다. "일 마치고 기분좋게 맥주가 마시고 싶을 때, 골목마다 술집은 있지만 이곳에 가면 백인들이 낯설게 쳐다보고 저 집에 가면 흑인들이 이상한 눈으로 쳐다볼 때, 그래서 갈까 말까 망설이다가 혼자 집으로 돌아갈 때." 여전히 그의 자상한 얼굴엔 웃음이 머물고 있었지만, 결국 이 말에 난 눈시울을 붉히고 말았다.

꽤 한참을 걸어 드디어 목사님 집을 찾아왔을 때 집은 비어있었다. 집에 돌아온 목사님이 기다려도 소식이 없자 문에 전화번호를 남겨놓고 날 찾으러 다시 나간 것이다. 배는 고프고 지칠 대로 지쳐 난감해 하는 내게 그이는 문이 걸린 집 앞에 혼자 서 있는 것보다는 가까운 일식집에서 우동이라도 먹는 게 낫겠다고 제안했다. 염치도 좋게 우동까지 맛나게 얻어먹고 나오는 길에 난 그에게 물었다. "이렇게 친절을 베풀어 주어서 말할 수 없이 고맙습니다. 오늘 당신은 내게 천사였지요. 그런데 당신은 모든 사람에게 이렇듯 친절을 베푸나요? 쉬운 일이 아닐 텐데요." 난 그 순간 평생 잊지 못할 대답을 들었다. "왜냐하면 난 인디언이니까요. 아주 어렸을 적에 어머니가 가르쳐 주셨지요. 네가 남에게 호의를 받고 싶으면 그에게 먼저 호의를 베풀라고요." 언뜻 성서 한 구절을 떠올리는 그의 말이 인디언들이 황금률처럼 귀중히 여기는 삶의 철학이라는 것은 나중에서야 깨달았다. 돌아오는 길에 그는 오늘 저녁 스탠포드대학교에서 전국 각지의 흩어진 인디언들이 모여 축제를 벌이는데 구경 오라고 했다. 자기는 오라는 이 없어도 매년 간다면서. 왜? 그는 누가 뭐래도 인디언이니까.

집 앞에서 인디언 천사와 헤어진 뒤 목사님이 내게 살짝 물으셨다. 생판 모르는 동네에서 길 잃어버리고 낯선 사람을 만났는데 그이가 무섭지 않았냐고, 혹시 나쁜 사람은 아닐까 하는 의심은 안 들었냐고. 생각하니 평소 어떤 일이나 사람과 관련해서 늘 모자라는 신념과 믿음을 가졌던 내가 처음부터 그이에 대한 신뢰를 갖게 된 것은 참으로 기이한 일이었다. 내가 첫눈에 그이가 천사임을 알아보았다는 것, 그것은 더욱 놀라운 일이었다.

늦은 저녁식사를 마친 후 목사님과 나는 50분 가량을 차를 달려서 스탠포드대학교에 당도했다. 축제는 거의 끝난 상태였지만 우리는 땅에 주저앉아서 아직 구석구석에서 환하게 불꽃을 피우며 북을 두드리고 춤을 추는 그들을 말없이 바라보았다. 인간의 심장 박동소리와 가장 닮았다는 그들의 북소리. 처연한 듯 힘차게, 세찬 듯 구슬프게 이어지는 북소리를 듣느라 차가운 밤공기에 몸을 적시면서도 일어설 줄을 몰랐다.

그날 내가 우연히 만난 샌프란시스코의 아름다운 인디언 천사. 앞으로도 그의 얼굴과 나지막한 말소리는 내 곁을 맴돌 것이고, 그를 오래도록 기억하리라. 내가 만난 최고의 인디언으로. 그리고 그가 베푼 선의의 행동을 또 다른 이방인에게 되돌려 주리라.

2003.07.15

이 글은 〈샘〉43호에 '날마다 길 위에서 황금률'이라는 제목으로 재구성되어 실렸다. ⇒ 326쪽

가슴 속에 남은 하얀 성당의 풍경

고등학교 시절 집과 학교를 오가는 길은 꽤 길고 번잡했다. 매일 이른 아침 시간과 밤늦은 시각에 온통 학생들로 가득 찬 버스 안에 몸을 구기고 들이밀면서 느꼈던 불유쾌함은 지금도 내 기억 속에 아련히 남아 있다. 어느 날 나는 그 지루하고 덜컹거리는 버스 안에서 흔들리고 있다가 갑자기 내 시야 안으로 뚫고 들어오는 짧은 풍경과 마주쳤다. 학교에서 그리 멀지 않은 어느 지점이었는데, 도로 왼편으로 바짝 다가서 있던 나지막한 구릉이 갑자기 낮아지면서 저 아랫녘 마을이 한 눈에 들어온 것이다. 논과 밭, 작은 길들에 둘러싸인 몇 채의 집들이 뜨문뜨문 있었고 그 한가운데에 하얀 성당이 얌전히 앉아 있었다. 그러나 다시 곧 구릉은 높아지면서 그 광경은 사라지고 말았다. 따져보면 시골 여느 동네와 그다지 다를 것도 없는 평범하고 소박한 풍경이었는데, 처음 마주친 그 짧디짧은 광경에 마음을 빼앗긴 이후 나는 매일 아침 버스 안에서 그 지점이 나타나길 기다리며 설레어했다. 그리고 그 구릉 아래 작은 마을과 하얀 성당을 짧은 순간이

나마 바라볼 수 있었던 덕분에 지루하고 불편하기 짝이 없었던 등굣길도 그럭저럭 견딜만하게 되었다. 그 광경의 무엇이 나를 그토록 강렬하게 사로잡았던 것일까?

매일 아침 그 풍경을 기다리고 마주칠 때마다 나는 곧장 버스에서 내려 그 풍경 안으로 걸어 들어가고 싶은 충동에 사로잡히곤 했다. 하지만 그 시간은 바쁜 등굣길이었고, 가까스로 마음을 접은 나는 언젠가는 꼭 저 마을로 걸어 들어가리라는, 아쉬운 다짐으로 스스로 위안하곤 했다. 그리고 고등학교를 졸업하기 전에 나는 실제로 그곳에서 내려서 성당 마을로 걸어 내려갔다. 딱 두 번.

아침 등교버스에서 내리는 일은 거의 불가능했고, 그곳을 찾아갈 수 있는 날은 비교적 학교가 빨리 파하는 토요일이었다. 그러나 2,3학년 내내 토요일은 보충수업과 자율학습으로 꽉 메워져 있었고, '자율'학습이란 명목의 감금을 담임선생이 감독하고 체크하고 있었다. "눈이 부시게 푸르른 날은 그리운 사람을 그리워하자"라는 새로운 유행가가 그날따라 청명한 하늘과 매우 잘 어울린다고 생각했던 고2 가을의 어느 토요일, 나는 문득 가방을 챙겨들고 교문을 걸어 나왔다. 반 친구들이 그날 보충을 빠지면 월요일에 벌 받을 것을 상기시켜 주었지만, 선생에게 꾸중 몇 마디 듣고 엉덩이 몇 대 맞는 일에 겁내하지 않게 된 것은 이미 오래된 일이었다. 돌이켜보면, 그것은 조금은 신기한 일이었다. 그 당시 나는 선생이 출석을 체크할 때 내 번호가 가까와질

수록 입안의 침이 마르고 가슴이 두근거릴 만큼 극도로 내성적이고 두려움이 많았다. 너무나 긴장한 나머지 내 이름이 호명될 때 적절한 타이밍을 맞추어 "네!"라는 대답을 못한 적도 여러 번이었으니까. 그런데 그렇게 호들갑스럽고 씩씩해보이던 주위 친구들이 체벌을 두려워했던 것과는 다르게, 보충시간을 빼먹거나 숙제를 안해 가서 선생에게 소위 '찍히는 것'과 벌을 받는 것이 내겐 별로 겁나거나 창피한 일이 아니었다. 그래서였던가. 고3시절에도 걸핏하면 야간 보충과 토요 보충을 밥 먹듯이 빼먹었던 것이. 물론 월요일이 되면 그것에 대한 보상을 톡톡히 치뤄야 했지만.

학교 정문에서 버스를 타고 매일 아침 지나치던 곳에서 내리는 일은 아주 새롭고 야릇한 기분에 젖어들게 했다. 구릉 아래로 펼쳐진 마을을 바라보던 나는 곧장 제대로 나지도 않은 수풀길을 헤치며 걸어 내려갔다. 집과 집들 사이로 난 구비길을 한참 돌아다니다가 이윽고 나는 매일 아침마다 더할 나위 없는 평온함으로 내 시선을 잡아 끌던 하얀 성당에 당도했다. 멀리서 보던 것보다는 훨씬 낡고 초라했지만 성당 앞마당엔 크고 작은 꽃들이 소담하게 피어 있었다. 난 성당 문을 조심스레 열고 들어가서 한참 동안 나무의자 위에 앉아있었다. 기도를 했던 것은 아니고 그저 아무 생각 없이 고요하고 평화롭게. 그러나 지금 생각해보니 그것이야말로 기도가 아니고 무엇이었으랴. 몇 장의 꽃잎과 나뭇잎을 따서 책 사이에 끼워보고, 이 집 저 집을 괜스레 기웃거리며 사잇길을 걸어보며 한나절을 그곳에서 보냈다. 그 다음 해 가을에도 나는 딱 한번 불현듯 교문을 빠져나와 그 성당으로 향했던 기억이 있다.

줄기차게 내리는 비가 몸 이곳저곳에 통증을 불러일으키는 며칠 동안, 차를 마시거나 길을 걷던 중에 문득 그 옛적 구릉 아래로 펼쳐져 있던 짧은 풍경이 생각나곤 했다. 즐거움도 의미도 없었던, 황량하고 메말랐던 당시 내 삶의 언저리에 한줄기 시원하고 감미로운 설렘과 평온함을 품게 해주었던 그 풍경, 그리고 그 풍경 안으로 저벅저벅 걸어 들어가며 느꼈던 형용할 수 없었던 기분을 떠올리며 살며시 웃음을 지었다. 그 풍경의 무엇이 나를 잡아끄는지, 왜 내가 그것에 그렇게 집중했었는지 지금도 알 수는 없다. 하지만 매일 아침 짧은 순간이나마 내 가슴을 뛰게 하고 뛰어 들어가고 싶게 만들던 구릉 사이의 풍경과 하얀 성당에게 지금 나는 하염없는 고마움을 느낀다. 지금은 널찍한 아파트 단지로 변해서 자취조차 남아있지 않은 그곳의 옛 풍경에게.

2003.09.03

다시 만물의 친구가 되라

초·중·고등학교 시절에 '좋아하는 사람'과 '싫어하는 사람'을 써내라는 과제가 연례행사처럼 주어지곤 했다. 잦은 이사와 내성적인 성격 탓이었는지 어렵고 수상쩍어보이던 그 과제 앞에서 나는 쩔쩔매곤 했다. 아직 반 친구들 이름과 얼굴도 제대로 익히지 못했는데 '좋아하는 사람'과 '싫어하는 사람'을 골라내라니! 게다가 꼭 누군가를 좋아하고 또 누군가를 싫어해야 한다는 그 숨은 논리가 내심 불편하기도 했다.

그러던 어느 날, 담임선생의 학생 생활기록부의 한 페이지를 빽빽하게 메운, 무수한 빨갛고 까만 선들의 어지러운 교차와 엇갈림을 목도하고 흠칫 놀란 적이 있다. 그렇게나 강렬하고 용감해보였던 그 선들, 부지런히 친구를 좇아가던 그 선들은 지금 다 어디로 갔을까?

한국 여성들에게 졸업 이후 결혼과 가정이란 삶의 방식을 따라 살아간다는 것은, 어쩌면 그때 내 눈을 향해 무수히 튀어 오르던 선들처럼 자유롭게 설레고, 때로는 아프게 맺어진 소중한 친구관계를 잃거나 잊는 것, 다시 누군가의 친구가 될 힘을 소진해버리는 것과 궤를 같이하는 일이다. 어릴 적부터 집 바깥에서 패거리 짓는 일을 장려하며 자란 남성들이 결혼 이후에도 사회적 관계와 교우 관계를 넓혀가는 데 비해, 대부분의 여성들은 결혼과 더불어 남편과 자녀와의 관계라는 거대한 우산 아래 기존의 다양한 친구 관계를 구겨 넣어야 하는 상황에 부딪치고 만다. 남성들간의 의리와 우정은 물론 그 비릿하고 검붉은 폭력성까지 유감없이 보여준 몇몇 영화들이 각광을 받던 최근 몇 년 새에, '친구'란 말은 흡사 남성들의 전유물과 같은 완연한 남성적 색채를 덧입게 된 듯하다.

물론 친구(friendship)의 관계 범위를 남성들 사이에 국한하고 여성들간의, 혹은 이질적 존재들간의 우정이나 관계성을 차단해온 것이 어제 오늘의 일은 아니다. 일찍이 아리스토텔레스는 진정한 우정이란 동등한 사람들, 곧 소수의 남성들 사이에서만 가능하다고 규정했다.

그렇게 본다면, 동등한 지위를 누리는 특정 남성들을 제외하곤 여성과 여성, 여성과 남성, 주인과 노예, 유대인과 이방인, 강대국과 약소민족 사이의 친구관계란 불가능한 일이었다. 오늘날 결혼제도와 가족제도(가령, 호주제), 친구관계, 국제관계 등에 이러한 유산이 여전히 스멀대고 있음을 볼 때, 이것은 결코 지나간 과거가 아니다.

그러나 성차별주의, 인종차별주의, 기근, 종교분쟁, 이념과 사상분쟁, 생태계 파괴, 전쟁의 폐허 등으로 인해 지구에 거하는 수많은 생명들이 무참히 찢기고 죽임 당하는 오늘날, 진정한 친구와 그 관계맺음의 능력이 절실히 요청되고 있다. 그것은 동등한 사람들간의 '패거리' 문화에서 탈피한, 나와 다른 존재들 그리고 만물과 눈 맞추고 친구가 될 수 있는 힘에 다름 아니다. 성서는 이미 '룻기'를 통해서 남성들이 아닌 두 여성간의 헌신적이고 아름다운 사랑과 우정을 보여주었다.

룻과 나오미는 혈연, 가족관계, 민족과 종교적 차이를 뛰어넘어 서로의 생존과 구원을 향해 함께 걸어갔다. 어디 이 두 사람만이랴. 예수님은 악과 고난 속에 있는 세상을 버려두지 않고 지극히 사랑하신, 가장 좋은 '친구'였다.

이처럼 진정한 친구됨은 생명을 위협하는 위험에 맞서 만물을 구원과 안녕으로 이끌어가는 거룩하고 고귀한 능력이다(그렇다면, '우방'이란 명목을 들이밀며 불의한 전쟁에 파병을 강요하는 미국에겐 거리를 두는 것이 우리의 할 일이 아니겠는가). 오랫동안 가족울타리 안에 갇혀있던 친구가 되는 힘, 그 사랑스러운 능력을 다시 찾고 회복시키자. 그리고 이웃 자매, 사회적 약자, 상처받은 자연, 만물의 친구가 되기 위해 길을 나서보자.

그리스도 안에서는 "유대 사람도 그리스 사람도 없으며, 종도 자유인도 없으며, 남자와 여자도 없다"는 바울 사도의 말씀(갈 3:28)을 묵상하다가 나는 조용히 물었다. '그렇다면 종국에는 무

엇이, 어떤 관계가 남을까요?' 나는 잠시 후 다시 읊조렸다. '오직 그리스도의 친구들이 남을 것입니다.'

2003.12.03

〈기독교세계〉 2003년 12월호

성탄전야와 요강

내가 초등학교 5학년이었던 해의 가을에 목회하시는 어머니를 대신해서 집안일과 어린 손자 손녀를 알뜰살뜰히 거둬주시던 할머니가 돌아가셨다. 할머니는 우리가 학교에서 돌아오면 기다렸다는 듯이 아랫목에서 따끈한 밥이나 군것질 류를 꺼내주시던 자상하고 인정스러운 분이셨다. 또한 할머니는 새벽기도가 끝나고 나면 곧잘 잠든 동생과 나를 억지로 깨워 일으켜서 뒷뜰 고추밭에서 똥을 누라고 하셨다. 졸린 눈으로 히뿌옇게 밝아오는 하늘의 별들을 쳐다보면서 엉덩이에 닿는 찬 기운에 몸서리치며 똥을 누던 일, 그때는 새벽에 못내 아쉬운 잠을 털며 일어나야 하는 일이 마냥 성가셔서 할머니를 원망하기도 했던 것 같은데 막상 그해 할머니가 돌아가시자마자 나는 변비에 걸리고 말았다. 그렇잖아도 시원찮은 내 장기관을 후달리며 북아세우던 분이 덜컥 돌아가신 후 내 장기관은 스스로 조정 능력을 아주 잃고 말아 수십 년이 지난 지금까지 변비와 싸우며 살아가고 있다.

우리 남매를 극진히 사랑해주신 할머니임에도 많은 기억이 남아있지 않은 것이 이상하긴 하지만 그래도 두어 가지 말할 것이 남아 있다. 할머니의 남다른 손자 손녀 사랑은 완연한 성차별에 근거한 것이었다. 할머니의 손자를 향한 강한 사랑 방식은 어린 내게도 훤히 읽혀졌는데, 나는 서운함이나 속상함 대신 아들을 낳지 못했던 할머니의 평생 한을 떠올리며 모른척하거나 무심함으로 대처했던 것 같다. 또 하나는 할머니의 부지런하고 알뜰한 삶의 모습이다. 할머니는 많은 연세에도 불구하고 손에서 일을 놓거나 이웃 마실 다니는 일을 극히 싫어하셨다. 눈이 펑펑 내린 새벽이면 집 앞은 물론 동네 길까지 훤하게 치워야 직성이 풀렸고, 동네에 상이 나면 모르는 집이지만 지지미라도 부쳐 보내곤 하셨다. 그래서였을까, 동네에 지척 간으로 지낸 사람 하나 없었던 할머니가 돌아가시자 동네 이장과 사람들이 찾아와서 상 치르는 것을 도우러 나섰고, 교회장으로 치러진 할머니의 장례는 교인들과 동네 사람들로 무척 북적거렸다. 아들 못 낳는다는 평생 한에 시앗을 본 남편마저 일찌감치 잃고 막내딸과 같이 살면서 사위까지 먼저 떠나보냈던, 세상적으로는 지지리 복도 없었던 할머니의 장사가 성황을 이루자 사람들은 '복 받은 할머니'라는 말을 아끼지 않았었다.

그러나 내가 기억에서 끄집어내 옮기려고 하는 것은 할머니에 대한 단상이 아니다. 할머니가 돌아가신지 얼마 안 되어 누군가가 우리 집에 텔레비전을 사 보냈다. 할머니가 가고 없는 자리에 덩그러니 남은 세 식구의 적적함을 그것으로라도 달래주려는 속 깊은 배려였을 것이다. 토요일 저녁 한두 시간 교회 권사님네서 텔레비전을 보고 오는 것만 허락되었던 우리 남매에겐 매우 놀랄 만한 사건이었다. 그해 12월 TV에서 24일 밤에 '파리나무십자가 소년합창단' 공연이 방영된다는 예고가 있었고 나는 생전 처음 접하는 그 공연을 '꼭' 보고 싶었다. 그런데 그 공연 시간이 하필이면 24일 성탄전야 교회 행사 시간과 거의 겹쳐 있다는 것이 고민거리였다. 나도 성탄전야 행사에서 노래며 춤이며 하기로 되어 있으니 빠질 수도 없는 노릇이고, 목사 딸이 성탄전야 행사에 빠진다면 어머니와 다른 사람들이 또 어떻게 생각을 할꼬. 어느 날 슬쩍 어머니에게 성탄전야 행사에 빠지고 공연을 보고 싶다고 했더니 어머니의 대답은 당연히 'No!'였다. 그런데도 파리나무십자가 소년합창단의 공연을 보고픈 내 욕구는 사그라들기는커녕 몇 구절 되지 않는 그들의 캐롤송을 곁들인 예고방송을 볼 때마다 나는 그것을 못 보면 병이 날 것처럼 몸이 자지러지곤 했다.

드디어 24일 성탄전야가 되었다. 나는 내가 합류하기로 되어 있는 순서 두 가지 중에서 앞쪽 순서에 있는 노래만 하기로 작정하고 춤 지도를 하던 교회 선생에게 몸이 아파서 못 하겠다고 거짓말을 했다. 물론 엄마나 동생에겐 아무런 말도 하지 않고 시침을 뚝 뗀 체. 왁자지껄한 성탄전야의 교회당 안에서 나는 줄곧 벌써 시작했을 그 합창 공연과 어서 빨리 빠져나가야겠다는 생각에 사로잡혀 있었다. 노래 순서가 끝나자마자 나는 슬쩍 자리에서 빠져나와 바삐 마당을 지나 집 쪽으로 걸었다. 그러면서 나름대로 생각했다. '만약 집에 불을 켜면 누가 알지도 몰라. 그러니까 불을 켜지 말고 TV만 살짝 틀어야지.' 어두컴컴한 집안에 들어서자마자 난 TV가 있는 곳을 향해 부지런히 발길을 더듬댔다. 그런데 그 순간 묵직한 무엇이 발에 걸리면서 쨍그랑거렸다. 그리고 곧 내 후각을 자극하는 진한 찌린내. 하는 수없이 불을 켜고 보니 요강이 저만치 깨진 채 나뒹굴고 주변에 있던 이불과 책들이 흘러나온 오줌에 젖어들고 있었다. 할머니가 살아계실 때 자주 사용하시던 요강을 아직까지 사용하고 있었던 모양이다. 놀라서 한참동안 울상을 짓고 있다가 나는 TV를 틀었다. 벌써 반절이나 지난 듯한 파리나무십자가 소년합창단의 천사 같은 화성과 캐롤은 역시 한없이 감미롭고 아름다웠다. 그러나 어쩌랴. 나는 하늘에서 내려온 듯한 그 노랫소리를 들으면서 해치워야 할 일이 생긴 것을. 온 귀를 TV를 향해 열고 이따금씩 눈길을 주면서 나는 깨진 요강을 치우고 방걸레질을 하고 오줌에 절은 이불을 벗겨내고 책들을 아랫목에 말리느라 바쁘게 움직여야 했다. 그 책들 중에 어머니가 자주 보시던 붉게 칠해진 성경책이 있었는데 오줌에 절어 붉은 색이 누리끼리하게 변해버렸다. 그래도 천상에서 내려온 합창소리를 들으며 흥건한 오줌을 닦아내던 그날 밤, 나는 어찌나 행복했던지.

교회 행사를 끝낸 후 나중에 들어오신 어머니와 동생이 이게 무슨 냄새냐고, 책이 왜 저렇게 됐느냐고, 아프다더니 괜찮냐고 물어댔지만 나는 아무 말도 하지 않았다. 아직도 내 귓가를 떠나지 않고 맴도는 천사들의 곡조를 놓칠 수가 없었기 때문에.

오래 전 성탄전야의 한 기억이다.

2003.12.25

산 속, 아버지와의 해후

내 유년기와 10대 시절 동안 스스로를 옭아매고 파먹었던 감정선 가운데 가장 굵직하고 고통스러웠던 것은 이른바 '상실감'이었다. 그것이 어디서, 어떻게 연유되었는지를 한마디로 설명하기는 어렵지만 그것이 어떤 모양, 어떤 느낌이었는지는 아직도 생생하게 기억난다. 가슴 한가운데가 뻥 뚫리고 텅 비어버려서, 그 구멍과 틈새로 하염없이 밀려들던 슬픔 같은 것에 온 몸이 저릿저릿해지곤 했다. 견딜 수 없이 시리고 서러운 추위에 그저 내던져진 것처럼, 메워지기는커녕 갈수록 커지는 구멍으로 드나드는 쓸쓸한 바람소리에 숨쉬기조차 힘들었다.

세월에 몸을 싣고 살아오는 동안 나는 그 당시 나를 그토록 강하게 사로잡았던 상실감이 어디서 연유된 것인지, 무엇에 대한 것인지를 궁금히 여기면서 여러 차례 분석해보았다. 그리고 그것이 내 아버지에 대한 감정이었음을 자연스레 깨달았다. 내 아버지가 세상에 둘도 없이 예뻐했다는 딸을 두고 세상을 떠나간 것은, 기억의 표피에 무엇을 건져두기엔 아직 어렸던, 내가 여섯 살 되던 해였다. 아버지의 생전 모습은커녕 죽음의 순간도 거의 기억할 수 없었던 나를 찾아온 것은 무턱대고 텅 비어버린 휑한 자리, 벗어날 수도 메워지지도 않는 상실감 혹은 그리움이었다. 살아있는 사람이라면 그 감정의 무게를 조절하기 위한 방도를 찾아보련만, 까마득히 순식간에 덮쳐온 죽은 이에 대한 감정의 파고는 어린 내가 어떻게 손쓸 수 있는 것이 아니었다. 어린 내게 아버지는 '단절'의 경험이었기에 어쩌면 당연한 일이었을 것이다. 게다가 어머니는 죽은 아버지에 대해 지독하리만치 말을 아끼셨는데, 어쩌다 들려주는 몇 마디도 아버지에 대한 부정적인 감상과 흠잡기가 전부였다.

네 아버지는 웬 산을 그리 좋아했는지 전국 각지에 안 가본 산이 없었지, 목사가 너무 노래를 잘해서 걸핏하면 와서 찬송 불러달라는 청을 받았지, 180cm 장신에 덩치는 커다란 사람이 어울리지 않게 책 읽고 뭘 끄적거리는 것을 좋아했지, 지나가는 거지한테는 자기 외투를 벗어주면서도 나한텐 더없이 야박했던 이중인격자였지, 네 남동생한테는 눈길도 안주면서 이상하게 너만 끔찍이 이뻐해서 심방길에도 너를 안고 다녔지, 부지런은 했어도 너무 느려서 내가 매일 잔소리를 해야 했어….

내가 전해 들은 아버지에 관한 모든 것이었다. 다방면에서 어머니와는 상반적임이 분명한 아버지의 이미지는, 어머니의 입에서 흘러나오던 당시의 정황과는 달리 갈수록 내게 아련하면서도 강렬한 그리움을 심어주었다. 한창 자라나던 시절에 어머니는 곧잘 이렇게 푸념하시곤 했다. 어쩜 저렇게 하는 꼴이 기억에도 없을 즈이 아버지를 쏘옥 닮아 가는지 알다가도 모르겠다고.

아버지에 대한 상실감 혹은 그리움과 관련된 몇 가지 기억이 떠오른다. 어렸을 적엔 매년 학교에서 연례로 행하던 호구조사가 끔찍하게 싫었고 자라면서는 그것을 폭력적으로 강요하는 주위 세계에 대한 반항감이 들었다. 최고조의 우울증에 시달리며 하루 하루를 죽음에 대한 동경과 함께 보냈던 중학교 3학년 때였던가. 학기 초에 담임선생이 내준 가족상황 조사질의서를 물끄러미 내려다보다가, 불현듯 그것을 몇 조각으로 박박 찢어 발기고는 교실을 뛰쳐나와 운동장 구석의 수돗가에서 배가 터지도록 물을 마셔댔던 것이. 그러한 반항심은 최대한 남의 눈에서 나를 숨겨야겠다는 강박증과 연루되었을 것이다. 중학교 2학년이 되던 해에 어머니를 따라 낯선 도시로 이사해야 했을 때의 지독한 두려움에 맞서 내가 나름대로 세운 위장전략 중의 하나는, 반 등수 7등에서 12등을 절대로 벗어나지 않는 것이었다. 그보다 등수를 높이면 공부 잘 하는 아이로 눈에 띌 테고, 그보다 낮추면 못 하는 애로 찍힐 거라는 나름의 기준을 설정하고, 전략대로 나는 최악의 학창시절이었던 남은 중학교 2년을 거의 완벽하게 수행했다.

감신의 학회원들과 치악산에 MT를 갔던 1989년 여름, 나는 높은 산을 오르는 일을 견디지 못하는 내 고질 심장병을 호소하며 산행에서 빠지겠다고 했지만 결국 조직과 함께 생사를 해야 한다는 학회원들의 시대적 무심·무지(?)에 이끌려 어쩔 수 없이 치악산을 올라야 했다. 호흡을 할 수 없을 정도로 심장이 타오르고 곧 터질 것만 같던 어느 순간 나는 정신을 잃고 쓰러졌다. 그리고 누군가의 등에 업혀서 산을 내려와야 했다. 그날 밤, 쉽게 사그라지지 않는 가슴의 통증을 내리누르며 혼자 누워있는데, 문득 산을 그렇게도 좋아했다던 아버지가 왜 그리 보고 싶던지, 눈물이 나왔다.

나와는 인연이 없다고 여긴 산을 오르기 시작한지 몇 달이 흘렀다. 크게 나아지지 않은 심장 통증 때문에 산을 오른다기보다는 산에서 놀다오곤 하는 형편이지만, 산은 점점 더 나와 친근해지고 있다. 산행을 시작하던 초기에 나는 내 육체적 한계에 명료히 다가서게 만드는 산행 길에서 예상치 못한 푸근함과 평안함, 마치 오래 전에 떠나온 옛 집에 다시 돌아온 듯한, 형용하기 어려운 무엇과 마주치고 무척 당황스러웠다. 산행에서 내가 만나는 그것이 과연 무엇일까, 궁금해지곤 했다. 그러던 어느 날, 숨이 차올라 털썩 주저앉고만 싶은 마음을 가까스로 달래며 한걸음을 더 옮기려고 저만치 앞으로 시선을 꽂던 찰나에 나는 와락 느끼고 말았다. 그립던 아버지가 저쪽에서 이리로 걸어오고 있음을. 오랫동안 떨어진 채 그리움으로만 상면하던 아버지가 어느새 저 산을 훌쩍 넘어서 양 팔 가득히 색색의 꽃가지를 안고 시원한 미소를 지으며 이리로, 나를 향해 서서히 내려오고 있다는 것을. 그후 나는 매번 산행에서 아버지를 만난다. 점점 더 또

렷해지는 아버지의 형상을 느낀다. 산을 오르다 보면 막연한 색깔을 띠고 저 깊은 곳에 가라앉아 있던 아버지가 저만치 살아와 나를 감싼다. 그동안 느꼈던 아버지에 대한 내 감정이 막연하고 다소 비현실적인 것이었다면, 산에서 만나는 아버지는 나를 '툭' 하고 건드릴 만치의 구체적이고 생생한 그 무엇을 지녔다. 이렇게 아버지를 만나게 되기까지 꽤 오래 걸어왔으나 충분히 그럴 만한 여행이었다는 자족감도 슬쩍 든다.

어린 시절 나를 황량한 바깥바람 한복판으로 내몰곤 했던 아버지의 부재로 인한 상실감, 그 상실감을 견디느라 가까이 불러들여야 했던 죽음에의 동경과 이름 모를 반항심, 하느님과 맞서고만 싶었던 치기가 잦아든지도 오래된 지금, 산길에서 아버지가 다가왔고 그러한 아버지와의 해후에 내 안에서는 잔잔한 물보라가 인다. 더 이상 화해할 것도, 사랑하거나 미워할 것도, 속으로 삭이거나 그리움으로 대치해야 할 무엇도, 더 이상 빚졌거나 갚아야 할 무엇도 남아있지 않은 아버지를 이제 산에서 만난다.

2004.01.16

고등학교 담임 선생님, 홍표

어둡고 춥고 어딘가로 숨고만 싶었던 중학시절을 마치고 아무 생각 없이 여자고등학교에 진학을 했다. 내가 여고에 입학하던 해에 교복 두발 자율화가 처음 시행되었는데, 내가 진학한 학교에서는 이것을 부분적으로 받아들여서 고전적인 여고생의 길게 땋은 머리와 검은 교복에서 벗어날 약간의 자유를 부여했다. 그렇잖아도 여고생들의 진부하게 땋아 내린 머리와 턱없이 하얗게 빛나는 교복 칼라가 영 부담되고 마땅찮았던 내게 이것은 그나마 숨통이 트이는 희소식이었다. 지금도 별반 달라지지 않았지만, 뭔가를 정갈하고 깔끔하게 손질하고 치장하고 유지하는 일은 관심도 없거니와 질색이다. 하여튼 고등학생이 된다는 것에 대한 새로운 기대나 바람, 꿈이 전혀 없이 달리 갈 곳이 없었으므로(지금 같으면 '대안학교'나 '검정고시'를 택했겠지만), 하는 수없이 울며 겨자 먹기로 진학을 해야 했다. 그리고 1학년 첫 시간에 홍표 선생을 만났다.

내 담임이었던 홍표 선생은 근 5년 동안 강릉의 남자고등학교에서 빡세게 영어를 가르쳐오다가 처음으로 여고로 옮겨온 터였다. ROTC 출신에 영락없이 남학교 체질이었던 홍 선생은 생물학적으로, 정서적으로 매우 생소한 여학생들을 접하고는 얼굴을 붉힌 채 어찌할 바를 몰라 했다. 첫 시간에 그러한 자신의 낯설고 힘든 사정과 고충을 솔직하게 털어놓으며, 오히려 "너희들이 날 좀 도와줘"라고 말하는 그에게서 얼핏 귀엽다는 인상을 받기도 했다. 왜 있잖은가. 지나가는 똥개한테서도 가끔은 이쁠 것은 없지만 그렇다고 썩 나쁠 것도 없는 느낌을 받을 때가 있듯이.

며칠 사이에 60명 전체의 이름을 후루룩 외워 버리는 성실성을 보여주는 등 홍 선생은 학생 측에서도 어쩔 수없이 가져야만 했던 낯선 감정(그는 강릉 남학교를 주름잡던 독사였다는 소문도 그러했지만, 영원한 취약 과목일 것 같은 영어선생인 것이다)을 조금씩 누그러뜨릴 방안을 찾으려고 고심하는 흔적이 역력했다. 그러더니 학기 초 어느 날 "내일부터 한 사람씩 10분간 면담을 하겠다. 하루에 세 사람씩"이라는 일종의 선전포고를 해왔다. 당시 정신적, 신체적 고통(악성빈혈)의 최절정기 속에서 하루하루를 연명하면서 숨을 곳만 찾고 있던 내게는 그것이 뜨악하고 영 내키지 않는 말이었다. 쉽사리 마음을 열지 않는 학생들에게 선생이 그런 식의 일방적인 선전포고를 하는 것, 학생이라는 죄로 그 포고를 받아들여야만 한다는 사실이 절망스럽기도 했다.

선생과의 면담이 어떤 식으로 진행되는지를 여기저기서 주워들으면서 대충 견뎌낼 만한 것이라고 짐작하던 어느 날, 나는 교실 뒤 한쪽을 베니어합판으로 조악하게 막아서 만든 면담실에서 홍 선생과 마주앉았다. 별 일 없이 끝날 거라는 무색무취의 생각에 사로잡힌 채. 단단하지만 마른 체구와 날카로운 눈빛을 지닌 홍 선생은 내가 자리에 앉자마자 얼굴을 찌푸리며 이렇게 말했다. "우리 반에서 가장 이해가 안 되는 녀석이 너야 너, 정애성." 앗, 이건 무슨 예상치 못한 공격 방식이란 말인가. 선생의 말뜻을 몰라 멀뚱히 쳐다보는 내게 그는 계속 공격을 가해 왔다. "문과 5학급 학생들 중에서 왜 네 머리가 제일 좋은지 정말 알 수가 없단 말야. 중학교 성적이 썩 뛰어나지도 않았고, 몸은 허약하고 별로 꿈도 없어 보이는 네가 말야. 바깥의 저 아이들 중엔 꿈도 있고 열심도 있고 건강한 애들이 많은데, 왜 저 아이들보다 네 머리가 좋아야 하지? 네 어머니가 교회 목사니 너도 아마 기독교인일 텐데, 제발 내게 좀 알려다우. 네 아이큐 검사 결과가 잘못된 건지, 아니면 네가 뭘 숨겨온 건지, 정말 궁금하단 말이다." 선생의 다그침과 호기심이 예상치 못한 방식으로 쉴 새 없이 나를 갈구는 동안, 결국 나는 고개를 파묻고 눈물을 떨구고 말았다. 가슴 한쪽이 뜨겁게 타는 듯 아팠고, 나는 어떤 할 말도 찾지 못해서 서러웠다. 눈물 콧물로 뻘겋게 얼룩진 내 얼굴을 지긋이 쳐다보다가 손수건을 내밀던 홍표 선생이 한결 누그러진 음성으로 내던진 마지막 말은 이것이었다. "난 기독교인은 아니지만, 신 문제엔 관심이 많아. 네가 진정한 기독교인이 되려면 앞으로 뭔가 달라져야 한다고 생각해. 그렇지 않다면 세상은 정말로 불공평한 것이겠지." 벌겋게 부어오른 얼굴로 이십여 분 만에 면담실에서 기어 나온 뒤에도 나는 책상에 엎드려 정신없이 울었다. 명확한 이유를 알 수 없는 눈물이 어찌나 솟구치던지. 울면서 갑작스런 오한에 몸을 부들부들 떠는 내게 몇몇 아이들이 영문도 모른 채 옷을 덮어주었다.

아마 그때가 생전 처음이었을 게다. 내가 이렇게 엉거주춤한 형색으로라도 '살아있다'고 느낀 것이, 그리고 어쨌든 '살아가야겠다'고 생각한 것이. 나는 이 세상을 살아가도록 두 손과 두 발, 머리와 가슴을 부여받은 존재이며, '삶이란 두 발로 땅을 딛고 서야만 가능하다'는, 실로 초보적이고 새로울 것 없는 깨달음이 느닷없는 열병처럼 나를 덮쳐 왔다. 돌이켜 보면, 홍 선생이 들이민 공격적이고 날카로운 공격 화살은 예민한 나이의 여학생의 자존심과 심장을 겨냥한 것이었고, 지금의 나로서도 별로 찬성하거나 취하고 싶은 방식이 아니었다. 이제 어른인 나는 하릴없이 공격성을 드러내는 사람에겐 나름대로의 공격성을 보이거나 아예 무시해버린다. 즉 나는 공격적이거나 권위적인 태도에 쉽게 수그리지 못할 뿐더러 그런 류의 행동 양식은 내 관심을 끌지도 못하며 내 적절한 반응을 이끌어내기에 적합한 수단이 되지도 못한다. 그러나 당시 홍 선생의 그와 같은 공격에 내가 무력하게 눈물을 흘리고 뭔가 '전환'을 꿈꾸게 되었던 것은,

알 수 없는 곳에 홀로 뚝 떨어져 있던 내 어둠이 그만치 깊었기 때문이었을 것이다.

무섭고 무뚝뚝하고 냉담하다는 일반적인 평가와는 달리, 이후 내가 만난 홍표 선생은 숫기 없고, 부끄러움이 많고, 학생들을 사랑하는 마음이 출렁이는, 좋은 사람이었다. 여고생들의 영원한 취약 과목으로 찍혀 있는 영어를 조금이라도 가까이 해주고자 비교적 자발적인 학생들을 모아 야간학습반을 따로 지도하면서, 딱딱한 문법서만 아니라 삶의 지혜가 담긴 짤막한 영문 이야기들을 많이 접하게 해주었다. 야간 자율학습을 하던 늦은 시각에 불콰하게 취한 얼굴로 교실 문을 열고 들어오던 그의 양팔엔 찐빵, 김밥, 떡볶이, 과자류가 그득하게 안겨 있었다. 그러면 우리는 좋아라고 환성을 지르며 책을 덮고 일순간 즉석 파티를 열었다.

수업 도중에 이따금씩 아주 진지한 얼굴로 “성서에서 마음이 가난한 사람이 복이 있다고 했는데, 그게 무슨 뜻인지 애성이가 설명 좀 해봐라”고 묻기도 했다. 모의고사 성적표를 들고 와서 자기 화를 이기지 못해 호통을 치고 몽둥이를 휘두르다가 어느 순간 선생은 맥없이 몽둥이를 내려놓으며 이렇게 말했다. “오늘 니들 맞았어야 했는데 애성이 때문에 살아난 줄 알아라.” 한번은 그 말이 무슨 뜻이냐고 물었더니 선생은 “광분한 날 쳐다보는 네 눈망울이 하도 선해서 차마 다른 애들에게 매를 댈 수 없었다”고 대답했다. 나는 그저 그깟 시험 성적에 저렇게 호통을 치고 안타까워해야 하는 홍 선생이 안 됐고 불쌍해서 빤히 쳐다보았을 뿐이었는데 말이다.

연 2년간 담임이었던 홍 선생과 꾸준히 공부를 한 덕인지, 아니면 워낙 국어과목을 좋아한 내 뇌구조 덕분에 영어도 어렵지 않게 친해진 것인지, 제법 탄탄한 영어 성적을 보인 내게 홍표 선생은 영문과를 가는 게 어떠냐고 여러 번 제안했다. 그중에 내 기억의 한 편에 오롯이 남아있는 일은 2학년을 마칠 무렵의 어느 날, 대화 끝에 홍 선생이 내게 해준 말이다. "넌 법 없이도 잘 살아갈 놈이야. 무법천지에서건 유법천지에서건." 어떤 주제를 놓고 여러 명이 둘러앉아 논쟁을 벌이다가(선생과 몇몇의 우리는 그런 짓을 즐겨 했다) 나온 선생의 그 말의 정확한 정황과 의미는 별로 남아있지 않지만, 그 말은 홍 선생을 만나면서 새롭게 시작된 내 학교생활의 자취를 순식간에 상기시키며 나를 아주 흐뭇하게 해주었다. 도대체 너를 알 수 없다고 아픈 공격을 해대던 선생으로부터 이젠 아주 자연스럽게 저런 기분 좋은 말을 듣게 된 것이다. 나는 그 말을 지금까지도 내 본연의 모습에 근접했음은 물론 내게 힘을 주는 몇 마디 가운데 하나로 여기고 고마움을 느낀다.

학창시절은 이렇게 지나갔고 나는 내 삶을 걸었다. 제대로 한 번 선생의 근황을 알아보거나 만나본 적은 없지만, 일상의 한복판에서 문득 어두컴컴한 삶의 커튼 뒤에 무력하게 몸을 숨기고 웅크리고 있었던 나를 호통치고 끌어내 주었던 홍표 선생이 떠오르곤 했다. 홍표 선생이 아니었더라도 하느님은 또 다른 누군가를 하염없이 불쌍했던 내게 보내주셨을 테지만, 나는 그가 가장 시의적절하고 훌륭했던, 당시로서는 최선이었던 천사였다고 믿는다.

어느새 이젠 내가 누군가의 천사와 선생, 듬직한 친구가 되어야 하는 나이가 훌쩍 되고 보니, 그렇게 내게 손 내밀고 등 떠밀어준 사람들이 더 그립고 존경심이 생긴다. 비록 내가 그의 방식을 찬성하진 않더라도 그는 내게서 존중의 깊이를 더해 간다. 그가 내게 베푼 일이 결코 쉬운 것이 아니었음이 점점 더 분명해지고 있기 때문이다.

2004.01.30

두통 이야기
그리고 유니언신학교

금병산에 올랐던 월요일, 점심을 먹을 무렵부터 두통이 시작되었다. 4시간에 걸친 산행이 피곤을 몰고 온 듯했다. 집에 돌아와 짧은 숙면이 점점 더 심해지는 두통을 앗아가 주기를 바라면서 몸을 뉘였다. 두통에 시달렸던 숱한 나날을 살아오면서 그럴 리가 없으리라는 것을 의심할 바 없이 잘 알고 있으면서도, 실상은 냉큼 두통약을 복용하고 싶지 않았던 게다. 30여년간 이 만만치 않은 놈과 동거해 오면서 나는 그 놈을 쉬이 물리치거나 환멸하기보다는, 내 의식과 몸 한 귀퉁이를 지배하는 그 고통을 지긋이 노려보거나 조금은 씁쓸히 견디는 일에 익숙해진 듯하다.

오래된 두통으로부터 느닷없이 빠져나와 그놈과 시름시름 동거해온 세월을 잊고 사는 시간이 많아진 지금, 간만에 찾아온 두통은 하염없이 내 머리통을 두들겨대고 들쑤셔댄다. 잠에서 깨어나도 여전히 남아 있는 두통을 어쩌지 못해 하는 수 없이 약을 먹고(약을 먹어도 깨끗이 낫지 않지만) 다시 잠을 청했다. 내 두통의 특징 중 하나는 아프기 시작한 시간과 상관없이 그날이

지나야 사라진다는 것이다. 그러니 이런 날은 일찍 잠자리에 들고 다음 날 일찍 깨어난다.

내 두통의 시초는 초등학교 6학년 초엽으로 거슬러 올라간다. 썩 건강하지는 않았지만 그만그만하게 학교생활을 해오던 어느 날, 일어서고 앉을 때마다 머리가 핑핑 돌고 시야가 하얘지고, 급기야 체육시간과 아침조회 시간에 쓰러지는 일이 반복되었다. 여간해선 우리 남매를 병원에 데려가는 일이 없었던 어머니와 하는 수 없이 병원에 갔더니 의사가 악성빈혈이란 진단을 내리면서 이런 상태로는 학교생활을 할 수 없으니 고기를 먹든가 학교를 쉬든가 해야 한다고 겁을 주었다. 그런데도 고기를 거부해온 내 식습관이 성장기에 한창 필요한 단백질 결핍과 영양부족을 불러왔다는 의사의 말과, 그럼 고기와 우유를 먹자는 어머니의 말을 귓등으로 흘리며 내 자신도 이해할 수 없는 고집을 부리다가 어느덧 중학교에 진학할 시기를 맞았다. 학교를 쉬라는 의사의 주장이 강해지던 그 무렵, 나는 나름대로의 한 가지 생각에 사로잡히게 되었다. '죽기 아니면 살기지, 뭐'라는. 이렇게 쓰러지다가 죽거나, 운 좋게 조금 더 살거나, 둘 중 하나일 뿐 이것은 여태까지 안 먹던 고기를 내키지 않게 억지로 먹어야 하거나 학교를 쉬고 맹숭맹숭 드러누울 일은 아니라는, 지금도 선뜻 이해가 되지 않는 가당치 않은 똥고집이었다(나는 아주 어렸을 적부터 고기를 먹지 않았고 20대 중반에 베지테리언[vegetarian]으로서의 정체성을 자연스레 받아들였다). 어쨌거나 중학교 3년, 고등학교 2년 반 동안 나는 악성빈혈이란 몸의 조건과 고투하면서 처참하고 외로운 생활을 해야 했다. 체육시간에는 그늘 아래 혼자 우두커니 앉아 있기 일쑤였고, 아침조회 시간에는 "애성이는 교실 지키고 있거라"라는 담임선생의 말을 고마움도 섭섭함도 없이 들이마시곤 했다. 학교에서 돌아오면 시체처럼 드러눕는 것만이 기진맥진한 몸을 달래는 유일한 길이었고, 다른 아이들이 바다와 야외로 놀러 다니던 방학 동안 나는 집에서 책이나 라디오를 친구삼아 두문불출하며 지냈다. 이유 없이 날 찾아왔던 악성빈혈은 고3 시기에 이유 없이 점차 가라앉더니, 집을 떠난 이후엔 걸핏하면 쓰러지던 증상도 더 이상 일어나지 않았다.

빈혈의 치명적인 단계에서는 벗어났는데, 이후 나는 잦은 두통에 시달리게 되었다. 십대 말에 시작된, 일주일에 두세 번씩 찾아드는 두통은 내 이십대 시절의 가장 가깝고도 먼 동거인이었다. 나를 오랫동안 알아온 사람들로부터 예전보다 성격이 훨씬 좋아지고 밝아졌다는 말을 줄곧 들어왔는데(앞으로도 그러할 것이다), 나는 그 말이 날카롭게 후벼 파는 두통에 항상 노출되어 있었던 이전 시절을 돌이켜볼 때 어느 정도 진정성을 지닐 수밖에 없었다고 자조하곤 한다. 즉 나는 그 시절엔 더욱 날카롭고 예민하고 비판적일 수밖에 없었고, 살아있던 내내 두통과 싸우던 시몬 베유나 반 고흐와 같은 이들의 치명적인 삶의 방식에 불투명한 애착을 갖곤 했다. 그러기를 10년, 하염없이 존재의 집을 부수고 걸어 나오느라 빠듯하고 곤했던, 그러면서도 흉하게 부서져 내린 집터의 허전함과 쓸쓸함을 다시 채울 수 없는 내 무능력을 견뎌내야 했던, 암울한 시대적 고뇌에 가슴 저렸고 개인의 영달 앞에 기꺼이 무너져 내리던 스승들을 지켜보아야 했던 감신에서의 삶, 질식할 것 같은 답답함에 될수록 몸을 낮추고 기어 나오고 싶었던 교회 생활, 내 발로 찾아들어갔던 평등문화 커뮤니티들과 그 속에서의 이러저러한 애환…. 일주일에 두세 번씩 찾아드는 두통을 약으로, 잠으로 버텼던 10년의 어느 날 나는 훌쩍 뉴욕의 한복판 섬, 맨해튼으로 날아갔다.

대단한 학구파나 유학파도 아니었던 내가 무작정 서울을 떠난 이유는 '이대로는 못 살겠다'는 한가지였다. 내가 미국으로 떠나던 당시 몇몇 주변 사람들은 '무슨 돈으로?'라고 의아해했다. 일 년치 학비와 생활비를 주겠다는 유니언신학교의 편지를 받고, 하긴 나도 너무 어리둥절했으니까. 사람들은 또 물었다. "왜 하필 너냐? 성적도 경력도 별로인데…." 지금도 난 그 이유를 모른다. 단지 타인들의 다양한 삶을 눈여겨보고 더 궁핍한 사람에게 마음을 기울이게 되면서 이렇게 생각하게 되었을 뿐이다. 당시 하느님이 나를 조금 더 불쌍히 여겼던 거라고.

유니언신학교의 우측 맞은편엔 우람한 컬럼비아대학교가 자리잡고 있었고 좌측 맞은편에는 유대교신학교가 서 있었다. 우측 옆에는 컬럼비아 부속의 여자대학이 있었고 뒤편엔 'God Box'라고 불리는 미감리교선교국 건물과 오랫동안 흑인 인권운동에 앞장서 온 유서 깊은 교회가 병풍처럼 서 있었다. 그리고 그 뒤로 허드슨강이 흐르고 있었다.

유니언신학교는 특정 교단의 교리나 전통에 얽매이지 않고 창조적이고 해방적인 신학 형성에 앞장서 온 아주 독보적이고 특이한, 그래서 가난한 학교였다. 일찌감치 독일 신학자이자 목사인 본회퍼는 유니언에 일 년 동안 방문했다가(실은 나치를 피해 왔다가) 이곳에서 자신의 사명을 깨닫고 독일로 되돌아가 다음 해에 죽임을 당했다. 또한 나치를 피해 망명 온 종교사회주의자 폴 틸리히를 덥석 교수로 받아들여서 신학사에 길이 남을 조직신학자의 길을 걸어가게 한 곳이기도 하다. 디트로이트에서 노동자들의 참담한 생활을 목도한 라인홀드 니버를 교수로 받아들여 미국 기독교 역사의 새 장을 열었던 곳도 유니언이다. 유니언은 지금까지 소수 인종과 사회적 약자들의 소리에 귀 기울이며 좁은 길을 옹골지게 걸어온, 주옥같이 빛나는 자그마한 학교였다.

나는 학교의 유서 깊고 자랑스러운 이러한 것들보다 여러 선생님들이 보여준 사랑과 자애로움, 날카로운 학문적 비판력에 상응하는 깊은 인격에 도취되고 말았다. '아, 신학자들도 이렇게 따뜻하고 인격적일 수가 있구나!' 내겐 아주 놀라운 깨달음이었다.

내가 살던 방은 학교 정문 쪽 기숙사인 헤이스팅스(Hastings)의 7층이었다. 독신자들을 위한 6, 7층 기숙사는 외부 손님이 찾아오거나 조촐한 파티를 벌이는 주말을 제외하면 꽤 조용한 편이었다. 층 중간에 공동 주방과 공동 욕실이 있었고 각 사람이 작은 방을 하나씩 사용할 수 있었다. 내 방은 시끄러운 도로 쪽이 아닌 조용하고 아늑한 학교 뜰 쪽으로 창을 달고 있어서 나는 그 방에서 적요한 혼자만의 생활을 자유로이 만끽할 수 있었다.

흑인 슬럼가에 인접한 낯선 동네에서 혼자 무섭거나 외롭지 않았냐고 사람들이 묻곤 했던 그 시간, 그 공간은 내게 베풀어진 가장 풍요롭고 아름다운 선물이었다. 신기하게도 여장을 풀고 맞이한 첫날밤에 나는 무섭기는커녕 말로 형용하기 어려운 평온함을 느꼈다. 그리고 이른 새벽에 일어나 앉아 창문 사이로 비쳐 들어오는 햇살과 저편 풍경을 오래도록 정겹게 바라보았다. 누구의 침해도 받지 않는 이렇게 고적한 시간을 내가 오래도록 기다려왔음이 분명해졌고, 내가 이 순간 이 자리에 있게 된 것에 뭉클하게 감사했다.

한국인들도 거의 없고, 근방에 아는 이도 없는 곳에서 내가 점차 친해지고 사랑하게 된 것들은 깊숙한 도서관 책들에서 묻어나는 냄새, 알아들을 것도 같고 모를 것도 같은 강의시간, 붉은 빛이 고이는 저녁 무렵의 허드슨강변, 열 블록 떨어진 싼 가게에서 야채와 과일을 고르는 일, 정신없이 읽고 쓰다보면 허옇게 창문을 밝혀오던 새벽 미명, 빠듯한 생활에 유일한 사치였던 학교 앞 가게의 50센트짜리 커피였다. 그러던 즈음 그동안 내 몸의 귀찮은 일부인양 들쑤셔대던 두통이 스르륵 자취를 감추고 말았다. 따가운 햇살이 한가득 머물고 아래층 지붕을 두들기는 차가운 빗소리마저 감미로운 노랫가락 같았던 그 방에 머문 지 약 3개월만의 일이었다. 그것은 내 인생의 또 다른 놀라움이었는데, 너무 기뻤던 나는 십여 년간 가방 한켠에 늘 소지했던 두통 약통을 멀리 멀리 날려버렸다.

이를 두고 누구는 빈혈이 나은 것이라고 하고, 어떤 이는 일종의 '문화병'의 치유라고 말한다(특정한 환경과 조건 속에서 이유 없이 앓던 병이 살던 땅을 떠나 삶의 환경을 바꾸면 낫는 경우가 종종 있다고 한다). 나는 내 두통이 사라진 이유를 아직 명확히 알지 못한다. 다만 그것도 내겐 선물처럼 다가온 경이로움이었다는 것에 만족할 뿐이다. 물론 이따금씩 두통은 옛집에 한 번 들리듯이 찾아온다. 한 달에 두 번 정도. 그러나 통증의 빈도와 정도로 보자면 이것은 아무것도 아니다. 오히려 이따금씩 찾아드는 통증은 이젠 내게 까마득히 잊혀져 가는 오래된 아픔과, 그것이 한적한 고요와 평온함 속에서 일순간 잦아들었던 놀라운 일을 상기시키는 계기로 작용하기도 한다. 길거리나 여행길에서 아픈 경우를 대비해서, 그리고 이젠 약을 낱알로 판매하지 않는 약국 풍조 때문에 다시금 두통 약통을 가방에 챙기지만 이것 역시 예전처럼 지겹거나 한심하지 않다. 삶의 신비는 점점 더 자라고 그 속에서 나는 더 많은 선물을 발견한다. 지금껏 그랬듯이, 앞으로도 그럴 것이다.

2004.02.11

그 누가 'passion'을 떠드는가

'Passion of Christ'란 엄청난 대작이 만들어졌고, 사순절을 기해 미국의 흥행가도를 달리고 있다는 소식을 처음 들었을 때, 그것은 내 뇌리의 한구석에서 수 년 동안 미국의 무차별 공격 아래 생명을 잃고 스러져간 아프가니스탄 사람들, 이라크 사람들의 모습과 묘하게 오버랩되었다. 그리고 든 생각은 "사순절이 다가오니 때마침 그들에게도 속죄의 기회가 필요했을 게다"였다. 사람의 아들, 예수 그리스도의 짧은 죽음의 시간을 정지시키고 그것에 온갖 의미 장치와 물력, 인력을 쏟아붓는 사람들, 극단의 세속가도를 달리면서도 다시금 한 인간의 죽음 앞에 눈물과 콧물을 쏟아부을 수밖에 없는 미국인들과 다수의 세계인들에게 그 영화는 최소한의, 적절한 속죄의 순간이 되었는지는 잘 모르겠다. 이것은 영화를 보지 않은 이상 더 이상 말할 지점도 아니다.

유니언신학교의 조직신학 교수 들로레스 윌리엄스(Delores Williams)는 그녀의 두툼한 책에서 이렇게 물었다. "우리를 구원하는 것은 예수의 삶인가, 죽음인가?" 예수의 피흘림과 대속적 죽음이 인간을 구원했다는 입에서 닳고 닳은 신앙고백을 그녀가 몰라서 다시 물었겠는가. 예수의 고통과 죽음에 기반한 구원을 강조해 온 서구 그리스도교의 믿음 체계와 정서가 인간의 '새디스트'적인 경향을 강화시켰다는 지적은 이미 수십 년 전부터 시작되었다. 즉 그리스도의 죽음과 고통이 구원을 가져왔다는 측면에 대한 과도한 (문자주의적) 믿음이 개인과 역사의 고통에 무감하게 만들고, 도리어 그것을 '희생 제물'로 전환하고 미화시킨다는 말이다. 특히 여러 여성신학자들은 그동안 교회와 신학 전통이 높이 찬양해온 예수 그리스도의 '희생'과 죽음이 역사 속에서 다양한 계층의 약자들의 숱한 '희생'을 가져왔다고 비판한다.

윌리엄스의 물음도 바로 이러한 대목 속에 놓여 있다. 과연 우리가 맛보아야 할 구원의 희열은 예수 그리스도의 삶에 근거한 것인가. 정치적, 종교적인 대역 죄인으로 맞이한 가장 고통스러운 폭력의 한가운데에 있는가. 예수의 '고난'과 '죽음'은 그의 '삶'과 동떨어진 것이 아니다. 그의 삶 자체가 타인을 위한 것이었고, 그는 그의 삶 안에서 열린 하느님의 나라가 우리의 삶 속으로 이미 행진하고 있음을 가르쳤다. 예수가 맞이한 죽음의 순간도 그러한 삶의 연속이요 결정체였다. 그런데 역사적 그리스도교는 이상하게도 생명보다 죽음에 집착하고 그것에 크나큰 의미 부여하기를 쉬지 않았다(기실, 예수의 '죽음'으로 단번에 구원받았다는 것에 비해 예수의 '삶'을 따른다는 것은 어렵디 어려운 일이다). 그러면서 한편으로는 힘없는 약자들과 약소국들에게 폭력과 고통을 강요해왔다. 예수의 '희생적 고통'이 예수의 삶의 곳곳에서 벌어졌던 죄인들과의 향연, 용서와 치유, 이미 우리 삶 깊숙이 들어와 공중에 나는 새들까지 불러들이는 하느님 나라, 자유와 평등, 사랑으로 가득찬 그의 삶의 방식과 긴밀히 연결되어 있으며 그것의 연장임을 망각한다면, 우리는 고통과 고난 앞에서 맹목적이거나 무력한 사람이 되고, 타인의 고통과 고난에 무감(불감증)해지거나 오히려 그것을 강요하는 역사를 되풀이하게 될 것이다. 온전한 구원을 바라고 그 기쁨을 누리고 싶다면, 예수의 고통과 죽음보다는 그가 보여준 새로운 삶의 양식 자체에 감격하고 자신을 맡겨야 하지 않을까.

예수의 고통과 죽음은 여전히 '속죄'의 위력을 떨치고 있다. 그의 삶이 보여준 비밀과 희열에는 불감증을 앓으면서 그가 당한 가장 폭력적이고 슬펐던 최후의 몇 시간에 온 세계가 들뜨고 환호하는 이즈음에 그 환호가 적이 의심되어 적어본 짧은 단상이다. 고난주간 중에 이웃 교회에서 이 영화를 상영한다 하니 교회 아이들과 영화나 보러 가야겠다. 돈 주고 보기엔 영 석연찮으니.

2004.04.03

내 숨을 멎게 한 노래, '에델바이스'

나는 강릉과 주문진 중간에 자리잡은 '사천'이라는 작은 마을에서 초등학교 3학년을 맞았다. 그 곳은 아버지가 돌아가시고 난 뒤 어머니가 처음 부임한 목회지였는데, 집에서 학교까지의 5리 길을 서너 명의 동네 아이들과 어울려 걸어다녔다. 사천초등학교는 학년당 두세 학급으로 구성된 작은 학교였지만, 교육청에서 지정한 무슨 무슨 시범학교답게, 열의있는 교사들이 학교 안 동산에 매우 멋진 미술 조형품을 만들어 세우고 수많은 식물을 키우고, 학교 안의 연못에는 무수한 연잎과 작은 배가 떠다니고 있었던, 내 유년의 가장 호사스런 곳이었다.

2학년에 이어 3학년 때에도 담임이었던 김정희 선생님은 당시 전국 각지의 학교에 열풍처럼 번졌던 걸스카웃 지도교사였다. 규정상 걸스카웃은 4,5,6학년 학생들로 구성되었는데, 김 선생님은 학기 초에 3학년인 나를 걸스카웃 단원에 끼워 넣었다. 그때나 지금이나 어디 나서는 일엔 영 소질이 없는 내가 그것을 원했을 리는 없고, 아마 지도교사로서의 재량 혹은 특권을 그정도 행사했던 게 아니었나 싶다. 그리고 소소한 심부름 몇 가지를 한다는 명목으로, 선생님은 당시 때깔 곱게만 보이던 흑색 단복을 선물로 사주셨다. 선생님이 왜 날 거기에 끼워 넣었는지, 그 궁금증은 지금까지도 풀리지 않은 채 남아있다. 나는 가까이에서 잔심부름을 할 학생으로서는 몸놀림이 썩 재빠르거나 활동적인 아이가 아니었을 텐데 말이다. 어쨌든 그해 9월에 다른 곳으로 이사 가기 전까지의 짧은 걸스카웃 생활은 내게 적잖은 활력과 즐거움을 주었다. 토요일 방과 후 모임을 위해서 선생님은 나를 데리고 이것저것 준비하길 좋아하셨다. 그중에서도 내가 특히 좋아했던 것은 새로운 노래를 미리 배우고 다른 학생들에게 들려주기 위해서 간간이 녹음작업을 하는 일이었다. 도시락을 재빨리 먹고 아이들과 운동장에서 고무줄놀이나 땅따먹기 등을 하고 있던 점심시간에, 선생님이 녹음한 내 노랫소리가 갑자기 스피커를 통해 흘러나오는 바람에 가끔씩 놀란 적도 있다.

짧았던 걸스카웃 생활의 이런저런 일 속에서도 내 기억 한켠에 유난히 도드라지게 남아있는 일은 걸스카웃 단원이 된 덕분에 강릉 나들이를 했던 날의 일이다. 강원도 전체 대회였는지 아니면 영동권 대회였는지 알 수 없지만, 선생님과 몇 명의 단원들이 단복과 하얀 스타킹을 차려입고 강릉 옥천중학교에서 열리는 걸스카웃대회에 참여하기 위해 강릉으로 나서던 날은 하루 종일 소나기가 무섭게 퍼붓던 날이었다. 지금이라면 차로 이삼십 분 만에 닿을 그 거리를, 빗속에서 버스를 기다리고 몇 번씩 갈아타느라 새하얀 스타킹은 온통 흙탕물로 범벅이 되었고 우리는 후줄근하게 젖은 시골 새앙쥐들 형상으로 대회장을 찾았다. 그중에서도 가장 어수룩한 막내로 그저 선생님과 언니들의 뒤를 따라가느라 바빴던 나는 그 우울하기 그지없었던 날, 형용할 수 없고 잊혀지지 않을 감동과 가슴떨림의 순간을 만났다.

우천으로 바깥 행사를 진행할 수 없어서 온종일 넓디넓은 학교 강당에 갇힌 천 명 이상의 사람들이 북적이는 소란함과 무질서로 인해 각 순서 진행이 위태하기 짝이 없던 중, 멀리서 어떤 여자 선생님이 강당 위로 올라오는 것이 보였다. 그리고 그 많은 학생들을 향해 별다른 설명도 없이 어떤 노래를 부르기 시작했다. 처음 들어보는 그 노래를 선생님은 힘 있고 청량한 목소리로 천천히 서너 번 반복해서 불러주었다. 처음엔 국어로, 그다음엔 중고생들을 위해 영어로. 그 노래 제목이 '에델바이스'임을 나중에야 알았다.

나는 얼굴도 보이지 않는 먼 곳에서 들려오는 그 우렁차고 아름다운 노래를 듣는 동안 알지 못할 전율에 사로잡혔다. 온몸에서 힘이 마구 빠져나갔고, 그 자리에서 시선조차 움직일 수 없이 오직 그 노랫소리를 향해 빨려 들어갔다. 그리고 서너 번 반복이 끝났을 때 어느새 내 뇌리에도 '에델바이스' 곡조가 입력되어 내 입에서 저절로 흘러나오고 있었다. 아, 그러고 나서 나는 보았다. 그 많은 인파의 소란하던 웅성거림이 어느새 '에델바이스'를 따라 부르는 하나의 커다란 덩어리로 변한 감동적인 광경을. 빗물에 흠뻑 젖은 사람들의 온몸에 붙어 있던 그 기분 나쁘고 무겁던 기분을 무슨 마술피리로 홀리듯, 일시에 편안하고 매혹적인 옷으로 갈아입혀 주던 그 노래, '에델바이스.' 모인 사람들이 완전히 하나의 목소리로 그 노래를 부르게 되었을 때 이상하게 눈물이 나왔다. 눈물을 주르륵 흘리면서도 난 그 노래를 놓치지 않으려고 기를 썼다.

이후 수 년 동안 그 노래를 잃어버렸다가 중학교 음악시간에 제대로 만날 수 있었다. 또 몇 년 후 영화 '사운드 오브 뮤직'의 절정의 장면에서 그 노래가 흘러나오는 것을 보았다. 물론 지금은 문득 귓가를 스치는 '에델바이스' 노래에 눈물이 나거나 전율에 숨이 멎지는 않는다. 게다가 쏟아지던 빗속에서 그날 처음 들려온 '에델바이스'의 무엇에 내가 그리 강렬하게 사로잡혔는지도 정확히 알 수 없다. 그 이국적이고 아련하게 마음을 사로잡았던 멜로디, 혹은 가사, 미지의 선생님이 들려주던 곱고 힘 있던 목소리? 아니면 난생 처음 강릉 나들이에 나선 내 들뜬 가슴은 그 무엇에라도 감동과 전율을 느낄 준비가 되어 있었던 걸까? 아무것도 정확하게 말할 수 없다. 그런데도 그날의 모든 것이 지금까지 내 가슴을 뛰게 만든다.

담임선생님이 선물로 사주신 폼 나던 걸스카웃 단복, 하얀 스타킹을 검붉은 진흙물에 적셔가며 어렵게 찾아간 강릉길, 낯설고 커보였던 수많은 인파 속에서 잔뜩 주눅들어 있던 가장 어렸던 나, 문득 멀리서 들려와 내 전신과 혼을 정지시켜버린 노래

'에델바이스', 그 노래를 따라 부르며 서서히 하나가 되었던 사람들, 그리고 알 수 없이 흐르던 눈물방울….

열어놓은 창틈으로 빗줄기 소리가 여전히 들려오는 이 깊은 시간에, 나는 갑자기 '에델바이스'를 커다랗게 부르고 싶다.

2004.05.29

장맛비 앞에서

며칠째 여름 장맛비가 계속 내리고 있다. 거센 폭포수처럼 강타하는 소나기로 쏟아지는가 하면 오늘 같은 날은 소슬하니 차분하게 내려앉는다. 장대 같은 빗줄기가 하루 종일 쏟아졌던 어제는 앞집에서 지하 창고에 새어드는 물을 퍼내는 움직임과 소리가 더욱 부산했다. 한밤중까지도 물을 퍼내는 소리에 또 마음이 쓰여서 창문을 넓게 열고 이리저리 아래를 둘러보았지만 정확히 어디서 물을 퍼내는 것인지 볼 수 없었다. 며칠째 앞집의 물 퍼내는 소리가 들려올 때마다 나는 하던 일을 멈추고 서서 잠시 우두해진다. 저 소리가 자꾸 어딘가로 나를 데려가기 때문이다.

수년 전 감신에서 박사과정을 시작하게 되었을 때 여차저차 끌어 모은 돈과 어머니가 내주신 돈을 합쳐서 불광동 한적한 동네에 방 하나, 부엌, 화장실이 달린 지하 전세방을 얻었다. 손님을 재울 공간도 없고 햇살도 잘 들지 않는 작은 집이었지만 남들 보기엔 나이 든 능력 없는 여자가 혼자 불쌍하게 사는구나,

싶었을지도 모르지만, 나는 '이만하면 감지덕지'라고 여겼고 실제로 만족스러웠다. 온전한 '나만의 공간'이 있다는 것, 그것은 사실 아무에게나 주어지는 축복이 아니라는 것을 알고 있었고, 그 공간에서 나는 한없이 자유롭고 즐거웠다.

그런데 한여름 장맛비에 아무런 대책이 없다는 것이 그 집의 최대 난점이었다. 첫 해 여름엔 화장실 하수구로 역류해서 들어온 흙탕물이 집안에 발목 정도까지 차오르는 바람에 물을 퍼내고 방을 닦아내느라 잠을 못 잤고, 또 한 번은 잠자다가 일어나 갑자기 쳐들어온 물줄기를 퍼내느라 혼비백산했다. 두 번째 여름엔 무섭게 퍼붓는 장마에 바로 집앞의 하수구가 터지면서 시뻘건 물이 근방의 몇몇 지하 집들로 마구 범람해 들어오고 말았다. 갑자기 흙탕물이 내 집안으로 쳐들어온 것은, 하수구가 넘칠까봐 걱정되어 교회에서 저녁도 안 먹고 돌아온 토요일 저녁이었다. 매해 장마가 찾아오건만 급하게 지어진 집들과 건물들은 그저 자기만 피해가기를 바라고 있었는지 아무런 대책도 없이 조야하게 서 있었던 것 같다.

흙탕물이 쏟아져 들어오는 것을 멍하니 바라보고 있자니 차라리 마음 한켠이 편안해지는 거였다. 어차피 겪어야 할 일이 찾아왔을 뿐이라는, 이제는 조바심칠 일이 없다는 나름의 자조와 체념이었을까. 물은 하염없이 흘러들었고 나 역시 하릴없이 물을 퍼내는 수밖엔, 다른 수가 없었다. 위층에 사는 주인 내외가 내려와서 한 시간여 물을 퍼주다가 졸리다며 돌아갔고, 나는 혹시나 싶어서 미리 사두었던 샌드위치로 허기를 달랬다. 밤 열두 시가 넘자 손발이 마구 저리고 허리가 끊어질 듯했지만, 눈앞에서 벌건 물이 계속 들어오는데 어쩌랴. 또 퍼내고 퍼냈다. 범람하던 물이 잦아들기 시작한 것은 창가에 부우연 미명이 비쳐들기 시작하던 새벽 5시가 넘어서던 즈음이었다. 그리고 부지런히 물을 퍼내던 양동이와 쓰레받기, 걸레 등을 저만치 밀어두고 겨우 한 시름 돌리며 흘낏 훔쳐본 시각은 오전 6시 반을 가리키고 있었다. 그제서야 가볍디 가벼운 너털웃음이 터지더니, 그 다음엔 몇 방울 눈물이 뺨을 적셨고, 참을 수 없는 몸의 통증이 나를 내리눌렀다.

물에 푹 젖은 책들과 세간살이를 꺼내 닦아내고 정리를 해야 하는데, 평소 같으면 교회를 가기 위해 몸을 움직여야 하는 시각이 바투 지나가고 있었다. 정신을 가라앉히고 잠시 생각한 뒤 조금 이른 시각이긴 했지만 교회학교 부장에게 전화를 넣었다. 밤새 물을 퍼냈지만 아직 정리해야 할 일이 남아서 지금 당장 교회로 향할 수가 없다고, 교사회의와 오후예배엔 갈 수 있을 거라고. 그러고 나서 무심결에 동해 어머니에게 전화를 걸었다. 허탈과 무념에 빠진 상태에서 뭔가 작은 위로라도 받고 싶었던 걸까. 자식에게 도닥도닥 부드러운 위로 같은 것은 결코 주실 줄 모르는 분이라는 것을 뻔히 알면서도 말이다. 어머니께 어제 저녁에 집앞 하수구가 터져서 밤새 물이 들었으며 이제서야 한시름 허리를 폈다는 내 힘없는 말에 어머니는 이렇게 말씀하셨다. "나도 티브이에서 남쪽 수재민 방송 보느라 잠을 못 잤다. 남쪽에서는 집들이 부서지고 아예 집채가 둥둥 떠내려가더라. 거기에 비하면 아무것도 아니니 잠깐 눈 붙이고 교회 가거라." 역시 내 어머니임을 확인하면서 수화기를 내려놓는데 시큼한 서운함이 가슴 언저리를 붙잡고 늘어졌다. 그때의 별로 놀라지도 않고 딱히 위로의 어조도 아니었던 어머니의 말투를 나는 앞으로도 오랫동안 잊지 못할 것이다. 기대가 없었다면 서운함도 없어야 할 텐데 엉겁결에 나는 잠시나마 기대고 싶었었나보다.

두 해 여름의 물 재난을 겪고 난 늦가을이었던가, 동생과 올케가 어머니를 설득했던 모양인지 어머니가 다시 집을 얻어 보라고 하셨고 나는 마침 위층으로 이사를 갈 수 있었다. 그 와중에 「은유신학」을 번역하느라 들고 다녔던, 동생이 준 고물 노트북이 아예 망가지는 바람에, 새 집으로 이사하던 날 나는 마침 가격 저하에 들어간 컴퓨터까지 들여놓는 횡재까지 감행했다. 그리고 바로 다음 날 내가 학교 간 사이에 찾아든 도둑이 현금 삼십만 원을 고스란히 들고 가는 바람에, 순식간에 사라진 한달 생활비를 아쉬워하며 한 달 동안 부지런히 도시락을 싸들고 다녔다.

빗소리가 굵어지면 더 분주해지는 앞집의 물 퍼내는 소리에 며칠째 내 마음도 자꾸 젖어든다. 앞집 지하가 사람이 사는 집이 아니라 창고임을 상기하며 다행스러워하다가도, 또다시 들려오는 소리에 어쩔 수 없이 나는 또 창 쪽으로 고개를 치켜든다. 밤새도록 시뻘겋게 쳐들어오는 물을 퍼내고 난 뒤 털썩 주저앉은 내게 여전히 창가를 붉게 두드려대는 아침햇살은 따습고 반가웠던 대신 약간의 비애와 배신감을 몰고 왔다. 그날 아침의 무심한 햇살보다 더욱 무심해보였던 내 어머니에게(속으로는 어떠셨던간에), 잠시 허전하고 머리가 아팠다. 그랬던 어머니는 수 년 사이에 더욱 기력을 잃었고, 이제는 그러한 무심함을 지탱하기 힘들 정도로 늙으셨다. 집을 나서면 어느새 내 손을 꼬옥 잡고 있는 어머니, 문득 무력하고 가엾어서 내가 손아귀에 더욱 힘을 줄 수밖에 없는 어린아이처럼 내 옆에 서 있다. 여름 장마가 깊어지는 며칠 사이에 찾아드는 서늘하고 저릿저릿한 단상이다.

2004.07.09

내 동생, 시인, 정 목사

들꽃 제단

– 정명성

금계국, 초롱꽃, 끈끈이대나물, 개망초
유월의 들판에 피어난 꽃들이
검은 도자기 화병에 담겨
강단에 올려졌다

꽃을 꺾어온 할머니처럼,
주위를 끌어당기는 선명한 빛깔도
첫눈의 넋을 빼앗는 우아한 자태도
가슴을 울렁이게 하는 농익은 향내도
없는 것이 들꽃인지라

이런 거친 꽃들을

제단에 놓아도 되는 것인지
주저와 망설임으로 한밤을 보내고
누가 볼 새라 잰걸음으로
신문지에 싼 꽃을 품에 안고 와서
논밭의 흙을 매만지던 주름진 손으로
꽃병에 담아 단 옆에 세워두고서는
그 투박한 볼품이 마음에 걸려
예배 내내 안절부절
시선 둘 곳을 못 찾는 할머니

실은,
그 할머니가 꽃이었다
더 이상 아름다울 수 없는 천상의 꽃!

동생 정 목사는 아직도 시를 쓰는 사람이다. 초등학교 고학년 잠깐 동안 글짓기반에서 책 읽고 글쓰는 법을 배운 이후, 그때 가지고 놀던 다른 장난감들은 모두 사라졌건만, 시 나부랭이를 쓰는 버릇은 여직 버리지 않았다. 푸른 바다가 앞마당처럼 펼쳐져 있던 첫 목회지의 몇 년 동안 혼자서 주보에 시와 여러 글을 써 올렸고 우연히 그것을 읽게 된 어떤 목사님이 출간을 재촉하는 바람에 수년 전에는 시집을 만든 적도 있다. 「하늘빛 바다」라는. 반 대표로, 학교 대표로 글을 써야 했던 중고등학교 시절이 끝난 후 글에 대한 열정이 숨었거나 사라져버린 나로서는 혼자서, 묵묵히, 고독하게 저리 곱고 깊은 글을 뽑아 올리는 동생이 참 대견하고 부러웠다.

그 몇 년 후 이웃 교회의 부목사로 일하게 되면서 동생은 바빠서였는지, 복잡한 시간의 리듬에 시심을 잃어버린 것이었는지 더 이상 시를 쓰는 것 같지는 않았다. 그러나 언젠가 〈새가정〉 잡지에 기고했던 일련의 글들 속에서, 시심이 동생에게 여전히 살아있음을 느낄 수 있었다. 오히려 어릴 적의 시심은 구도자의 길에서, 목회자의 길에서 남모를 제 깊이를 나날이 세워가고 있었다. 그러나 나는 내색은 안했지만 한켠으로 불안했다. 그의 남다른 시선과 재능이 그냥 흩어지고 사라질까봐. 이따금씩 동생 집에 들렀을 때 월급날 사다 놓은 소설집들이 눈에 띄고, 밤늦은 시간에 혼자 컴퓨터 앞에 앉아 이런 저런 시들을 읽기도 한다는 올케의 말도 들었지만, 더 이상의 삶의 틈과 사색의 여유를 허락하지 않는 그의 현실이 못내 안타까웠다.

올해 1월에 춘천의 시골마을로 목회지를 옮긴 이후, 동생은 다시 시를 쓰고 주보에 글을 올린다. 교우의 절반 이상이 할머니인 작은 교회에서 교우들에게 '시인 목사님', '말씀이 깊은 목사님' 소리를 들어가며 시골 교회에서 목회자의 삶을 살고 있다. 어찌 보면 내가 우려했던 것과는 달리 그에게 시란, 담담히 숨을 내쉬고 들이마시는 것처럼 자연스러운 호흡과 같은 것인지도 모르겠다. 손님을 맞느라 하루 종일 바깥에서 서성이던 어제, 타임

즈 기자로 있는 후배의 전화를 받았다. 몇 주 전에 자기가 어디서 우연히 읽은 정 목사의 시를 본인의 의사도 묻지 않고 신문에 올렸다고. 그런데 그저 좋아서 황급히 올린 시가 원래 글의 맨 위 한 줄을 잘라먹은 것이었음을 며칠 전에서야 알았다고, 정 목사가 어떤 코너의 필진이 되어주면 좋겠다는 내용이었다.

늦은 시간에 집에 돌아와 최근 호 〈기독교타임즈〉를 뒤적이다가 한 귀퉁이에 실린 위의 시를 발견했고, 동생에게 전화를 걸어 원래의 시를 그의 카페에 올려달라고 요청했다. 아주 최근에 동생은 교회 카페를 만들어서 교회 공동체의 코이노니아를 돕는 한편, 본인이 쓴 깊은 영성의 글들과 영혼의 음악들을 올려놓고 있다. 그리고 오늘 아침에 카페에 들어가 보니 그의 시 원문이 올려져 있었다. 문외한인 내가 보기에도 덜 다듬어지고 다소 투박한 시임이 분명하지만, 지치지 않는 걸음으로 주변의 생명들을 돌아보며 제 갈 길을 가는 시인의 혼이 담뿍 담겨있는 좋은 글이다. 누가 뭐래도, 동생 정 목사는 시인이다.

그늘

– 정명성

삼십육 도, 삼십칠 도, 삼십팔 도

하루가 지나면

최고 온도 기록도 따라서 바뀌는

중복 더위의 고개를
비척비척 넘는다
지난 십 년 동안 날을 가다듬어 왔다는
폭염의 맹위에 견디지 못해
탄저병에 타들어가는 고춧잎마냥
마른 숨을 몰아쉬는 여름에

뙤약볕 아래 사는 모든 것은
그늘이 된다
길가나 집 뜰에 무성한 가지를 뻗은
버드나무나 목련은 물론
논두렁을 기는 잡풀이나
울 아래 키 작은 채송화도

범선처럼 둥둥 떠서
달아오른 대지 위에
섬 같은 그림자를 내리운 뭉게구름이
뜨거운 하늘을 건너는 한낮도,
거기에 늘 말없이 서 있으면서
변함없이 노을빛 그림자를 마을에 드리우는 산이
어둑어둑 물들어오는 저녁도
그늘이 머무는 시간이다

나뭇가지에 붙어

목 놓아 우짖는 매미는

나무보다 더 큰 그늘이 되고

밀짚모자에 수건을 내리쓰고

작열하는 밭에서

끝물 옥수수를 거두는 촌로는

들판을 넉넉히 덮는 그늘이 된다

2004.08.06

어떤 '가족'을 그리워하며

얼마 전에 요즘 집에서 키우는 고양이와 사랑에 빠진 선배 언니의 이야기를 듣다가 예전에 내가 만났던 한 '가족'이 생각났고, 곧 그들이 손에 잡힐 듯 그리웠다. 인생을 살아가는 동안 다행히도, 기억이나 추억 속에 숨겨두고 몰래 그리워할 만한 두 서너 존재를 만나게 된다면, 그들은 내게 그런 존재이다. 이따금씩 색바랜 추억 한조각 꺼내드는 순간, 서늘하고 무심하게 가라앉은 내 일상의 두께를 당당하게 뚫고 다가오는 저 곱고 사랑스러운 존재들.

십여 년 전, 미국의 유니언신학교에서 나는 한 '친구'를 만났다. 벌(Beryl)이란 이름을 지닌, 자애롭고 용기있고 지혜로운 여성이었다. 그녀는 십수 년간 UMC 목사로 살다가 나이 오십에 박사과정에서 윤리와 예전을 공부하고 있는 중이었다. 내 과제물을 교정 봐줄 사람을 찾던 중(외국인 학생들을 위해 학교에서 고용한 학생이 있었지만, 나는 웬지 그녀의 첫인상이 싫었고 첫 만남에서 그녀가 보여준 외국인에 대한 무지와 무배려에 무척 마음이 상했다) 해리슨(Harrison) 교수의 수업조교로 구석에 앉아있던 그녀와 따악 눈이 마주치고 말았다. 그 순간 나는 알 수 없는 이유로 편안함과 기쁨을 느꼈고 '난 당신의 도움이 필요해요'라고 속으로 신호를 보냈다.

수업이 끝난 뒤 나의 텔레파시가 용케 통했는지 "당신에게 할 말이 있어요"라는 내 말에, 벌은 "그럴 거라고 생각했다"고, 학교 앞 가게에서 맛있는 베이글에 치즈를 얹어서 커피와 함께 간단한 저녁을 먹는 게 어떠냐고 말했다. 마치 내가 다가오기를 기다리고 있기라도 했다는 그녀의 말투와 눈길은 더없이 깊고 다정하고 유쾌했다. 그날로 벌과 나는 나이와 국적과 입지를 떠나서 '친구'가 되어갔다. 그녀는 내 삶이 상상하지도 못했던 가장 큰 선물 중의 하나였다. 만남의 매 순간마다 내가 나이가 들면 '저이와 같은 사람이 되고프다'는 환하고 벅찬 바람을 불러일으켰던 그녀. 그것은 예상치 못한 축복이었다.

벌의 개인사 이야기는 말할 필요가 없지만, 그 당시 그녀의 유일한 가족이었던 커다란 개 '멀씨(Mercy)'와의 다소 독특하고 특별했던 사랑만큼은 누누이 말하고 기억해도 좋으리라. 그녀는 10년이 넘도록 늙은 개 멀씨와 깊고 깊은 가족관계를 만들어왔고 서부에서 동부로 올 때에도 당연히 데리고 왔다. 그녀와 멀씨가 함께 살고 있는 작은 아파트 출입문엔 '멀씨와 벌이 사는 집'이란 팻말이 예쁘게 걸려 있었고 둘은 거의 그림자처럼 붙어다닐 만큼(때로는 수업시간까지) 극진히 사랑했다. 오랫동안 채식과 더불어 생활해오면서 동물의 생명 존중에 대한 지적 인식을 갖고 있었지만 정작 동물과 살거나 교류를 해본 적이 없는 내게 그들은 친근한 '가족'으로 비쳐졌다.

한 번은 벌이 서부에 있는 어머니가 아파서 문안을 가야 하는데 이틀 동안 멀씨를 맡길 곳을 찾지 못했다고 걱정을 했다. 마음 같아서는 얼른 내가 맡아주겠다고 하고 싶었지만, 동물에 대한 두려움에서 벗어나지 못한 나는 주저하고 있었다. 그러자 내 마음을 읽은 벌은 "그러면 하루 두 번 식사를 챙겨주는 것, 저녁 산책 나가는 것, 함께 자는 일만 해보면 어떻겠냐?"고 했고 나는 호기심 반, 걱정 반으로 동의했다. 생전 처음으로 동물과 함께 생활해보는 것은 생소하고 부담스러웠다. 먹을 것을 주고 저녁 산책 나가고 똥을 치우는 것은 그다지 어렵지 않았지만, 가장 고심거리는 내가 과연 멀씨의 곁에서 잠을 잘 수 있을까, 였다. 벌의 침대와 멀씨의 작은 침대는 아주 가까이, 나란히 놓여 있었기에.

그날 밤 불 꺼진 깜깜한 방에서 멀씨의 고단한 숨소리를 듣느라 나도 거의 잠들지 못했지만, 멀씨 역시 멀리 떠난 가족을 기다리느라 한껏 신경을 곤두세우고서 잠들지 못했다. 평소의 먹성은 어디로 갔는지 내가 부어주는 먹이도 거의 먹지 않았고 출입문 곁에 쭈욱 뻗은 채 잘 움직이지도 않았다. 그들이 함께 살아온 시간만큼이나, 아니 그것보다 더 단단하게 엮인 진하고 눈물겨운 '관계'를 본 셈이었다. 벌이 내게 굳이 멀씨와 함께 자 달라고 부탁한 것은 그 둘은 거의 떨어져서 자본 적이 없으므로 자기가 없으면 멀씨가 잠을 못 잘 거라는 이유, 그리고 멀씨는 겁이 많아서 밤을 무서워한다는 이유에서였다. 그러나 정작 그날 밤 무서워서 못 잔 것은 나였고, 세상의 유일한 가족이자 친구인 벌이 집을 비우자 멀씨는 잠자는 것만 아니라 거의 식음을 전폐하고 집 나간 사람만을 기다리고 있었다.

이틀째 되던 날 저녁 산책에서 돌아오던 길에서 "멀씨!"라고 부르는 소리가 멀리 어디선가 들려오는 듯 했던가. 내가 막연히 그것을 느끼는 순간 멀씨는 이미 내 손에 쥐어진 고삐를 힘껏 제끼고 어디론가 쏜살같이 달려가고 있었다. 아, 거기에 벌이 양팔을 한껏 벌리고 달려오고 있었다. 멀찍이서도 내 가슴을 뭉클하게 했던 그 장면은 앞으로도 잊기 어려울 것이다.

내가 한국으로 돌아온 뒤 마음과는 달리 벌과 아주 간간히 소식을 주고받을 수 있었다. 그녀가 보내온 편지는 늘 충만함과 격려와 멀씨에 대한 사랑으로 가득했다. 그러다가 수년 전 나는 벌로부터 슬프고 감동적인 편지를 받았다. 당시에도 이미 늙은 상태였던 멀씨가 몇 달 전 병에 걸려 죽었다는. 가까운 십여 명의 친구들을 불러 '성인공동체'에 들어가는 의식을 갖춰 장례식을 마친 뒤 슬픔을 견디느라 줄곧 힘들었다는. 찬송가나 성경에서 'Mercy'란 단어만 봐도 예배시간에 눈물이 치솟았다고 했다. 그런데 바로 얼마 전에 가까운 지인이 자신에게 어떤 이야기를 메일로 보내주었는데, 그 이야기를 읽고 나서 조금씩 슬픔을 추스를 수 있게 되었다고 했다. 그녀가 들려주는 이야기에 의하면,

평생 가족처럼 사랑하며 살았던 사람을 뒤로 하고 먼저 세상을 떠난 동물은 곧바로 하늘로 올라가지 않는단다. 자신을 극진히 사랑하고 보살펴준 사람 주인을 내내 기다리다가 사람 주인이 세상을 떠나오면 둘이 함께 마저 올라간다고 했다. 그러고 나서야 찬송가나 성경 속에 나오는 수많은 'mercy'를 통해 하느님이 자신에게 베풀어준 은혜와 사랑을 다시 기억하고 감사할 수 있게 되었노라고 씌어있었다.

요즘 어머니를 대하는 시간이 많아지면서 어머니가 자신이 걸어온 인생을 깊이 반추하고 있음을 바라보게 된다. 어머니는 먼저 세상을 떠나 하늘나라에 가 있을 아버지에 대한 미움과 섭섭함을 해결하는 일이 인생의 남은 과제라고 몇 번 말씀하셨다.

일단 생명을 부여받고 그 시간을 살아가는 모든 존재는 타 존재와 여하한 '관계'와 '사랑'의 방식을 지어갈 수밖에 없다. 그러나 그 관계와 사랑의 방식과 색깔은 너무나 각양각색이고, 때로 그 다채로움 때문에 스스로 공허감과 상처에 노출될 수도 있다. 또한 부부지간, 형제지간을 통해 그러한 깊이를 배우고 형성해가는 이들이 있는가 하면, 벌과 멀씨처럼 종의 차이를 넘어서 더욱 깊은 사랑의 관계를 걸어가는 이들도 있다. 물론, 벌은 같이 살아가는 멀씨뿐만 아니라 주변의 모든 사람들과 존재에게, 그리고 나와 같은 이국인에게 공평하고 자애로운 사랑을 베풀어 주었다. 그녀는 같은 종 간의 사랑만 아니라 종의 차이를 넘어서는 관계 차원과 방식까지 고스란히 간직하고 그 키를 높여가는 사람이었다. 재작년 가을에 미국을 방문했을 때 나는 선배 언니의 도움으로 소식이 끊어진 벌의 연락처를 UMC 목회자 주소록에서 찾아낼 수 있었다. 내가 보낸 짧은 엽서에 당장 날아온 답장엔 지금은 세 명이 함께 산다고, 말할 수 없이 사랑스러운 개가 그 중 한 명이라고 씌어있었다.

내 주변엔 동물 가족과 함께 살아가는 사람들이 늘어가고, 나는 그들을 존경하면서도 여전히 그것과는 무관하게 살아간다. 한편으로는 동물을 반려가족으로 맞아들이는 사람들이 늘어난다고 하지만 길거리에 버려지고 유기되는 동물들도 급증하고 있다니, 오늘날 인간의 동물 사랑이 과연 진정한 것인가, 하는 의혹도 내려놓을 수 없다.

'근대'라는 잣대를 통해 정신병자와 죄수들이 더욱 이질적으로 유폐되었듯이 인간의 기준을 잣대로 동물을 다루는 방식을 종국적으로 사랑이라고 할 수 있는지에 대해 아직 확고한 믿음이 없다. 그런데도 나는 이따금씩 벌과 멀씨의 사랑을 떠올리게 되고, 그들에게 나직이 "yes!"라고 외친다. 바로 곁의 사람에게도 환대와 지속적인 우정으로 대하기가 쉽지 않은 나 자신을 바라볼 때면, 더욱 더 그들이 그립고 존경스러워진다. 어쨌든 그들은 서로에게 가장 뜨거운 가족이었으므로. 가을이 깊어갈수록 그 가족이 그립다.

2004.10.03

멜리사(Melissa) 이야기

겨울옷을 꺼내던 중, 내 옷가지 중 가장 튼튼하고 보온효과가 있는 겨울바지의 상표 'Melissa'가 설핏 눈에 들어왔다. 미국에서 돌아오던 해 겨울에 내 보잘 것 없는 옷가지들을 불쌍히 여긴 어머니가 건네 준 돈으로 올케랑 한나절을 나돌아다닌 끝에 멜리사란 가게에서 바지를 골랐다. 알고보니 멜리사는 다시는 내 생전에 엄두도 못 낼 만큼 꽤 고가의 점잖은 옷을 취급하는 명품 명이었다. 쇼핑과는 거의 담을 쌓다시피 하는 내가 뭘 모르고 들어갔다가 하도 내게 잘 어울린다는 올케의 꾀임에 넘어가(실은 더 이상 돌아다닐 수 없을 만치 피곤의 극치였다) 샀던 검은색 바지.

아, 멜리사. 멜리사의 철자가 내 눈에 들어오는 순간, 아련하지만 세차고 따뜻한 바람과 같은 기운이 나를 사로잡는다. 멜리사는 지금 어디서, 어떻게 살고 있을까. 미국에서 나는 6개월간 어떤 랭귀지 프로그램에 다닌 적이 있었다. 여윳돈이 없었던 탓에 한 시간 거리에 있던, 한국학생들도 많이 다닌다는 대학을 접어두고 더 싼 곳을 찾다가 우연히 알게 된 한 커뮤니티 컬리지(community college). 맨해튼에서 한 시간 지하철을 타고 가서 거기서 약 30분간 버스를 타고 다시 약 20분을 또 버스를 타야 닿을 수 있었던, 유색인종 학교라고 할 만큼 대부분이 흑인학생이었던 학교였다. 그 학교에 대한 아무런 정보도 없었지만 오직 싸다는 이유만으로, 나는 하루 세 시간 공부를 위해서 네 시간씩 오가기 시작했다. 그래서 매일 새벽 여섯 시에 기상을 해야 했는데, 한국에서 학원문화에 적응해본 적이 한 번도 없던 나는 그 두 학기동안 결석이나 지각을 한 적이 없었다. 지금 생각해도 신기할 따름인 그 당시, 내게 매일 매일 오가고 공부할 수 있는 에너지와 의욕을 준 사람이 바로 멜리사였다. 그녀는 두 시간 중 한 시간을 담당했던 영어선생님이었다.

멜리사는 흰색과 회색 머릿결, 누구도 흉내 낼 수 없이 밝고 풍부한 웃음소리, 엄청난 유머감각, 매 시간마다 내 감동을 자아낸 지적 상상력을 가진 여성이었다. 그 멀고 낯선 학교에서 첫 시간에 멜리사를 만나게 된 것은 내가 상상하지도 못했던 행운이었고, 행복이었다. 자기 소개시간에 나는 유니언신학교에서 신학을 공부하는 한국인이라고 말하자, 멜리사는 내게 환한 미소를 머금고 윙크를 해주었다. 내가 교실에 들어서던 수업시간 10분 전, 아직 두어 학생들만 와 있던 자칫 공허했을 교실을 더없이 따스하고 평온한 공간으로 만들어준 사람이 바로 멜리사였다. 그녀는 매일 수업을 시작하기 전에 칠판에 음미해볼 만한 짧은 경구를 적어놓았는데, 그 출처는 종교인, 문학가, 철학자, 포크송 가사 등 경외스러울 정도로 다양하고 심오했다. 그들의 깊은 사상의 한 구절을 영어가 낯선 타인들에게 소개하고 설명하는 일은, 지금 생각해보면 결코 쉽거나 단순한 일이 아니었다.

전직 초등학교 교사였다는 그녀는 아주 작고 연약한 사람들을 넓게 끌어안을 수 있는 부드러움과, 세상의 모순과 불의에 대해 문제를 제기하고 물러서지 않으려는 강한 비판정신을 동시에 가지고 있는, 흔히 볼 수 없는 사람이었다. 간혹 브레이크 타임에 그녀가 끼고 다니는 책들을 가까이 들여다보면서 그녀가 얼마나 자유롭고 대담한 사유를 하는가를 엿볼 수 있었다. 멜리사에겐 태어날 때부터 듣지 못하지만 부모의 남다른 노력 끝에 듣지 못할 뿐 상대방의 입모양을 보고 모두 알아듣고 말도 잘하고 명석한 여동생이 있다고 했는데, 어쩌면 가장 가까운 가족의 장애를 온몸으로 끌어안고 받아들인 그녀였기에 사회적 약자에 대한 관심이 남다른 것이 아니었을까, 혼자 생각한 적도 있었다.

미국 내의 온갖 차별과 불평등, 빈곤과 인권 등의 문제를 예민하게 읽고 반응하는 사람, 멜리사. 그녀가 지닌 한없는 부드러움의 이면에 자리잡은 급진적인 사유와 발언에 대해 때때로 보수적이고 무지하기 짝이 없는 몇몇 한국, 중국계 학생들이 맞서고 충돌하는 일이 생겼다. 반여성적인 부족 전통을 피해 탈출해서 천신만고 끝에 미국에서 불법 체류자로 살게 된 한 아프리카 여성의 기사를 읽어주면서 그것이 정치적 망명과 인권의 문제로 다루어질 수 있는지를 묻는 멜리사에게 그들은 "그것은 국가의 문제, 가족의 문제이니 당장 아프리카로, 부족과 가족들에게 돌려보내야 한다"고 아우성치는 식이었다. 여성에겐 망명도, 인권도 적용될 수 없다는 그들의 무서운 이데올로기성 발언에 나는 숨이 막히곤 했다. 그녀와 나의 특별한 교류가 시작된 것은 그때부터였다.

다양한 배경을 가진 학생들에게 존중과 배려를 잃는 법이 없던 멜리사에게 교실 내에서 사용 금지된 한국말을 주고받으면서 대들던 몇몇 한국 남학생들의 무례함을 나는 더 이상 참지 않기로 작정했던 것이다. 그들이 영어로 선생에게 맞서면 나도 영어로 맞서고(그러니 얼마나 진풍경이었겠는가), 그들이 한국말로 뻴소리를 해대면 나도 한국말로 그들에게 맞대응했다. 살벌한 교실 풍경이 일주일가량 지나자, 한국 남학생들이 슬슬 내 눈치를 보기 시작하더니 그 버릇없던 뻴소리들이 잦아들었다. 나는 그녀를 특별하고 가슴 뛰게 하는 사람이라고 생각했고, 멜리사 역시 나를 재능 있고 독특한 사람이라며 지속적으로 격려해주었다.

내가 제출한 작문과 일기, 내가 하는 발표를 그녀는 놓치는 법이 없었고, 다시 돌려받은 과제물마다 "애성, 너를 만나게 된 것이 말할 수 없이 기쁘다", "너를 있게 한 모든 것, 너의 국적, 가족사, 신앙, 사유의 시간 모든 것이 언젠가는 네게 더 없는 축복이 될 거야", "넌 분명 작가가 될 거야. 아니, 이미 믿을 만한 작가야. 내 말을 믿어", "서울에 가면 너처럼 용감하고 지혜로운 여성을 또 볼 수 있니?(그녀 특유의 유머)", "애성이가 말을 할 때면 내 귀가 얼마나 쫑긋 길어지는지!" 등등의 응답이 가득가득 씌어 있었다. 그러니 어찌 내가 매일 아침 새벽 6시가 기다려지지 않았으랴. 뉴욕시의 어두컴컴하고 지저분한 지하철과 버스를 하루 네 시간씩 오르락내리락하는 일이 어찌 내게 피곤할 수 있었으랴. 다소 뚱뚱한 체구, 노인마냥 멋없는 머리 색깔, 계절이 바뀌어도 전혀 바뀔 줄 모르는 그녀의 치렁치렁한 치마와 펑퍼짐하고 알록달록한 색상의 셔츠를 어떻게 내가 사랑하지 않을 수 있었으랴.

학기가 끝나 가던 무렵의 어느 금요일, 멜리사는 조금 별난 숙제를 내주었다. 학생들에게 직접 한 장씩 건네준 종이쪽지에는 누군가의 이름과 전화번호가 적혀 있었는데, 주말 동안 그 연락처에 전화를 해서 상대방과 15분 이상 대화를 한 후 다른 사람들에게 그가 어떤 사람인지를 발표해 보라는 거였다. 쪽지에 적힌 상대방은 우리가 전화를 할 것이라는 것을 이미 알고 있으며, 아주 반가워할 거라며 두려워하지 말라면서.

미지의 누군가에게, 그것도 낯선 외국말로 전화를 하고 말을 건네야 하는 일은 깊은 호흡과 용기를 필요로 하는 일이었다. 주일 저녁에 어렵사리 번호를 누르고 상대방에게 조심스레 이름을 확인했을 때, 전화선 너머의 남자는 얼른 내 이름을 부르며 내 전화를 기다리고 있었다고 반겨주었다. 히스패닉 특유의 악센트가 약간 남아있는 그는 칠레 출신의, 그저 음악을 사랑해서 고국을 떠나온 피아니스트였다. 그에게 멜리사를 어떻게 아느냐고 묻자, 그는 자기가 멜리사의 아버지가 목회하는 감리교회의 7년째 피아니스트라는 것을 전혀 몰랐느냐고 오히려 되물었다. 나는 깜짝 놀라서 멜리사가 목사의 딸이라는 것조차 상상하지 못했다고 하자 그는 "과연 멜리사야"라며 껄껄 웃어댔다. 아, 그래서 처음에 내가 신학을 공부한다고 했을 때 그녀가 은연중에 좋아하는 표정을 지었구나. 이것이 우리가 금세 마음을 열고 서로를 의미 있게 지켜볼 수 있게 된 고리가 될 수 있었구나.

당시 나는 20대를 벗어나며 새로운 삶과 사유로 전환하는 중이었다. 예전이었다면, '그래서 어쩌라고?(So what?)'라며 시큰둥했을 별 것도 아닌 사실에 얼마나 기쁘고 반가웠는지. 그 피아니스트와 나는 한참을 웃고 난 후 그와 나와의 상관성을 이리저리 찾던 중 마침내 칠레의 아옌다 사회주의 정권을 배경으로 한 영화 '영혼의 집' 이야기를 발견하는데 성공했다. 마침 나는 미국으로 오기 전에 그 영화를 감명 깊게 보았다. 그는 원작소설을 꼭 읽어보기를 바란다며, 저자의 다른 책들도 몇 권 알려주었다. 이튿날 각자 숙제를 해온 학생들은 그녀가 친밀한 관계를 맺고 있는 사람들임에 틀림없는 누군가들의 이야기를 쏟아내면서 전혀 눈치 채지 못한 비밀을 하나씩 알아내기라도 한 듯 즐거워했다. 나 역시 칠레 출신의 교회 피아니스트에 대해 소개하면서 멜리사에게 당신이 목사 딸이라고는 상상도 못한 일이라고 했더니, 멜리사는 “네가 분명 좋아할 줄 알았다”고 대답하며 웃음 지었다. 그리고 얼마 후에 나는 그 행복했던 수업을 마쳤다.

지금도 내 책장 한구석에는 그 당시의 노트와 과제물 묶음이 놓여 있다. 아주 이따금씩 나는 그것들을 집어들고 한 장 한 장 넘겨본다. 문득문득 멜리사가 그리워서일 게다. 매 학기마다 자신과 다른 세계 곳곳의 사람들을 만날 수 있어서 이 직업을 버릴 수 없노라고 말하던 아름다운 선생님, 그녀와 같이 훌륭하고 사랑스러운 선생님을 만나고 싶어서일 게다.

어느새 나이가 들면서 누군가의 선배가 되고 선생이 된 나 자신을 좀 더 심각하게 응시하게 될 때, 불현듯 내가 만났던 최고의 선생님에게로 달려가게 되는 거다. 매일 아침이면 그녀의 학생이라는 사실에 가슴이 벅차오르게 했던 오래 전의 한 선생님이, 앞으로도 종종 그리워질 게다.

2004.12.06

내 유년의
어느 행복했던 성탄전야

내겐 성탄절에 대한 왁자지껄한 기억이 별로 없다. 어렸을 적엔 성탄절 수 주 전부터 동네 아이들이 저녁마다 모여들어 노래와 촌극, 무용, 시 낭독을 연습하던 그 시즌에 나는 조금은 곁으로 비껴난 이방인의 모습을 취했으니 말이다. 혹 가난했지만 성대했던 성탄전야의 시간에 멀리서 날아온 '파리나무십자가 합창단'의 공연이 실황연주될 적엔, 서슴지 않고 혼자 방구석에서 불을 끄고서 그 고운 선율에 가슴 저리곤 했다. 그런데도 아주 이따금씩 내 뇌리를 스쳐가는 기억들이 있다. 내가 초등학교 고학년이었던 어느 성탄절에 작고 가난한 교회당에 떠들썩한 웃음을 터뜨리며 올려졌던 '엉터리 이발사'라는 마임극과 관련된 풍경이다.

그 당시 교회 인근에 사는 청년들 가운데 김기하, 김기태라는 형제가 있었다. 형은 아주 날카롭고 갸름한 얼굴선을 가졌고 동생은 맘씨 좋은 이웃아저씨와 같은 푸근한 인상을 가져서 나는 간혹 그들이 형제라는 사실에 두 눈을 치켜뜨곤 했다. 그들이 이

복형제라는 사실은 중학생이 된 지 한참 후에야 알았다. 두 형제가 보기 드물게 신실하고 우애가 좋으며, 만능 재주꾼임을 한참 어린 나도 어렵지 않게 알 수 있었으니 그들에 대한 주변 어른들의 칭찬과 관심은 꽤 대단했던 것 같다.

초등학교 5학년 가을이었던가. 나는 담임선생님의 권유로 서울 모 신문사에서 주최한 무슨 어린이글짓기대회에 글을 보냈다가 생각지도 않게 당선이 된 일이 있었다. 선생님께서 시상식에 참석하러 서울에 가겠냐고 했을 때, 나는 서슴지 않고 가지 않겠다고 했다. 그리고 어머니나 친구들에게도 그 일을 알리거나 자랑하지도 않았던 것 같다. 그런데 어느 날 아침, 여느 날과 같이 아침밥을 먹고 학교로 막 나갈 참인데 득달같이 두 형제가 들이닥쳤다. 그리고는 활짝 펼쳐 든 신문지를 들어 보이며 내 이름이 신문에 났다면서 활짝 웃었다. 신문 한켠에는 시상식과 관련해서 수상자들의 이름과 글 제목 등이 작게 적혀 있었다. 그러더니 잘 간직하라며 신문을 오려 주었다. 그제서야 어머니가 내 수상소식을 알게 되었음은 물론, 나는 그 형제의 발 빠른 입소문 덕분에 교인들과 가까운 이웃들로부터 한동안 축하를 받아야 했다. 어쨌든 당사자조차 시큰둥하게 넘어갈 뻔한 일을 크고 장한 일로 마구 띄워주고 축하해 주었던 그들의 모습이 아직 내 기억에 또렷이 남아있다.

성탄절이 다가오면서 매일 교회당은 동네 아이들 놀이터마냥 번잡하고 소란해졌다. 그러한 소란함에서 완전히 벗어나기란 어려운 일이라 나는 아마 중창팀 정도에 참여했을 것이다. 그러다가 어느 날 아이들이 돌아간 늦은 시각에 청년부가 모여서 '엉터리 이발사'라는 마임극을 준비한다는 것을 우연히 알게 되었다. 작은 시골교회 수준보다 한층 업그레이드된 마임극 준비를 이끌어가는 사람들이 그 두 형제라는 사실도. 대본과 음악, 몸짓 연기, 의상 등에서 그들이 얼마나 완벽을 기하는지를 금세 알게 된 나는 청년부의 준비상황을 엿보는 일에 슬슬 열중하게 되었다. 그리고 성탄절을 며칠 앞두게 되었을 때, 이미 그 마임극에 직접 출연하지는 않지만 '특별출연'이라도 하듯 일부가 되어 있었다. 대사의 흐름과 우스꽝스러운 몸짓 연기, 흥겹기 짝이 없는 삽입곡들…. 어느새 그것들을 줄줄이 꿰게 된 나는, 그들이 막바지 연습에 열중하느라 고도의 집중력을 토해내던 무렵, 그들의 호흡과 거의 혼연일체가 되어 있었다.

시골교회를 꽉 차게 메운 사람들이 성탄찬송과 캐럴을 흥겨이 부르던 그날 밤, 나는 내가 어느 시점에서 어떤 무대에서 뭘 했는지 전혀 기억나지 않는다. 내가 기억하는 일은 오로지, 성탄준비의 소란함에 심드렁해하던 작은 아이의 시선과 호기심을 단숨에 끌어당겨버린 마임극이 드디어 막을 올렸다는 것뿐이다. 나는 시끄러운 아이들 틈바구니에서 떨어진 구석자리에서 두 눈을 반짝거리며 한순간 한순간의 흐름을 놓치지 않았다. 평소 연습 때와 마찬가지로 일급 배우 뺨치는 그들의 표정과 몸짓 연기에 울고 웃으며, 삽입곡과 대사 치기가 혹 타이밍을 놓칠까봐 내심 불안해하면서… 아, 저기서는 고개를 좀 더 세게 갸웃거려야 하는데,라고 아쉬워하기도 하면서 숨 쉴 사이도 없이 마임극의 일부가 되어 함께 흘러가고 있었다. 연신 연기에 걸맞는 적절한 주변 반응도 살펴가면서. 마지막 순서였던 마임극이 단연 성탄전야의 기쁨과 설렘을 한껏 폭발하게 한 도화선이 되었음은 물론이다. 난생 처음 대하는 마임극의 진지하고도 흥미로운 진행과 함께 온 교회는 터져 나갈 듯이 웃고 행복해했다. 마임극이 불러온 그 행복한 감응까지 확인한 나는 속으로 성탄의 밤하늘을 날아다니기라도 하듯 남모르는 쾌재에 빠져들었다.

불경기여서인지 거리의 흥청거림도, 교회당 종탑에서 높이 드리운 반짝이불도 한껏 가라앉은 성탄전야에, 나는 그 예전의 성탄전야와 숨 막힐 정도의 감동을 몰고 왔던 마임 장면들을 떠올렸다. 무엇이 그 어린 나의 눈과 귀, 마음을 단숨에 사로잡았던 것일까? 시골교회에서는 조금 벅찬 수준이었을 유명한 마임극을 주저 없이 선택했던 청년들, 표정과 몸짓 어느 하나에도 완성도를 기하고자 줄곧 땀나게 연습하던 그들, 사이사이 흥을 몰고 다니던 처음 들었던 삽입곡들, 성탄전야의 설렘과 즐거움을 아주 가뿐하게 클라이맥스로 끌어올린 대박이었던 실연… 고요한 성탄 밤하늘의 큰 별처럼 강렬히 빛나던, 수십 년이 지난 지금까지도 그 빛을 잃어버리지 않은 그날 밤의 감동은 다시는 찾아오지 않을 것 같다. 그날의 빛은 아쉬움 따위에 스러져 버리지 않을 것이다. 그 자리에서 쉼 없이 타오르는 성탄의 별빛은 앞으로도 나를 숨조차 멎을 정도로 벅찼던 시간 속으로 인도할 것이다. 내 유년의 행복했던 어느 성탄의 밤으로.

2004.12.26

느닷없이 찾아드는 충동

봄기운을 담뿍 담은 햇살을 받으며 함께 외출했던 이웃 교회 사모가 챙겨준 작은 가방을 열어보니 반찬통 하나, 과일 몇 개, 콩엿 다섯 개가 들어 있었다. 콩엿 하나를 베어 물고 반쯤 먹었을 때, 이것을 어머니에게 갖다드리고 싶은 충동이 치솟아올랐다. 나는 어제 어머니집에 다녀온 것, 손바닥 반만한 콩엿 네 개를 갖다드리러 오가는 길에 드는 비용과 시간을 애써 상기하면서 이젠 익숙해진 나머지 새로울 것이 없는 그 충동을 지그시 눌렀다. 그것은 꽤나 거센 강도를 지닌 것이라 누르는데도 한참 걸리곤 한다.

생각해 보면 참으로 이상한 일이다. 유난히 남다른 미각을 가진 것도 아니고, 누군가에게 줄 것까지 챙기는 큰 손도 아니고, 막상 누군가에게 줄 것을 찾으려면 마땅한 것이 없어서 고민하는 내게 꽤나 거센 이런 식의 충동이 느껴질 때가 있다는 게 말이다. 그것도 옷가지, 돈이나 기타 물건에는 거의 해당되지 않고 썩 별나지도 않은 어떤 음식 앞에서만 불현듯 이런 충동이 든다는 것도. 남달리 감정이나 눈물이 풍부하지 못한 내게, 그 순간엔 가슴 밑바닥이 주억거리고 눈물이 핑 돌만치 단단한 연민 같은 것으로 다가오는 그러한 충동은 아주 어렸을 적부터 시작되었다. 그리고 그런 충동의 시혜자는 내가 어렸을 적엔 동생이었고 나이가 들어서는 어머니였다.

초등학교 3,4학년 어느 여름이었던 것으로 기억한다. 아버지가 돌아가신 뒤 막 목회를 시작한 어머니를 따라 고된 이사를 하던 당시 우리에겐 일절 간식거리가 없었다. 그것에 대해 투정 한 번 부린 적이 없었던 것을 보면 이미 나는 가장 간소한 입맛을 갖기로 작정한 모양이다. 그러던 어느 날 하굣길에 몇몇이 같은 반 친구의 집에 들렀는데 그 아이의 어머니가 쟁반에 아이스깨끼 몇 개를 내오셨다. 아이스깨끼를 한 입 베어 먹은 순간, 나는 그것을 동생에게 갖다 주고 싶은 강렬한 충동을 느꼈고 그 생각에 시달리느라 입맛까지 잃고 말았다. 하나를 먹는 둥 마는 둥 하고 내 몫 하나를 동생에게 줄 양으로 가방에 집어넣었다. 다른 아이들이 마음껏 먹고 노는 것을 지켜본 후(그동안에도 나는 얼마나 충동에 시달렸던지!) 마침내 그 집에서 빠져나온 나는 어서 이 맛난 것(?)을 동생에게 주기 위해 평소보다 빠른 걸음으로 집으로 돌아왔다. 그리고 보란 듯이 동생 앞에서 가방을 열어젖혔는데 아뿔싸, 가방 속에 건재해야 할 그것이 더운 날씨에 다 녹아 흘러 사라지고 만 자리엔 달짝지근한 액체가 나뒹굴고 있었다. 너무도 억울한 나머지 나는 한나절을 울어제쳤다.

지금까지도 그 일은 내게 명징한 기억으로 남아있다. 어린 나는 무더위에 아이스깨끼가 가방 속에 그냥 남아있을리가 없다는 명확한 과학적 상식을 상쇄할 만치 강렬한 충동에 시달리고 있었던 것이다. 주일아침에 인근 부대의 군인들이 들고 온 건빵 외엔 다른 간식거리가 없던 시절, 컬러풀하고 향긋한 아이스깨끼 앞에서 새로울 것이 없지만 강렬한 충동이 나를 덮쳤고, 어렸던 나는 남은 하나의 아이스깨끼를 가방에 넣는 수밖에 다른 도리가 없었던 거다. 어쩌다 바깥에서 얻은 과자나 사탕을 그 자리에서 다 먹어치운 적이 없었던 것도 동생에게 갖다 줘야겠다는 절박한 마음 때문이었다.

가족을 떠나, 가족이 흩어져 살았던 오랫동안 나의 그러한 충동도 조금씩 잦아드는가 싶었다. 동생은 훌쩍 커버렸고 어머니는 멀리 있었으니 말이다. 그런데도 시장통 한구석에서, 향긋한 빵집에서, 누군가 내온 정성이 깃든 음식 앞에서 내 무감각한 미각마저 아주 비끄러맬 정도로 강렬한 충동이 이따금씩 솟곤 했다. 어머니가 가까운 곳으로 옮겨온 뒤 나는 그러한 충동을 더 자주 느끼게 되었다. 우연히 찾아든 손칼국수집이나, 정갈한 나물이 그득한 밥상을 대할 때, 노인들이 좋아할 만한 작은 간식거리 앞에서 그러했다.

아직도 나는 이 충동의 실체를 잘 모른다. 상대적으로 먹을 것이나 미식가의 경향과 멀찍이 떨어져 살아가는 내가 왜 유독 어떤 음식 앞에서 가족에 대한 거대한 연민의 충동을 느끼게 되는 건지. 그래서 그 충동을 주체할 수 없을 때는 뻥튀기 과자를 먹다말고 비싼 기름 들여 어머니의 집으로 향할 수밖에 없는지를.

어쩌면 알 수 없이 솟구치는 이러한 충동을 통해 그나마 나만의 건조한 삶의 테두리를 벗어나 보라는 속 깊은 선물일지도 모를 일이니, 이것을 함부로 팽개치지 않고 존중하며 살아야 할 일이다.

2005.02.16

02

작문노트

만유에 평화

폭력과 차별 너머, 목회의 여정

2003-2005

하갈의 찬가

오래 전 나는
새까만 긴 머리 출렁이며 하루 종일 여주인 시중 좇던
수줍은 이집트 처녀였지

아이를 낳지 못했던 내 여주인 사라
여든이 훨씬 넘은 아브라함과 동침하여 대신 아이를 낳으라 했을 때
솟구치던 억울함과 슬픔, 소리 없이 삼키고
내 청춘과 육신은 모두 주인의 것이어야 하리라
잠 못 들고 다짐했지

그러나 주인의 아이가 내 몸에 들어선 후
나날이 내 등짝에 깊이 내리꽂히던 냉대와 학대
이것들도 내 것이런가,
왜 주님은 이토록 멀리 계신가

눈물투성이 맨발로 도망쳐 나온 어느 새벽 요요하던 별빛

어질한 갈증 끝에 다다른 사막 한 끝 샘가
하지만 그것도 도망한 이방 여인에겐 물기조차 감춰버렸네
그때 다가오셨지, 그분이
그 옛날 내게서 시선을 거둔 줄 알았던 그분이

하갈, 너는 수많은 용감한 이들의 어미가 될 거야
네가 낳을 이스마엘은 내가 네 울부짖음을 들었다는 증표
그러나 이곳은 네 어린 생명을 받아주기엔 아직 이른 땅
그러니 지금은 네 주인에게로 돌아가야 할 때야
주님이 날 지켜보고 계셨지, 내 갈급함을 듣고 계셨지
주님의 형형한 눈빛에 놀라
난 기쁨으로 돌아갈 수 있었지, 형벌 같은 그 곳으로

일찍이 주님이 약속했던 주인의 아들이 태어나고
내 아들과 어울려 마당에서 뛰어놀 때
내 여주인은 다시 불안해졌지, 내 재산을 너희에게 나눠줄 순 없어
맨발로 쫓겨난 나와 내 아이, 정처 없이 헤매야 했던
이 사막, 다시 빈들

먹을 것, 물주머니는 이미 바닥났고
아이의 사위어가는 신음소리를 내리누르는 죽음의 그림자
난 또 저만치서 울고 있었지
하갈, 넌 저 아이의 어미, 눈물 거두고 어서 저 아이를 살리자
꿈결같이 들려온 그 목소리는, 다시 그분이었지

나를 지켜보시고 내 절망을 들으시는 분
놀라 쳐든 고개 앞에 어느새 샘이 숨어있었지
이곳은 오색빛 물방울들과 이름 모를 작은 존재들이
쉬지 않고 생명을 유지해온 광야의 한복판
"내 아이가 자라는 동안에,
주님이 그 아이와 함께 계시면서 돌보셨네"(창세기 21:20)

나를 종살이에서 자유케 하신 해방의 주님은 아니어도
날 착취하고 쫓아낸 사람들 앞에서
나를 편드신 정의의 주님은 아니어도,
그분은 내 눈물과 비탄을 가까이 보고 들으시는 분
길 없고 생명 없는 곳에서 새로운 생명의 길을 일구게 하시는 분

선택받은 민족과 복의 자손이 아니라는 알 수 없는 이유로
억압과 차별, 폭력과 추방, 유랑과 전쟁으로 끊임없이 내몰
리는

가여운 모든 이들의 생존을 도우시는 분
이 광야 속에서
한 날에 족한 자비와 용서의 식탁을 차려주시는 분

2003.04.19

감리교여성지도력개발원 소식지 제5호

기차 안에서

지난 토요일 후배의 결혼식이 있어서 서울에 다녀왔다. 주일 전날에 타지로 움직인다는 것도 마음에 걸렸고, 잠도 적었고, 주말에 기차를 이용한다는 게 어떤 것인지도 잘 아는지라 조금은 걱정되었지만 따뜻한 축복의 말 한마디와 웃음이라도 전해줄 마음으로 서울로 떠났다.

결혼식이 끝난 후 신부와 몇 사람의 얼굴만 보고 서둘러서 다시 청량리역으로 향했다. 역시 돌아오는 기차 안이 문제였다. 기차가 출발하기 전부터 내 뒷자리의 발판을 누군가 마구 차는 바람에 뒤를 돌아보니 어떤 아주머니가 예닐곱 살 되어 보이는 사내아이를 데리고 탔는데, 그 아이가 뭘 조르는지 어쩐지 계속 발판을 차며 소리를 지르고 있었다. 곧 기차 안은 입추의 여지없이 사람들로 꽉 들어찼고 마치 장터에 온 듯한 소란과 시끄러움 속에 기차는 출발했다. 그래도 몹시 피곤했던 나는 눈을 붙여볼 양으로 눈을 감았다. 그런데 시간이 지날수록 내 속에서 슬슬 화가 나기 시작했다. 담배연기처럼 기차 안을 점령한 채 신경을 곤두서게 하는 시끄러움은 그렇다치고, 내 앞좌석에 앉은 젊은 아가씨의 날카로운 금속성의 커다란 목소리의 수다가 조금도 쉬지 않고 계속되고 있었다. 귀를 막지 않고서야 듣지 않을 수 없었던 그 이야기의 내용이란, 자기 머릿결이 너무 나빠서 통 파마가 나오지 않는데 이번에 강남의 어느 비싼 미용실에서 드디어 세팅파마를 제대로 했다는 둥 그동안 자기의 파란만장한 파마 체험기였다. 핏대를 올리며 쏟아내는 그 이야기를 참아내기가 어려워서 신경선이 저만치 곤두서 있는데 이번엔 뒷자리의 아이가 발판을 세게 또 걷어차는 바람에 소스라치게 놀라고 만다. 뒤를 돌아보며 뒤통수만 보이는 아이 너머에 있는 아주머니에게 일부러 시선을 주었다. 아이를 통제해주길 바라면서. 그러나 내가 대여섯 번을 돌아보는 동안, 그 아주머니는 한 번도 아이를 달래거나 꾸짖지 않았고 오히려 아이의 극성도는 점점 더해만 갔다. 나중엔 그 아이가 또 언제 내 좌석을 향해 걷어찰지 몰라 조바심마저 나고 좌불안석이 되고 말았다. 막아낼 도량 없이 미사일 폭격마냥 불특정 다수에게 마구 쏟아지는 온갖 잡다한 소란들을 참고 견디느라 두 시간 내내 내 신경선들이 팽팽히 곤두서는 통에, 한순간 눈을 붙이고 쉬기는커녕 여태까지의 기차 여행중 가장 힘든 시간이 되고 말았다.

물론 그날은 주말이었으므로 나도 애초에 편안하게 쉴 수 있는 기차 여행을 기대하지는 않았다. 그렇다고 쳐도 그건 너무 지나친 일이었고 앞뒤 사람들의 행태는 분명 내게 물리적인 폭력은 아니더라도 또 다른 얼굴의 폭력이었다. 그런데 한국 사회는 이러한 폭력들을 일상화시키면서 각 개인들에게 그것을 참고 견디라고만 한다. 어쩌면 우리는 그것이 폭력이라는 것조차 잊어버린 채 그것과 한 몸으로 뒹굴며 살아가고 있는 것 같다.

우선 말이란 독백이나 연설이 아닌 이상 상대방과 나누는 대화이다. 대화는 서로 오고가고 주고받는 것이지 어느 한 사람이 목청 높여서 타인들에게 마구 쏟아 붓거나 듣길 강요하는 그런 것이 아니다. 기차 안이 쓰레기통인가. 그런 쓰잘머리 없는 얘기를 작게도 아니고 그렇게 날카롭고 큰 소리로 마구 토해 놓으니 말이다. 그 여성은 분명 자기 앞의 동료들이나 기차 안의 타인들을 자기가 토해내는 쓸데없는 이야기를 먹어치우고 들어야 하는 돼지우리나 쓰레기통으로 여긴 것이다. 그 기차가 온통 들뜬 기분으로 수학여행을 떠나는 것이 아닌 한, 그 안에는 기운 없는 노약자들도 있었고 곤한 작업을 마치고 혼곤히 잠에 빠져들고 싶은 이들도 있었을 것이다. 타인들의 그러한 사정은 아랑곳하지 않고 듣기에도 역겨운 그런 얘기를 피터지게 쏟아내는 그이는 내 눈엔 싸가지 없고 생각 없는, 무자비한 폭력자였다. 네게는 차창 밖 강줄기에 아스라이 피었다 지는 물안개와, 물 오른 녹빛을 반짝이며 흔들리는 나무들의 속삭임은 보이지도 들리지도 않디? 그런 풍경에 마음을 빼앗기고 침묵하고 싶지는 않디?

사람들이 모이고 또 흩어지며 살아가는 세상에는 보이지는 않지만 서로가 지키고 존중해야 하는 사람들 간의 경계선과 개인의 공간이 있다. 우리가 길을 가다가 누군가의 몸과 부딪치거나 그이의 발을 밟았을 때 나도 모르게 "죄송합니다"라고 말하게 되는 것은 단지 내가 그이를 물리적으로 쳤기 때문만이 아니다. 의도는 없었지만 내가 그이와 나 사이에 놓인 경계선을 넘어서고 그이의 공간을 침해했기 때문이다(물론 나도 안다. 그런 경우에 아무 일 없었다는 듯 지나쳐버리는 사람들, 또는 멀쩡히 서 있는 차를 박아놓고 오히려 큰소리치며 대드는 사람들도 많다는 것을). 그런데 이러한 사람들 간의 경계선과 최소한의 공간도 허용치 않고 마구잡이로 사람들을 가득 태운 기차는 이미 타인의 존재만으로도 불유쾌함을 느껴야 하는 '집단 강제수용소'이다. 이런 상황에서 우리를 그 불유쾌함으로부터 구해줄 수 있는 것은 타인에 대한 배려와 침묵, 나지막한 소곤거림 외에는 없다. 아이가 남의 뒷등을 마구 차고 때리든 말든 '내 일 아니다' 혹은 '그래서 어쩔 건데' 하는 눈빛으로 방관해버린 내 뒷자리의 아주머니는 사람살이의 최소한의 경계선과 타인의 공간을 존중하지 않은 또 다른 폭력자이다.

흔히 사람들은 경제적, 정치적, 문화적 척도를 들이대며 사람살이의 선진성과 후진성을 가늠하려 한다. 그런데 어느 정도 경제성장과 정치적 발전을 이루어가고 있다고 생각하면서도 우리는 종종 묻는다. 세상은 과연 살 만한가? 가시적인 척도와 성과에 집착하느라 오히려 우리는 눈에 보이지 않는 배려와 틈, 여백, 침묵을 잃어버리고 살지는 않았는가? 타인을 자기의 토사물을 받아내는 쓰레기통쯤으로 여기고 타인의 공간을 마구 침해해도 무방한 사회는 우리에게, 적어도 내게는 편안한 휴식과 살맛의 유쾌함을 주지 못한다. 그래서 우리는 근본적인 변혁, 내적 변혁을 더욱 필요로 한다. 각 개인의 양심과 때로는 침묵이 그이를 더욱 아름답게 하고 그 아름다움이 어느새 타인에 대한 예의와 배려로 흘러넘쳐 우리 모두를 넉넉히 숨 쉬게 하는 에너지. 이 아침에 나는 그러한 힘이 우리 각자의 삶 속으로 스며들어오길 간절히 염원한다.

2003.05.12

삼위일체주일을 보내며

내가 설교준비 시, 꼭 잊지 말아야 할 것이 청중이 아이들이라는 점이다. 시간이 지나면서 아이들에게 설교한다는 것의 장단점이 너무 명확해지고 있다. 아이들에게 맞는 언어와 표현을 고르고 선별해야 하는 것과 아이들이 소화할 수 있는 평이하고 쉬운 메시지를 선별해야 하는 것이 서로 사이좋은 관계로만 가는 것은 아니라는 생각이 들 때가 자주 있다.

나는 교회력에 따라 예배와 설교를 준비하는데 이것 자체가 이미 아이들에겐 '순리'보다는 '비약'과 '도전'일지도 모른다. 성령강림절이었던 지난 주엔 성령이 누구인지를 설명해내느라 한참 애먹었는데 성령강림절 후 첫 주인 이번 주일은 '삼위일체주일'이었다. 아이들에게 '삼위일체'란 대체 무엇이며 무슨 의미를 가져야 하는 것인지. 그래도 나는 삼위일체주일에 맞는 성서 본문을 택했고 이에 걸맞은 메시지를 준비했다.

삼위일체론은 서구 그리스도교의 역사에서 아주 오랫동안 '하나는 셋이요 셋은 하나'라는 비합리적이고 거의 미신 수준의 맹신을 요구하는 요상한 주제로 취급받았고, 실제로 초대 교부들의 삼위일체 논쟁 이후 중세기와 근대를 통과하는 동안 거의 토론과 성찰의 대상이 되지 못했다. 서구 그리스도교가 고백하는 삼위일체론은 어거스틴에게서 완성된 작품으로 성부가 성자를 낳았고 성자에게서 나온 성령은 성부와 성자를 잇는 '사랑의 끈'이다. 여기서 '삼위'는 위계적이고 직선적인 관계를 맺고 있다.

반면에 10세기에 성령에 대한 이해의 차이를 둘러싼 여러 문제들로 인해 서방 그리스도교와 결별한 동방 정교는 초대 교부들의 삼위일체 논쟁의 유산을 적극적으로 받아들였고, 특히 삼위 가운데 성령을 성부에게서 나온 영으로 해석함으로써, 성령을 '아들의 영'으로 약화시킨 서방과 커다란 차이를 갖게 되었다. 직선적인 관계가 아니라 상호 연결적인 이러한 삼위 간의 관계를 이미 3세기 신학자들은 상호 맞물려 돌아가는 톱니바퀴와 같다고, 혹은 맞물린 원형의 춤(perichoresis)과 같다고 표현했다.

초기 그리스도교 이후 서방에서 삼위일체론의 '실종'이 일어난 커다란 이유는 성서가 증언하는 '경세적 삼위일체'가 심리적이고 내면적인 '내재적 삼위일체'로 탈바꿈해버렸다는 데 있다. 사실상 성부, 성자, 성령이란 호칭은 인간의 역사라는 지평을 상상하지 않고서는 성립될 수 없는 것인데, 서방 신학자들은 인간의 피조와 죄, 구원이 일어난 '역사'라는 무대 대신 인간의 개인주의적인 심리적 거울을 통해 삼위일체를 조망하기 시작했다. 즉 성부, 성자, 성령을 한 분 하느님 안에서 일어난 심리적인 균열로 해석하기 시작했다. 그 결과 하느님의 창조와 예수 그리스도의 성육신, 하느님의 지속적인 생명의 영이 인간의 '역사'적 지평을 매개로 한 '관계들'로서의 삼위일체가 아니라 역사적 지평을 상실한 채 단지 '하나는 셋이요 셋은 하나'라는 요상한 마술적 주문으로 전락하고 말았다. 이러한 삼위일체론은 근대에 들어 당연히 더욱 더 세인들의 의혹의 대상이 되었는데 그것을 보여주는 예를 이른바 '근대신학의 아버지'라 불리는 쉴라이어마허를 통해 볼 수 있다. 종교를 멸시하는 독일의 근대적 지식인들과 낭만주의자들에게 종교(신앙)는 '교리'가 아닌 '감정'과 동일하다고 부르짖었던 그는 심혈을 기울여 집대성한 '그리스도교 신앙'에서 삼위일체론을 제일 마지막 부분 두어 장으로 처리해버림으로써, 근대주의자들에게 삼위일체론이 얼마나 하찮고 껄끄러운 신학적 주제였는지를 여실히 입증했다. 삼위일체론에 대해 장황하게 말할 생각은 아니었는데 여기까지 오게 되었다.

어쨌든 삼위일체주일을 맞이하여 이러한 삼위일체론의 생성과 해석의 역사를 다시 돌아봄 없이 설교를 준비할 수는 없는지라, 삼위일체론의 역사에서 몇 가지 들려줄 이야기를 뽑았다가 늦은 시각에 다 그만두고 말았다. 내 설교를 듣는 이들은 아이들이다. 그것도 초짜와 다름없는.

안드레이 루블료프, 성삼위일체, 1400년경

대신 내가 삼위일체 설교의 주된 소재로 택한 것은 14세기 러시아 사람 안드레이 루블료프가 그린 '성삼위일체' 그림이었다. 나는 삼위일체론을 가히 '부활'시켰다고 할 만한 현대 신학자 몰트만의 저서를 거듭 읽다가 그 그림을 알게 되었는데, 실제로 동방정교의 유산인 그 그림은 오늘날 세계의 많은 신학자들과 신앙인들의 사랑을 받고 있다.

그림을 전공한 지인에게 부탁해서 인터넷에서 뽑아 올린 두 장의 복사본 중 하나는 교회에 또 하나는 내 방에 걸어 두었다.

그림 속엔 가운데를 향해 시선을 두지만 결코 상호 배타적이지 않은 자태의 각도로 앉아 있는 세 천사들이 보이고 중앙의 탁자 위엔 커다란 포도주 잔이 놓여 있다. 세 천사가 위계적이거나 배타적이지 않고 포용적이고 둥그런(평등한) '친교(communion)'의 형상을 담고 있음이 바로 동방정교의 삼위일체론을 반영한다는 증거이다. 성부와 성자, 그 사이를 연결하는 비둘기 혹은 제3의 존재를 표현해온 서방의 그림들과는 완전히 다르다.

내가 이 그림을 좋아하고 탄복해마지 않는 또 다른 이유는 세 천사의 형상이 결코 '성부'와 '성자'의 언어가 이데올로기적으로 강요하는 남성적 이미지를 투영하지 않는다는 점이다. 14세기에 그들은 이미 삼위에 대한 호칭 자체를 벗어나 하느님을 상상할 수 있는 힘을 보여주었는데 오히려 근대에 들어 사람들은 언어에 스스로 갇혀버리고 말았다. 물론 스스로 갇혔다는 말은 어폐가 있긴 하다. 언어 자체도 권력구조의 산물이니 그 강요된 언어를 지속시킴으로 부당한 이익을 얻는 집단이 분명히 있을 테니 말이다.

어쨌든, 오늘날 몰트만을 위시하여 삼위일체론을 재주장하는 대부분의 신학자들은 '성부' '성자'라는 언어가 실재(하느님)의 성별과 관련된 표기가 아니라 '관계적' 측면을 표상하는 은유(메타포)라는 점에 동의한다(이 점에서 독일출신 몰트만은 확실히 좀 보수적이긴 하다). 다시 말하면 예수가 하느님을 불렀던 호칭 '아버지'는, 하느님이 '아버지'라는 '남성'이었기 때문이 아니라(누가 하느님이 여자인지 남자인지 보았던가. 단지 뒷모습을 보았을 뿐), 하느님이 멀리 떨어져 있는 분이 아니라 자기 자신과 동일시할 정도로 가장 가깝고 친밀한 존재였기에 가능한 것이었다. 그것은 인간과 저만치 떨어져서 인간의 고통과 죽음, 멸망을 내려다보고 심판하는 분이 아니라, 인간에 대한 말할 수 없이 지극한 사랑과 연민 때문에 자신의 몸을 낮춰(성육신) 인간의 죄를 스스로 지고 죽음의 골짜기를 함께 걸어가시는 분에 대한 가장 눈물겹고 존경스러운 고백에서 나온 호칭이다.

의학이 생명의 탄생과 생성의 신비를 밝혀내기 전까지 인류는 생명을 낳는 이가 '아버지'라고 믿었으므로. 그러므로 예수가 '아버지'라고 부른 이는 때로 우리를 가장 보드랍고 따뜻하게 품어주는 '어머니'일 수도 있고 상호 깊은 신뢰와 우정을 지어가는 '친구'일 수도 있으며, 구약의 시인들이 애호하는 '반석'과 '산성' 등 자연적 이미지로 비추어질 수도 있다. 루블료프의 오래된 그림은 바로 이러한 측면의 상상력을 열어주고 있다.

어디서 주워들었는지는 모르나 현철이는 '여호와 하느님' '아버지 하느님'이란 고백을 자주 사용한다. 나는 현철이가 사용하는 그 고백적 용어들이 가져다주는 답답함을 빨리 걷어내고 싶었지만, 그것들도 그 아이가 찾아가는 하느님 이미지에서 퍼올린 것이려니 하며 지내왔다. 나는 예배시간에 삼위일체에 대해 간단히 언급한 후 그 그림을 아이들에게 보여주었다. 아이들은 이미 그림의 제목이 '삼위일체'임을 알고 있었다. 그리고 이 그림에서 내가 느끼는 감상들을 전해준 후 아이들은 어떤 느낌을 받느냐고 물었다. 루블료프가 아브라함이 지나가던 길손들(천사들)을 맞아들여 접대한다는 성서구절에서 감동을 얻어 이 그림을 그릴 수 있었다는 설명을 곁들여서.

현철이는 앞으로 나와서 그림을 이리저리 한참동안 들여다본 후에 고개를 갸웃거리며 "그런데 이 천사들은, 아니 이 하느님들은 꼭 여자 같네요"라고 한다. 나는 속으로 탄성을 질렀다. 수천 번의 신앙고백과 기도문 암송으로 닳고닳아 더 깊은 신앙의 세계로 헤엄쳐 나갈 상상력을 잃어버린 어른들에 비해 이 아이의 눈은 얼마나 더 정직하고 순수한지.

"바로 그거야, 하느님은 아버지도 되시고, 아들도 되시고, 어머니도 되시고, 천사가 되어 내 집에 들르시기도 하고, 어느 때는 어느 누구에게도 자신을 보여주지 않을 때도 있지. 현철이가 하느님을 '아버지'라고만 부르면 현철이의 하느님은 단지 '아버지'의 얼굴을 가졌을 뿐이겠지? 그런데 우리 눈에 보이지는 않지만 하느님은 여러 얼굴을 지니신 분이란다. 우리가 하느님의 이름을 다양하게 부르면 하느님은 그만큼 우리에게 더 가까이 다가오실 거예요. 그러나 우리가 하느님을 많은 이름으로 부른다고 해서 하느님이 여러 존재라는 뜻은 아니야. 여러 얼굴들이지만 또 한 분 하느님이라는 것이 바로 삼위일체의 의미예요." 이것이 내 설교의 요지였다. 현철이는 용케 내 말을 알아들었는지 고개를 끄덕였다.

늦은 시간에 펼친 성서구절이 슬며시 다가와 꽂혔다

하느님 앞에서 말을 꺼낼 때에,

함부로 입을 열지 말아라.

마음을 조급하게 가져서도 안 된다.

하느님은 하늘에 계시고,

너는 땅 위에 있으니,

말을 많이 하지 않도록 하여라.(전도서 5:2)

하느님 앞에서 '함부로 입을 열지 말'고 '말을 많이 하지' 말라는 시인의 말. 지혜의 구절이다. 우리가 마음과 언어를 갈고 닦아 하느님을 자유자재로 부르고 경험할 수 있는 지경, 그 '자유'의 또 다른 얼굴은 '침묵'이다. 깊은 침묵 속에 뿌리내리지 않은 말은 하느님을 가리킬 수 없다. 그래서 '은유(언어)'와 '침묵'은 서로를 지탱해주는 친구이다. 혼자서는 신에게 다가갈 수 없다. 그러니 이제는 침묵할 차례이다.

2003.06.16

사랑하며 저항하며

아침나절에 온 후배의 전화 내용이 온종일 나를 깊은 먹먹함과 무력감 뒤로 숨어들게 했다. 두려움과 충격에 잠긴 후배의 목소리가 덜덜거리며 들려준 내용이란, 후배의 어떤 지인이 복잡한 삶의 문제들에 부딪쳐 힘들어 하던 중, 자기 친구와 함께 새벽기도를 시작했는데 그 친구가 며칠 전 새벽기도를 가다가 강간을 당했다고 했다. 그 친구는 아직 혼수상태에서 깨어나지 못한 상태이고 후배의 지인도 충격과 신앙적 혼란으로 빠져들었다고 했다. 그 와중에 찾아온 교회 목사는 하느님이 더욱 큰 축복을 주려고 이런 시련을 주었다고 말했다지. 전혀 알 수 없는 여성의 이야기를 듣고 있는데도 가슴이 벌렁거리고 머릿속이 하얗게, 까맣게 뒤죽박죽되고 분노가 치밀었다. 그런데 허약해질 대로 허약한 몸과 마음 상태에 있는 후배 역시 몹시 큰 충격과 두려움에 사로잡힌 것이 분명했다. '신앙인에게 왜 이런 일이 일어나느냐?'고 묻는 후배와 몇 마디 말을 주고받긴 했지만, 나도 속으로는 누군가에게 같은 물음을 던지고 싶은 충동으로 몸이 저려왔다.

어떤 목사님의 이야기가 떠오른다. 그분은 수십 년간 사람들이 도시로 다 빠져나간 황량하고 외로운 시골 마을을 지키며 목회해 왔다. 그런데 고등학생이 된 아들이 명석한 머리로 겁 없이 공부를 잘하는 바람에 대학을 보내야겠는데, 자신의 형편으로는 도저히 불가능한 일이어서 화병(火病)이 들기 시작했단다. '이럴 때 목사가 기도해야지' 하고는 새벽마다 앞산으로 올라가 눈물을 흘리며 기도했단다. 최저생계비에 약간의 학자금만 도움 받을 수 있는 교회로 보내줄 하느님의 의향이 있는지를 알기 위해서. 그러나 두 달이 넘도록 아무런 응답도 감응도 없는 새벽기도를 마치고 집으로 돌아오던 어느 날, 새벽안개를 가르며 달리던 오토바이 폭주족의 광기에 세게 치어 머리와 허리, 다리를 심하게 다치고 말았다. 근 3년 동안 병원에서 앉지도 눕지도 못하는 생활을 하며 서너 번의 대수술을 견뎌내는 동안 차라리 죽고 싶다는 생각과 하느님에게 버림받았다는 자괴감 속에서 지냈다고 한다. 가망이 없다는 의사의 초기 진단을 이겨내고 재활하긴 했지만, 그것은 수술로 5센티 가량 짧아진 한쪽 다리를 가진 장애인의 삶의 시작이었다. 그 일 이후 마음속에 쌓인 분노심 때문에 한동안 피폐한 삶 속에서 뒹굴다가 문득 깨달았다고 한다. 고난은 악인에게만 오는 것이 아니라 의인에게도 온다는 것을. 이 평범한 진리가 어느 날 뇌리를 치면서 대성통곡한 뒤에야 목사님은 다시 하느님과 화해했다고 했다.

이렇게 감당할 수 없는 큰 사고와 슬픔을 직면했을 때 우리는 당연히 캐묻는다. '왜 주님은 내게 이런 일을 주시는가?' '왜 신앙인에게 이런 몹쓸 일이 일어나는가?' 더구나 힘들고 벅찬 인생의 고비에서 하느님을 의지함으로 힘을 얻고자 했을 뿐인 그 여성이 무슨 죄가 있다고. 이러한 의혹과 충격으로 어질증에 걸린 사람에게 대부분의 교회들은 '당신의 죄과일 테니 회개하라'거나 '더 큰 축복을 주기 위한 시련'이라고 말한다. 차라리 입 다물고 슬픔과 아픔에 동참은 못할지언정 이런 말을 서슴지 않는 교회들은 제2의 가해자임에 틀림없다. 그들은 세상을 창조하시고 끝까지 우리의 손을 잡고 생명과 구원의 길을 함께 가시는 하느님을 믿는 것이 아니라 어떤 가혹하고 악랄한 사디스트적 우상을 믿는 것이다. 그러한 우상을 떠받들고 강요하고 두려움에 떠는 그들은 마조히스트적으로 무장한 노예들이 아닐는지.

신학적인 표현을 빌리자면, 창조와 구원은 결코 '일회적'인 것이 아니다. 창조와 구원은 지금도 계속되고 있고 우리는 하느님의 쉼 없는 사역에 동참하며 살아가는 그분의 '동역자'들이다. 감리교의 창시자 웨슬리 목사는 인간의 구원은 주님의 십자가로 의로워졌다는 확신을 얻은 그 순간 단번에 완성될 수 없음을 일찍이 깨달았다. 구원과정을 집으로 비유하자면 회개와 칭의의 확신은 집에 들어가는 출입구에 해당하며 그것에 의지해서 하느님의 거룩한 본성을 닮아가는 더욱 긴 믿음과 성화의 여정을 걷게 된다고 했다. 하느님의 사랑스러운 자녀들도 구원의 길도상에 있는 존재들이므로 불완전함과 악에 노출되어 있을 수 밖에 없다. 그러나 진정한 종교인은 감당하기 어려운 고난과 슬픔을 당했을 때 하느님을 부정하거나 구원의 길에서 쉽게 이탈하지 않을 수 있는 힘을 소유하고 있다. 그의 내면에는 세상 모든 생명체들에게 더 온전한 생명과 완성을 약속하시며 그들과 함께 고난당하고 그것에 저항하며 함께 길을 가는 하느님에 대한 믿음이 있기 때문이다.

신을 믿는 것을 복과 행운을 차지하고 불행과 고난을 비껴갈 수 있는 지름길 정도로 여기는 무수한 사람들이 있다. 그러나 그것은 하느님이 우리에게 심어준 창조력과 사랑, 정의로움과 거룩함, 아름다움, 상생 등의 능력과 잠재력을 망각한 '도피주의'에 불과한 것이 아닐까. 하느님을 믿고 따르는 일은 내가 그분의 품성을 닮아가는 일이지 나의 행복과 이기심의 무한한 확장이나 구원과정에서의 내 책임을 벗는 것이 아니기 때문이다. 여성신학자 샐리 맥페이그는 오늘날 전 세계를 불안에 빠뜨리고 위협하는 전면적 생명학살의 핵전쟁의 위기는 인간이 저지른 잘못의 결과이므로 이것을 저지르거나 해제할 당사자는 인간이지 하느님이 아니라고, 그러니 우리의 구원의 책임을 무책임하게 하느님에게 떠넘기지 말라고 말한다.

그렇다면 우리는 생명을 부여하고 그것을 완성으로 이끄시는 하느님의 편에 서서 그분과 함께 세상을 사랑하고 생명을 확장함은 물론 때때로 악과 죽음의 세력에 저항하며 구원의 길을 가는 사람들이다. 우리에게 삶이란 사랑과 저항 외에 다른 무엇일 수 있으랴.

이름도 얼굴도 알 수 없는 그 여성을 다시 생각해본다. 그는 어느 날 갑자기 쉽게 회복되지 못할 상처를 입었고 가장 극악한 테러를 당했다. 이것이 가부장적인 폭력과 지배욕을 오랫동안 내면화하고 자신들의 극단적인 욕망을 채우려는 남성들이 버젓이 성폭력과 강간과 살인을 저지르는 한국 땅에서 살아가는 여성들의 현실이다. 이러한 무서운 현실 속에서 살아가면서 우리는 자기도 모르는 새에 두려움과 무력감에 젖어들고 우리 안에서 피어나야 할 창조력과 신성을 빼앗겨버린다. 아직 혼수상태에서 깨어나지 못한 그이는 어쩌면 영원히 깨어나고 싶지 않을 수도 있다. 그이와 주변 사람들은 또다시 하느님을 원망하며 왜 우리를 버리느냐고 탄식하게 될지도 모른다. 그러나 한번 더 생각해보자. 우리가 원망하고 저항해야 할 대상은 하느님이기 전에 그 여성을, 우리를 테러하고 강간하고 추행하고 성매매하고 죽음으로 몰고 가는 남성들과 그들의 그러한 행위를 여태까지 눈감아오고 부추겨온 이 사회의 악한 구조가 아닌가. 이 사실을 직시하지 않는다면 우리의 신앙은 우리의 책임을 저버리는 도피주의에 불과할 뿐이다.

사랑과 생명의 완성을 위해 때로 우리는 생명을 짓밟고 유린하는 것에 저항해야 한다. 자신의 찢긴 상처를 돌보고 악에 저항하기란 절대로 쉬운 일은 아니다. 그러나 뭇사람들에게 조롱과 멸시를 받고 십자가에서 처형당하신 예수 그리스도가 이 때 우리의 진정한 친구가 되실 것이다.

후배가 어서 정신을 차리고 물리적 상처와 아픔, 표현할 수 없는 정신적 신앙적 혼란과 충격을 당한 그이들에게 도움의 손길을 뻗어주길 바랄 수밖에 없다. 이것을 '죄과의 결과이니 회개하라'거나 '더 큰 축복을 주시려는 시련'이라고 떠드는 교회들에 더이상 연연하지 말길 바란다. 우리가 하느님의 경륜을 도저히 헤아릴 수 없다 해도, 하느님은 더 큰 축복을 주려고 기도의 길에 나선 여성을 강간하는 분은 결코 아니므로. 대신에 어서 속히 물리적 정신적 상처를 치료하고 자신에게 일어난 일이 하느님이 내린 것이 아니라 이 땅을 살아가는 수많은 여성들을 일상적으로 위협하는 악한 현실에서 파행되었다는 것을 망각하지 않도록 여성단체나 상담소와 같은 곳을 소개해 주길 바란다.

하느님의 도움과 치유의 손길이 꼭 교회나 신앙인들을 통해서만 오는 것은 아니므로, 제발 피해자 여성들의 영혼과 신앙에 독물을 끼얹는 교회들과 성직자들에게 의존하지 않길 바란다. 여성의 몸과 생명을 유린하고 테러를 가하는 작금의 현실은 결코 생명을 꽃피우고 구원의 길로 끊임없이 우리를 부르시는 하느님의 뜻이 아닐 테니. 힘들더라도 싸우고 저항해야지, 그 여성에게 가해진 강간과 폭력이 우리가 굴복해야 할 하느님의 뜻이 아니라면.

2003.06.26

룻과 나오미

1

오래 전 내 즐겁게 뛰놀던 고향에 기근이 들었네
내 가족은 먹을 것을 찾아 길을 떠났네, 이방 땅 모압으로
얼마 후 남편은 시름시름 죽고
난 낯선 땅에서 어린 두 놈과 모질게 남겨진
가엾은 과부가 되었네
핏기 없이 자란 두 아들, 아리따운 모압 여인들과 결혼했지만
화살처럼 십 년이 흘러
차례로 죽고말아 난 홀로 남았네
이삭줍기마저 끝난 저 황량한 빈들처럼
난 주님의 저주를 받은 몸
날 더 이상 '나오미(기쁨, 즐거움)'가 아니라 '마라(괴로움)'라 불러다오
나 이제 내 고향 베들레헴(빵이 그득한 집)으로 돌아가련다
사랑하는 딸들아

희망이라곤 전혀 없는 나를 떠나 네 어머니의 집으로 돌아가거라
너희를 돌봐줄 새 남편을 찾는 것이 너희의 살 길
그간 내게 베푼 사랑을 주님은 잊지 않으실 테니
우리 이제 마지막 입맞춤을 나누자

2
사랑하는 어머니
난 어릴 적부터 상상했어요
이 답답하고 위압적인 동네와는 다른 또 다른 세계가 있을 거라고요
도망치듯 집을 빠져나와
당신의 집에서 함께 물을 기르고 옷을 꿰매고
별 헤며 고향 노래를 배워온 지 어언 십 년
내 가슴엔 늘상 알 수 없는 기쁨이 일렁였답니다
어머니의 아들이, 내 남편이 죽었으니 이젠 남남이라고
그러니 돌아가라고 하지 마세요
"어머님이 가시는 곳에 나도 가고
어머님이 머무르시는 곳에 나도 머무르겠습니다
어머님의 겨레가 내 겨레이고,
어머님의 하나님이 내 하나님입니다
어머님이 숨을 거두시는 곳에서 나도 죽고

그 곳에 나도 묻히겠습니다"(룻기 1:16-17a)

당신은 나의 어머니, 그것이 아니라면
이제부터 당신은 나의 자매요 친구요 동지(룻은 친구, 동료의 의미)
나는 다시 '아버지의 땅(모압)'으로 돌아가지 않으려네
내 사랑하는 친구의 손을 잡고 베들레헴으로 떠나네
험한 계곡과 사해가 겹겹이 우리를 둘러쌌으나
마주잡은 손 놓지 않는다면, 넉넉히 건널 수 있으리

3
때마침 베들레헴은 보리를 수확할 무렵
나는 밭으로 나가 이삭을 주웠네
너른 금빛 들판의 주인 보아스는 친절한 사람
안전하게 이 밭에서 마음껏 곡식을 주우라 했네
어느 날 나는 어머니가 이른 대로
목욕하고, 향수를 바르고, 고운 옷을 입고
초연한 달빛 아래 보아스의 발치에 누웠네
어차피 누군가의 소유가 되어 보호받아야 할
우리의 운명이라면, 그것만이 살 길이라면
우리가 먼저 찾아 나서리라
지혜롭고 자비로운 우리의 보호자를

내가 가는 곳에 어머니도 가고
내가 머무는 곳에 어머니도 머물리라
난 두렵지 않았네

4

보아스의 아내가 된 나
주님의 은혜를 입어 아들을 낳았네
"나오미가 아들을 보았다!"(4:17)
베들레헴의 여인들이 기쁨에 겨워 춤을 추었네
모압 출신 이방 여인이
다윗 왕의 할머니, 메시아의 선조가 되었으니
옛적 내 언약을 주님이 기억하심이라
"어머님의 겨레가 내 겨레이고
어머님의 하나님이 내 하나님입니다"
이후로도 영원토록,
국적과 종교, 인종과 나이의 경계를 허물고
사랑과 우정을 다짐하며 함께 길을 찾아 나서는
별빛처럼 영롱한 수많은 여인들이 우리를 기억하리라
룻과 나오미는 "하나님의 날개 아래"(2:12) 있었노라고

2003.07.21

기독여민회 소식지 〈기쁜소식〉 2003년 여름호

포괄적인 교회공동체를 향한 한 걸음
- 우리 안의 차별구조를 뛰어넘어

'여성'이 '목회'를 만날 때

목회 현장에 나온 지가 엊그제 같은데 어느새 일 년이 되어 간다. 태어난 이후 줄곧 교회와 떨어질 수 없을 정도로 교회의 지경 안에서 삶을 구축해왔고, 신학을 공부하면서 새롭게 눈뜨게 된 하느님, 세계, 이웃, 자연과의 친밀감에 말할 수 없을 만치 벅찬 감동을 느껴왔으면서도, 나는 꽤 오랫동안 목회적 삶을 선택하기를 주저했었다. 그것엔 여러 가지의 이유들이 있었는데, 신학과 신앙의 구불구불한 길을 행보하며 자유와 기쁨을 누려오는 동안 가부장적이고 권위적인 교회와 사회의 제반 모습들을 비판하며 뭔가 '대안적인 것'을 상상하길 즐겨하던 내게, 교회라는 막강한 '현실' 안으로 들어가 그것과 싫든 좋든 함께 살아야 한다는 것은 적잖은 두려움을 불러일으키곤 했다.

오늘날 한국 사회에서 여성이 목회를 한다는 것, 그것은 여전히 비대칭적이고 어색한 양자의 구도를 스스로 노출하는 일이며, 사회적·문화적 편견과 장벽은 물론 내적 의혹의 강을 수없이 건너야 하는 일이라는 것을 이미 어렸을 적 어머니의 고된 목회생활을 통해 엿보았던 때문이었을까. 그러나 두터운 고민의 층과 두려움을 벗고 대부분의 (남성) 동료들보다 오랜 길을 걸어 목회에 접어들게 되었을 때, 나는 궁극적으로, 이 모든 과정을 침묵으로 기다려주시고 오히려 내 주변 세계와 사물들을 '여성의 눈으로' 들여다볼 수 있게 하신 하느님께 깊은 찬미를 드렸다.

교회 안 인구의 7할 이상을 구성하면서 가장 헌신적인 봉사와 노동을 바치는 교회 여성들이 엄연히 존재함에도 불구하고, 흔히 교회와 목회는 남성들의 세계로 통한다. 교회의 권위적인 직제와 의결구조의 맨 상층부를 거의 전적으로 남성들이 차지하고 있기 때문이다. 그동안 목회가 남성들의 일이었음을 다시금 피부로 깨닫게 해주는 남성 일색의 목회 현장에서 그야말로 '소수자'가 되었다는 것, 그래서 교회 안의 지배적 상층부를 차지해 온 대부분의 남성들의 눈과 귀에 포착되지 않았던, 오히려 억눌리고 잊혀져 온 수많은 현실들을 새롭게 건져 올리고, 이를 토대로 내가 선 낮은 자리에서 남성과 여성, 강자와 약자의 차별적인 기존 질서를 넘어서는 포괄적이고 평등한 교회공동체가 태어나기를 바라는, 한결 더 간절해진 소망을 품게 되었다는 것은, 만물을 창조하시고 그들 모두를 구원의 순례길로 부르시는 하느님의 손길에 응답하는 '특별한 축복'임에 틀림없다.

하느님에 대한 사유

나는 예배 도중이나 예배 후에 가끔씩 아이들과 침묵기도(일명 '마음기도')를 드리곤 한다. 내성적이고 떠들기를 별로 좋아하지 않는 성격 탓인지, 마음으로 숨을 쉬고 하느님의 현존을 느끼고 기다리게 하는 이 기도가 내게는 더없이 편안하고 감미롭다. 어느 날 아이들에게 기도에 집중하도록 도와주는 하느님을 떠올릴 수 있는 '거룩한 단어' 하나씩을 정하라고 하고 각 사람에게 물어보았다. 그런데 꽤 영리하고 책도 많이 읽는 초등학교 고학년 한 아이가 '수염'이라고 난데없이 말하는 바람에 난 화들짝 놀라고 말았다. 그 아이에게 왜 그렇게 생각하는지를 물었지만, 별 뾰족한 대답을 듣지는 못했다. 다만 그 아이에겐 어느 순간부터 하느님이 '흰 수염' 펄럭이며 높은 구름 위에서 우리를 내려다보시는 인자하거나 무서운 '아버지의 아버지' 쯤으로 여겨졌을 뿐이다. 그 아이가 왜 하느님을 하나의 성(性)적 존재, 수염 달린 남성으로 믿게 되었는지 짐작해보기란 그다지 어렵지 않다. 신앙과 하느님 체험을 도와주는 눈에 보이는, 눈에 보이지 않는 신앙교육의 커리큘럼들이 있지만, 그 중 가장 강력한 영향력을 발휘하는 것이 '언어'이다.

우선 예수님이 그러했듯이 대부분의 그리스도인들은 하느님을 '아버지'로 고백한다. 오랫동안 그리스도교 전통은 세상을 창조하시고 죄인들을 찾아오시며 가장 극진한 구원의 사랑을 보여주신 눈에 보이지 않는 하느님에 대해 거의 유일하고도 가장 강력한 '아버지'라는 이름을 붙여 왔다. 그 결과 '아버지'라는 하나의 성(性)을 대변하는 이름은 마치 보이지 않는 하느님의 속내를 사진으로 찍기라도 한 것인 양, 사람들은 '하느님=아버지'라는 그릇된 도식에 사로잡히고 말았다. 그래서 종종, 성서와 초대 교부들이 불렀던 아버지라는 이름은 하느님의 성별에 대한 '사실적' 묘사가 아니라, 예수님이 하느님과 나누었던 가장 친밀하고 자애로운 관계 속에서 나온, 또한 생명을 창조하고 낳으시는 생명의 근원되신 분에게 교부들이 바쳤던 깊은 경의와 감사 속에서 나온 하나의 탁월한 은유라는 사실을 망각해버린다. 즉 만유의 주님은 모든 성별적 존재와 개체적 존재들을 극진한 사랑으로 껴안으시지만, 종국적으로 그것들과 인간의 유한한 언어체계에 갇히거나 그것과 동일시되는 분이 아니라는 사실을 말이다. 그러므로 교인들과 아이들의 하느님을 향한 순례 여정에 길동무가 되고 안내자가 되어야 하는 목회자와 교사들은 하느님에 대한 획일적이고 남성 중심적인 언어 사용을 지양하고, 각 생명을 사랑하시고 구원하시는 포괄적인 하느님의 사랑을 더욱 풍부하고 다채롭게 표현할 수 있는, 모성적이고(가령, 어머니) 양성 평등적이며(연인, 친구), 때로는 자연주의적인(산성, 바위, 바람, 불, 바다)인 언어들을 찾아 나서야 한다.

말씀이 우리를 배반할 때

최근 지방회에서 주최하는 행사를 참석했을 때의 일이다. 그날 강사로 초빙된 목사님의 장시간 설교가 이어졌지만, 은혜와 감동을 받아야 할 설교에서 난 도리어 깊은 상처에 베이고 분노를 느끼고 말았다. 설교하는 내내 강사는 실제로 옆쪽에 위치한 성가대석을 더 자주 힐끔거리며 "교회에서 예쁘고 젊고 똑똑한 여자들은 성가대에 다 있더라", "이 지역에서 시집 잘 가려면 OO여고 정도는 나와야지" 등의 성차별적이고 여성비하적인 언사를 늘어놓으며 가부장적이고 남성 중심적인 사고를 아무렇지 않게 쏟아놓았기 때문이다. 마찬가지로 최근에 참석했던 한 집회에서 어떤 목사님은 교만이 하느님과 이웃에게 얼마나 큰 죄인가를 설명하다가, 느닷없이 이것을 지금까지 독신으로 살아가는 자신의 신학교 여자동기에 비유했다. 그렇게 남자들에게 교만하게 굴더니 그 벌로 지금까지 결혼도 못하고 혼자 늙어간다는 것이다. 극히 일부 예를 들었지만 이렇게 여성을 차별하고 비하하는 말은 그치지 않는다. 그런데 이것이 사적인 자리나 질문과 응답이 오고갈 수 있는 토론회가 아니라 하느님의 말씀이 선포되는 강단에서 들려온다는 것이 가장 힘겨운 문제이다.

종교개혁 이후 개신교의 예배와 신앙생활에서 가장 중요한 가치를 띠게 된 것은 설교, 즉 '말씀'이다. 성서는 태초에 '말씀'이 계셨고 그것은 하느님이셨다고 전한다. 하느님은 '말씀으로' 세상을 창조하셨고, 예수 그리스도가 하느님의 '성육한 말씀'이라면, 성서는 '씌어진 말씀'이다. 말씀인 하느님은 또한 말씀을 통해서 우리에게 오시고 말씀하신다. 우리는 매주 예배 시에 목회자와 교사의 설교, 말씀 선포를 통해 하느님의 은총과 사랑을 깨닫고 그것을 하느님의 말씀으로 받아들인다. 실로 강단에서 선포되는 말씀은 성서 안에 나타나신 하느님을 오늘 우리의 삶과 만나게 하고 우리로 하여금 그분의 뜻을 헤아리고 따르는 참된 백성이 되도록 감격과 결단으로 이끈다. 그러므로 말씀은 의심할 바 없이 은총의 고귀한 매개자이다.

내 안에 깃든 하느님의 형상을 일깨우고 우리 모두가 그분의 온전하고 평등한 자녀임을 자각시켜야 할 말씀이, 돌연히 나와 특정 집단을 배제하고 차별하고 아픔을 줄 때가 있다. 여전히 어떤 강단에서는, 하느님의 형상을 동등하게 나누어 가진 여성을 인류의 원죄를 몰고 온 불완전한 존재, 그래서 남성에게 의존하고 복종해야 하는 존재로 가르친다. 가난한 사람들, 과부와 고아를 돌보라는 예언자들의 외침, 죄인과 여성, 병자와 부랑자를 초대하고 그들과 함께 즐겨 식탁을 나누었던 예수님의 삶의 모습은 사라지고, 오히려 그들은 자신의 죄로 인해 하느님의 저주를 받았다는 말씀이 들려온다. 사회의 차별적, 권위적, 물질주의적 구조와 이데올로기에 편승해버린 말씀은 가난한 사람들, 폭력에 시달리는 여성들, 이혼했거나 이후 복합적인 가정을 갖게 된 여성들, 불공평한 결혼과 가족제도를 선택하는 대신 자신의 독립적이고 실험적인 삶의 방식을 체득해가는 비혼(非婚) 여성들에게 깊은 상처를 입힌다. 그렇게 성별, 인종, 물질, 권력, 종교, 나이, 성적 정체성 등의 고리를 매개로 여성들과 약자들을 차별하고 배제하는 말씀은 더 이상 세상을 극진히 사랑하시고 온 생명을 구원과 해방으로 이끄시는 하느님의 말씀이 될 수 없다. 그러한 말씀은 하느님의 말씀과 우리를 배반하는 말씀 행위이기 때문이다.

하느님의 말씀을 인간의 입술과 생각으로 전한다는 것은 복되고도 두려운 일이다. 양자 간에 놓인 그 아찔한 거리감에 대한 고민과 회의는 이미 성서 기자들로부터, 초대교회의 교인들을 거쳐 오늘날까지 지속되었다. 그러나 하느님이 말씀을 통해 우리에게 전해지는 한, 우리는 말씀을 언어화하고 우리의 언어를 다시 생명을 살리는 말씀으로 전하는 일을 그만둘 수 없다.

말씀으로 기쁜 소식을 누군가에게 전해야 할 사명을 지닌 모든 목회자들과 교사들은, 세상의 온갖 불의하고 불평등하고 차별적인 질서와 가치 체계를 무너뜨리고 그것을 뛰어넘어 다가오는 가장 포괄적인 하느님의 사랑을 가슴 깊이 체험하고 받아들여야 한다. 하느님이 우리에게 베풀어주시는 생명의 식탁에는 강자와 약자, 남성과 여성, 인간과 자연간의 어떠한 차별과 배제도 존재하지 않는다.

성서는 하느님이 베푼 잔치에 우리의 일반적인 통념과 예상을 뒤엎은 사람들로 채워졌다고 전한다. 그 식탁은 차별 받고 소외 받는 이들로 가득 찼고, 둘러앉은 모든 생명들의 조화롭고 평등한 어우러짐을 통해 세상의 온갖 차별과 편견의 장벽을 무너뜨리는, 가장 포괄적이고 둥근 식탁이었음을 기억해야 한다. 그리고 그것을 기억하고 믿는 우리의 교회공동체라면 그렇듯 무한하게 펼쳐진 하나님의 포괄적인 식탁의 형상을 끊임없이 닮아가야 할 것이다.

2003.08.22

〈신앙과 교육〉 2003년 9월호

자정의 노력을

지난 7월 9일 휴가를 마치고 귀대를 앞둔 한 군인이 고층 아파트 옥상에서 투신자살을 했다. 조사 결과 그동안 부대 상사에게 강제로 성추행을 당하며 느꼈던 극심한 수치심이 불러온 비극임이 밝혀졌다. 절대적인 명령 복종의 계급 사회 속에서 더 이상 견디기 어려운 수치심에 고통당하던 한 젊은이가 끝내 자살을 선택한 이후 이 문제에 대한 사회 각계의 관심이 증폭되긴 했지만, 그동안 병영 안에서 숱한 성추행과 성폭력이 암묵적으로 행해져 왔음은 '공공연한 비밀'이었다. 그동안 국회와 천주교인권위원회 등에서 군내 성범죄를 우려하는 경고를 몇 차례 제기하기도 했지만, 이 문제를 진지하게 다루거나 최소한 예방 차원의 방책을 고심하는 어떠한 노력도 없었다.

그렇다면 이 젊은이의 죽음은 비단 개인의 죽음이 아닐 것이다. 성추행과 성폭력이 이렇듯 위험수위에 이르기까지 방기하고 눈감아 온 군 당국과 사회 전반의 무관심(불감증)이 이 비보의 숨은 협력자들이기 때문이다. 아직도 "성추행과 자살의 인과관계는 확인되지 않았다"는 육군 측의 발표, 관련자 문책으로 쉽사리 해결하려는 움직임이 성폭력에 대한 이 사회의 수준을 가늠하게 하니 실로 슬픈 일이다.

이번 비극을 접하면서, 요즈음 여기저기서 봇물 터지듯 일어나서 사회적 이슈로 부각되고 있는 교회 안의 성폭력 행태들을 다시 생각해볼 수밖에 없다. 군내 성폭력과 교회 안의 것 사이엔 언뜻 몇 가지의 유사성이 보인다. 우선 군 내의 성폭력과 교회 안의 성폭력은 집단의 특수성 때문인지 더욱 더 무거운 침묵을 강요당해 왔다. 또한 군대와 교회 안의 성폭력은 다른 집단보다 더욱 배타적으로 자리잡은 권력관계와 맞물려 지속되고 조장된다는 점이다.

지난 6월 27일 한국여신학자협의회 기독교여성상담소가 주관한 '교회 내 성폭력 예방지침서 공청회' 자료에 의하면, 1998년 7월부터 2003년 6월까지 91건의 교회 안 성폭력이 접수되었다(우리나라의 성폭력 신고율이 6%에 그치고 있다는 점과 교회라는 특수성에서 볼 때, 이 숫자는 실제의 빙산의 일각일 뿐이다). 91건 중 목회자 관련 성폭력이 84건으로 92% 이상을 차지한다. 또한 목회자의 성폭력은 사이비 교단 혹은 이단에서 일어난다고 생각하는 통념과는 달리, 접수된 사례 중 두세 건을 제외한 나머지 경우가 모두 정통 교단에서, 교단에 상관없이 무차별하게 일어난다고 한다.

위의 수치는 교회 안 성폭력의 문제가 남녀의 성적 관계만 아니라 목회자와 교인이라는 엄연한 권력 관계를 매개로 일어나는 것임을 보여준다. 교회 내 성폭력이 결코 사적이거나 남녀 사이의 감정적 일로 여겨질 수 없는 이유가 이것이다. 그것은 동등한 지위와 조건을 가진 두 사람 사이의 일이 아니라, 목회자의 말과 행위를 신뢰하고 따라야 하는 교인과 그에게 신앙 여정을 인도하고 영적 위기로부터 보호해주어야 할 목회자 사이의 일이기 때문이다. 더 큰 힘을 지닌 사람에게 더 큰 책임이 따른다.

교회 안 성폭력은 개개인의 일로 끝나지 않고 교회를 평생 동안의 영적 고향으로 삼아온 수많은 사람들을 일순간에 미움과 불신, 비방, 때로는 법정싸움으로 몰아넣고 신앙의 길에서 이탈하게 만든다. 자신의 역할이 지닌 잠재적 위험을 인식하지 못하고 그것을 폭력적으로 사용하거나 미연에 방지하지 못한 목회자에게 이 일의 책임이 있지 않다면 과연 누구에게 책임을 물을 수 있을까. 그후 피해자가 고통을 치유하고 자신의 일상과 영적 생활을 되찾도록 돕는 일, 상처받은 교인들이 다시금 믿음을 회복하고 교회의 정체성을 세워가는 일, 가해자 목회자의 정신적, 영적 건강 상태를 점검하고 그가 새로운 갱생의 길을 찾도록 돕는 일, 이것을 위한 물리적, 제도적 방안 모색은 교단적으로, 교회 전체와 우리 각 사람에게 남겨진 몫일 것이다.

2003.08.27

〈기독교세계〉 2003년 9월호

ps. 교회 안의 목회자와 교인간의 성문제는 일반적인 '간통'이나 사적 애정 행위가 아니라, 권력을 가진 목회자와 그의 권위에 순종해야 하는 교인간의 문제이므로 엄격한 성폭력이라고 지적한 본문의 구절이 〈기독교세계〉 9월호에는 빠졌다. 사실 이것이 교회 안 성폭력을 다루는 핵심 사항인데 말이다. 권력의 문제라는 표현이 조금 과격해보였던가. 그렇다면 그들은 교회 안 성폭력 문제의 핵심을 전혀 알아채지 못한 것이다. 어쩌면 남성 편집장의 한계일 수도. 그리고 내가 정한 '교회 안 성폭력'이란 제목이 '자정의 노력을'이란 새로운 제목으로 바뀌었다. 흐음.

'자살 신드롬'의 파고 속에서

잇따른 자살 소식들이 우리를 충격과 슬픔에 젖어들게 한다. 특히 IMF 이후 실업과 빈곤으로 허덕이는 사람들이 급격하게 늘어나면서 한국 사회의 이른바 '자살 신드롬'은 급속화되었다. 경찰청 통계에 의하면, 지난해에 하루 36명, 한 시간당 평균 1.5명이 자살을 했으며, 1990년대 들어 자살 증가율이 세계 최고를 달리고 있다고 한다.

최근 빚 독촉과 생활고에 시달리던 30대 여성이 인천의 한 아파트 옥상에서 세 자녀를 던진 후 자신도 투신한 사건이 있었는데, 이에 대한 보도에서 교묘한 성차별이 읽혀진다. 세 자녀와 함께 투신한 30대 여성에 대해 대부분의 언론은 자녀를 던져버린 비정한 모성이란 측면에 렌즈의 초점을 맞추었는데, "생활고에 '살려달라' 자녀 외침 뿌리친 非情의 엄마"란 헤드라인을 뽑은 동아일보, "엄마 살려줘, 죽기 싫어", "아이들이 무슨 罪… 종일 일손 안 잡혀", "아이들 투신 직전 '엄마 살려줘' 절규" 등을 부제로 달았던 조선일보가 그 예이다. 이에 반해 지난 6월 충남에서 빚에 몰린 끝에 두 딸을 둔기로 쳐서 살해한 뒤 자살을 기도했다가 중태에 빠진 한 아버지는 위의 경우만큼 커다란 여파를 몰고 오지 않았고, 대부분 언론에서도 "빚 고민 30대 가장 가족 살해 후 자살"로 다루어졌다. 자녀들을 던지고 자살한 여성은 '비정한 어머니'이지만, 두 딸을 때려죽이고 자살을 기도한 아버지의 비정함과 무책임은 그만큼 논란이 되지 않는 가부장적 논리가 엿보인다.

"이 세상에 너희들을 맡길 순 없었다"는 그 여성의 마지막 절규는 우리 모두가 그이의 죽음과 무관할 수 없음을 일깨워준다. 일개인에게 죽음을 선택할 정도의 빈곤을 강요하고 그것을 방관하고 내버려 둔 사회의 잘못과 그 일원인 나, 우리의 불감증은 그이의 동반자살로부터 자유로울 수 없다.

우리는 자살이 생명을 사랑하시는 하느님의 뜻을 저버리는 무서운 죄임을 알고 있다. 그러나 '생명=선'이요 '죽음=악'이라는 식의 이분법적 도식을 견지하기엔, 우리의 생명이 놓이고 분투하고 있는 현실 자체가 낯설고 의심스러울 때가 많다. 1907년 당시 정동교회 교인이었던 정재홍은 민족의 치욕과 불운에 저항하여 자결을 하면서 '사상칠변가(思想七變歌)'를 남겼다. 그리스도인으로서 자기살인이라는 대역죄를 저지르기까지 일곱 번이나 마음이 변했을 정도로 고뇌했다는 뜻이리라. 나라를 욕보인 놈을 쳐죽여 분을 풀어야겠는데, 그러다 성공하지 못하면 나만 죽을 것이니, 육공포(六工砲)를 얼른 놓고 빨리 뛰면 무사할 것이라 여기고, 육공포를 당장 샀는데, 남 죽이고 나만 살면 천리에 어긋난 일이니, 그 놈 죽이고 나도 죽자고 생각했으나, 남 한사람 죽이고 나 죽으면 둘이 같이 죽는 일일뿐, 차라리 나만 죽어 남들에게 경종을 울림으로 나라를 행복하게 하자는 것이 그 골자이다. 정동교회에서 치루어진 자결한 정 씨의 장례식에서 전덕기 목사가 그 영혼을 위해 기도했다고 전해진다.

자살 신드롬이 급격히 사회 전역으로 확산되는 이즈음, 많은 교회와 신앙인들은 자살이 생명을 존중하는 그리스도교 전통에 위배된다고 주장하기에 여념이 없는 이 때, 그러나 자살을 비껴감으로써 생명을 보장받을 수 있다는 순진하고 이기적인 신앙심과 개인의 추락과 자살을 강요하고 방치하는 사회적 무책임에 대한 불감증이 우리 안에 횡행하는 한, 우리는 이 문제에 제대로 접근할 수 없다.

12세기 빙엔의 성녀 힐데가르트의 노년 이야기가 생각난다. 그이가 80살 되던 해에 교회식으로 장례를 치르고 수도원 안에 묻은 사람이 교회에서 파문을 당한 이였다는 것이 문제가 되어 하느님과의 친교와 수도원운동에 헌신했던 그이의 일생은 일순간에 위기에 빠져버렸다. 교회당국은 시체를 다시 파내어 던져버리라고 명령했지만, 죽은 이가 운명하기 전에 교회와 화해했으며 이미 그는 성소에 매장되어 정화되었다고 믿었던 힐데가르트는 그 명령에 복종하지 않았다. 그로써 힐데가르트와 그곳의 수녀들은 미사와 영성체를 비롯한 성무집행 금지령을 받아야만 했다. 이것은 자신이 죽었을 때 교회의 마지막 의식을 받을 수 없음을 의미하는, 노년의 수도원장에겐 매우 고통스러운 협박이었다. 자신 안의 내면의 빛을 믿었던 힐데가르트, 그이가 그 처벌에서 풀려난 것은 죽기 6개월 전의 일이었다.

자살은 죄이고 자살한 이는 구원받을 수 없는 죄인임을 거듭 주장하기 전에, 개인의 자살을 둘러싼 내외적 요인들에 대한 이해를 높이고, 진정한 생명은 '죽음을 향한 본능(타나토스)'과 대립적인 것이 아니라 오히려 그것을 끌어안음으로 넘어서는 것임을 깨닫고, 자신을 살해한 이의 영혼일지라도 온 우주의 생명되신 분의 뜰에 닿을 수 있기를 축복하는 것이 우리에게 남겨진 과제가 아닐는지.

2003.10.05

〈기독교세계〉 2003년 10월호

일상적인 말 행위에 대한 단상

말과 언어는 우리 일상의 소중하고 친숙한 부분이다. 우리가 숱한 존재들과 부딪치고 그것을 깨우치는 일은 곧 그만큼 언어와 관계를 맺는 일이라고도 할 수 있다. 그런데 시간의 두께 속에서 오래된 옷처럼 편안하고 익숙해져야 할 말들이 편치 않을 때가 여전히 많다. 때로 말은 내 존재가 이 세계 안에서 얼마나 낯설고 이질적, 균열적인지를 느닷없이 일깨워 준다.

그 한 예가 이른바 '총칭어'의 문제이다. '총칭어'란 특별히 한 성(性)에 국한되지 않고 남성과 여성을 모두 포괄하는 용어를 말한다. 그런데 그것이 실제로는 남성만을 가리키거나 남성 중심적인, 남성의 말이라는 것이 문제이다. 과거 서구에서 'man'이란 용어로 '사람(남녀 포괄)'을 지칭하고 수많은 남녀로 구성된 공동체를 '형제'라고 불렀던 것처럼. 시대가 바뀌었다는 오늘날, 하나의 성(性) 존재들을 삭제하고 간과했던 총칭어 문제는 지나간 과거인가.

대한민국 헌법 제2장은 국민의 권리와 의무를 기술한다. 여기서 '국민'이란, 11조 1항 '모든 국민은 법 앞에 평등하다'에서처럼, 대한민국의 모든 여성과 남성을 일컫는 말임이 분명하다. 그러나 '모든 국민은 법률이 정하는 바에 의하여 국방의 의무를 진다'는 조항(39조 1항)엔 절반의 국민인 여성이 존재하지 않는다. 어디 '국민'이란 말뿐이랴. 매우 보편적이고 무성(無性) 혹은 범성(汎性)적으로 들리는 정치인, 배우, 학생, 대통령, 국회의원, 기술자 등의 온갖 말들이 실제로는 남성을 가리키는 말들이며, 그 안엔 여성의 존재가 없다. 그래서 여성을 지칭하려면 단어 앞에 '여'라는 성별 표기를 따로 해주어야 한다. 여학생, 여배우, 여자 택시기사, 여류 작가, 여자 목사, 여교수, 여자 전도사, 여학교, 여군 등등. 공공연하고 공식적으로 통용되는 이 말들은 여성을 온전한 자아와 인격을 가진 존재가 아니라 남성이 표준인 세계 한 귀퉁이에 빌붙어 있거나 어중간하게 끼어 있는 존재로 만든다. '언어는 존재의 집'이라는 어느 사상가의 고상한 말은 제 이름이 없으므로 존재조차 부정 당하는 현실과 무관할 수 없다.

불과 수년 전까지만 해도 '살색'이란 이름으로 불렸던 크레용이 있었다. 한국인의 일반 피부색보다 훨씬 더 희고 밝다고 여기면서도 대부분의 사람들은 백인의 피부색을 가리키는 그것이 마치 자신의 살색인 양 무심코 받아들였다. 그런데 '살색'이라는, 극히 보편타당하게 들리는 이름 속에 자신의 피부색이 없다는 것을 깨달은 몇몇 동남아 출신 노동자들이 그 색깔의 이름에 물음을 제기했고 힘겨운 과정을 통해 '연주황'이라는 새로운 이름이 생겨났다. 뿐만 아니라, 서구 백인들은 자신의 피부색을 표준으로 삼아 다른 인종을 '유색인종'이라 부른다. 그리고 서구 제국주의적 시선은 각양의 다양하고 변천하는 민족과 전통을 자신의 틀에 끼워 맞추고 대상화해서 소위 '오리엔탈리즘'을 만들어간다. 그러한 말들 속엔 특정한 누군가가 척도로 대상화되고 소외된 '타자'가 있을 뿐, 끊임없이 변화하고 새롭게 생성되는 각양각색의 사람들과 경험, 문화가 존재하지 않는다.

말과 언어가 세계 각 존재의 적절한 자리를 일러주고 생명력을 불어넣는 대신 존재의 생명을 빼앗거나 왜곡하려 할 때, 이에 맞서는 길은 이름 없던 존재의 이름을 불러주고 잘못된 이름을 새롭게 이름 짓는 일이다. 몇 가지 예를 들어보자. 성(性)을 사고파는 관계에서 남성은 가리우고 여성의 행위만을 부각했던 '매춘녀' 혹은 '매춘 행위'란 말은 요즘 그 관계를 형성하는 남녀 모두의 행위를 가리키는 '매매춘'이나 '성매매'로 바뀌었다. 또한 흔히 사용되는 '편모·편부 가정' 혹은 '결손가정'이란 말엔 양부모 가정 모델만이 '정상적'이라는 사회적 통념과 업신여김의 시선이 담겨 있다. 최근 이것의 이데올로기적 측면을 간파한 사람들 사이에 '한부모·편부모 가정'이라는 새롭고 더 적절한 이름이 사용되고 있다. 결혼을 자기 인생의 의무사항으로 여기지 않는 사람들이 스스로를 '미혼자'란 이름 대신 '비(非)혼자'라고 부른다. '미혼자'란 이름은 마땅히 거쳐야 할 결혼을 아직 거치지 않아 미성숙하거나 모자란다는 뉘앙스를 풍기지만, '비혼자'란 이름에서는 결혼한 상태가 절대 표준이 아닐 뿐더러 그것을 선택하지 않은 사람이 주체가 된다.

성서는 창조가 각 존재에 이름을 붙이는 일이기도 했음을 알려준다. 즉 이름을 짓는 일은 각 존재에 생명을 불어넣는 행위이다. 모든 존재는 각자 고유한 이름과 색깔을 지녔다. 우리의 일상적인 말 행위가 각 존재, 특히 부서지고 이름을 빼앗긴 존재에게 제 자리를 되찾고 고유한 생명력을 온전히 꽃피우길 축복하는 것이려면, 어느 한 성(性)이나 인종, 문화, 제도를 표준으로 삼고 그것을 척도로 다른 존재들을 바라보는 일에서 이탈해야 한다. 각 존재의 고유하고 독특한 이름을 부르고 짓기 위한 감수성을 잃지 않는 것, 이것이야말로 낯설고 균열로 얼룩진 삶의 문양들을 좀더 충일하고 온전한 것으로 기워가는 일상의 창조가 아닐까.

2003.10.05

〈기독교세계〉 2003년 11월호

베지테리언 이야기 1

내가 언제부터 육식을 하지 않았는지는 정확히 알 수 없다. 육식이란 것을 '의식적으로' 해 본 기억이 없기 때문이다. 7살에 초등학교에 입학했을 때 이미 나는 육식을 하지 않는 아이가 되어 있었는데, 육식을 하지 않는 내 식습관이 또래 집단 속에서 꽤나 거추장스럽고 삐거덕거리는 일임을 처음으로 느꼈다. 그렇다면 나는 초등학교에 입학하기 전부터 이미 채식주의의 길로 접어들고 있었다는 말인데, 십수 년 전 나는 그것이 정확히 언제쯤인지, 어떤 계기가 작용했는지를 알고자 한동안 골몰했던 적이 있었다. 끝내 확실한 기억이나 증거를 찾는 대신 몇몇의 예사롭지 않은 단서들을 얻었다. 어린 내게 육식을 포기하도록 만든 요인 가운데 가장 강력한 것은 생전의 아버지와 관련 있어 보인다.

내가 여섯 살이었던 해의 오월에 아버지가 돌아가셨는데, 갑작스레 간암 판정을 받은지 삼 개월 후의 일이었다고 한다. 아버지가 간암 판정을 받은 것도 내가 여섯 살이 된 후였는데, 당신이 아플 것을 예감해서였는지 아버지는 내가 다섯 살이었던 한

해 전에 당신의 어린 딸을 여섯 살이면 학교에 보내겠다고 열심히 글을 가르쳤다고 한다. 취학연령 규정과 관례상 불가능하던 일에 왜 그리 아버지가 열을 올렸는지 모르겠다던 어머니의 회상을 어린 시절에 들은 적이 있다. 책이나, 읽을 것이 귀했던 시절에 아버지는 어린 딸에게 글을 가르치기 위해 어디선가 두어 권의 그림동화책을 구해 와서 해가 뜨고 지는 시간에 나를 무릎 위에 앉히고 손가락으로 짚어가며 하염없이 책을 읽어주셨다. 그러기를 얼마나 했는지 ㄱ, ㄴ조차 모르던 어린 딸은 동화책을 통째로 외워버렸다. 그러고도 여전히 ㄱ, ㄴ을 모르는 아이가 한 살 어린 남동생에게 손가락을 동원해서 줄줄 동화책을 읽어주었다니, 웃음을 자아내는 이야기가 아닐 수 없다.

어쨌든 아버지가 그토록 심혈을 기울여 내게 아침저녁 읽어주셨던 그 책이 알버트 슈바이처의 어린 시절 이야기였다. 그가 반 아이와 싸워 이겼을 때, "내가 너처럼 일주일에 두세 번 고깃국을 먹는 목사 자식이었다면 너 같은 것은 아무것도 아니었을 거다"라는 밑에 깔린 아이의 절규를 듣고 고깃국을 멀리했다는 이야기, 어머니가 아버지의 외투를 수선해서 겨울 외투를 만들어줬지만 외투가 없는 동네 아이들 생각에 그것을 입지 않았다는 이야기, 친구가 새를 잡으려고 새총을 한껏 겨냥했을 때 휘이 휘이 소리를 질러 새를 날아가게 했다는 이야기 등등, 슈바이처가 어린 시절부터 생명을 경외했음을 가르쳐주는 이야기들이 거기에 그득 실려 있었다. 내 짐작에 의하면 그 책의 '고깃국' 이야기가 나로 하여금 영영 육식을 멀리하게 만든 가장 강력한 장본인이다. 순진하면서도 진지하고 싶었던 아이는, 남의 몸 아래 깔린 채 고깃국을 못 먹었을 뿐이라고 절규하던 먼 나라 누군가의 이야기를 너무 깊숙이 받아들이고 말았던 것 같다. 한창 성장기에 동물성 단백질 결핍으로 인한 악성 빈혈로 고생하면서도 내겐 고깃국을 먹어야 한다는 의무보다는 그것을 먹는 것 자체가 필시 몰고 올 죄책감이 더욱 컸음도 이 고깃국 이야기에 대한 내 심증을 강화시켜주는 대목이다.

세상의 부모는 어린 딸에게 책을 사주거나 읽어줄 때 언제나 유의해야 한다. 그 아이의 영혼이 귀를 열고 있기 때문이다.

2004.03.08

베지테리언 이야기 2

얼마 전에 춘천에 다녀가신 김기석 목사님은 인간에게 고기를 대주기 위해 학대받는 동물들의 실상을 알고 베지테리언(Vegetarian)이 되었다고 했다. 내가 아는 어떤 이는 평화주의자가 되면서 자연히 육식을 하지 않게 되었다고 한다. 세계 최대의 아이스크림 회사인 '베스킨라빈스'의 상속자였던 존 로빈스는 유제품과 축산물의 진실을 알게 되면서 육식이 건강과 세상을 망친다고 전 세계에 부르짖게 되었다. 지구의 삼분의 일 인구가 굶주림과 싸우고 있는 반면, 개인의 삶의 질을 높이는 데만 열중하는 한줌의 부유층은 건강과 유행을 좇아 값비싼 채식 식단에 호기심을 보이기도 한다. 또한 육식을 금하는 종교적 강령에 따라 육식을 하지 않는 사람들도 있다.

이처럼 채식주의자가 되는 길은 매우 다양하다. 그러므로 채식주의나 채식가를 어떤 고정된, 획일적이고 정체된 틀에 넣을 수 없음은 물론 무의미한 일이기도 하다. 예컨대 나의 낯선 식성에 대해 낯모르는 이들은 "식성이에요? 종교적 이유예요?" 아니면 "특별한 신념이라도 있어요?"라고 묻곤 한다. 그 질문은 매번 나를 다시 갸웃한 난처함으로 몰고 간다. 물론 베지테리언이 되고, 되기로 한 각 사람의 동기와 시점은 다를지라도 채식주의의 길을 가다보면 각자가 걷는 여러 다양한 길들이 서로 만나고 합류하거나, 서로 간에 풍성한 영향을 주고받음에 의해서 어느덧 우람하고 울창한 산을 이루어 감을 알게 되기 때문이다. 어쩌면 산을 오르면서 수많은 길을 만나고 그 맞물림과 어우러짐에 탄복하게 되듯이 우주 만물과 온 생명이 상호 연관적인 그물망으로 존재한다는 이 진리가 채식주의의 주요 근간이라고도 할 수 있겠다. 베지테리언은 각자의 이야기를 할 수 있을 뿐이고, 그것은 또다시 다른 이야기나 길과 자유로이 만날 수밖에 없으니, 각자의 이야기가 곧 진실이다.

어렸을 적부터 시작된 비(非) 육식의 식성과 습관은 나의 경우 인생이라는 항로를 내딛기 위해 내가 선택한 중요한 나침반이 되었다. 다시 표현하자면 그것은 불투명하고 두터운 안개에 싸여 발을 들여놓기가 두려웠던 삶이라는 산을 오르기 위해 내가 좀 더 근접해서 찾아낸 길이 되었다. 육식을 멀리하는 습관은 내게 기득권자가 아니라 아래에 눌린 존재의 시선을 통해 세상을 보게 만들고 내가 어떤 것들을 지향해야 하는지를 일러주었다. 과도한 지배욕을 예민하고 낯설게 지각하게 해주었고 권력과 탐욕에 대한 저항감을 길러주었다. 또한 돌이켜보면 채식주의의 길은 나로 하여금 궁극적으로 자신을 긍정하고 자족하도록 이끌었을 뿐만 아니라(세상의 자원은 한정된 것이다. 내가 가진 만큼 누군가는 박탈당한다), 타자와 타인의 고통이 결코 나와 무관할 수 없다는, 그것에 귀 기울이라는 내면의 목소리로 들려오기도 했다.

내 말이 채식주의나 베지테리언의 삶의 양식에 대한 일방적인 찬양, 혹은 나 자신에 대한 미화처럼 들리지 않도록 스스로 주의해주길 바란다. 단지 자신이 선택하고 오르는 길을 통해 산(세계)을 해석하고, 그 세계에 의해 다시 자신의 길(삶)을 해석하는 과정의 하나로 여겨주었으면 좋겠다. 내가 가진 수많은 특성들이 있지만, 그 중에서도 타자를 향한 권력과 권위, 통제와 조종 욕구에 대한 예민한 자각과 뿌리 깊은 거리감, 타자에 대한 최소한의 연민과 배려가 베지테리언으로서의 나의 정체성과 무관하게 생성되었다고 결코 말할 수가 없다. 그러한 나의 주된 성향이 나와 다른 류의 '동물'이라는 이유로 그것에게 참혹하고 잔인한 '홀로코스트(대량학살)'를 방불케 하는 죽음과 삶을 강요해도 된다는 보편적 의식과 문화에서 스스로 걸어 나오는 일 없이 저절로 생겨났다고 말할 수 없다.

육식은 힘(권력, 체력, 정력, 경제력)이요 곧 아름다움이라는 강력한 신화가 지배하는 세상에서 누군가를 동물처럼 이용하고 학대하고 차별하는 일에 대한 저항감이 어떻게 그냥, 우연히 길러질 수 있겠는가. 물론 그러한 나의 감지력과 특성이 오직 나의 베지테리언의 측면과 관련된 것은 아니다. 나의 신앙, 삶의 경험, 삶에 대한 페미니스트적 시선, 배움 등의 요인들이 어우러져 나의 특성을 생성해왔다. 그러나 그 모든 요인들은 나의 베지테리언의 정체성과 동떨어져 있지 않다. 마하트마 간디에게서 신앙, 명상, 차별에 대한 비폭력 저항, 채식주의, 단식 등의 특성을 따로 따로 분리해낼 수 없는 것처럼.

여전히 나의 베지테리언으로서의 특성과 테두리가 사회의 보편적 식성, 문화와 마찰을 일으키거나 쉽게 받아들여지지 못할 때가 많은 것처럼(다음에 이 측면에 대해 쓸 생각이다), 때때로 내가 가진 삶의 특성들은 주변인들로부터 오해와 편견을 불러일으키거나 비난 혹은 의혹을 살 때가 있다. 권위주의, 집단주의에 잘 순응하지 못하고 그것과 멀찍한 거리를 두고 살아가는 나는 '개인주의적이다', '알고보니 쇠고집이다', '날카롭고 공격적이다', '소속감이 없다' 등의 말을 자주 듣는다. 물론 과히 틀린 말은 아니다. 그렇지만 그 반면에 포용력 있고 부드럽고 친절하며 위선적이지 않고 형평성 원칙에 엄격한 나의 측면들도 잘 알고 있다. 그리고 전자와 후자의 말이 마치 동전의 양면처럼, 내가 가진 어떤 특성들에 대한 상이하지만 상호 연관적인 투사라는 것도 알고 있다.

내가 육식에 대한 세상의 신화와 지속적으로 불화하면서도 베지테리언이라는 나의 정체성을 점점 더 사랑하고 그것에 감사하는 이유는 그것이 나로 하여금 세상으로 나아가고 걸어나가게 하는 '길'이고, 내게 세상을 바라보고 꿈꾸게 하는 '시선'이기 때문이다. 무엇보다, 온 생명이 평등하게 삶의 행복권을 누리고 그 환호의 꽃송이가 충만하게 터지는 우주와 세계를 내 안에 심기 위한, 나 자신을 위해 스스로 선택한 길 가운데 하나이기 때문이다.

2004.04.01

베지테리언 이야기 3

육식을 하지 않는 것이 내겐 극히 자연스러웠지만 타인들과의 관계에서는 그렇지 않았다. 성장기에 나는 사람들과 섞이게 되면서 육식을 하지 않음으로 인한 부담감과 불편함을 알게 되었고, 때로 크고 작은 문제에 봉착하기도 했다. 육식은 평소 '늘 푸른' 식단과는 다른 특별하고 애정이 깃든 것이라는 사회 일반에 깊이 뿌리박힌 통념과 나날이 맞부딪치는 일은 나 자신을 피로하게 했음은 물론 주변 사람들에게도 쉽게 용납되거나 이해받을 수 없는 '골칫거리'였다.

육식과 무관한 내 식성이 일반 사람들에게 잘 용납되지 않는다는 것을 어렴풋이 자각하게 된 십대 어느 날부터, 그렇잖아도 말이 없는 편인 나는 밥상머리에서 한결 더 조용해지기 시작했다. 자기가 좋아하는 반찬에 다투듯 몰입하면서 그 즐거움을 온갖 재잘거림으로 풀어내는 아이들 틈바구니에서 내 젓가락의 동세를 별로 알리고 싶지 않아서였을 것이다. 내가 고기음식엔 절대로 손을 대지 않는다는 것을 용케 눈치 챈 누군가가 왜 고기를 안 먹느냐고 의아한 표정으로 물어올 때면, 나 또한 들키고 말았다는 사실에 조금 기분이 상한 채 묵묵부답으로 일관하기가 일쑤였다. 내가 그들에게 왜 고기를 좋아하는지, 왜 고기를 먹는지를 묻지 않는데 왜 내게만 고기를 안 먹느냐고 묻는지 대체 알 수가 없었고, 실상 대답할 말도 마땅치 않았다. 그러한 편향적이고 불편한 상황에 놓이게 되는 것이 짜증스러웠다고나 할까.

학교라는 군중 사회에서 느끼는 불편은 아무것도 아니었다. 몇 차례 어머니와 함께 교인의 식사 초대에 좇아가 본 후, 나는 그러한 자리가 늘 즐겁고 만족스럽지는 않다는 것, 오히려 더욱 더 곤욕을 줄 수도 있다는 것도 일찌감치 깨달았다. 사람들이 한껏, 분명히 정성을 다해 마련했을 식탁 위엔 어질어질한 노린내로 나를 질리게 만드는 고기 음식들이 즐비하게 놓여있었다. 그러나 평상시 식탁과는 비교도 될 수 없었던 그 풍성하고 푸짐한 음식들 앞에서 김치 한 점, 나물 한 점을 제대로 집어먹기가 왜 그리 힘들었는지. 내가 고기에 손을 안대는 것을 나중에야 알게 된 사람들은 미안해서였는지 도리어 내 식습관을 탓하면서 지루한 훈계를 늘어놓기도 했다. 그 몇 차례 이후 내겐 식사모임을 즐겨하지 않는 버릇이 생겼고 아직까지도 나는 그것에서 완전히 자유롭지 않다. 목사 딸이 식사초대에 오지 않는다고 해서 한동안 교인들의 따가운 눈총과 오해를 받아야 했던 일은 아직도 마음이 아프다. 그러나 어쩌랴. 남들이 홰를 치듯 좋아하는 고기

일색의 자리일수록 내겐 현기증과 구토가 일어났으니 말이다.

성인이 된 후에도 육식을 둘러싼 내 불편함은 줄어들지 않았다. 걸핏하면 선후배들은 나를 "고기도 못 먹는 사람"이라고 놀려대거나 도리어 "무슨 재미로 사느냐"고 진지하게 묻기도 했다. 그중에서도 나를 몹시 곤혹스럽게 했던 한 지인이 떠오른다. 그는 육식을 하지 않는 나를 너무도 염려한 나머지 자기가 내 못된 식습관을 반드시 고쳐놓고 말겠다고 으름장을 놓곤 했다. 그 당시 한국에 상영되었던 한 영화 이야기, 춥고 가혹한 눈얼음 위에 불시착한 에베레스트 등정가들이 생과 사를 넘나들면서도 생의 의지를 포기하지 않던 중 나중엔 동료의 시체까지 먹었다는 이야기를 수차례 들려주면서, 그이는 육식을 하지 않는 것은 나의 나약한 정신력 때문이라고 질타했다. 당시엔 허약하고 비실대는 나에 대한 걱정이겠거니 하고 한 귀로 슬쩍 흘려버렸지만, 지금 생각해보면 그러한 극단적인 경우를 들이민 것도 말이 안 되지만, 고단백 고지방 육식만이 인간에게 신체적, 정신적 강함을 제공한다는, 또한 인간은 마땅히 경쟁하고 이겨야 할 힘과 강함을 지녀야 한다는 육식 신화를 신봉하는 그릇되고 오만한 편견에 불과한 것이었다.

이십대 중반 즈음에 나는 평등하고 차별 없는 세상을 꿈꾸는 비판적이고 대안적인 서구인들 사이에서 기존의 육식의 신화에서 벗어나려는 새로운 식생활과 '베지테리언 양식'이 조금씩 확산되고 있다는 것을 알게 되었고 개인적인 관심을 갖기도 했지만, 내가 살아가는 엄청난 육식의 세계 속에서 나는 그저 잔뜩 움츠러들고 소극적인 한 베지테리언일 뿐이었다.

그러던 내가 남들 앞에서 "나는 베지테리언이다"라고 당당히 말하고 베지테리언으로서의 내 정체성에 자긍심을 갖게 된 것은 미국 유학시절 경험 덕분이다. 유니언신학교는 진보적 학문과 에큐메니컬 운동의 산실로 불리는 독창적이고 고마운 곳이었다. 그 곳에는 진보적 학문과 스승을 찾아 전역에서 모여든 자유롭고 용기 있는 학생들이 있었고, 끊임없이 해방의 상상력을 불어넣으면서도 누구보다 자애롭고 친절한 신학 선생들이 살고 있었다.

학기 종강이 다가오면 선생들은 자기 아파트로(그래봤자 학교 안이다) 학생들을 초대해서 조촐한 포트럭을 열곤 했다. 포트럭(potluck)이란 각자가 음식을 조금씩 가져와서 벌이는 작은 파티를 말한다. 이 파티를 위해 선생들은 손수 빵을 굽고 샐러드를 만들고 고기를 굽고, 학생들은 과자나 음료 류를 들고 가서 음식과 소담을 즐긴다. 선생들은 포트럭이 있기 전 주에 학생들에게 질문지 한 장을 돌린다. '당신은 베지테리언인가, 아닌가?(Are You a Vegetarian or a Non-vegetarian?)'라는 단 하나의 질문에 학생들은 돌아가면서 체크를 했다. 그 광경 자체도 내겐 놀랍고 감동적이었지만, 자신을 베지테리언이라고 말하는 사람들의 수가 예상 외로 많다는 점에 더욱 놀랐다. 여성윤리학자 비벌리 해리슨 교수의 한 클래스에서는 거의 절반의 학생들이 베지테리언이었던 것으로 기억한다.

누군가를 식탁에 초대하는 일은 초대한 사람의 일방적인 요리 솜씨 뽐내기가 아니라, 초대받은 사람의 구미와 취향에 맞는 음식을 적절히 대접하는 것임을 즐겁게 만끽하고 깨닫게 된 것은 그때였다. 또한 의식적인 삶을 갈구하는 사람들에겐 식습관도 자신들이 만들어가는 삶의 방식과 분리될 수 없는 유의미성을 찾아간다는 것을 두 눈으로 보게 된 셈이다.

수년 전부터 나는 필요한 상황에서는 내가 베지테리언임을 말해 왔다. 물론 그것을 말하지 않고 묵묵히 있어야 하는 상황이 훨씬 더 많다는 것은 굳이 말할 필요가 없다. 많지 않은 사람이 모인, 그래서 어느 정도 소통이 가능한 자리라면 나는 이렇게 말하곤 한다. "저는 고기를 먹지 않습니다. 그러니 더 이상 권하지 마십시오." "국이나 찌개에 고기를 넣지 마세요." "여러 가지 메뉴가 있는 식당으로 가죠."

나이가 들어서인지, 주변 상황이 조금 변한 것인지, 이제는 예전처럼 육식을 하지 않는 것 때문에 왕따가 되거나 별나고 이상스러운 사람으로 취급당하는 일도 훨씬 줄어든 듯하다. 작년 초엽에 내 지도교수는 내게 이렇게 말한 적이 있다. "독신에, 여성신학자에, 베지테리언에, 아주 독특한 길로만 가는구먼." '독특하다'는 그의 표현 속에서 나는 그가 내게 갖는 거리감과, 한편 내가 지닌 여러 성향들을 나름대로 존중해주려는 배려를 동시에 읽었던 것 같다.

아주 최근에 만난 어떤 목사는 내가 베지테리언임을 알고 놀라더니 어느새 한결 더 반짝이는 눈빛으로 내 이야기에 귀를 기울이고 있었다. 그런데도 아직 식탁에 앉으면 더 말이 없어지거나 식사모임을 썩 즐겨하지 않는 내 습관은 사라지지 않는다. 비슷한 식습관을 가진 사람들, 몸과 음식에 대한 비슷한 사유와 실천을 나누는 사람들이 모인 자리가 아니면 어디서 무슨 진기한 고기를 먹었다고 서로 목청을 높이는 아귀다툼과 오로지 육류를 상전으로 취급하는 음식문화에 끼는 일은 가급적 삼가고 싶다.

목회지에 나온 첫 날부터 나는 "목사는 주는 대로 먹어야지", "목사가 못 먹는 게 있으면 안 되지" 등의 말을 들었다. 교역자 회의가 끝나고 무슨 오리집인가에서 식사를 했는데 내가 한구석에 앉아 일인분 오리 요리를 물리고 김치와 오이만 먹는 것을 본 어느 목사가 툭 던진 말이다. 그 말들은 너무도 위풍당당해서 앞으로도 좀처럼 수그러들 것 같지 않다.

목회자들 사이에 마치 십계명처럼 자리잡은 저러한 말에 내가 수긍할 수 없는 이유는, 첫째, 그런 말을 듣는 순간 내 뇌리엔 지금 이 순간에도 굶주림에 허덕이는 세계 인구의 삼분의 일이 떠오르기 때문이다. 둘째, 나는 주는 대로 먹거나 모든 음식을 다 먹어치워야 하는, 밥할 줄 모르거나 먹성 좋은 남성이 아니라 음식의 가짓수와 양과 영양, 재정상태 등을 고려해서 항시 내 손으로 빠듯하게 음식을 차리고 또 누군가를 먹여야 하는 여성이기 때문이다. 셋째, 나는 식생활이야말로 자신의 신념과 삶의 양식에 따라 스스로 선택하고 결정해야 한다고 믿는 베지테리언이기 때문이다.

목사는 결코 주는 대로 넘치게 먹어서(그것도 고단백 고지방 음식으로만) 만성 배탈과 위궤양에, 때로는 위암에 시달려야 하는 '먹사'가 아니다. 오히려 목사이기 때문에 더 자신 있게 말해야 하지 않을까. "저는 소식을 좋아합니다. 하느님나라에 가려면 우선, 육식과 탐욕을 줄이십시오"라고.

베지테리언의 길은 아직 멀고, 하고 싶은 이야기는 점점 더 쌓인다.

2004.07.14

배려에 대한 짧은 단상

윤희와 윤미가 공부하러 오는 날인데 밥통을 열어보니 며칠 된 시들시들해진 밥알이 영 시원치 않았다. 혼자라면 얼른 먹어치웠겠지만 윤희와 윤미에게 내놓기엔 있는 식욕마저 빼앗아버릴 듯한 수준이다. 후배에게 얻어다 쓰는 전기밥통도 워낙 고물이지만, 혼자 살다보니 한 번 밥을 하면 며칠씩 가는 일이 보통이다. 하는 수없이 동네 슈퍼에 라면을 사러 갔다가 내친 김에 간식용 과자까지 샀다. 아이들을 위해 과자류와 같은 간식을 사다놓는 일이 어느새 익숙해졌다. 돌아오는 길에 문득 오래 전 일이 떠올라서 속으로 웃었다.

어릴 적의 나는 규칙적인 식사 외 간식과는 거의 상관없이 살았던 것 같다. '하루 세끼 식사 잘 하면 됐지 뭐 다른 게 필요하냐' 식의 어머니의 생활규칙이 암묵적으로 집안을 지배했던 것 같고, 실제로 어머니는 식사 준비 외 다른 음식을 만드는 일을 즐기지 않으셨다. 그러다가 내가 고3이 되던 해 늦은 시간에 파김치가 되어 집에 돌아왔을 때 어머니는 거의 매일 내가 좋아하는 감자부침개를 두어 장 부쳐놓고 나를 기다리고 계셨다. 어떤 날은 버스정류장 앞까지 나와 계시기도 했다. 그것이 내가 제공받은 간식의 역사 전부였다고나 할까.

고등학교에 입학한 후 반 학우들은 학교에 붙들려 있는 오랜 시간의 스트레스를 견디기 위해서였는지 간식거리에 몰두하기 시작했다. 나른한 오후 나절이나 저녁 시간에 일제히 거둔 돈으로 아이스크림(바류)이나 과자, 호떡 같은 것을 사먹는 일이 잦아지더니, 2학년에 들어서던 즈음부터는 으레 하루 한두 번 통과해야 할 의례처럼 되어버렸다. 처음엔 간식을 즐기던 일부 아이들이 시작한 일이 어느새 반 전체가 마땅히 치러야 하는 '의무'가 된 것이다. 간식 담당 학생이 일어나서 돈을 걷는 시간이 되면 모두들 아무런 대꾸 없이 그 일에 참여해야 했다. 그 일이 의무처럼 다가오기 전에는 별로 간식을 즐기지 않던 나도 남에게 띄고 싶지 않아서 몇 번은 참여하고 몇 번은 걸러먹고 하던 식이었는데, 그것이 마땅한 의례처럼 되어버리자 나는 곧장 반발심이 들었다.

내겐 매일 50원, 100원의 간식비를 낼 돈도, 그럴 마음도 없었고, 많은 아이들도 그러했을 것이다. 게다가 그 일에 신경이 곤두서고 보니 전에는 눈에 띄지 않던 일들이 보이기 시작했다. 돈이 없던 몇몇 아이들은 간식시간이 되면 주변 친구들에게 돈을 꾸는 일이 자주 있었는데, 아마도 반 전체의 즐거움을 깨뜨리고 싶지 않았거나 돈 문제로 자존심 상하고 싶지 않아서였을 게다.

실제로 그 아이들은 먼 곳에 사는 더 가난한 아이들이거나 성적이나 재능, 여러 면에서 별로 두각을 나타내지 않는 아이들이었다. 그러니 그 아이들이 돈을 꾸러 다니는 것을 두 눈으로 뻔히 보면서도 아랑곳하지 않고 매번 돈주머니가 돌아다녔겠지. 참으로 어이없는 일이었다. 어느 날 나는 그들만의 값비싼 즐거움에 더 이상 차출되지 않기로 마음먹었다.

그날도 어김없이 돈주머니가 학생들 사이를 차례로 훑고 있었는데, 돈주머니의 책임자는 부반장이었다. 내 앞에 온 돈주머니에 손도 대지 않은 채 나는 부반장의 얼굴을 쳐다보며 이렇게 말했다. "나는 지금 돈이 없어. 그래서 간식을 사먹을 수가 없어. 그리고 나는 간식 사먹는 것, 재미없어. 그러니 오늘부터는 간식시간에서 아예 나를 빼줘." 부반장은 두 눈을 동그랗게 뜨고 내게 뭔가 더 말하려고 하는 듯하다가 곧 떠나갔다. 그리고 반 전체에 어떤 술렁임 같은 것이 일었다. 내가 용기 있었다고 말할지 모르지만 나는 그 말을 뱉기 전, 그리고 뱉은 후에 제멋대로 쿵쾅거리는 가슴을 진정시키느라 죽는 줄 알았다. 아마 얼굴색도 하얗게 질려 있었거나 붉은 석양처럼 활활 타오르고 있었을 것이다. 그러나 하고 싶었던 말을 하고 나니 얼마나 후련하던지.

내가 간식시간을 거부한 후 서너 날 동안 간식시간이 되면 돈주머니가 조심스레 나를 비껴가는 것을 포함해서 약간의 긴장감 같은 것이 도는 것을 느끼곤 했다. 또 며칠 후 한 두 사람씩 "나도 빼줘"라고 말하기 시작했다. 그리고 며칠 후 부반장은 낮은 목소리로 "오늘 간식할 사람은 돈 내"라고 오랫동안 잊고 있었던 말을 다시 들려주었다. 그리고 나는 다시 평화로웠다.

지금은 손님이나 아이들이 올 때면 즐거운 마음으로 약간의 간식을 준비한다. 요리를 거친 별식은 못되고 빵이나 과자류이긴 하지만. 또한 모임이나 어떤 자리를 위해 간식을 들고 오는 사람들에겐 감사와 존경심을 갖게 된다. 이젠 간식이 단지 입과 창자를 즐겁게 해줄 뿐만 아니라 사람들 간의 서먹함과 거리를 줄이고 서로 우호적 감정에 다가서게 하는 '배려'임을 알기 때문이다. 뿐만 아니라 나는 여성이다. 어느 누구를 만나더라도 끼니를 챙겼는지 혹은 걸렀는지, 따스한 차가 마시고 싶은지 아니면 달콤새콤한 뭔가를 씹고 싶은지에 관심을 가질 줄 아는 사람이라는 사실이 매우 기쁘다. 또한 주변 여성들과 맛있고 화기애애한 모임을 갖는 일도 참 즐겁다. 이에 비해 남성들과의 만남은 어찌 그리 딱딱하고 맛이 없는지. 남성들은 누군가를 위해 먹을 것을 들고 다니는 법이 없을 뿐더러 그러한 일을 낯설어하거나 '여성의 몫'이라고 여기는 것 같다. 그래서 당연히 그 일에 별다른 의미부여를 하지 않는다.

목회를 나온 후 남성들과의 모임이나 만남이 많아지면서 난처한 상황에 놓일 때가 종종 있다. 주변 남성 동료들을 초대해서 소박한 식탁을 나누거나 차를 마시는 일을 즐거운 마음으로 하고 싶을 때가 있지만, 대부분 그들은 나의 이러한 배려를 '여성스러운 일', 일종의 시중 정도로 여기려 든다. 서넛이 모이는 썰렁한 자리에 내가 작은 빵이나 과자류를 들고 가면 '당연한 일'로 치부한다. 그들의 마음을 어떻게 아느냐고? 그러한 일이 여성의 몫인 시중이 아니라 타인에 대한 우호적인 행위이자 배려임을 알아차린다면 한번쯤은 서로 그러한 배려를 베풀 줄 알아야 하는 것이 아닐까. 내가 가급적 정중하고 예의 바른 말투를 사용함으로써 자신들을 배려하고 있음을 깨닫는다면, 자기들도 나를 배려하는 듯한 말투, 즉 여성 비하적이고 차별적인 언어 사용을 어느 정도는 삼가야 하지 않는가 말이다. 그런데 이들은 아직 내게 이러한 배려를 베풀 줄 모른다. 아니 배려 자체를 잘 모르는 것 같다. 툭하면 밥 사준다는 말을 하는데, 그런 말이 때때로 언짢거나 불쾌하게 들린다는 것도 이해하려 들지 않는다.

아, 너무 비관적인 생각을 한 것일까. 갑자기 기분 좋은 배려를 받았던 일이 기억난다. 몇 년 전 서울에서 공부할 때 감신의 어떤 남자 교수님과 한 학생인데, 내가 어떤 모임 준비를 위해 두 번 만나서 논문을 읽고 이야기를 나눈 적이 있었다. 아직은 이른 저녁시간이었는데 매번 교수님은 밥시간은 아니니 조금 미루자면서 나와 또 한 학생을 데리고 빵집에 들러 가장 맛있어 보이는 빵들을 남지도 모자라지도 않을만치 사들고 "오늘은 어떤 차를 마실까?"라고 물어보셨다. 냉랭하고 건조하기 이를 데 없었던 냉천골에서 어느 날 문득 온기 있는 오아시스를 발견한 느낌이었다.

가벼운 먹을 것이 지닌 가볍지 않은 힘을 잘 알고 있는 나는,

이전 고등학교 시절에는 왜 반발하고 거절했을까? 아마도 나보다 주머니 사정이 더 열악했던 아이들에 대한 약간의 의협심도 작용했겠지만, 무엇보다도 먹는 것이든 입는 것이든 획일적인 강제성을 띠게 되는 것, 결과적으로 나 자신을 배려하지 않는 것이 아마 참을 수 없었던 것 같다.

똑같은 교복과 유니폼을 매일 입고 나갈 때마다 얼마나 무겁고 침울해졌던가. 입고 나갈 그럴 듯한 옷도 없었으면서 말이다. 이와 똑같은 이치로, 나는 이따금 누군가를 위해 작은 먹을 것을 준비하는 즐거운 배려 앞에서 움찔대고 주저하게 된다. '돼지에게 진주를 던지지 말라'는 구절이 하루 종일 내 뇌리에서 떠나지 않을 때, 나의 우호적인 배려가 어디서 멈춰야 하는지를 몰라서 혼란스러울 때가 있다. 나의 작은 배려는 여기서 그쳐야 하는지, 그럼에도 계속되어야 하는지. 물론 배려의 양상이야 갖가지이겠지만 이런 식의 배려가 더 이상 필요한지를 멍청하게 되물어야 하는 순간은 잠시, 괴로워진다.

2004.09.04

여성 목회자의 길에서

돌이켜보면, 감신에 첫 발을 디딘 이후 '내가 가야 할 곳'이 어디인지를 찾아 헤매느라 너무 오랜 시간을 걸어온 것이 아닌가, 라는 생각이 들지 않는 것은 아니다. 신학수업은 난해하고 어려웠던 만큼, 딱 그만큼의 즐거움을 맛보게 해주었지만, '목회'와 '교회'라는 단어는 늘 낯설고, 멀었고, 가고 싶지 않은 길이었다. 내 삶, 신앙, 신학의 자리가 어디인지를 알지 못해서 한구석은 늘 어두운 밤길을 홀로 걷는 듯했던 오랜 시간동안, 어느 누구도 내게 '교회'와 '목회'에 대한 이야기를 선뜻 들려주지 않았다. 이제야 나는 이것이 내 이야기일 뿐만 아니라 많은 자매들의 고통스럽고 지난한 이야기의 한 줄기라는 것을 깨닫게 되었다.

그러나 나는 다시금 숙연한 마음으로 감사를 드릴 수밖에 없다. 대부분의 남성 목회자들이 생명줄처럼 중시하는 '줄'과 '빽'은커녕 아는 이 하나 없는 낯선 곳에서 작디작은 교회와 함께 살아간다는 것, 날마다 접하는 남성일률적 교회 문화와 권위, 질서를 '여성'의 눈으로 보고 느끼며 새로운 변화와 평화를 꿈꿔보는 것, 작은 교회들과 목회자들이 부딪치는 현실적 좌절감과 내적 불안 속에서도 이 시대 교회가 감당해야 할 사명과 선교의 비전을 새롭게 찾아가는 것은 그야말로 내게 새로운 부딪침과 배움, 대립과 화해, 분노와 기도가 팔락이는 순간들이다.

이따금씩 남성 목회자들의 구태의연한 패거리 문화 아니면 극단적 개인주의, 비민주적인 일 진행, 성평등 차별 배제 문제에 대한 불감증, 돌덩이 같은 권위주의, 무책임한 허세 등과 본의 아닌 씨름을 해야 할 때, 그럴 때만 심장이 파닥거리고 눈물이 튀는 게 아니다. 때로는 저항하기 힘들 정도의 무력감과 의미 없음이 한순간 비수처럼 내리 꽂혀 끈질기게 나를 붙잡고 놔주질 않는다. 그러나 기존의 관계 방식과 관행에 쉽사리 순응하지 못하고 마음을 둘 곳을 찾지 못해서 종종 갈증이 찾아올 때, 그럴 때에 문득 깨달음이 온다.

이 '갈증'이야말로 모든 교회와 생명을 주님의 평화롭고 평등한 잔치에 부르시는 주님의 음성에 더욱 내밀하게 귀를 열고 기쁘게 응답할 수 있게 하는 원동력이 될 것이라는. 가부장적 가르침과 전통 앞에서 갈증을 느끼고 뜨거운 태양 아래로 물을 길러 나가는 세상의 모든 여성들에게 복이 있으라. 목마르지 않고서야 하느님의 참된 두레박을 만날 수가 없을 테니까.

관심과 돌봄의 손길을 목말라 하는 교회 아이들에게 내 목회는 말씀과 찬양을 가르치는 일만이 아니다. 모일 때마다 둘러앉아 소박한 식탁을 나누는 것, 영어를 가르치고 좋은 책들을 함께 읽는 것도 내 목회의 일부이다. 그래서 올해 초엔 감리교어린이도서관협의회의 도움을 받아서 교회 아이들과 이웃들의 선한 벗이 되어 줄 좋은 책들을 800여권 모아 '꼬마정원'이란 작은 도서관을 교회 한켠에 열었다. 말씀과 삶 간의 밀도있는 상관성을 배우기 위해 나는 매주 목요일이면 이웃 교회에서 개설한 성서대학에 참여해서 성서를 읽는다.

길거리에서 낯모르는 이들에게 소리 높여 전도를 할 용기와 뒷심이 모자란 나는, 몇 달 전부터 혹여 누구라도 눈여겨 읽고 마음에 새겨주길 바라면서 매주 8쪽짜리 주보를 만들어서 근처 학교와 동네 어귀에 갖다놓고 몇몇 사람들에게 보낸다. 교회여성 지도력의 개발과 확산을 위한 여성들의 모임에 참여하고 멀리서 적게나마 일의 진행을 돕는 일 역시도 내 목회에 속한다. 작년 미국의 대 이라크 전운이 감돌 무렵 나를 사로잡았던 분노와 무력감을 이기기 위해 불현듯 시작한 샐리 맥페이그의 또 다른 책 번역이 지금은 마무리 단계에 들어섰다.

남아있는 논문과정도 내겐 무겁고도 중요한 목회이다. 지방행사와 여러 잡일, 모임을 꾸준히 돕는 동안 처음 내게 주었던 거리감과 불신을 조금씩 좁힌 목회자가 있는가 하면 여전히 나를 의혹과 달갑지 않은 시선으로 보는 분들도 있다. 동네 문방구와 미용실에서 아줌마들과 이런 저런 수다를 떨고 동네 앞 교대 산책길에 쓰레기를 줍는 일조차도 내 일상의 목회임에 틀림없다.

예전에 오랫동안 내가 그랬듯이, 때때로 자신의 소명에 대한 혼란과 교회에 대한 불신을 안고 찾아와 말 건네는 후배 자매들이 있다. 나는 그들에게 이렇게 말한다. "네가 그 두려움을 인지하고 그것을 떨쳐내고자 하는 일이 이미 여성들의 목회의 시작이다. 우리가 하느님을 찾고 부르짖는 거기가 바로 교회이다. 이 밤길 같은 시간조차도 너를 강하고 성숙하게 할 축복된 시간이니 두려움 없이 즐겁게 가라." 소수의 용기 있는 선배들이 먼저 걸어갔고 분명 앞으로 더 넓고 덜 외로운 지경으로 나아갈 '여성'과 '목회'의 관계는 더 이상 망설임과 고민의 대상이 아니다. 그것은 우리를 둘러싼 수많은 존재들과의 깊고 아름다운 '사귐'을 짓는 일이며, 무엇보다 여성들에게 생명을 사랑하고 돌보는 목회를 통해 내 안에 깃든 하느님의 형상과 빛을 되찾고 밝히라는 하나님의 간곡한 '부르심'이다.

2004.09.13

〈한국여성신학〉 가을호

류미례 감독의 〈엄마〉를 본 후

들어가는 말

약 10년 전, 우연찮게 내가 목격했던 일이 또 생각난다. 당시 내 이웃에 두 여성이 살았는데, 이들은 서로간의 색다른 삶의 방식에 대해 곧잘 흉을 보거나 화를 내곤 했다. 그러던 어느 날 두 여성은 나도 끼어있던 자리에서 급작스레 격한 말다툼과 몸싸움을 벌였다. 그때 남편 뒷바라지와 두 아이 양육의 고단함에 힘겨워하며 살고 있던 한 여성이, 아이를 낳지 않고 학업과 개인적 성취에 몰두하고 있던 또 다른 여성에게 울며불며 퍼부었다. "여자가 공부한다고 누가 알아줄 것 같냐? 학위나 무슨 레떼르가 너를 지켜줄 것 같냐? 하기야 애도 안 낳아본 니가 내 말을 어떻게 알아듣겠냐? 애 둘을 낳고 나니 그제서야 나를 보호해줄 방패가 생긴 것처럼 세상살이가 든든해지더라. 니가 잘났다고 떠드는 것, 알고 보면 모래성이고 쓰레기야!"

그러는 사이, 최근에 만난 또 한 여성의 또박또박한 음성이 다시 떠오른다. 그녀는 수년 전에 결혼한 후 남편 직장을 따라 남쪽 한 도시로 내려간 후 두 아이를 낳고 그럭저럭 살았다. 그러다가 얼마 전에 자기 일을 찾아 멀리 떨어진 도시로 이사하면서 주말 부부가 되었다. 서로 떨어진 채 각각 한 명의 아이를 돌보며 직장 생활을 해야 하는 부부의 고충이 크겠다 싶어서, 한 번은 그녀에게 "만족스럽냐?"고 넌지시 물어보았다. 그랬더니 그녀는 슬쩍 웃음을 띠우며 이렇게 대답했다. "결코 쉬운 상황은 아니지만, 결혼 후 내가 잃어버렸던 어떤 안정감이 다시 찾아왔어요. 아이를 키우는 것에서 느끼지 못한 부분이죠." 1960년대 안락한 가정과 멋진 정원을 가진 미국 주부들이 "이름 없는" 공허함과 허탈감에 시달리는 이유를 묻는데서 페미니즘의 두 번째 물결이 시작되었음을 상기시키는 대목이다.

여성들이 아이를 낳고 키우며 가정을 유지해가는 일, 언뜻 보면 세상의 거의 모든 여성들이 한결같이 자연스레 행하는 일처럼 보이지만, 그 실상 속에서 살아가는 여성들의 경험과 감정은 결코 단순하거나 서로 동일하지 않다. 때때로 그것들은 밖으로 표출되거나 승화되지 못한 채 서로 상충하고 큰 생채기를 낸다. 내가 이번 영화제를 통해 만난 류미례 감독의 다큐 <엄마>는, 친숙하다 못해 너무나 진부해보이기조차 한 '엄마'라는 이름으로 살아가는 여성들, 엄마와 딸들의 일상과 그 이면의 감정을 차분한 시선으로 포착한 작품이다.

"딸에게 느끼는 미안함과 엄마에게 느끼는 서운함 사이에서 영화를 시작했다"고, 또한 이 영화를 통해 "보통의 어머니와는 다른 우리 어머니 상"을 이해하고 싶었다는 감독의 서두 언급에서 엿보이듯이, '엄마'라는 이름으로 세상을 살아가는 여성들의 경험과 서로간의 관계 층위는 결코 단일하거나 얄팍하지 않다. 흔히 '엄마'라는 단어를 통해 떠올리는 획일적이고 강력한 이미지를 한 꺼풀 벗고, '엄마'로 살아가는 여성들의 실상과 경험, 그들 사이의 복잡하고 미묘한 관계와 감정의 결에 좀 더 친밀하게 다가가 그 진솔한 아픔과 공명을 드러내려고 했다는 점에서, 나는 이 영화가 남성들의 시선으로는 읽을 수 없는 여성주의적 가치를 지녔다고 생각한다.

모성 바로 보기

자신의 어머니를 "보통 어머니와는 다른 엄마"라고 느끼며 모녀간에 크고 작은 불화와 갈등, 소통 불능 상태를 겪는 사람은 비단 류미례 감독만이 아니다. 좀 더 세밀히 관찰해보면, 이미 수많은 여성들이 같은 여성인 어머니와 그러한 상태를 경험했거나 지속 중이다. 타고난 끼를 주체할 수 없어서 음악소리만 나면 미친 듯이 춤을 추는 엄마, 자식들 앞에서 폭음을 하고 토악질을 하는 엄마, 술 먹고 자식들에게 고래고래 소리를 지르고 욕을 해대는 엄마는 큰 아들에게는 "억압"적이고 "지켜야 할 기본선"을 잃은 엄마였고, 어릴 적 감독 자신에게는 "창피"한 엄마였다. 그러나 감독은 아빠의 잦은 구타와 학대에 자주 집을 나갔던 엄마, 그래서 어린 자식들에게 자주 부재 공간으로 남았던 엄마의 자리를 들려준다. 엄마에게 "남편이라기보다 무서운 아버지"와 같았던 아버지는 어느 날 시체가 되어 돌아왔고, 어린 마음에 그래서 되찾게 된 가정의 평화가 "좋았다"는 감독의 구술처럼, 엄마와 다른 딸들의 기억에도 아버지는 별로 남아있지 않은 것 같다. 그 뒤 어린 육남매를 껴안고 생존하느라 고단했을 엄마, "보통 어머니"들이 보여주는 따스하고 부드럽고 헌신적인 모성과는 거리가 먼 "특별한" 엄마에게 자식들은 각기 서운함을 느껴왔다. 게다가 67세의 엄마에게 자식들보다 더 애틋한 애인이 생긴 뒤로 엄마는 술을 끊었을 뿐만 아니라 의아할 정도의 삶의 활력과 독립적으로 살아간다. 감독의 독백처럼, 엄마는 그동안 정신없이 자식들을 부둥켜 안느라 외로웠고, 그 다음엔 자식들이 하나 둘 품을 떠나는 바람에 더 외로웠던 것 같다.

흔히 사람들은 이른바 "모성", "어머니다움"이라는 단어에서 어떤 일관적인 특질과 이미지를 떠올린다. 헌신성, 부드러움, 따스함, 자기희생, 전폭적인 돌봄, 친절, 정숙함 등의 특성을 겸비한 여성상이 바로 그것이다. 마치 세상의 엄마들이 타고날 때부터 그러한 품성과 기질을 싸들고 오기라도 했듯이 천편일률적인 통념에 어긋난 엄마들, 즉 너그럽지 않고 천박하거나 자녀에게 무관심하거나 자기중심적인 엄마들에게는 무서운 사회적 비난과 냉대가 쏟아졌다. 엄마가 되는 순간부터 모든 여성은 이러한 동일하고 획일적인 모성의 기준과 잣대와 더불어 끝없는 씨름을 시작해야 한다.

오늘날 여성주의적 연구에 의하면, 그러한 모성적 특질들은 가부장적 역사 속에서 형성된 '이상'이나 '신화'일 뿐 실은 아이를 낳고 기르는 어머니의 실제 체험을 배제한 것이라고 한다. 다시 말해서 모성이란 시대와 문화, 개인의 특성을 초월한다기보다는 그것들의 제한과 조건 속에서 제도화되었다는 것이다. 일례로 거룩한 어머니의 원형으로 칭송받는 성모 마리아를 묘사한 각 성화는 그 시대적 이상을 따라 극치의 고귀함이나 순수함의 상징으로, 에로틱한 여성의 모습으로, 눈물을 흘리는 가엾고 한없는 연민을 품은 어머니의 모습 등으로 나타났다. 뿐만 아니라 마치 태초부터 어머니의 것이었던 양 오로지 어머니의 특질로 귀속되는 그러한 모성에 대한 믿음과 주장은 실제로는 산업혁명 이후 남성과 여성의 성별 역할이 확고해진 200여 년간의 짧은 역사 속에서 형성된 것이다. 오랜 역사 동안 여성들은 오늘날 완벽한 아름다움의 원형으로 자리잡은 모성에 근거해서 살았다기보다는, 괴물 같은 부모상, 위험한 출산에 대한 공포, 여성혐오증, 유아살해, 근친살해, 유모제도, 대리모 등의 반여성적 요인들에 둘러싸인 채 때때로 '모성공포증(matrophobia)'을 느끼며 살아왔다. 흔히 들려오는 '어머니다움', '모성'의 이미지에는 자신의 피와 살을 달라고 보채고 끊임없는 보살핌을 요구하는 아이들 앞에서 끊임없이 죄책감과 자책감을 들이마셔야 하는 '여성'의 모습은 없고, 단지 시대를 초월한 것처럼 주어진 모성적 요구에 부응하는 '훌륭한 어머니'와 그렇지 못한 '나쁜 어머니'가 있을 뿐이다. 낯선 이국 땅 러시아에서 학생으로, 아내로, 어머니로 살아가느라 힘겨웠을 둘째 언니가 벅찬 논문 작성으로 분투할 때 시중들어 달라고 끊임없이 보채는 어린 딸을 "웬수 같다"고 느꼈을 때의 그 서늘하고 복합적인 어머니의 감정 같은 것은 모성 신화의 어디에도 나타나지 않는다.

신약성서에서 예수의 극진한 친구들이었던 마리아와 막달라 마리아는 옳고 그른 사람으로 나뉘어져야 했고, 최초의 여인 이브의 유혹의 죄를 만회하기 위해 예수의 어머니 마리아는 가장 성스럽고 무염한 여인이 되었으며, 가부장제 사회의 피해자였던 두 여인, 사라와 하갈은 한 남자와 자식을 둘러싸고 암투와 갈등관계에 있었던 영원한 맞수에 불과할 뿐이다.

화해로

어린 자식들이 아팠을 때 왜 그리 성질을 냈냐는 둘째 딸의 물음에 엄마는 "워낙 살기 팍팍해서 그랬지"라고 대답한다. 핍박한 삶을 꾸려나가기도 벅찬 마당에 자식이 아픈데 달리 손 쓸 수가 없었을 때 엄마는 가장 견디기 힘들었을 것이다. 오랜 시간이 지난 지금, 각기 엄마의 자리에서 다시금 각기 모성의 신화와 씨름을 해야 하는 딸들은 조금씩 엄마의 고통을 이해하고 어그러졌던 엄마와의 관계를 다시 들여다본다. "많은 여자들에게 결혼이란 붕 떴다가 추락하는 현기증 나는 시간"이며 "그 순간을 통해 인생의 쓴 맛을 알게 된다"고 나직하게 읊조릴 줄 알게 된 딸들, 행복하든 행복하지 않든 결혼제도를 통해 여성에게 가해지는 폭력적인 차별과 그 모순을 깨닫게 된 딸들, 아니 또 다른 엄마들은 이제 그 옛날 "독살스러웠던 엄마"의 잔영 속에서 "사랑을 못 받고 살았"으니 사랑을 주는 것도 몰랐던 엄마를 발견하기 시작한다.

그중에서도 자신이 걸어가는 길을 통해 과거 어머니의 삶을 새롭게 만나고 화해하고 다시 해석하려고 하는 둘째 언니를 통해 이 영화의 공감력은 크게 증폭된다. 누구보다도 독립적인 삶을 추구했고 어머니라는 기존 삶의 수레바퀴에서 자유롭고 싶었던 둘째 언니가 좀더 빨리 어머니의 외로운 삶을 들여다보게 된 것은, 어쩌면 어머니가 되는 길에서 마주한 고통이 그만큼 더욱 컸기에 가능했을지도 모른다. 그래서 그녀는 모성적 신화와 결탁한 여성들간의 모순적인 고통과 불신의 끈을 끊고 자신의 딸들을 좀 더 평등하고 꿋꿋한 세계로 인도하기 위해 어렵사리 자신의 오랜 공부를 접었을 것이다. 그리고 "내가 딸들을 최소한 강하고 이 현실에 적응할 수 있도록 최대한으로 부어주되 지가 가고 싶어 할 때는 내가 가차 없이 끊어서 보내주겠다"는 그녀의 다짐은 단호하다 못해 눈물겹게 들린다. 그러나 나는 누구보다 용감하고 두려움 없는 어머니가 되려는 그녀의 등 뒤에서 "언니의 결론이 끝이 아니길 바란다"고 조용히 말하는 감독의 말에서, 화면에서는 자제되었지만 같은 길을 가는 자매로서의 깊은 격려와 사랑을 읽는다. 여성들이 모성 신화의 모순을 끊고 자책과 죄책감에서 벗어나는 길은 더욱 완전무결한 어머니가 되는 것이 아니라(실은 이것은 불가능한 이상일 뿐이므로), 한 여성으로서의 자기 성장을 멈추지 않는 것이라는 여성주의자들의 충고를 둘째 언니가 오랫동안 부디 저버리지 말기를 진심으로 바란다.

"엄마의 사랑을 담고 싶었던 영화는 딸들의 이야기로 변했다"는 마지막 부분의 말이 인상 깊게 다가왔다. 완전하고 희생적인 사랑을 퍼주어야 하는 의무감 속에서 쓸데없는 죄책감에 시달리지 않고, 또한 모성 이데올로기가 가르쳐 준 완전한 희생과 헌신의 잣대를 어머니에게 들이밀지 않아도 차별과 불평등의 고리를 벗어나려는 모든 여성들은 이미 서로 서로에게 "어머니의 미래인 딸이고 딸들의 미래인 어머니"가 된다. 그리고 그 어머니들은 세상이 "보통, 정상적인 어머니"라고 외쳐대는 신화에 갇혀 평생 채울 수 없는 자책감을 뒤집어쓰고 살 것이 아니라, 자식을 향한 보살핌과 사랑의 시선을 자기 자신을 향해서도 드리울 줄 아는 다양하고 수많은 '어머니들'로, 또 각양각색의 '딸들'로 살아갈 것이다. 그래서 아드리엔느 리치는 어머니와 딸이야말로 가장 원초적인 동지, 공동의 창조자, 서로 영감을 불어넣어 주는 관계라고 서술했다.

왜 다시 '엄마'인가?

오랫동안 기독교는 하느님을 '아버지'라고 불러왔다. 그리고

'천상의 아버지'는 곧잘 '지상의 아버지'로 환원되어 왕, 지배자, 주인, 가부장 등의 남성들의 지위를 더욱 승격시켰다. 그러나 오늘날 여성신학자들만이 아니라 오래 전 영성의 스승들과 사려 깊은 신앙인들이 누누이 말했듯이 하느님의 '아버지' 호칭은 성별에 의한 것이 아니라 만물을 창조하고 섭리하는 존재와 피조물간의 온전하고 극진한 사랑의 '관계'에서 나온 것이다. 그러나 기독교 내에서 이러한 부성적 호칭과 여성차별적인 관행이 더욱 더 제도화되고 고착화되었다. 남성인 예수와의 '신체적 동일성'이 없는 여성에겐 성직 서품을 줄 수 없다는 가톨릭의 관례가 그러하고, 최근 한국 교회에서 커다란 파장을 불러일으킨 이른바 '기저귀' 발언이 그러하다.

수십 년 전부터 페미니스트들은 하느님을 새로운 이름으로 부르기 시작했다. 생명의 탄생과 출산의 경로를 과학적으로 알지 못했던 옛 사람들이 생명의 시원자이신 하느님과 피조물간의 근본적인 사랑의 관계를 '아버지'의 것으로 고백했다면, 그것은 어머니, 연인, 친구 등 여성의 경험에 위배되지 않는 새로운 이름으로 다시 불려질 수 있기 때문이다.

이러한 사실과 관련해서, 우리는 왜 우리에게 다시 '어머니'의 이름이 필요한지를 물어야 할 것이다. 여기서 우리는 하느님에 대한 여성적 은유가 모성적 은유를 포괄하되 그것에 국한되어서는 안 된다는 점을 잊지 말아야 한다. 우주만물을 돌보시는 오묘한 생명의 힘과 손길을 '어머니'라고 부르는 것은, 생명을 낳고 그 생명을 지속시키며 그것과의 합일을 갈망하는 어머니의 사랑이 만물의 존재 근거인 하느님의 본성을 적합하게 드러내주기 때문이다.

하느님의 사랑은 멀리 떨어져서 세상을 조종하듯 다스리는 무관여적인 것이 아니라 피조물 속으로 들어와 사랑과 구원의 관계를 꽃피워가는 가장 근본적이고 궁극적인 힘이기 때문이다. 그러므로 나는 독립적이고 고립적인 위치에 머무르지 않고 스스로 주변 생명들과의 관계를 만들고 생명을 보살피는 어머니의 특성은 생명의 진화에 반하는 온갖 전쟁, 폭력, 차별, 불평등에 맞서 생명을 보듬어 안는 모든 사람들이 고루 지녀야 할 고귀한 덕목이라고 생각한다. 그러한 점에서 '어머니'는 성별, 결혼, 출산의 경험 유무와 상관없이 우리가 다시 되찾아야 할 이름이다. 이 '어머니'는 오랫동안 여성들의 삶을 가두고 유린했던 모성 이데올로기를 뛰어넘고 온 만물을 향해 손을 내민다. 이 '어머니'는 자기 자식, 가족과 혈연, 사회적 편견과 인간중심주의, 민족주의의 벽을 넘어서서 지구 모든 종들과 관계를 맺는다.

결론적으로, 류미례 감독의 영화 <엄마>로 다시 돌아가 보자. 이 영화는 감독 자신이 '보통 엄마와는 다른 엄마'라고 생각하는 어머니(그렇지만 수많은 딸들이 공유할 수 있을 수도 있는 어머니)를 모성 신화에 갇혀 있던 어머니상이 아니라 어머니와 딸들의 아픈 현실로부터 새롭게 조망해주었다. 그리고 나는 그 점에서 이 영화가 여성주의적 가치를 충분히, 크게 담았다고 믿는다. 그렇지만 나는 "엄마가 행복해 보인다. 그러면 됐다"고 끝맺는 이 영화가 결코 끝나지 않았다고 생각한다. 감독의 줄기찬 시선으로 읽어 내린 "엄마"는 모성적 편견에서 얼마간 자유로워진 데서 멈출 것이 아니라 세상과 딸들을 향해 새로운 관계를 모색해가기를 간절히 바라기 때문이다.

남편의 폭력과 학대에서 살아남아 자녀들의 필요를 채우기에 급급하게 살아오느라 자기 자신과 자식들로부터 외로움이 깊어진 엄마, 늘그막에 애인을 만나 서로 외로움을 달래고 사랑을 주고받느라 자식들의 요구도 마다하는 엄마는 분명 이제는 일생 동안 자신을 얽어매 온 어머니의 자리에서 벗어나 어느 정도 해방감을 얻었을지도 모른다. 그러나 노년기에 찾아온 엄마의 행복이 배타적이고 개인적인 것으로 머물지 않고 다시금 타인들과 세상을 향해 흘러가기를 바란다. 그래서 '어머니'라는 이름이 증오와 분열, 차별과 폭력, 전쟁, 파괴로 얼룩진 세상 속에서 상처입고 죽어가는 생명과 만물을 자신의 자식으로 끌어안고 치유와 회복의 기운을 불어넣는 신적 생명력을 획득해가기를 소망한다. 자신이 고귀한 하느님의 형상을 입은 사랑스럽고 아름답고 온전한 존재임을 믿는 수많은 여성들이 하느님을 '어머니'라고 부르는 것처럼, 우리 안의 어머니성도 나날이 새롭고 확장되고 변화할 수 있다고 믿기 때문이다.

"내가 처음도 아니고 끝도 아니다. 인생은 계속 된다"는, 둘째 언니가 읊어준 러시아의 속담은, 어쩌면 어머니에게서 딸에게로 이어져 반복적으로 돌아가는 모성의 굴레에서 쉽게 헤어 나오지 못하는 여성들의 삶의 단면을 드러내 준다. 그러나 다른 한편 그 속담은 어머니와 딸, 그리고 다시 어머니에게로 굴러가는 동안 자신을 부정하고 파괴하던 모성이 아니라, 자기 자신과 타존재들을 보듬고 함께 성장해가기 위한 어머니의 힘의 확장을 상상하게 해준다.

2004.09.03
서울기독교영화축제
-기독교적 여성주의 비평세미나에서 발표한 글

아직 못다 아뢴 기도

지난 주일 예배시간에 현민이가 공중기도를 했다. 정신지체아인 현민이는 다른 아이들에 비해 기도할 기회가 적은 편이다. 현민이가 힘들어하거나 부담스러워할 것 같아서다. 말도 느리고 발음도 부정확한 현민이는 그날 두 가지 요지의, 꽤 짤막한 기도를 드렸다. 하느님께 자신의 고독을 끊을 수 있게 해달라는 것, 자기가 좋아하는 여학생이 자기를 싫어하는데 어떻게 해야 할지 모르겠다는 것이었다. 조금은 느닷없고 간단하게 끝나버린 현민이의 기도에 즉각 다른 아이들의 쿡쿡 웃음소리가 새어나왔지만 곧 멎었다. 아마 내 눈빛이 매우 진지해지고 엄숙해진 것을 눈치 빠른 아이들이 알아차렸기 때문이다.

올해 고3인 현민이는 수능을 코앞에 두고도 아무런 대책이 없다. 아마 또다시 부모가 하라는 대로 이끌려 갈 것이다. 그런데 매 주일마다 오빠의 손을 잡고 정겹게 교회로 들어서는 현민이의 동생 민정이는 유치원 또래들에 비해 유난히 더 똑똑하고 앙증맞게 귀엽다. 그래서 나는 이따금씩 두 아이를 번갈아 쳐다보면서 '하느님이 두 남매를 좀 형평성 있게 섞어서 세상에 보내셨으면 얼마나 좋았을까'라고 자꾸 생각하곤 했다. 그러나 그러한 내 원망조의 바람을 탓하기라도 하듯이, 꽤 나이차가 큰 두 남매는 서로를 매우 아끼고 챙긴다. 예배가 끝난 뒤 공동식사와 친교시간이 되면, 영특한 민정이는 마치 누나처럼 오빠의 먹을 것을 챙겨주기도 하고 오빠의 둘도 없는 놀이친구가 되어 오빠의 외로움을 덜어준다. 그 광경을 보면서 어느새 내 생각은 다시 바뀐다. '어쩌면 하느님이 저렇게 이쁜 두 남매를 주셨을까.' 생명이 다하는 날까지 그들의 사랑과 배려가 그치지 않기를 바랄 뿐이다.

학교와 또래집단에서 왕따 중의 왕따인 현민이의 고독의 자리가 어디쯤인지, 나는 헤아릴 수 없다. 몇 주 전에는 주일 오후에 '나는 누구인가'라는 제목으로 글짓기를 한 적이 있었는데, 다른 아이들이 자기를 이렇게 저렇게 소개하고 꿈과 바람을 피력한 것과 달리, 현민이는 그 삐뚤삐뚤한 글씨체로 온통 자기 자신에 대한 물음을 도리어 던지고 있었다. 즉 현민이는 도리어 하느님께 자신이 누구인지를 고통스럽게 묻고 있었다. 나는 현민이의 물음이 오히려 정상적인 범주에서 살아가는 아이들의 것보다 훨씬 더 깊고 치열한 세계를 반영하고 있음을 알았다. 나의 이런 저런 질문에 거의 단답식으로만 대답하는 현민이가 어떤 세계를 걷고 있는지, 그 세계를 어떻게 느끼고 있는지, 나로서는 궁금하고 연민스럽지만 감히 측정하기 어렵다.

그래서 현민이를 떠올리면 어떤 기도를 드려야 할지, 막막하곤 했다. 거기다 지난 주일 현민이의 짤막한 기도는 내 막막함에 쿵!하고 무거운 돌덩이를 더하고 말았다. 현민이의 커다란 눈망울, 선한 웃음, 느리고 부정확한 말투를 받아주고 친구 해줄 누군가들을 그의 일생에서 듬성듬성이라도 만날 수 있게 해달라는 기도를 드리지만, 내 무거운 마음은 쉽게 가시질 않는다. 그리고 나는 마음을 바꾸어 다시 기도를 드린다.

혹 만나게 될 지도 모르는 그 친구들이 들고나는 사람들이기보다는 들꽃, 숲 사이의 새소리, 바람소리, 하루를 보낸 황혼녘의 고즈넉한 감사, 마음으로 흘러드는 싯귀 같은 것들이길. 다시 한 번 현민이의 가장 곁자리가 하느님의 것이기를. 그런데도 내 기도는 여전히 미흡하다. 아직 더 아뢸 말을 찾지 못한 고로.

2004.10.20

그 땅에 들어가는 사람

퍼뜩 눈을 뜨고 보니 새벽 다섯 시 정각이다. 눈을 뜸과 동시였는지, 그 전 혹은 그 직후였는지 알 수 없지만 난 모세를 생각하고 있었다. 누구보다 하느님과 민족을 사랑한 거대한 지도자였지만 애달프게도 꿈에 그리던 가나안 땅에 들어가지 못했던 모세를. 모세는 왜 그 땅에 들어가지 못했던가, 라는 생각이 내 의식의 언저리를 맴돌고 있었다. 나는 몸을 일으키고 불을 켜고 뜨거운 차를 마시며 성서를 펴들었다. 결정적으로 모세로부터 가나안 땅에 들어갈 기회를 박탈해버린 일, 즉 바위에서 물이 솟게 했던 일은 출애굽기, 민수기, 신명기에서 두어 버전으로 기록되어 있다. 끝없이 하느님을 원망하고 비난하는 백성들 앞에서 그는 바위에게 물을 내라고 명령하라는 하느님의 말씀에 대해 바위를 두 번 내리치는 것으로 응답했다. 하느님은 모세의 이런 행동을 '신뢰'가 부족하고 하느님의 거룩함을 방해한 것으로 받아들이고 그에게 약속의 땅에 들어가지 못할 것이라고 말했다.

성서 이곳저곳을 들춰가며 읽으면서 나는 한편으로는 하느님이 참으로 야박한 분이라고 생각했다. 특히나 모세가 하느님께 "부디 저를 건너가게 하여 주십시오. 그래서 요단 저쪽 아름다운 땅과 아름다운 산과 레바논을 보게 하여 주십시오(신명기 3:24)"라고 애원했을 때, "이것으로 네게 족하니, 이 일 때문에 더 이상 나에게 말하지 말라"고 하느님이 냉정하게 대답했을 때, 가슴이 아파 왔다.

야박해 보이는 하느님은 그렇다치고 왜 모세는 바위를 두 번이나 내리쳤을까? 바로 이 물음이 새벽녘에 나를 깨운 질문이었다. 출애굽한 후에 모세가 하느님의 명을 어기거나 반항한 적이 있었던가? 이 일 말고는. 엄격히 말해서 그의 행위가 하느님께 맞선 것이었다고도 볼 수 없다고 생각하지만 말이다. 이스라엘 민족의 죄가 지도자 모세와 무관할 수 없다는 신명기 기자의 신학이 이 이야기에 들어있다는 주석의 설명에도 불구하고 왜 모세가 바위를 내리쳤던가를 나는 계속 묻고 있었다.

어쩌면 모세는 도망자 신세로 떠돌아다니던 광야에서 하느님의 음성을 들은 후, 거부하고 싶을 만치 힘들고 벅찼던 민족해방, 내 백성을 애굽에서 이끌어내라는 하느님의 미션을 수행하고 그들과 함께 약속의 땅으로 들어가기 위해 나날을 고군분투하며 살았을 것이다. 위대한 지도자가 어디 하루아침에 저절로 되는 법이 있던가. 주어진 자유와 약속에 대한 신뢰를 잊어버리고 시련 앞에서 끝없이 하느님과 자기 자신을 욕하는 백성들에게 시달리면서 어쩌면 모세는 백성들에게, 하느님에게, 자기 자신에게 화가 나곤 했을 것이다. 때로는 자기도 모르는 사이에 어리석은 백성에 대한 질타가 자기 우월감이나 교만, 경멸로 내리뻗었을 것이다. 그래서 아마도 순식간에 마음의 평정을 잃었거나, 될 대로 되라는 심정으로 바위를 내려치지는 않았을까? 백성을 위해 가장 큰 수고와 헌신을 다하고도 정작 자신은 그 땅에서 버림받은 지도자의 비운이 가슴을 지긋이 내리눌렀다.

아쉬운 마음으로 성서를 더 들추다보면 모세야말로 가장 행복한 사람이었음을 깨닫게 된다. 그는 하느님과 독대하는 배타적인 사랑을 누렸고, 하느님의 친구가 되었고, 하느님은 이스라엘 백성들을 꾸짖고 자신의 친구 모세를 편드셨다. 일생을 하느님과 민족에게 바친 모세에게 허락된 비밀한 축복이었을 것이다. 그럼에도 단순간 하느님의 노여움을 사버린 그의 행위가 계속 마음에 걸린다. 모세에게 당신에 대한 신뢰가 부족하다는 하느님의 냉담한 말투에 신경이 쓰인다. 모세의 지극한 충성심과 인내의 수고를 하느님이 정녕 모르지는 않았을 터인데 말이다.

나는 모세를 향해 다시 눈을 돌린다. 어쩌면 이 이야기는 위대한 지도자였던 모세의 가장 연약하고 취약했던 부분을 드러내고 있는지도 모른다. 불철주야로 하느님과 백성을 오가며 전쟁과 진전의 나날들을 이끌어가야 했던 그는 작고 세심한 소리를 듣고, 자신의 행동을 절제하며 긴박한 순간에 한 발 물러서서 여유와 신뢰의 끈을 맬 줄 아는, 그러한 심성이 부족했을지 모른다. 흔히 볼 수 있는 거대한 지도자들이 그러했던 것처럼. 그런데 영웅적인 삶을 살았던 모세에겐 거의 보이지도 않을 만치 작고 사소했을 수도 있는 그러한 점에 대한 하느님의 시선은 너무도 엄중하고 냉혹하다는 것이다. 누구보다 훌륭하게 살아왔지만 너는 그 땅에 들어갈 자격이 없다는 말씀이 바로 그것이다. 그렇다면 그 땅엔 누가, 어떤 이들이 들어간단 말인가?

오늘 아침에 나를 깨워 일으킨 이 말씀을 여러 번 읽고 묵상하는 동안 나는 왜 이 말씀이 불현듯 내게 다가왔는지를 깨달았다. 요사이 나는 사람들의 삶의 형상들을 바라보면서, 수고하는 자와 누리는 자는 따로 있다는 생각을 자주 한다. 모세를 약속의 땅에서 밸어버린 '작은 신뢰'와 겸허한 마음 등이야말로 현재의 행복을 좌우하는 요소라는 생각이 든다. 하느님을 신뢰한다는 것은 항상 좋고 흡족한 일들 때문이 아니다. 오히려 그것과 상관없이 자신과 주변을 '수용'하고 더욱 낮은 자세로 받아들일 줄 아는 것이 아닐까. 그것은 우리가 처하고 만나는 모든 것 안에 이미 하느님이 계심을 믿는 것이고, 사람과 세상을 여전히 사랑과 연민의 눈으로 바라보며, 저항과 싸움의 한복판에서도 웃음과 믿음을 잃지 않는 일이 아닐까.

아침에 찾아드는 한줌 햇살, 나날이 키를 세워가는 길가 나무들, 때로는 나를 즐겁게 하고 때로는 나를 속상하게 하는 주변 사람들과 일들을 깊이 수용하고 느낄 줄 아는 감수성이야말로 일상의 행복을 만들어가는 요인이다. 그는 이미 약속의 땅을 걸어가고 있으며, 그것을 잘 알고 있기 때문이다.

종교의 본질이 무엇이냐는 한 기자의 거창한 물음에 대해 달라이 라마는 작은 웃음을 지으며 이렇게 말했다. "종교는 친절한 마음이지요." 가장 단순소박한 이 한마디는 세계 각 곳 수많은 사람들의 마음 깊은 곳을 울린다. 누군가는 '인생은 독파하는 것이 아니라 음미하는 것'이라고 했던가.

이 아침에 나는 내 주변에 흩어진 신뢰와 겸허의 조각들을 찾아 나서는 중이다.

2004.11.11

석사동의 작은 물가, 생명수교회

한동안 날씨 변화가 분주하더니 본격적인 여름 문턱에 들어서나 봅니다. 첫 목회지가 '춘천'이라는 말을 듣고 지인들이 '거기 무척 덥다던데'라고들 했는데, 생명수교회에 온 후 첫 여름은 정말 지독히 더웠습니다. 닫힌 건물 안 벽걸이 선풍기에 의지해서 예배를 드리고 나면 온 몸이 푸욱 젖었지요.

또 다른 일도 불현듯 떠오릅니다. 처음 맞았던 겨울 어느 날에 집의 난방유가 떨어져서 한 말을 사 넣었는데, 이튿날 주일예배를 드리고 나자 교회 난방유도 똑 떨어져버렸습니다. 더 이상 작동되지 않고 깜박깜박 빨간 불만 오락가락하는 보일러를 쳐다보면서 이런 한숨 섞인 기도가 나왔지요. '주님, 어쩌면 보일러까지 우리 교회 주머니 사정을 이리도 잘 안단 말입니까!' 아이들과 밥을 해먹고 따뜻한 차를 마시면서 추위를 녹이고 있는데, 문을 두드리는 소리가 났습니다. 무작정 들어서는 서너 명 낯선 분들은 석사교회 제2 청장년부원들이라고 했고, 연말에 밀린 회비가 들어오는 바람에 남은 재정이 있어서 찾아왔다고 했습니다. 그분들이 놓고 간 헌금이 바로 그때 우리에게 절실하게 필요했던 석유 한 말 값이었음을 앞으로도 두고두고 잊을 수 없을 것입니다. 제가 춘천에서 처음으로 만난 천사들이었으니까요.

생명수교회는 1991년에 세워진 후 여러 곳을 떠돌다가 7년 전에 현 주소지로 옮겨 왔습니다. 아직 신앙생활에 익숙하지 않은 교회 아이들이 어떻게 복음을 만날 수 있을지가 제가 처음 접한 고민이었습니다. 그러다가 아이들의 중대한 고민을 알게 되었는데, 실업계 학교를 다니는 학생들의 좌절감, 희망 없음이었습니다. 고교 비평준화 지역인 춘천의 수많은 학생들에게 부과될 수밖에 없는 폐해였지요. 그래서 두어 명 고등학생들에게 매주 영어를 가르치면서 그들이 '부당하게' 안고 있는 내적 위축감에서 벗어나도록 힘썼습니다. 하나님이 각 생명에게 불어넣어주신 독특한 가치와 아름다움을 스스로 발견하는 일은 우리의 신앙 여정의 중요한 일부이기 때문이지요. 올해는 네 명의 아이들이 춘천시 소재 대학에 입학을 했고, 가장 극심한 좌절감에 시달리던 아이는 어엿한 영문학도가 되었습니다. 그들이 언젠가는 자신의 달란트를 교회와 하나님의 나라를 위해 사용하는 멋진 사람이 되리라고 믿습니다.

작년 초엔 '감리교어린이도서관협의회'의 도움을 받아서 좋은 책을 800여 권 모았습니다. 작은 도서관 '꼬마정원'이 앞으로도 교회 아이들과 이웃들의 선한 벗이 되기를 기도하고 있습니다.

매 달 교회의 월세를 내면서, 또 어느 때는 월세 걱정을 하다

보면 문득 이런 상상을 할 때가 있습니다. 돈 많은 교인이 생기거나, 혹시 돈 많은 교회에서 왕창 기부를 해준다면 우리도 어떻게든 전세로 옮겨볼 수 있을 텐데… 그러다가 곧 제자리로 돌아와 저의 모자라고 부질없는 생각을 꾸짖지요. 교회의 '교회다움'이 정녕 외관상의 조건, 즉 건물이나 풍요함에 있지 않다는 것을 잘 알기 때문입니다. 이스라엘 백성을 선택하고 그들을 하나님의 백성으로 이끌고 복주시고 동행하신 하나님은 깊은 산 속과 광야, 불과 구름 속에 계셨고, 예수님은 세상의 가장 누추하고 낮은 말구유에서 태어났습니다. 우리에게 '기적'이란 세상의 부귀영화와 안전을 자기의 집으로 삼지 않는(삼을 수도 없었던) 수많은 유랑민들과 떠돌이들을 통해 그리스도교의 복음이 유유히 전해져왔다는 것 아닐까요?

다시금 석사동의 한 주변 상가에 생명수교회를 세우신 주님의 뜻을 돌이켜봅니다. 상처받은 가녀린 생명을 극진히 사랑함으로써 진정 주님이 머무시는 생명의 물가가 되라는 뜻이겠지요.

2005.

아버지,
그 소통과 관계의 힘으로 돌아가라

아버지의 부재 경험

'가정에 아버지가 없다'란 제호의 특집 글을 부탁받고 나는 잠시 아연하고 난감해졌다. 아주 어렸을 적 아버지가 돌아가신 뒤로 실제로 나는 가정에 아버지가 없는 아이였고, 지금도 따로 가족을 구성하지 않고 살다보니 아버지에 대한 기대치나 경험이라 할 것이 거의 없기 때문이다. 그런데 어린 시절엔 아침마다 '국기에 대한 경례' 앞에서 느끼던 낯설고 비릿한 차가움 같은 것을 '아버지'란 말에서도 느꼈다면, 지금은 여전히 그 말의 구속력과 무관하게 살아오면서도 그 텅 빈 자리에 이런 저런 의미층이 들어찼음을 본다.

아버지의 부재(不在) 경험은 단지 육신의 아버지의 부재에 국한되지 않는다. 오히려 그것은 오늘날 힘겹게 한 시대를 살아내고 흰머리 내려앉은 이 땅의 평범한 아버지들의 입에서 거세게 터져 나온다. 수 년 전 IMF라는 한파 속에서 수많은 사람들에게 베스트셀러로 읽혔던 김정현의 소설 「아버지」가 그것을 반증한다. 나름대로 성실한 소시민의 삶을 살아온 한 가정의 가장이 느닷없이 말기 암을 선고받고 그의 삶은 급속도로 곤두박질하게 된다. 얼마 남지 않은 시간 앞에서 나날이 깊어가는 고독, 사랑하는 가족과의 불화를 견디지 못해 괴로워하는 주인공은 이 시대에 그리 유별난 아버지의 상(像)이 아니었기에 많은 공감대를 얻었던 것 같다. 이 책에서 혹자들은 겉으로 드러내지 않지만 남몰래 속으로 우는 아버지의 부성애, 과거의 권위를 실추당한 쓸쓸하고 무력한 가장의 현실에 목이 메었다고도 하지만, 나는 그 소설에서 죽음을 앞에 두고도 여전히 타인과의 소통의 힘을 회복하지 못한 채 자신만의 굴레에 갇혀 있는, 보통 아버지들이 스스로에게 느끼는 부재 경험과 그 충격을 읽었다.

'아버지'와 그리스도교

기실 '아버지'란 말처럼 인간의 삶 저변에 깊이 스며든 말도 흔치 않다. 이천여 년 간 그리스도교는 하나님을 '아버지'라고 불러왔는데, 그 말은 세상의 창조자요 생명의 시원(始原)이며 각 생명을 눈동자처럼 아끼고 보살피시는 분께 인간이 드리는 감격에 찬 최고의 예찬이었다. 그러나 인간의 가부장적 역사와 문화는 폭력적이고 권위적이며 군림하는 아버지, 그래서 뒤틀어지고 우상화된 아버지 군상(群像)을 낳았고 그것에 대한 성찰과 반성은 그리스도교의 '아버지' 하나님 상(像)에도 도전으로 다가왔다. 물리적으로 가족을 학대하고 폭력을 가하지 않았더라도,

멀쩡한 아버지들이 자신의 체면치레를 위해 이 사회의 가부장적 폭력구조에 어떻게 동조해왔는지를 지난 4월의 제7회 서울여성영화제에 〈끔찍하게 정상적인(Awful Normal)〉이란 작품을 출품한 셀리스타 데이비스 감독이 들려준 바 있다. 유아기에 그녀와 언니는 아버지의 친구에게 성추행을 당했으나 25년이 흐르도록 상처는 치유되지 않았다. 마침내 셀리스타는 스스로 카메라를 들고 '그'를 찾아가 말을 건네는 힘든 치유의 여정을 떠난다. 타인은 물론 자신조차 긍정할 수 없게 만드는 고통스런 기억에서 헤어 나오지 못하는 자매에게 아버지는 "아무 일 없었던 것처럼 그를 대하라"고 타일렀고 그녀는 "부모의 부당한 태도가 나와 언니를 더욱 슬프고 병들게 만들었다"고 털어놓았다(한겨레신문 2005.4.11 보도).

오랜 그리스도교 신앙과 전통이 굳건히 지켜온 '아버지 하나님'과, 최소한 이렇듯 폭력 당한 딸을 죽음의 시간에 방치해둔 냉담하고 무심한 현실의 아버지 사이의 괴리와 간극을 넘어서야 하는 과제는 오늘날 수많은 그리스도교인들에게 주어진 힘겨운 것이다.

이러한 물음과 관련해서 '아버지 하나님'에 대한 몇몇 신학자들의 해석이 얼핏 떠오른다. 로버트 해멀튼-켈리(R. Hamerton-Kelly)는 예수가 하나님에게 붙인 '아버지'란 이름이 가부장제를 '무효화'하고 '인간화'한다고 주장한 바 있다. 즉 자비로운 하늘 아버지의 양자된 새로운 가족이 됨으로써 지상의 억압적인 가족을 해체할 수 있다는 말이다. 그렇다면 참된 행복과 구원은 오직 신적 가족에서만 가능하고 지상의 가족은 결국 없어져야 할 것이란 말인가? "너희는 땅에서 아무도 너희의 아버지라고 부르지 말아라. 너희의 아버지는 하늘에 계신 분, 한 분뿐이시다"(마태복음 23:9)란 구절을 가부장적 권력과 구조, 관계를 정당화하는 대신 그것들을 거부하고 폐기하는 평등주의적 관점에서 읽어야 한다는 엘리사벳 S. 피오렌자(E. S. Fiorenza)의 해석도 비슷한 측면을 갖고 있다. 하지만 많은 여성신학자들은 이러한 해석이 자칫 범할 수 있는 반면의 오류를 꼬집어 말한다. "예수가 하늘 아버지의 이름으로 지상의 아버지를 부인했다면 예수는 그만큼 더 아버지의 통치를 절대화하고 가부장제를 강화하는 결과를 낳은 것이다. 남성적 지배를 지상에서 하늘로 이전시킨 것은 그것을 제거하는 것이 아니라 약화하는 것이다"라는 구약학자 필리스 트리블(Phillis Trible)의 지적이 바로 그것이다.

'아버지 하나님'에 대한 재발견

실추된 아버지의 권위에 연연해하거나, 지상 아버지와 하늘 아버지 간의 괴리감을 심화하는 쪽보다는, 이 문제의 해결을 위해 하나님 상(像)에 대한 새로운 상상과 경험이 필요하다는 생각이 든다. 무엇보다 그리스도교 신앙은 인간을 하나님의 형상을 닮아 지음 받은 존재로 고백하니 말이다. 우리는 하나님을 '자비롭고 은혜로운 분'이라고 부르고 믿는다. 우리는 이 표현을 하나님 외의 다른 피조물에 거의 사용하지 않는다. 그런데 익히 알려진 것처럼, 하나님의 자비, 연민, 사랑을 뜻하는 명사 '라하밈'의 단수형 '레헴'은 '자궁' 혹은 '아기집'을 의미하는 말이다. 이 말은 하나님의 자비가 과연 무엇인지, 어디로부터 왔는지를 알려준다.

성서는 한 아기를 놓고 서로 내 아기라고 싸우던 두 여인 중 한 여인이 그 아기를 둘로 나누어 한쪽씩 나눠 가지라는 왕의 명령 앞에서 아기에 대한 '라하밈'에 불타올랐다고 말한다. 또한 먼 이국에서 "자기 어머니의 아들, 자기 동생 베냐민"을 만난 요셉이 동생 생각에 '라하밈'이 끓어올라 울 곳을 찾았다고 말한다. 하나님의 자비는 하나님의 탯줄로 이어진 모든 피조물을 향한 아프도록 지극한 사랑이요 갈망이다. 자비로우신 하나님은 온 세상 만물의 기쁨과 고통을 누구보다 깊이 공감하고 끌어안는 분, 피조물의 생명과 안녕을 위태롭게 하는 악한 세력에 맞서 싸우는 분이다. 혹자는 하나님의 자비를 하나님의 '여성적' 측면으로 설명하기도 하지만, 자비는 하나님의 궁극적인 본성이며 우리는 모두 그 본성에 참여해야 한다.

유대교에서 감히 이름을 부를 수 없었던 분을 예수께서 '압바'라고 부른 것은 자비하신 하나님과의 깊고 친밀한 일체감이 있었기에 가능했다. '압바'란, 마치 어린 아이가 부모에게 절대적인 신뢰와 친밀감 속에서 토하듯이 뱉어내는, 사랑의 언어이다. 그러므로 '아버지'라는 용어는 '어머니'와 마찬가지로 원초적이고 깊은 '사귐'과 '관계'에서 우러나온 것이다.

그러나 사랑과 관계의 언어인 '아버지'의 이름은 오랜 가부장제 역사 속에서 배타적이고 권위적인 상징이 되었고, 오늘날에는 가부장제의 권력남용을 옹호하거나 소수자들의 고통과 상처에 냉담해진 아버지 군상들의 마지막 보루로 치부되기도 한다. 우리는 매 주일마다 '자비로우신 하나님 아버지'를 외쳐대지만 그 말에서 온 세상 만물을 자신의 일부로 포용하고 그들의 아픔과 고통 때문에 탄식하고 연민하는 하나님의 모습을 읽기는 쉽지 않다.

그리스도교의 오랜 가부장적 전통에 대한 심각한 반성은 비단 여성들에게만 일어나는 것이 아니다. 독일 출신의 신학자 위르겐 몰트만(Juergen Moltmann)은 일찍이 하나님을 '아버지'로만 부르는 것이 부적합하다는 것을 간파한 바 있다. 예수께서 경험했던 생명을 편 드시는 하나님과의 온전한 친밀성을 초기 그리스도교의 교부들은 성부, 성자, 성령 간의 사귐과 일치로 전개했는데, 그들은 만물의 처음과 나중되신 '아버지(성부)'가 세상을 잉태하고 낳았다는 시적 표현을 사용하기에 주저하지 않았다. 몰트만은 생명을 잉태하고 낳으신 하나님을 '어머니와 같은 아버지'(motherly father)라고 일컬었다. 뿐만 아니라 오늘날 세상 곳곳의 수많은 신앙인들은 하나님을 "어머니", "우주의 부모", "연인", "친구", "존재 근거", "고난 받는 동료" 등 다양한 상징을 사용해서 부른다.

다시 '아버지'로, 그 관계의 이름으로

처음에 언급한 김정현의 소설 「아버지」로 다시 돌아가 보자. 죽음 앞에서 가족을 사랑하지만 허무와 고독감, 가족과의 단절에서 빠져나오지 못하는 주인공, 남다를 것 없는 우리네 보통 아버지의 자화상에는 그가 가족과, 세상과, 결국 자기 자신과 소통하지 못했음이 고스란히 묻어난다. 그 가장의 무능력은 경제적, 권력적인 것이 아니라 타인과의 소통능력의 부재, 사귐의 결여에 있었다. 죽어가면서도 자신의 고통과 단절감을 원망할 뿐 누구와도 나누지 못하는 아버지의 사랑은, 제 아무리 지독한 것이라 해도, 닫힌 회로 속에 갇혀 스스로 질식해갈 뿐이다.

앞으로 우리가 만나게 될 세상에서 기존의 권위적이고 가부장적인 '아버지'의 명목은 점점 더 그 의미와 색채를 잃게 될 것이다. 소위 정상가족은 더욱 빨리 해체되고 한부모가족과 복합가정이 점점 더 늘어간다. 기존 가족제도의 지극히 자본주의적인 삶의 방식에 회의를 느낀 사람들의 혈연, 민족, 종교, 성(性)과 종(種)을 뛰어넘는 새로운 대안가족과 공동체에 대한 염원과 시도 역시 그치지 않을 것이다. 그렇다고 해서 아버지의 자리와 의미가 약화될 필요는 없다.

부모를 빨리 여윈 아이들이 그만치 더 많이 타인과 세상의 젖줄을 먹고 자라야 하듯, 아버지의 관심과 보살핌을 필요로 하는 곳은 더욱 더 넘쳐날 것이다. 즉 세상은 새로운 아버지를 더욱 더 요구한다는 말이다. 생명에 대한 애끓는 사랑과 연민, 타자에게 다가가고 관계 맺는 소통능력을 다시금 회복해 간다면 오히려 더욱 매력적이고 민주적이며, 정의롭고 평화로운 아버지들이 세상 곳곳을 누비게 될 것이다. 자기 자신을 하나님의 자궁에 깃든 고귀한 생명체로 인식하고 내 아이뿐만 아니라 다른 아이와 다른 생명들에게 한 그루 나무가 되는 아버지, 그렇게 하나님의 형상을 고이 부여한 아버지들이 활기 있게 살아가는 세상을 슬쩍 그려본다.

아버지들이여! 먼저 사랑의 수고와 아픔을 배우라. 누군가에게 낮게 귀를 기울이고 보살핌의 소통능력, 관계의 힘을 기르라.

2005.05.01

〈기독교세계〉 5월호

두발 자율권에 대한 단상

요즘 내신등급제와 관련한 중고생들의 시위 소식을 들으면서 시대가 많이 달라졌음을 느낀다. 아침에 눈 뜨면 학생들의 자살 소식이 들려오는 때에, 더 이상 어른들에게 자신들의 문제를 맡겨둘 수 없다는 자각을 하게 된 듯하다. 교육부와 소위 어른들이 그들의 요구와 고민을 틀어막지만 말고 최소한 공감하려는 자세라도 보여주었으면 좋겠다. 그 중에 학생들이 요구하는 '두발 자율화' 문제가 과거 내 학창시절을 다시 돌아보게 한다.

나는 예나 지금이나 머리 모양에 별로 관심이 없는 편이다. 하루아침에 머리 모양새를 급격히 바꾸거나 인내심 있게 머리를 기르거나 하는 일을 거의 하지 않는다. 아니 못 하는 건가. 그래서 남들이 보기에 내 머리 모양은 항상 그것이 그것일 게다.

그런데 그것이 그것인 머리 모양이라고 해서 내가 그것에 완전히 무심하거나 예민하지 않은 것은 아니다. 내가 현재의 커트머리를 고유 상표처럼 달고 다니는 이유는 첫째, 간편하고 둘째, 나의 봉긋한 뒤통수와 계란형 얼굴선을 나름대로 살려주기 때문이다. 그리고 조금은 딱딱해 보이는 인상을 커버할 요량으로 앞머리를 살짝 내려놓았다. 머리가 짧은 편이다보니 미용실에서 조금만 더 자르거나 남겨 두어도 금방 눈에 띄고 마음이 간다. 남들이 보기엔 변함이 없어 보이는 머리지만 내 눈엔 어떤 날엔 더 부풀었거나 푸욱 가라앉았거나 더 뻗어보이거나 차분해보이는 등 변화무쌍하다.

거의 남아있지 않은 초등학교 시절 사진 중에 2학년 때 찍은 사진이 있다. 선생님이 반장, 부반장 선거를 끝내고 기념으로 찍어둔 것이다. 나란히 앉아있는 두 여자아이의 한쪽인 나의 머리 모양은 눈썹까지 내려오는 앞머리와 목선까지 덮은 까만 단발이다. 그 사진과 관련해서 어머니가 들려주신 이야기는 자못 흥미로웠다. 내가 초등학교에 입학할 무렵에 가수 김상희가 히트했던 모양인데, 입학식을 앞두고 내가 자꾸 '김상희처럼 머리를 잘라달라'고 주문을 했다는 거다(나는 기억이 안 나지만). 생전 뭘 사달라고 조르는 법이 없는 애가 머리 모양에만 예민했다는 말일까. 아마도 그렇게 자신을 표현하려는 욕구가 있었다는 말일 게다. 그래서 초등학교 시절 수년 동안 나는 어머니가 잘라준 '김상희 머리'를 달고 다녔다.

머리 때문에 노심초사했던 경험은 중학교 3학년 무렵에 있었다. 당시의 여고생들의 전형적인 상표는 양 갈래로 땋아 내린 긴 머리와 하얀 교복 칼라였는데, 이러한 이미지는 사회적으로도 선망과 경원의 대상이기도 했다. 중3이 되자 여고생이 될 준비를 하려는 건지 벌써 머리를 기르는 반 아이들도 있었다. 그런데 어찌된 일인지 나는 그 '짓'이 죽을 것처럼 하기 싫었다. 저렇게 머리를 길게 길러야 하고, 매일 아침 퍼질러 앉아 양 갈래 머리를 땋는 진부한 짓을 해야 하다니…. 지나가는 여고생의 머리 모양을 보면 선망이 아닌 섬짓한 두려움이 들 정도로, 그러한 거부감은 불가항력적인 것이었다. 그해 가을에 나는 심한 마음앓이를 하고 있었다. '고등학교를 갈 것인가 아니면 죽을 것인가.'

결국 나는 무사히 고등학교에 들어갔다. 그러면 내가 여고생 머리에 대한 불가항력적인 거부감을 접고 만 것이냐고? 죽느냐 사느냐의 물음처럼 나를 장악하고 있었던 그 문제는 어느 날 너무도 어이없이 풀리고 말았다. 소위 '교복 자율화' '두발 자율화'가 이듬해부터 시행된 것이다. 완전한 자율권은 아니었지만 머리를 기르지 않을 권리, 교복 치마를 입지 않을 권리가 우선적으로 주어졌다. 아, 해방이었다. 나가서 만세라도 내지르고 싶었다.

지금 생각해도 내가 왜 그리 당시 여고생 머리에 대한 무서운 거부감을 가졌는지, 정확히 알 수 없다. 추측컨대 고독하고 내성적인 사춘기를 겪고 있던 나는 그 상태의 연속선으로서 고등학교라는 미래의 시간으로 들어가고 싶지 않았던 것은 아닐까. 그러한 내게 여고생 머리는 철저한 집단문화와 획일성의 표증으로 보였을지도 모른다. 어쨌든 나는 이듬해 당연하게 짧은 커트를 해버렸다. 당시만 해도 여자아이들이 '선머슴아' 같다고 회피

하던 머리형이었는데 말이다.

요즘 학생들이 요구하는 두발 자율화 문제를 놓고 어른들은 걱정부터 앞서는 모양이다. 그러나 나는 아이들의 두발 자율화 요구가 단지 화려하고 난잡한 외양과 겉치레의 요구가 아니라고 생각한다. 그것은 자신의 권리에 대한 요구이기 때문이다. 획일적인 머리 모양을 강요하는 학교 사회가 더 이상 지탱될 수 없다는 시대적 메시지라고 여긴다. 그렇기에 남들 보기엔 매양 똑같아 보이는 머리 모양가지고도 죽느냐 사느냐를 고민하기도 하는 것이다. 과거의 나처럼.

두발의 자유는 곧 개인의 자유, 인권의 문제임을 이 사회가 더 이상 망각하지 않기를 바란다.

2005.05.17

03
작문노트

날마다 길 위에서 황금률

신학의 길 위에서

2006–2020

'마녀들'을 회상하며
: Now and Then

TV 프로 '개그 콘서트'의 유명세는 전부터 알고 있었지만 그것을 제대로 보게 된 것은 아주 최근 일이었다. 그런데 그 프로의 어느 코너에서인가, "조사하면 다 나와!"란 반복적인 말이 관중의 웃음을 끌어내는 장면에서 나는 흠칫 놀랐다. 피의자를 앞에 놓고 사실 추적과는 무관한 심문과정 끝에 강압적으로 들이미는 그 한 마디에서 나는 여전히 이 사회를 지배하는 전체주의 감시체제의 에토스를 읽었고 섬뜩해졌다.

이런 순간적인 섬뜩함이 더 짙은 두려움으로 엄습해올 때가 있다. 특히 어떤 여성이나 여성들이 어떤 이슈에 대해 개인적, 집단적으로 과감한 발언을 하거나 행동을 취했을 때 일거에 몰려들어 융단폭격을 하듯 "태워죽일 년들" "찢어발길 년들" 등의 욕설과 저주를 퍼부어대는 남성들을 볼 때가 그렇다. 한편으로는 이런 말들을 아무데나, 서슴없이 늘어놓는 일부 남성들의 억눌린 심리상태와 허황된 자기망상증을 비웃으면서도 또 한편 어쩔 수 없이 공포를 느낀다. 그 순간 실제로 이유 없이 심문을 당하고, 고문을 당하고, 화형을 당하고, 익사하거나 참수형을 당했던 십 수만 명의 여성들이 뇌리에 떠오른다. 그리 멀지 않은 시대, 근대 초기 유럽 각지에서 '마녀'라는 동일한 이름으로 살해당했던 여성들이!

'마녀'는 없다

근대 초기 유럽 전역을 미친 듯이 횡행했던 '마녀사냥'에 대해 처음 접했을 때, 내게 '마녀'는 그리 놀랍거나 낯선 존재가 아니었다. 각 국가와 지역, 문화적 차이에도 불구하고 당시에 '마녀'의 혐오를 받고 낙인찍힌 사람들은 대개 늙고 가난한 독신 여성, 성질이 괴팍하고 평판이 좋지 않았던, 그 사회에서 없어져주기를 바라던 인물들이었다. 그러나 둘러보면 주변 사회의 곱지 않은 시선을 받고 주변 사람들에게 이상한 불편감을 주는 여성들은 언제나 존재해왔다. '지랄병'으로 불리던 간질 발작으로 고생하다가 결국 외롭게 죽어간 아이, 역전 근처 성매매 여성의 딸이라는 이유로 늘 사람들의 편견에 갇힌 채 성난 눈빛을 들이대던 친구, 꿈 많던 여고시절에 동네 청년들의 집단강간으로 임신을 한 뒤 집안의 학대에 못 이겨 어느 날 종적을 감춘 동네 언니, 머리는 명석했지만 걸핏하면 백지 답안지를 내던 일명 '첩의 딸자식'이었던 친구, 나이 오십이 넘도록 결혼하지 않고 조카와 살면서 무성한 소문을 낳았던 동네 아줌마, 걸핏하면 폭력을 휘두르던 아버지에게 맞서다가 가출한 이후 십 수 년 동안 집근처엔

얼씬도 하지 않는 친구, 레즈비언이라는 이유만으로 직장과 교회에서 쫓겨난 친구가 그들이었다.

문제는, 일상에서 쉽지 않게 볼 수 있는 이들이 어느 날 갑자기 악마를 숭배하는 '마녀'라는 낙인에 찍혀 추방당하고 제거되었다는 데 있다. 농촌 여성들의 야간 사교모임은 '사바트(마녀들의 비밀집회 장소)'가 되었고, 여성들이 먼 곳을 다닐 수 있는 것은 마녀의 날아다니는 빗자루를 가졌기 때문이라고 했다. 당시 극단적 이원론에 기초해서 임신을 악마의 소행으로 여기는 소종파에 반해서 정통주의자들은 그들이 낙태를 하고 어린애를 잡아먹는다는 상상을 퍼뜨렸다. 당시 주로 요리사, 치료사, 산파 역할에 종사하던 여성들은 갑자기 가마솥 옆에서 식물과 연고를 이용해서 마술을 부리고 마술을 이용해 아이를 죽인 마녀들로 둔갑했다.

'마녀'를 필요로 하는 세상이 있을 뿐

물론 이제 우리는 야간에 하늘을 비행하고 악마와 계약을 맺고 난잡한 성교를 하고 반란을 일으켰던 십 수만 명의 마녀들이나 사바트가 존재했다고 믿지 않는다. 우리는 마녀사냥은 근대 초기의 종교, 사회, 정치, 경제, 문화적 지각변동 등에 따른 유럽 전역의 집단적인 불안과 공포감이 고대로부터 전해지던 미신 풍습과 악마의 실존에 대한 믿음, 그릇된 여성관과 여성혐오주의와 맞물려 근대 초기의 법과 사법기구의 발달, 인쇄술의 대중화를 매개로 타올랐던, 시대적 사건이었음을 알고 있다.

창궐하는 흑사병과 전쟁 앞에서 사람들의 내면에는 악마의 실존에 대한 두려움이 더 깊게 도사리게 되었고, 종교개혁 이후 개인의 구원에 대한 열망도 더 거세졌다. 그러한 사회적, 개인적 불안은 동시에 사회 전역에 과도한 죄의식을 불러왔을 것이다. 사람들은 이러한 죄의식을 남에게, 특히 주변의 가장 취약한 사람에게 전가함으로써 그것을 극복하려고 했으니, 악의 화신으로 규정된 '마녀들'은 실제로 근대 초기의 전 유럽사회의 희생양이었다. 마녀들이 실재했던 것이 아니라, 취약한 주변부 사람들과 소수자들을 희생시킴으로 자신의 안전과 안녕을 도모하려 했던 세상이 있었다.

끝나지 않은 마녀사냥

역사는 17세기 말에 유럽의 마녀사냥이 종식되었다고 말하지만, 자기 생존을 위해 타자/타국을 '악의 축'으로 규정하고 그 '공동의 적'을 색출해야 한다고 날뛰는 시대에는 언제든지 마녀사냥이 시작될 수 있다. 1950년대 미국의회가 공산주의자를 색출하겠다고 날뛰던 일명 '메카시 선풍'의 희생자 중 한 사람이었던 아서 밀러는 〈가혹한 시련(The Crucible)〉이라는 희곡을 써서 17세기 메사추세츠 세일럼에서 일어났던 마녀사냥이 당시 의회에서도 계속되고 있음을 폭로한 바 있다.

수일 전, 웅대한 산악과 설경, 푸른 초원을 배경으로 사회가 허용하지 않는 사랑과 고통, 혼란을 걸어가는 두 남자의 영화

'브로크백 마운틴'에서, 이 시대에 가장 상처받기 쉬운 마녀들을 또 한 번 고통스럽게 목격했다.

당신과 더 가까워지기 위해 사슬을 하나 더 끊었지만
조물주는 내가 도망칠 수 없게 또 다른 사슬을 엮네
당신을 잊지 않으려고 상처를 하나 더 그었지만
조물주는 금기의 벽을 더 높이 쌓아가네
…
오 주여, 저는 압니다
당신만이 제게 행복을 줄 수 있다는 걸
그것이 제게는 굴레라는 걸

특히 영화의 엔딩 크레딧이 올라가는 동안 슬프게 비틀거리던 노래가사를 듣노라니, 여전히 끝나지 않은 마녀 색출과 마녀사냥의 시대에 나는, 또한 교회는 또 누구에게 화살촉을 당기고 있는 것인지, 눈물이 흘렀다. 16, 17세기의 성직자들과 교회가 마녀 사냥을 선포하고 사냥꾼이 되길 자처했다면, 이 시대 우리는 무엇을 겨냥하고 있는 것일까. 그 화살촉이 마녀를 필요로 하는 폭력적이고 전체주의적인 사회에 틈과 균열을 내기 위한 것이 아니라면. 나는 과연 자유로운가.

2006.

교회 안의 성차별적 언어 넘어서기

바울은 정말 '형제'들에게만 문안 인사했을까

네 맘과 정성을 다하여서 주 너의 하나님을 사랑하라
네 몸을 아끼고 사랑하듯 형제와 이웃을 사랑하라
주께서 우리게 명하시니 그 명령 따라서 살아가리(1절)
나 항상 주님을 훼방하고 형제를 억울하게 괴롭혔다
이러한 죄인을 사랑하사 주께서 몸 버려 죽으셨다
속죄의 큰 사랑 받은 이 몸 생명을 다 바쳐 충성하리(3절)

찬송가 369장 이 노래는 한국교회에서 많이 불리는 곡 중 하나이다. 또한 하나님을 온전히 사랑하고 그 사랑을 이웃 사랑으로 구현해야 할 그리스도인의 근본적 사명을 잘 살려낸 수작임이 틀림없다. 그런데 문제는 이 찬송가의 1절과 3절 가사에 거듭 나타난 '형제'라는 성차별적 언어이다. 가사내용의 배경이 된 마태복음 22장 37-39절에도 없는 '형제'라는 말이 왜, 어떤 연유로

등장한 것일까.

가사의 전반적인 의미상 여기에 등장한 '형제'는 단지 남자 형제들에 국한된 용어라기보다는 우리가 사랑해야 할 '이웃'을 좀 더 친근하게 부른 호칭에 가까워 보인다. 더구나 이 찬송가의 작시연도가 성평등의식이나 종교적 언어에 대한 민감한 감수성이 거의 없었던 1967년이었으니, 작사자나 한국 교인들에게 남자와 여자, 인간 이외 존재를 포괄하는 '이웃(neighbors)'을 '형제(brothers)'라는 성(性)적 용어와 동일시해서 받아들이기에 아무런 무리가 없었던 것으로 보인다.

과거에는 아무런 문제가 되지 않았던 이러한 이름과 호칭이 오늘날 우리에게, 또 누군가에게 상처를 주고 있다. 주님은 '형제'를 사랑하셨고 우리 역시 '형제'를 사랑해야 한단 말인가. 위의 예와 같이 이런 식으로 이름으로 타인의 존재를 드러내거나 은폐하는 일은 가부장제의 역사만큼 오래되고 강고한 전통을 가졌다. 예컨대, 바울 사도는 갈라디아서 1장에서 갈라디아의 모든 '형제'와 여러 교회들에게 문안인사를 한다.

이것은 초기 그리스도교 공동체가 형제들로만 이루어졌다는 말인가, 아니면 바울이 굳이 '형제들'에게만 인사를 했다는 말인가. 그렇지 않다. 오늘날 대부분 사람들은 초기 그리스도교 공동체가 미트라쉬 종파와 같은 남성들의 전유물이 아니라 공히 '형제자매들'로 구성되었다는 것에 수긍한다. 그러면서도 성서가 말하는 '형제'나 '아들'과 같은 한 성에 국한된 표현들을 남성과 여성을 모두 가리키는 말로 받아들인다. 성서와 찬송가에서 '형제'라는 말은 어느새 '자매'까지 포괄해버린 권력을 지니게 된 것이다.

'이웃 사랑'을 포괄해버린 '형제 사랑'

이처럼 한 성에 국한되었으면서도 남녀를 모두 지칭하는 용어를 '총칭어'라고 부르는데 근세기까지도 남녀 모두를 가리켰던 'man'이란 말이 그 대표적인 경우에 해당된다. 그렇다면 총칭어를 통해 다양한 다수의 존재들을 은폐하거나 지배하고, 때로 존재를 없애고자 했던 것은 이젠 지나간 일, 역사에 불과한 일인가?

헌법 제39조 1항은 "모든 국민은 법률이 정하는 바에 의하여 국방의 의무를 진다"라고 규정하고 있다. 이 조항은 국방의 의무가 없는 여성과 장애인, 어린이는 '국민'이 아니라는 의미인가? 1948년 유엔이 채택한 〈세계인권선언〉에서도 "제1조 모든 인간은 태어날 때부터… 동등하다…. 서로 형제애의 정신(spirit of brotherhood)으로 행동해야 한다"고 적혀 있다. 우리가 아주 자연스럽게 사용하는 '제3세계', '유색인종', '장애인', '지방'은 '제1세계', '백인', '비장애인', '서울'을 중심으로 한 시각에서 나온 말이므로, 실제로 가치중립적이거나 누구에게나 적용가능한 보편적인 언어는 존재하지 않는다.

근대의 인권의식과 성평등의식의 확장에 힘입어 언어 역시 다소 평등한 지평으로 확장되어 왔는데, 서구에서 일어난 이러한 언어운동을 '포괄적 언어(inclusive language)'라고 부른다. 과거 남녀를 아우르는 인간을 가리키던 'man'은 'human being'으로 바뀌고, 성서와 찬송가에 빈번히 등장하는 '형제'라는 표현도 '형제자매들'로 바뀌었다(그것이 단지 '남성'을 가리키는 경우를 제외하고). '하나님의 아들들' 역시 '하나님의 자녀들'이라는 양성포괄적 언어로 바뀌었고 걸핏하면 하나님을 3인칭 남성단수명사 'He'로 불러 제키던 오래된 관습도 계속적으로 잦아들고 있다.

반면 한국교회 현실은 이러한 성평등 언어와 의식 확장에 여전히 눈감고 있는 것처럼 보인다. 위에서 내가 예를 들었듯, 예배시마다 은혜와 감격 속에 불리는 찬송가, 오래된 교인들의 뇌리에 마치 절대불변 진리구절처럼 새겨진 찬송가 가사에서 하나님의 자녀된 여성들의 이름은 여전히 배제되고 있으며, 불리지 않는 이름으로 인해 무수한 여성들이 존재자체에 상처를 받기 십상이다.

아니, 어쩌면 한국교회는 오히려 역행하고 있다는 생각까지 드는데, KNCC와 한기총이 연합구성한 〈주기도문·사도신경 연구특별위원회〉에서 2004년 12월에 발표한 주기도 새번역 안이 바로 그 예이다. 본래 이 연구는 "현재 세계교회 및 교회일치운동의 차원에서 신조가 갖는 의미, 교회별로 다양하게 신조를 사용할 수 있도록 하는 유연성, 양성평등의 언어 사용, 환경문제

등 현대인들이 관심하는 여러 신학적, 신앙적 과제들이 함께 논의"되어야 할 필요성에서 시작되었다.

그러나 기존의 주기도문에서 '아버지' 호칭이 첫 구절과 끝 구절에서 두 번 사용된 것과 달리, 이 새번역 안은 원본에도 없는 '아버지'의 이름을 중간에 계속 남용함으로써 총 5회에 걸쳐 '아버지'를 사용했다. 위원회에서 의도했든 의도하지 않았든, 이러한 주기도문에서는 문자적인 측면으로 지나치게 강조된 아버지 호칭으로 인해 하나님을 한갓 남성적 존재로 부각하는 '우상화'에 빠질 수밖에 없다.

'하나님의 아들들'을 '하나님의 자녀들'로

여성신학자 샐리 맥페이그(Sallie McFague)는 '아버지'를 포함한 모든 종교적·신앙적 언어를 하나님과 인간 사이의 관계성을 표현하는 '은유'로 보았다. 종교적 은유는 하나님과의 관계를 표현하기 위한 최선의 시적 표현인 동시에 그만큼 유한하고 부적합한 수단이기도 하다. 그러므로 성서와 찬송가, 사도신경과 주기도문 등 교리와 신조, 신학적 언설 등 모든 종교적 언어는 절대불변의 문자적 진리가 아니라, 이루 형용할 수 없이 깊고 광대한 하나님과의 관계와 그 놀라움을 표현하기 위한, 무수하고 풍부한 은유들이다.

그 예가 바로 성서에 나타난 '아버지' 언어이다. 예수께서는 더할 나위 없는 사랑과 친밀함을 나눈 하나님을 '아버지'라고 불렀다. 칼 바르트에 의하면, 하나님은 영원 속에서 성자를 '잉태'하셨고 시간 안에서 예수 그리스도를 '잉태'하신 분이기에 우리의 '아버지'가 되신다고 했다. 그래서 현대 신학자 몰트만은 성서에 나타난 생명을 낳는 하나님 아버지는 '아버지와 같은 어머니' '어머니와 같은 아버지'라고 다시 표현했다.

일찍이 중세의 안셀름도 영혼을 낳으시고 새로 거듭난 인간을 양육하고 보살피는 예수를 '어머니'라고 불렀다. 이처럼 '하나님 아버지'는 생명을 잉태하고 사랑하고 구원하시는 하나님의 놀라운 속성에 붙여진 이름이지, 하나님의 특정 성적 속성과는 아무런 관계가 없다. 오히려 하나님은 세상의 모든 언어와 가치 체계를 뛰어넘어 계신 분, 그래서 그것들을 무너뜨리고 무한히 새로운 언어를 불러일으키는 분이시다.

오늘날 존재의 이름은 여전히 우리에게 상처를 주고, 여성들과 타자들은 상처에 베이고 만다. 그러나 상처를 입은 사람만이 또 다른 이름과 언어를 상상하고 부를 수 있다. 언어적 성차별의 관행을 뛰어넘는 것은 곧 다양한 타자들을 알아보고 각각의 존재를 불러들이는 일이다. 획일적이고 일반적인 언어 속에 묻히고 은폐되었던 존재들을 주님의 성례전에 초대하는 일이다.

2006.

멀고 곤한 해후

– 어머니를 이제야 만나며

십대 말 경 어머니의 집을 떠나 혼자 살다가 거의 이십 년 만에 어머니와 한 도시에서 재회하게 된 것은 재작년이었다. 그리고 꽤 깊이 진행된 어머니의 뇌종양과 그로 인한 기억상실과 치매를 발견하게 되었는데, 그 충격이 가라앉을 새도 없이 어머니는 종양의 시신경 압박으로 인해 곧 시력을 잃고 말았다. 늙고 병든 어머니의 집에 드나드는 일에 친숙해지기도 전에 나는 어쩔 수 없이 어머니와의 동거를 선택해야 했고 어느덧 칠 개월이 흘렀다. 그리고 그날부터 시도 때도 없이 눈물이 울컥대며 터져버렸고, 내 일상을 거칠게 뒤흔든 그 눈물은 기이하고 혼란스러운 것이었다.

아직 여명이 트기 전 이른 새벽이든 잠을 자던 한밤중이든, 따가운 햇살에 눈을 찡그리며 운전을 하던 중이든 어머니를 위해 부드러운 음식을 만들 때든, 누군가를 만날 때든, 길을 걷던 중이든, 주체할 수 없이 솟구치는 그 강렬한 눈물바람은 설명할 수 없을 정도로 불분명하고 격하고 느닷없는 것이었다. 처음엔 그저 놀라울 따름이었지만 꽤 많은 시일이 지난 후에 나는 그 눈물의 근원과 감정 등에 대해 조금씩 생각하고 분석하기 시작했다.

어느 한 사물이나 사건을 둘러싼 갖가지의 시선과 관계가 있는 것처럼, 흔히 생각하는 것과 달리 이 세상 어머니들과 딸들의 관계란 너무도 복잡하고 특이하고 다양하다. '모성'이라는 너무도 획일적이고 일반화된 단어로는 모녀지간의 그 불특정하고 숱한 관계의 흐름과 에너지를 전혀 읽어내거나 상쇄할 수 없다. 오히려 어머니와 딸의 관계는 세상에 존재하는 어머니와 딸의 수만큼 다양하고 가지각색이라고 보는 것이 그 관계에 접근하는 방법일 것이다.

십대 말 어머니의 집을 떠나 상경하던 무렵 나는 그동안 나를 세상으로부터 보호해준 어머니와의 이별이 그다지 슬프거나 두렵지 않았다. 바깥세상과 사람들의 삶의 꼴을 조금씩 들여다보고 서서히 독립적인 사고를 형성하게 된 내게 어머니는, 어렸을 적 아버지가 돌아가신 후 목회자로서, 또한 한 가정의 세대주와 생계담당자로서 다소 엄격하고 시간과 약속을 철저히 지키며 근검절약이 몸에 배인 분이었다. 어머니의 집을 떠날 때 크게 눈물을 흘리지 않았던 일로 보아, 세상의 무수한 딸들이 자라면서 뱉게 되는 말 '나는 어머니처럼 살지 않을 거야'라는 생각과 그 의미를 나 역시 어렴풋이 만지고 있지 않았던가 싶다.

그렇다. 굳이 저명한 여성학자들의 말을 빌리지 않더라도, 세상의 무수히 많은 딸들은 자라나는 동안 가부장적인 '아버지의 사회'에서 살아남기 위해 어머니를 없는 존재, 즉 극복하거나 부정해야 할 아니면 연민해야 할 대상으로 바라보게 된다. 아버지의 권위와 힘에 짓눌려 있는 무력하고 순종적인 어머니, 자신의 삶을 가족을 위한 희생과 맞바꾼 불쌍한 어머니, 부당한 가부장의 권위에 맞서지 못하고 때로는 가부장의 폭력과 학대로부터 자식을 보호해주지도 못하는 어머니, 끊임없이 딸의 삶에 개입하면서 오히려 세상의 가부장적 구조와 질서에 편입하고 편승하라고 부추기는 어머니.

어머니의 삶과 자신을 오롯이 동일시하지 못하고 그렇다고 완전히 거부하지도 못하는 모종의 괴리감을 갖게 된 딸들은 어머니의 것과 다른 삶과 생존방식을 찾아 나설 수밖에 없다. 내 어머니는 비교적 독립적이고 이성적인 분이었지만 그분도 내게는 별다른 역할모델이 아니었던지 어머니의 집을 나올 때 나의 심경은 꽤나 무덤덤했다. 그리고 그러한 경험이 나만의 것이 아니었음을, 세상의 수많은 딸들이 이른바 이런저런 모양의 '모성공포증(Matrophobia)'에 시달리며 살아간다는 사실을 나중에 알게 되었다.

어머니의 집을 떠난 이후 나는 신학과 신앙의 길, 어느덧 목회의 삶을 걷게 되면서 여성들의 자율성과 자유를 억누르는 가부장적 사회와 교회구조, 그리고 그 운용방식을 통찰하고 비판하게 되었고 각 개별 여성들의 삶의 자리와 선택권과 무관하게 오랫동안 단 하나의 목소리로, 만고의 진리로 군림해온 이른바 '모성신화'의 이데올로기와 허상을 나름대로 꿰뚫어볼 수 있게 되었다. 그리고 그렇게 살아오는 동안 나는 나의 삶의 영역을 침범당하지 않을 정도의 적정선에서 어머니와의 관계를 유지해왔다. 어머니 역시 여느 딸들과 다른 삶을 걸어가는 나를 말없이 바라봐 주셨으므로 우리 모녀는 크게 부딪칠 일이 없었고, 더욱이 내겐 결혼을 하거나 아기를 낳는 등, 어머니의 개입이나 도움을 요청할 일도 별로 없었기에 더욱 그럴 수 있었다.

며칠 심각한 고심 끝에 늙고 병든 어머니와의 동거를 내심 자발적으로 선택했지만, 어머니의 집으로 다시 들어가는 일은 결코 쉽지 않았다. 어머니는 이미 과거의 어머니, 자칫하면 모녀지간의 삶의 경계를 넘어와 딸에게 간섭과 잔소리를 늘어놓을 수도 있을 그러한 어머니가 아니었다. 아들 하나만을 바라던 집에서 태어난 막내이자 여섯 번째 못생긴 딸이었던 어머니, 그래서 태어나자마자 어두운 뒷산 소나무 밑에 내던져졌다는 어머니, 딸자식은 공부시킬 수 없다는 할아버지의 고집과 학대를 더 이상 견딜 수 없어서 열세 살 되던 해 무작정 서울 가는 기차를 탔다는 어머니, 결혼과 무관하게 살다가 서른여섯에 늦은 결혼을 했지만 수년 후 아버지의 죽음을 맞고 두 남매와 함께 남겨진 후 남매에게 따뜻한 보살핌보다는 엄격하고 독립적인 교육방식을 선택한 아버지와 같은 어머니, 자신과 남에게 다소 고집스럽고 원칙을 주장하시던 어머니. 권위적이고 차별적인 유교적 가치관의 신봉자였던 할아버지 집에서 생존하느라, 또 그 집을 떠난 이후 독자적인 삶을 꾸려오느라 용기와 결단력과 자제력을 넘치게 익혔지만 한편 타인에 대한 섬세한 배려와 보살핌을 잃어버렸다고 평소 내가 여겨온 어머니, 이젠 세월의 무게에 녹슨 삶의 독기를 내려놓고 무력하게 침상에 누운 내 어머니의 원형은 너무도 천진난만하고 가녀린 아기와 같았다.

가부장제 사회는 어머니와 딸을 서로 의혹하게 만들고 이간질하고 서로 떠나고 죽이게 만든다. 자크 라캉의 한 마디가 이러한 사회에서 생존해야 하는 딸들의 슬픔과 눈물을 대변해준다. 현대교육을 받고 '아버지의 사회'에서 살아남기 위해 어머니를 죽인 딸은 (아들과 다르게) 어머니를 차마 버리지는 못하고 울며불며 사막을 헤맨다고.

나의 눈물은 언제나 그칠지 알 수 없다. 그러나 이제 나는 내 눈물을 감사하게 용납하려고 한다. 이제야 비로소 해후한 어머니를 내 육신적 어머니와 정신적 자매로 받아들이는 일을, 가능할지는 모르지만 조금씩 수행해보기로 했다. 그러다 보면 내 눈물의 어딘가에 사랑과 기쁨 같은 것이 수줍게 비집고 들어올지도 모를 일이다.

2006.

여성 지도력

– 다양한 카리스마의 평등한 상호교환을 꿈꾼다

시내 서점에 나가보면 요즘이야말로 이른바 '지도력'이란 구호의 부흥시대임을 한 눈에 알 수 있다. 이제 지도력이란 말은 과거 특출한 통치력과 카리스마를 자랑하던 몇몇 지도자들에게만 부여되던 폐쇄적이고 개인적인 특질을 가리키는 대신, 갖가지 조직과 질서, 체계를 갖춘 어떤 사회와 공동체의 일원이라면 스스로 함양하고 배워가야 할 공동의 덕목으로 급부상되기에 이르렀다. 과거의 이른바 수직적이고 남성 중심적인 지도력의 개념이 시대적 변화와 요청 속에서 다소 수평적이고 민주적인 지평의 것으로 바뀌고 있음이 사실이다. 최근 헌정 사상 최초로 여성 국무총리가 탄생하고 서울시장으로 급격히 등장한 여성 후보에게 적잖은 사회적 관심과 기대가 모아지는 등 작금의 한국사회에서 '부드럽고 참신한 (여성의) 지도력'과 같은 신조어들이 유행하는 것도 그 한 단면을 드러낸다고 할 수 있다.

그러나 과연 소수 유력한 여성들의 사회적 진출을 통해 여성들의 지도력이 그만큼 성장했다고 말할 수 있을까. 지방선거철을 맞이하여 각 지역에서 선거를 둘러싼 활발한 운동이 진행되고 있지만, 생활정치의 도입으로 불리는 지방자치제 이후 선출된 지방의회 의원 가운데 여성의원의 수는 전체의 1.19%에 머무르는 것이 오늘의 현실이다. 물론 여기엔 여성들이 정치 영역과 공적 영역으로 진출하기엔 여전히 사회의 부정적 태도와 편견이 높고 여러 가지로 불리한 조건에 처해 있다는 분석이 따르지만, 사회 어느 영역에서도 여성들의 지도력은 남성들의 것에 비해 현저히 눈에 띄지 않거나 획일적으로 성별구분의 역할에 갇혀 있다.

우리가 놓치지 않아야 할 더욱 중요한 것은, 여성들에게 지도력의 문제는 단순히 그것의 양적, 수적 참여율을 높이는 것 이상의 문제라는 점이다. 여성의 삶을 주변적이고 타자화된 것으로 만드는 남성 중심적인 세계 속에서 여성들의 정치 참여율을 높이고 여성들의 지도력을 고양한다는 것은 자칫 그러한 세계의 존재방식에 적극적으로 가담하는 결과를 빚을 수도 있기 때문이다. 가령 몇 해 전 여성주의 진영의 심각한 논쟁과 운동의 다원화를 불러온 이른바 "박근혜 대통령" 논란이 바로 그러한 경우이다. 박근혜 씨가 대통령으로 출마한다면, 성차별의 문제는 지엽적인 것이 아니라 계급적 차이를 위시한 모든 차이를 뛰어넘어 존재한다는 측면에서 그를 지지하겠다는 여성들이 있었고, 또 한편에는 독재자 아버지의 후광과 유산에 대해 전혀 문제 삼지 않고 그것을 고스란히 자기 것으로 하는 여성의 지도력은 가부장적이고 권위적인 남성적 지도력의 확장일 뿐이라는 뼈아픈 각성과 촉구를 가하는 여성들이 있었다. 그러므로 여성들에게 지도력의 문제는 기존 질서와 지도력에 참여하는 문제 이외에, 그것의 가부장적, 배제적, 권위적인 존재방식을 넘어서는 대안적 지도력의 창출이라는 문제와도 씨름해야 하는 이중적 과제이다.

오늘날 구성원의 70% 이상을 여성들이 차지하고 있는 한국교회 안의 여성 지도력은 과연 어떠한가? 한국교회에서 여성들은 최다수 집단으로서 가장 활발하고 지속적인 헌신과 봉사를 아낌없이 바치지만 정작 중요한 의결, 정책 입안과정에서는 철저히 소외당하고 있다. 교회 내 주요 결의권은 소수의 남성 지도자들에게 있고 대다수 여성들은 그것을 실제화하고 가시화하기 위한 노동력과 주방 봉사의 역군들로 동원되기 십상이다.

이렇듯이 교회 안에서 남성들에 의해 독점적이고 성별구분적, 위계적으로 행사되는 지도력의 문제는 그것이 인간을 사랑하고 구원하는 하나님의 방식, 그리고 예수의 삶의 태도와 전혀 다른 것이라는 점이다. 일찍이 이스라엘 백성은 애굽이 노예살이에서 그들을 이끌어낸 하나님을 “잉태하고 출산하고, 그들에게 젖을 먹이고 먹을 것을 주며, 어머니처럼 그들을 위로하고, 헐벗은 그들에게 옷을 입히는” 분으로 고백했다. 탕자의 비유에 나타난 아버지는 엄격하고 무심한 재판관이나 독재자의 모습이 아니라, 집을 나간 자녀 때문에 괴로워하고 그가 돌아올 때 기쁨으로 달려가 포옹하고 키스를 퍼붓는, 사뭇 모성적 자비와 보살핌을 보여준다. 전통적으로 타인과 나누거나 타인에게 베푸는 삶과는 거리가 먼 방식으로 살아온 대다수 남성들에 비추어 볼 때, 하나님이 자신의 신성을 비우고 가난하고 추운 인간으로 성육한 사건이야말로 가장 큰 기적이며(미셸 세르), 예수는 성만찬을 통해 타인들에게 '먹혀지도록' 자신을 준 유일한 남성이었다(뤼스 이리가라이). 그러므로 오늘날 교회는 "세리와 죄인의 친구"였던 예수의 식탁을 다시 차리는 일, 세상의 고통과 아픔에 함께 참여하고 세상의 친구와 동반자가 되시는 하나님의 '모성적' 지도력을 새롭게 배워야 할 것이다.

오늘날 소수의 지배적 남성들이 독점한 지도력이 갖는 또 하나의 큰 문제는 실제 그것이 다수의 타자들과 구성원들과는 무관한 것이라는 점이다. 예수는 "가장 큰 사람은 가장 어린 사람과 같이 되어야 하고, 다스리는 사람은 섬기는 사람과 같이 되어야 한다. 나는 섬기는 사람으로 너희 가운데 있다"(누가복음 22:26-27)고 자신을 알린 바 있는데, 오늘날 교회가 쌓아가야 할 지도력의 존재방식이 바로 여기에 있다고 본다. 획일적이고 권위적인 남성 중심적 위계와 조직은 다수의 타자들과 여성들의 존재와 목소리를 들을 수 없으며 그것을 흡수해버린다. 그러나 제임스 C. 헌터에 의하면 사랑의 의지와 봉사, 희생에 근거한 지도력의 형태는 (위에서 군림하는 삼각형이 아니라) 아래로부터 형성해가는 역 삼각형 구조를 띠게 된다. 타인을 인정하고 타인의 욕구를 충족시키려는 사랑의 마음, 그것의 표현과 열매에 근거하지 않는, 위로부터 주어진 지도력은 교회 대다수 구성원들의 욕구와 무관한 고립적이고 권위적인 것이 되고 결국 교회는 생기와 활력을 잃고 말 것이다. 여성의 지도력을 높인다는 것이 더 이상 개교회 여선교회 회장들에게 수고와 헌신을 더욱 강조하거나, 기껏 여성교인들에게 불편하기 짝이 없는 한복을 입히고 목사 시중이나 헌금 바구니를 돌리게 하는 한국의 뿌리 깊은 접대문화의 변용으로 번져가지 않길 바란다. 각자가 섬기는 자로서 지도력을 발휘한다는 것은 도리어 성별구분과 직제를 넘나드는 카리스마의 상호교환을 가능하게 하는 것이어야 하지 않을까. 어쩌면 예수가 가르치는 지도력이란 그동안 타인을 섬기고 발을 씻기는 수고를 상대적으로 덜해온 사람이 교회 안에서 그러한 수고와 겸양을 실천하고 배움으로써만 획득되는 것이다.

수 년 전 한국기독교교회협의회(NCC)는 교회 안의 여성의 지도력 증진을 위한 정책으로 여성참여율 30%를 적극적으로 권장한 바 있지만, 개별 교단과 개체 교회 안에서 이 정책은 도무지 실현될 기미조차 보이지 않는다. 이것은 30% 여성참여의 문제가 단지 양적, 수적 문제가 아니라 사회적, 교회적 지도력의 개념과 존재방식의 혁신적 질적 변화와 더불어 가능함을 다시금 보여준다. 여성의 참여를 30%, 아니면 수량적 반에 해당되는 50%, 더 나아가 실제 구성인구의 비율인 70%로 주장하든 간에,

그것이 교회 안의 평등하고 섬기며 나누는 카리스마들의 다양하고 활발하고 아름다운 교환과 그 결실의 것이 되길 간절히 바란다.

2006.

이제, 세계의 여성으로

지난 7월 11일부터 한 주간 동안 제주도에서 '세계감리교여성연합회'(World Federation of Methodist and Uniting Church Women) 제11차 세계대회가 열렸고 나는 봉사자로 참여했다. 다소 생소하게 들렸던 '세계감리교여성연합회.' 알고 보니 이 단체의 탄생 경위와 역사가 꽤 흥미로웠다.

1923년 미국에서 공부하던 23세의 한국여성 김활란이 처음으로 세계 감리교 여성들의 연합단체 창설을 제안한 것이 계기가 되어 1939년에 '세계감리교여성연합회'라는 이름의 국제단체가 창립되었다. 전쟁의 폐허에 신음하던 당시에 "세계감리교여성연합회는 전쟁을 반대하는 새로운 여성단체로 조직되었다"고 신문에 보도되었다고 한다. 1981년 김옥라 장로가 세계회장으로 선출되어 이 단체의 수십 년 간의 역사서를 발간하는 등 많은 공헌을 끼쳤으며, 이제 바야흐로 이 국제단체의 최초 발의자의 모국인 한국에서 한국의 감리교여성들과 함께 세계대회를 열게 되었으니 자못 감회가 깊었다.

전체적으로 대회는 매우 조직적이고 빡빡한 일정으로 진행되었다. 오전에는 강연과 성경공부, 천년 개발 목표(MDGs)에 대한 워크숍이 있었고, 오후 시간은 지역별 회의와 사업 논의로 이루어졌다. 그리고 밤에는 아시아, 아프리카, 아메리카, 유럽 등 각 지역별 문화행사가 다채롭게 펼쳐졌다. 특히 유엔에 가입된 NGO 기구 중 하나로서 세계감리교여성연합회가 유엔에서 2015년을 기한으로 추진하고 있는 천년 개발 목표 8가지, 즉 극빈과 기아 근절, 보편적인 초등교육 실현, 여남 평등과 여권 신장, 유아 사망률 감소, 산모 사망률 감소, 에이즈 말라리아 및 질병과의 전쟁, 지속가능한 환경 확보, 동반자적인 세계 개발 개념에 대해 열심히 교육하는 모습이 인상적이었다. 세계 전역에서 달려온 8백여 명의 세계 여성들, 서로 다른 피부색과 언어를 통해 세계평화와 선교, 봉사와 자매애의 보편적 가치와 실천에 참여하는 세계 감리교 평신도 여성들이 스스로 세상의 고통에 손 내밀고 참여하고 있었다.

이른 아침부터 밤까지 연속되는 프로그램들로 자칫 피곤할 수도 있는 하루의 일정 속에서 사막의 오아시스처럼 짧고 청량한 재미와 흥분을 선사해준 것은 식사시간마다 잠간 잠간 펼쳐지던 바자회였다. 세계의 여성들이 각국에서 준비해온 크고 작은 소품들이 한자리에 모인 그곳은 자본주의의 시장논리 대신 연신 호기심과 즐거운 웃음으로 넘쳐났다. 그 작은 시장을 통해서 세계 자매들은 멀고 가난한 지역에서 걸어온 자매들에게 조금 더 위로와 격려를 실어주고자 했다.

또한 무수한 세계 여성들과 분주한 일정으로 가득한 대회장 한켠에 오롯이 펼쳐져 있던 미로(Labyrinth). 신발을 벗고 천천히 미로를 따라 걸을 때마다 나를 안아주던 평온함과 그 고요를 지금도 잊을 수 없다. 지나치게 집단적이고 소란한 영성에 심취해 있는 한국 교회들에게 이 길을 소개해주고 싶었다. 어쩌면 하나님은 그렇게 높고 먼 곳에만 계시지 않다고, 신을 벗고 마음을 열고 천천히 이 길을 걸어보라고, 당신의 비워진 발밑 가득히 속살대듯 차오르는 거룩함을 공감해 보라고 누군가에게 이야기해주고 싶었다.

매일 밤 펼쳐지던 대륙별 문화 행사는 하루 동안의 여정이 가져다준 피로와 긴장을 누그러뜨리고 세계 여성들 간의 문화적 차이를 인식하고 향유하게 해주었다. 개인과 각국의 차이를 뛰어넘어 각 대륙의 특성을 살려 함께 준비한 노래와 춤, 단막극, 영상은 다채롭고 아름다웠다. 그러나 대회의 첫 날 개회예배와 함께 선보인 한국의 날 행사는 그 수고와 노력에도 불구하고 얼핏 어색한 단절감을 불러일으켰다.

세계 감리교 여성들이 함께 모여 벌이는 축제 마당에 멜 깁슨이 만든 미국영화 '패션 오브 크라이스트'의 참혹한 장면들, 예수의 수난과 고통을 무겁게 표현한 노래와 춤이 갑자기 등장한 것은 정황과 관객들에 대한 인식 결여 때문이었다는 생각이 든다. 수년 전 고난주간 내내 한국교회들이 앞 다투어 상영하고 선전했던 그 영화는 실상 하나님과 세상 앞에 거듭나기를 천명했던 제2차 바티칸공의회의 성과와 의의에 반대하는 수구적 가톨릭의 맹신도에 의해 제작되었고 예수의 삶, 삶의 방식과 무관한 수난과 죽음만을 신앙 내용의 전면에 배치하는 비신앙적 메시지에 갇히고 말았다. 결국 신학의 부재와 그로 인한 미성숙함의 노출로 여겨진다. 전쟁과 차별, 폭력과 물신주의가 득세하는 세상 속에서 그 고통에 말 건네고 하나님 나라의 샬롬을 노래하는 것은 곧 세계와 현실을 직시하고 끊임없이 그에 맞서 기독교적이고 대안적이며 새로운 가치관을 획득해가는 일이다.

그럼에도 먼 나라에서 기쁜 마음으로 한국을 찾아온 수많은 세계 여성들을 기꺼이 환대하고 영접해준 한국의 감리교 여성들에게 깊은 찬사를 보낼 수밖에 없다. 아무리 작은 행사라도 타인들을 위해 잔치를 준비해본 사람이라면 거기에 투여되는 엄청나게 복잡하고 지난한 수고와 정성을 충분히 알 수 있다. 프랑스어 hôte는 손님과 주인, 두 가지의 의미로 사용된다. 손님에게 환대를 베푸는 주인은 기실 누군가의 환대를 받는 손님이기도 하다. 이번 대회의 성사를 위해 수고하고 기도하면서 세계 여성들을 따뜻이 맞아주고 보살펴준 한국 여성들은 실상 이를 계기로 하나님 나라의 잔치에, 우리를 기다리는 세계의 식탁에 초대받게 된 것이다. 이제 우리는 세계의 여성으로, 세계의 고통과 기쁨을 껴안고 함께 나누는 여성으로 살아가게 된 것이다.

2006.

룻기 다시 읽기
- 친구 그리고 이방인

B.C 6세기 유배기 이후 상당히 시간이 흐른 후의 작품인 룻기는 '구약성서 설화문학의 백미'로 꼽힌다. 룻기에는 귀향, 땅의 유산, 가족(가계 잇기), 구원자 제도(고엘: 일차적으로 혈족끼리 상부상조가 이루어져야 했던 고대사회에서 한 가정이나 구성원이 곤경에 빠졌을 때 가장의 가장 가까운 친족이 그들에게 구원을 베푸는 제도), '체스트(법적, 도덕적 의무나 정의 이행을 가리키는 '체다카'와 대조적으로, 관대, 풍성한 호의, 자비를 뜻하는 말)' 등의 다양한 주제가 등장하는데, 나는 특히 룻기를 통해서 오늘날 '친구'와 '이방인' 문제를 새롭게 바라볼 수 있다고 본다.

차이를 횡단하는 우정

먼저, 룻기는 성서에서 유일한 여성 주인공들의 이야기, 즉 나오미와 룻이라는 두 여성 사이의 놀랍고 아름다운 우정과 사랑에 관한 이야기이다. 그들은 시어머니와 며느리의 관계에 있었지만 그들이 나눈 우정은 자매나 친구의 것에 가까웠고, 특정 관계를 초월한 것으로 보아도 좋을 것이다. 무수한 현인들이 말했듯, 우정은 인간의 최대 덕목 중 하나이다. 룻은 나오미를 깊이 사랑한 끝에 귀향하는 그녀를 따라나섰고 어쩌면 룻에게 나오미는 삶과 신앙의 모델이었을 것이다. 여기서 우리가 초점하는 사실은 룻이 국가를 초월해서 친구를 선택했다는 점이다. 친구와의 신실한 우정을 견지하는 것이 자신의 국가, 혈연관계, 전통에 대한 충성이나 도덕적 요구와 상충할 수도 있음을 룻이 보여주고 있다. 더욱이 가족과 전통의 테두리를 벗어난 우정을 선택했던 다윗과 요나단이 결국 비극적인 결말로 끝났던 것과 달리, 성서가 룻과 나오미의 우정을 해피엔딩으로 서술하고 있다는 점이 더욱 경이롭게 다가온다.

기실 이러한 우정은 '불가능해 보이는 우정'이었다. 전통적으로 우정이란 동질 부류의 사람들 간에 형성된 편안한 친밀감을 매개로 한다고 믿어졌기 때문이다. "진정한 우정은 동등한 사람들(남성) 사이에만 가능하다"고 못 박았던 아리스토텔레스의 우정론이 바로 그 전형이다. 아리스토텔레스는 선한 사람이 되려면 선하게 굴 상대가 필요하기에 한 남자에겐 자신의 미덕을 행사할 대상으로 친구가 필요하다고 보았다. 선하고 잘난 두 남자가 단일한 관계에 들어감으로써 더 고상한 사람이 되는 것이 그것의 목표였다. 결국 자신과 다른 상대방이 아닌 자기 자신을 친구로 삼은 그의 우정론은 개인주의적, 엘리트적인 것이었다.

그러나 룻기는 지금까지 고수되어온 이러한 우정의 전제를 깨뜨렸다. 룻과 나오미의 우정은 동등한 조건들을 매개로 하기는커녕 국적, 언어, 종교, 나이 등 온갖 이질적인 차이 속에서 피어났다. 그러나 하나님이 아브라함을 "친구"라고 불렀고, 예수가 세리와 죄인의 '친구'였음을 기억한다면, 그들의 우정이야말로 성서가 말하는 우정에 바짝 다가선 것이다.

여기서 '집을 떠난다'는 은유는 자기가 자라난 도덕적 전통을 떠난다는 것이며, 친구를 선택함으로 스스로 국가가 없는 사람이 된다는 뜻이다. 또한 새로운 고향을 선택하는 과정에서 위험을 감수할 수도 있다는 뜻이다. 전통적으로 유대교 결혼식 서약으로 사용되었고 오늘날까지도 여성들 사이의 특별한 친밀감과 상호적 헌신을 서약하는 의식에서 자주 읊어지는 구절, "당신(you)이 가시는 곳에 나도 가고, 당신이 머무르시는 곳에 나도 머무르겠습니다. 당신의 겨레가 내 겨레이고 당신의 하나님이 내 하나님입니다"는, 이 측면에서 새롭게 읽어야 할 것이다. 이처럼 '집을 떠나서' 친구를 선택한 여성들, 이질적인 온갖 차이를 오히려 우정의 모태로 삼고 위험을 감수한 룻과 나오미의 이야기는 오늘날 나이, 국적, 종교, 전통, 언어의 경계를 가로질러 상호 보살핌과 사랑의 연대를 맺고자 하는 여성들에게 '차이를 횡단하는 우정'의 전형이 될 수 있다.

이방인, 이주문제를 다시 생각하며

둘째, 우리는 모압 출신 '이방 여인'이었던 룻이 동시에 유대

왕의 조상이 되었다는 점에 주목할 필요가 있다. 프랑스 여성철학자 줄리 크리스테바는 룻을 다윗 왕권에 선명한 이질성/타자성을 도입한 여인으로 묘사하면서, 이 점이 강력한 선민의식에 기초한 주권을 원했던 유대민족과 왕실에 항구적인 불안감을 조성하는 한편 새로운 완성을 향한 활력으로 작용했다고 주장한다. "언제까지 그들이 불만에 차서 내게 말할까요. 그는 떳떳한 혈통이 아니요, 그는 모압 여인 룻의 후손이요"라는 다윗의 탄원이 그렇거니와, 그의 이름 DAVID에 '가엾다'는 뜻의 'D(달렛트)'가 두 번이나 들어간 것 역시 더러운 이방 여인의 비천함과 오점을 자신의 피에 담게 된 유대 왕으로서의 운명과 비탄을 보여주는데, 이것은 또 한편 타자를 자기 안에 받아들이고 극복하려는 피나는 노력을 의미한다.

구약성서에 나타난 타자들/이방인 배제를 암시하는 여러 구절들(가령, 창세기 17:7-8; 사무엘상 15:2-3; 느헤미아 10:31)이 오늘날까지도 극심한 종교분쟁과 기독교 배타주의를 부추기고 있지만, 실은 이스라엘의 타자/이방인 배제 문제의 근거는 하나님의 계약 파트너였던 이스라엘의 허황된 선민의식에 있는 것이 아니라, 이집트 땅에서 이방인으로 살았던 이스라엘을 다른 이방인들이 환대했는가, 그렇지 않았는가에 있다고 성서는 증언한다(신명기 23:2-6; 출애굽기 22:21; 신명기 10:19 등).

자신이 이방인임을 망각하지 않는 사람은 또 다른 이방인을 학대하거나 내쫓지 않는다. 'Strangers'란 더 이상 이방인, 외국인, 타자가 아니라 이미 우리 안에 들어와 있는 거주자, 그렇기에 함께 살아야 하는 존재를 가리킨다. 굳이 정신분석가들의 말을 빌리지 않더라도 자신 안의 이질성, 타자를 받아들이지 못한 사람은 자신이 거부한 그 타자성을 외부의 타자를 향해 현실화하고 그것을 증오하고 배제하려고 든다. 그렇다면 룻기에 나타난 '이방 여인'과 유대인의 관계를 선택받은 민족과 이방인의 구도가 아니라, 이방인인 너희가 또 다른 이방인을 환대하라는 하나님의 계명에 근거해서 읽어야 할 것이다. 이른바 적대 국가 출신의 이방 여인 룻을 "하나님의 날개 아래(2:12)" 보호 받으러 왔다고 믿고 자비를 베푼 보아스의 말이 바로 그러하다. 하나님의 선택은 순수혈통이나 종교적 배타성 고수에 기인한 것이 아니라, 타자/이방인을 향한 끊임없는 일탈과 환대, 그로써 스스로 풍부해지는 과정 자체에서 이루어진다.

여기서 우리는 오늘날 범지구적 현상과 사안으로 부상한 '이주' 문제를 새롭게 들여다보아야 한다. 국가와 인종, 문화, 종교의 경계를 넘어서서 이주를 감행하는 사람들, 이주 노동자들은 우리가 누리는 안녕과 재산의 침입자들이 아니라 룻의 현대판 자매들, 형제들이다. 때로 자신의 국적과 민족, 고향, 전통적 규범에서 떠나는 '이주'는 비난과 불안감의 대상이 아니라, 새로운 고향을 만나고 새로운 역사를 잉태하기 위한 필수조건이 된다.

오늘날 이주, 외부인 문제와 씨름하면서 최대 논쟁거리로 떠오른 세계시민주의(cosmopolitanism)는 최근의 것이 아니라 이미 오래 전부터 성서가 우리에게 들려준 삶의 과제이다. 개인, 집단, 민족, 국가, 종교, 인종 사이의 정체성 물음, 즉 '기원(origin)'의 문제는 자칫 타자/이방인에 대한 증오와 배제를 낳기에, 기원에 역행해서 경계에 서야 할 엄숙한 과제가 우리 앞에 새롭게 다가섰다. 갖가지 경계와 벽을 횡단하며 살아가는 다양하고 무수한 생명들을 보듬으려면 민족주의, 지역주의에 근거한 근대의 시민권 개념에서 탈피해서 보편적, 초국가적 인권 개념을 지향할 필요가 있다. '제 2의 성'/이방인/타자로 불리면서 동일성의 그물망에 안주하는 대신 '경계를 넘나드는 주체'가 된 룻의 자매형제들 속에서 이미 그 가능성은 시작되었다.

2010.04.24

'기독교사회포럼' 성서연구

세상의 '개들'과 눈 맞춘 시로페니키아 여인

- 그대 자신에게도 이방인이 되라

내 방 한 모퉁이에는 세밀한 펜화 한 점이 놓여있다. 꽤 수 년 전 어느 날, 잘 알고 지내던 후배가 느닷없이 보내온 그림이다. 그림을 그리던 후배는 당시 불의의 사고를 당한 뒤 거듭된 수술과 후유증, 우울증 악화 등으로 끝 모를 좌절감과 무력감에 잠식당한 채 고통의 나날을 간신히 버텨가고 있었다.

동봉한 짧은 편지에는 뜻밖에 찾아온 차디찬 불행의 늪에서 허우적대느라, 몸과 마음의 온갖 생채기가 벌떼처럼 뒤끓는 동안 멀찍이 밀쳐놓았던 성서를 요사이 다시 찾아 읽다가 이상하게도 마가복음 7장의 시로페니키아 출신 이방 여인의 이야기에 시선이 머물렀다고 쓰여 있었다. 유대인 남성인 예수와 그에게 하찮고 냄새나는 길거리 똥개 취급을 당한 시로페니키아 여인의 이 짧은 이야기가 불현듯 새로운 각도로 다가왔고, 예수로부터 개 취급을 당한 그 여인에게 개는 누구였을까,를 오랫동안 생각했노라고 적혀 있었다. 그림을 열어 후배가 촘촘히 새겨 넣은 이방 여인과 개의 형상이 눈에 들어오는 순간, 그들은 한결

음에 내게로 달려들었다. 성서 안의 짤막한 이야기는 후배가 힘겹게 건너온 어둠과 고통의 긴 터널을 지나 놀랍도록 새로운 지평으로 펼쳐졌고, 나는 감전되듯 압도되었다.

이방 여인, 예수와 논쟁하다

우리는 마가복음 7장 24-30절에 등장하는 시로페니키아 여인의 이야기를 익히 잘 알고 있다. 먼저, 이 이야기 바로 앞에서 정결과 부정에 대한 예수의 가르침이 무게감 있게 펼쳐졌다는 점에 주목할 필요가 있다. 마가복음 7장 1-23절에서 예수께서는 전통적 규례대로 손을 씻지 않고 부정한 손으로 음식을 먹은 예수의 제자들(과 예수)을 공격하는 유대교 지도자들과 인근 무리들을 향해 정결과 부정이 무엇인지를 역설적으로 드러내신다. "너희는 하나님의 계명을 버리고, 사람의 전통을 지키고 있다"(7:8), "무엇이든지 사람 밖에서 사람 안으로 들어가는 것으로서 그 사람을 더럽히는 것은 아무것도 없다. 사람에게서 나오는 것이 그 사람을 더럽힌다"(7:15-16), "모든 음식은 깨끗하다"(7:19) 등 주옥같은 가르침이 연이어 들려온다. 그리고 뒤이어 등장하는 시로페니키아 여인과의 만남은 이러한 가르침의 연장이자 그것이 예수 자신과 청중 모두의 삶 속으로 전이되고 확장해가는 중요한 계기가 된다. 당대 정치, 문화, 종교, 관습, 가치관 등은 정결한 것과 부정한 것, 유대인과 이방인, 남자와 여인, 주인과 종, 성과 속 등속의 뿌리 깊은 이분법적 사고로 속속들이 아로새겨졌고, 예수께서는 이방인들, '부정한 자들'의 동네에서 한 이방 여인과 마주친다.

예수께서 갈릴리 북쪽으로 이동하던 중에 당도한 두로(와 시돈)란 지역은 고대에 페니키아로 불렸던 곳이다. 두로는 시리아의 서쪽 최근거리에 있는 주요 해안 도시였다. 예수께서는 아무도 모르게 쉼을 갖고자 했지만, 늘 그랬듯이 사람들이 그에게 몰려왔고 시로페니키아 출신의 한 그리스 여인이 예수께 다가와 그의 발치에 엎드린다. 여기서 여인을 가리키는 '그리스 사람'과 '시로페니키아 출생'이란 말들은 여인이 당시에 종교적으로, 국적으로 철저한 이방인이었음을 명시적으로 드러낸다. 그 이방 여인은 예수에게 자기 딸에게서 귀신을 쫓아내 달라고 간청했다. 그 짧은 구절의 행간에서 귀신 들린 딸의 치유를 바라고 예수 앞에 엎드린 여인의 속마음이 소리 없이 들려온다. 그녀는 누구보다 간절하고 애절한, 그래서 누구보다 깊숙이 땅에 엎드린 어미이다.

이런 장면은 기실 성서의 곳곳에서 여러 번 등장하기에, 이 이야기가 흘러갈 방향도 어렵잖게 유추될 수 있다. 지척에서 보자면, 5장에 나온 야이로의 딸 이야기와 직전의 6장에 소개된 게네사렛에서 병자들을 고친 이야기가 그러하다. 유대교 회당장 야이로가 예수께 찾아와 죽게 된 어린 딸을 살려 달라고 엎드려 간곡히 청했을 때, 예수께서는 흔연히 그를 따라나섰다. 또한 예수께서는 바다를 건너 이방인의 땅인 게네사렛에 이르러 닻을 내리고(6:53), 마을이든 도시든 농촌이든, 어디에서든 이방인 병자들을 고쳐주셨다. 이번에는 예수께서 시로페니키아 여인을 긍휼히 여기고 죄의 용서와 평화의 말씀을 주실 차례이다. 그런데 우리의 예상과 달리 예수께서는 "자녀들이 먹을 빵을 집어서 개들에게 던져 주는 것은 옳지 않다"(27절)며 차갑게 내친다. 예수의 생애에서 참으로 보기 드문, 그야말로 민족 우월감의 발로이자 비하와 경멸이 뒤섞인, 희한한 냉박(冷博)이다.

아무래도 예수의 입에서 뱉어진 이 거칠고 낯선 어조를 무심히 지나치기는 어려운 일이다. 유대인의 아픈 딸을 고치고 이방인 병자들도 서슴없이 고쳐주신 예수의 행적을 생각할 때, 시로페니키아 여인을 향한 예수의 차가운 냉대는 뜬금없어 보인다. 어쩌면 앞절의 언급과 관련해서, 혼자만의 쉼을 가질 새도 없이 몰려드는 사람들로 인해 누적된 피로감이 이름 없는 이방 여인에게 그렇게 투사된 것일까? 이런 해석은 지나치게 인간적인가? 그래서 또 어떤 사람들은 예수께서 여인의 믿음을 시험해보려고 쓴소리를 한 것이라고 해명하기도 한다. 예수에 대한 믿음의 분량을 쓴소리로 측정하려 했다고? 눈치챘겠지만, 이런 식의 설명들로는 충분하지 않다. 그래서 대다수 독자들과 연구자들은 예수의 이러한 냉대와 다름없는 반응을 이른바 '부정한 자들'로 낙인찍힌 이방인 선교와 관련된 당시의 고민과 중첩적으로 바라본다. 마가복음 저자가 기록한 또 다른 문서 사도행전에서, 특히 15장에서 예수의 제자들과 사도들, 최초의 교회들이 똑같은 사안 앞에서 망설이고 있었으며, 그들 안에 인종적, 민족적 장벽이 높이 드리워 있었음을 여실히 볼 수 있다.

본문은 예수와 그의 공동체도 그러한 고민을 피해갈 수 없었음을 보여준다. 예수와 시로페니키아 여인 사이에는 유대인과 이방인, 정결한 사람과 부정한 사람이라는 국적과 종교의 벽이 놓여있고, 여기에 남성과 여성의 성별의 장벽까지 더해졌을 것이다. 예수는 하나님의 아들인 동시에 사람의 아들이기도 했다. 정결한 것과 부정한 것이 따로 없다는 하늘의 계명을 가르치면서도 자녀들에게 먹일 빵을 개들(이방인들)에게 던져줄 수 없다는 예수의 어조는 이러한 지층들 간의 조우와 충돌을 함축적으로 드러낸다.

신약성서학자인 메리 앤 탈버트(Mary Ann Tolbert)는 예수가 사용한 '개들'이란 은유가 기원전 4세기에 사회, 문화, 정치제도를 통렬히 비판했던 희랍의 철학운동에서 유래되었다고 본다. 전통적인 사회적 관행 및 역할에 도전하고, 공격적이고 무례하며 때로 부끄러움을 불사했던 그 추종자들을 '개들'이라고 불렀기 때문이다(이후 '유학파'로 불렸다). 비단 서구에서만 아니라 우리 사회에서도 '개'의 이미지는 중층적이다. 개는 믿음직스럽고 충직하며 오늘날 가장 사랑받는 동물의 대명사로 사용되지만, 이 용어는 비인간적이고 반사회적인 행태를 저지르는 사람에게 곧잘 붙여지는 불명예스러운 욕지거리에 가까운 명칭이기도 하다. 동서양을 막론하고 '개'란 말의 함축적 의미는 크게 다르지 않았던 것 같다.

그러나 성서 이야기는 이쯤에서 끝나지 않고 깊고 놀라운 전복으로 나아간다. 자녀들이 둘러앉은 밥상머리 아래 있는 '개'처럼 미천하고 부정한 자로 내침 당한 시로페니키아 여인은 여기서 물러서거나 좌절하지 않는다. 민족우월주의와 성차별주의의 편견에서 발로됨이 분명한 예수의 개의 은유 앞에서 여인은, 내가 개라면 나를 개로 여기시어 상에서 떨어지는 부스러기라도 얻을 수 있게 해달라고 응수한다. "주님, 그러나 상 아래에 있는 개들도 자녀들이 흘리는 부스러기는 얻어먹습니다"(28절) 자신이 속한 유대사회의 우월주의를 은연히 드러낸 예수의 은유를 거절하거나 뿌리치는 대신, 여인은 그것을 용납하고 새로운 은유로 변용함으로써 결국 예수의 마음을 바꾸기에 이른다. 여인은 포기하거나 탓하지 않고, 예수와 논쟁하고 설복시킨다. 그 논쟁을 통해("네가 그렇게 말하니" 29절) 예수께서는 자신의 본디 소명, 즉 궁극적이고 보편적, 우주적인 사랑과 구원의 소명을 다시금 직시하고 이방 여인에게 그 일을 행한다. 논쟁은 짧으나 결과는 매우 크다. 시로페니키아 여인은 이방인 역시 유대인과 마찬가지로 하나님의 같은 따스한 보살핌과 손길 아래 있으며, 때로 우리가 이것을 잊은 순간에도 하나님은 결코 잊지 않으신다는 것을 증거한다. 그것이 곧 이방 여인의 믿음이었다. 늘 예수의 주변을 사찰하면서 그의 영향력을 제거하고 그를 곤경에 빠뜨리고자 예수와 논쟁을 일삼았던 바리새인들은 예수와의 논쟁에서 한 번도 이겨본 적이 없었지만, 이름 없는 시로페니키아 여인은 마가복음 전체에서 예수와 논쟁하고 그를 설복한 유일한 인물로 남았다. 따라서 우리는 그녀를 예수 그리스도를 통해 나타난 보편적 사랑과 구원의 포괄성을 누구보다 간절히 믿었고 그것이 꽃피는데 협력하고 참여한 지혜롭고 대담한 이방 여성신학자로 기억해도 좋겠다. 여기까지가 우리가 익히 알고 있는 '시로페니키아 여인의 이야기'가 놓인 자리, 그것의 해석들이다.

'개들'의 시선으로 세상을 바라보다

다시 후배가 보내온 펜화로 돌아가자. 그림을 보는 순간 나는 적잖은 충격과 감동에 사로잡혔는데, 시로페니키아 여인의 이야기를 묵상한 끝에 건져 올린 그림은 그 이야기와 관련된 위에서의 기존 해석들에서 멈추지 않고 우리를 더 깊은 세계로 이끌어가기 때문이다. 펜화의 상상력은 후배가 견뎌 온 오랜 고통의 시간을 포월하면서 전통적 해석을 단숨에, 넉넉히 뛰어넘을 뿐만 아니라 그 이야기가 궁극적으로 무엇을 손짓하고 있는지, 즉 세상 만물 모두에게 자신을 열고 그들과 합일하기 원하시는 하나님의 가없는 사랑에 눈뜨게 하는 찬연한 시선을 포착해낸다. 마치 하늘에서 내려온 야곱의 사다리처럼!

기존의 성서해석이 주로 예수와 시로페니키아 여인의 만남

자체에 주목했다면, 이 펜화는 그동안 아무도 눈여겨보지 않았던 개의 모습을, 그리고 개와 여인이 주고받았음직한 부드럽고 포용적인 시선을 세심히 건져 올린다. 예수에게 더럽고 열등한 개로 비유된 이방 여인에게, 하지만 자신을 길거리 개떼들로부터 떼어내는 대신 오히려 자신을 개라 여기며 예수의 종국적 사랑이 깃들 곳이 바로 자신임을 되 알려준 그 여인에게 개는 누구였을까, 라고 그림은 묻는다.

시로페니키아 여인에게 개는 여전히 더럽고 피해가야 할 불순한 '이방인' 혹은 '타자'였을까. 아니면 부정함과 불순함을 나눠가졌기에 서로 어루만지고 연민할 수 있는 동료이자 벗이었을까. 그들은 하나님의 가장 은밀한 사랑과 은총에 의지할 수밖에 없는 피조물임을 알았기에 온갖 사회적 장벽과 차별을 넘어서는 시선을 주고받지는 않았을까. 개가 되길 마다하지 않고 개의 자리를 은총의 자리로 탈바꿈시킨 이방 여인의 믿음과 삶의 방식을 오롯이 주목하고 그것을 표현했다는 점에서 이 그림의 상상력은 서구 어느 여성신학자의 명민한 이해가 미치지 못한 지평과 닿아 있다. 분명 후배는 생각지 못한 나락의 삶에서 고통스럽게 뒹구는 사이에 길거리 개들을 만나 부서지고 친해지면서 어느새 하나님의 깊숙한 은총을 자각하게 된 것이 아닐까. 나는 이것이 바로 여성들이 성서를 해석하는 힘이라고 믿는다.

성서 본문에 나타난 유대인/이방인, 남성/여성 간의 장벽은 오래도록 인류사회를 지탱해온 위계적인 권력 구조의 한 단면이다. 그러한 구조와 질서는 역사를 거듭하면서 주체/객체, 초월/내재, 강자/약자, 인간/자연, 인간/비인간, 부자/가난한 자, 아국/적국, 정상/비정상 등의 무수한 형태로 확장, 재생산되면서 나와 적대적인 '타자(들)'를 양산하고 그들을 차별, 억압해왔다. 그런데 끊임없이 나와 이방인(타자)을 나누고 분리해온 역사 속에서 우리가 습득한 것은 무수한 타자들에 대한 적대감에 불과하다는 점이 역사의 역설적인 교훈이다.

사회, 문화, 계급, 종교, 인종, 성적 이분법으로 수많은 '개들'을, 이방인과 타자들을 양산해온 권력 구조의 촘촘한 그물망에 던져진 오늘날 여성들에게 시로페니키아 여인에 대한 새로운 상상력은 자못 시의적절해 보인다. 성서 안의 이방 여인은 자신을 '개'와 이방인으로 배제하는 사회질서와 세력에 체념하고 무기력하게 흡수되거나, 극구 자신을 주변 개들과 이방인들로부터 분리하고 부정과 분노에 머물지 않는다. 그림 속의 시로페니키아 여인은 세상에 무수히 많은 타자들과 '개들'이 존재하고 있으며 그들이 바로 자신임을 선선히 수긍한다. 그리고 타자들과 이방인들을 경계와 고립, 증오의 눈이 아닌 연민과 사랑의 눈으로 바라본다. 오히려 하나님이야말로 스스로 개와 이방인이 되신 분이 아니냐고 되묻고 논쟁한다.

시로페니키아 여인과 그녀의 어린 딸, 또 그들의 개가 서로 응시하며 어떤 교감을 나누는지 정확히 알 수 없지만, 그들 주변에는 시냇물이 낭랑히 흐르고 잎새마다 생생한 생명력을 내

뿜는다. 그림의 어느 구석에서도 그들이 세상의 '개'와 '타자' 혹은 '이방인'이 되었음을 비탄하거나 두려워하는 흔적을 찾아볼 수 없다. 오히려 그들은 그러한 '오염'에 자신을 개방함으로써 세상을 향한 하나님의 포괄적인 사랑과 포용의 능력을 극대화해간다.

프랑스의 여성주의 정신분석가이자 철학자인 줄리아 크리스테바(Julia Kristeva)는 이 시대에 우리와 다른 이방인이 따로 없으며 우리가 서로 이방인임을 인식해야 한다고 주장한다. 우리가 서로 간에 이방인일 뿐만 아니라 마침내는 "우리 자신에게도 이방인"이 되어야 한다고 강조한다. 그리고 "우리가 각자 자신의 국가, 언어, 성적 정체성에 대해 이방인이 되지 않는다면, 도대체 무슨 수로 상식의 늪에 빠져드는 것을 피해갈 수 있겠는가?"라고 아프게 반문한다. 지나치게 자국 중심적이고, 혈통과 가족 중심적이고, 자본과 권력의 논리에 재빠르게 순응해 온 결과 눈만 뜨면 끔찍하고 불의한 일들과 폭력이 상식처럼, 만고의 진리처럼 달려드는 세상에서 살면서 무슨 수로 세상과 소통하고 견디며 이겨낼 것인가?

스스로 개가 되고 이방인이 되었던 시로페니키아 여인의 지혜와 믿음에, 그리고 그러한 삶을 끝내 구현하고 모범이 되신 예수 그리스도의 자비와 긍휼 깊은 곳에 닻을 내려야 할 때이다.

2012.09.11

제닛 몰리
- 나는 그녀를 전심으로 욕망한다

왜 하느님을 'She'로 부르는 시편과 기도를 쓰느냐?는 질문을 받을 때가 있다. 내가 현재 그것을 신앙적 필요성으로 여긴다는 것이 간결한 대답이다. 나는 강하고 전통적인 그리스도교 신앙 속에서 자랐다; 그리고 하느님을 '아버지'로 부르는 것만큼 '어머니'로 부르는 것이 적합하다는 것을 여성운동의 맥락에서 깨달았을 때, 내게 그 발상은 처음엔 놀랍고, 심지어 충격적이었다. 하지만 숙고해 나가면서 나는 나의 본능적인 반응에 관심하게 되었다. 지성적으로 나는 그 발상이 내 감정이 허용하는 것보다 훨씬 더 합리적이라는 것을 알 수 있었다.

나의 문학 훈련은 나에게 지각한 것을 나타낼 수 있는 엄청난 언어적 형상화 능력을 깨닫게 했다; 그것은 내가 특정 단어들이 하찮게 혹은 무관하게 사용되거나 사용되지 않는 문제를 싹 무시하는 일과 같지 않았다. 신학적으로, 나는 하느님을 실제의 남성성과 동일화하는 것이 얼마나 부적합한지를 -따라서 하느님을 여성적 언어로 부르는 것이 왜 비관습적일 뿐만 아니라 잘못된 일로 느껴졌는지를— 알게 되었다. 특히 페미니스트 학자들이 발견하고 있는 것처럼, 성서에는 여성적 형상화의 중요한 가닥이 존재한다.

나는 다른 여성들과 함께 나의 양가적인 반응을 좀 더 깊이 탐색하면서 기도, 찬양, 설교, 남녀 관계를 통해 내가 알게 된 남성적 언어와 나의 신 관념이 어떻게 상호 연결되었는지를 알게 되었다. 내가 여성(나 자신을 포함한)보다는 남성에게 부여해온 더 큰 권위 및 가치와 내가 하느님에게 부여한 권위 사이에서 정합성이 지각되었다. 또한 사회에서 한 여성으로, 고로 '여성적 시각(인간적 규범이 아니라)'의 한 예증으로 살아가는 내 경험과, 하느님과 관계해서 피조물로 또한 '타자'로 느끼는 나의 경험 사이에 유사한 정합성이 존재했다. 우리 가운데 일부 사람들이 예전에서 더 포괄적인 언어를 쓰는 운동을 시작했는데, 예배자를 칭할 때 남녀를 모두 포함하고, 하느님에게 남성 대명사 사용을 최소화하는 것이었다.

나는 하느님에 관해 말할 때 '그'라는 지칭을 피하기 위해 대명사를 빠뜨리는 것이 당연하다고 여겼다. 하지만 여전히 문제는 하느님에게 하나의 성을 부착하는 것이 아무리 부정확한 일이라고 해도, 깊은 인격으로서의 하느님 이해를 상실하는 것 또한 바람직하지 않다는 것이다. 또한 우리는 성별화되지 않은 사람들을 경험할 수 없기에, 그러한 상상은 실질적으로 불가능하다(또한 그만큼 바람직하지 않다). 나는 하느님을 여성성과 남성성으로 생각하는 것을, 설령 실제로 그렇게 해보지는 않았지만, 좋은 발상으로 여기기 시작했다.

종국엔 내 인생에서 여자 친구들이 얼마나 중요하고, 내가 그들을 얼마나 많이 사랑하며, 그들이 내게 얼마나 중요한 하느님의 사랑의 중재자들인지를 점차 더 많이 인식하면서 내 기도 언어에 변화가 일어났다. 마침내 내가 스스로 '그녀'를 숭모하게 된 것은 수문의 열림, 압도적이고 놀라운 새로운 순복 행위와 같았다. 그것은 내가 두 아들을 낳은 후 한 명의 딸을 낳은 경험과 유사했는데, 즉 내 몸이 어떤 이유에서인지 남자만 낳을 수 있다는 생각에 어렴풋이 젖어 있던 내가 다른 일도 할 수 있다고 생각하게 된 것은 놀라운 발견이었다.

나의 기도도 그랬다. 이 새로운 언어와 형상화가 이제는 전통적인 영성과 이질적인 무엇이거나 이례적인 이식처럼 여겨지지 않았다. 오히려 그것은 내가 스스로 오랫동안 알려고 하지 않았던 그 무엇의 방출이었다. 그러므로 나의 글쓰기는 구제될 수 없이 남성적인 언어가 내게 회피하게 만든 하느님에 대한 담론을 이해하려는 지속적인 시도의 일환이다.

나의 여정에 관한 이 짧은 서술은 우리가 기도에서 사용하는 형상화의 중요성과 관련해서 어떤 지침을 제공할 것이다. 특별히 나는 언어의 의미 규정 능력(최종적으로는 하느님을 규정하려고 애쓸 때의 절박한 물음)보다는 언어가 우리의 인식에, 세계와 인간성을 해석하는 방법에, 예배에 미치는 특정한 영향력이 더 중요하다는 점을 언급할 필요가 있다고 본다. 따라서 나는 기도 행위와 관계해서 그리고 나의 글쓰기 수행의 맥락에서, 여성적 형상화가 하는 일이 무엇인지를 조사하고자 한다.

내가 주장해왔듯이, 광범위하게 여성성이 전통적 종교 언어에서 삭제되어온 방식을 처음 알려주는 것은 여성적 이미지나 대명사, 또는 모티브를 의식적으로 도입할 때이다. 여성성이 우리를 놀라게 하는 능력은 그것이 이전의 담론에서 배제되었음을 보여주는 척도이다; 또한 우리의 전통이 대체로 여성의 경험을 하느님을 형상화하는 원천으로 삼지 않았다는 데서 그치지 않았음을 알게 된다. 여하튼, 우리의 종교적 담화는 여성성에 반해서 해석되었다. 오직 이것이 여성적 형상화가 존재해서는 안 된다는 우리의 즉각적 느낌을 설명할 수 있었을 것이다. 나는 우리 문화가 규정한 '여성성' 개념이 여성이란 종에 대한 지시어보다 훨씬 더 많은 연상 작용을 불러들이는 일이 발생했다고, 즉 그러한 연상 작용들이 부정적 가치를 함유하기에 하느님을 환기하는 언어로는 부적합하게 느껴진다고 생각한다.

그 연상 작용은 연약함(하느님은 거의 필연적으로 전능자로 묘사된다), 섹슈얼리티(요즘 하느님을 연인으로 부르기란 희귀한 일이다), 그리고, 말하자면, 혼란스럽고 불가사의한 감정을 가진 인간 본성의 '어두운' 측면(하느님은 언제나 빛, 질서, 부동성의 하느님으로 제시된다)을 내포한다. 그것들은 남성적 특성으로 보이는 것을 대단히 가치 있게 여기는 문화에 속한 우리가 차라리 모르는 편이 더 좋았을 속성들이다.

새로운 예배를 만들고자 하는 여성들 모임 속에서 내가 경험한 바에 따르면, 여성성의 배제에 대해 말한다는 것은 다른 어떤 것이 소외되어왔음을 인식하는 것이다. 빛과 어둠이란 테마로 대림절 예배를 고안하면서 기다리고, 희망하고, 위험을 무릅쓰는 어둠 속에서 하나님을 찬양할 수 있는 말을 궁리하던 나는, 기존의 예배 자료에서 아무것도 얻지 못하고 나의 기도문을 작성해야 했다. 그렇게 해서 만든 '어둠'이란 연도(聯禱)는 다양한 정황에서 사용되었고, 사람들(특히 남성들)이 예배에 가져오기 쉽지 않은 그들 내면의 연약함과 불확실함의 영역과 접촉하게 했던 것 같다.

유사하게, 성적 정념의 언어에서 도출된 형상화도 예배에서 흔히 보이지 않는다(십자가의 성 요한과 같은 이전 시대의 신비가들이 그것을 자유로이 사용했음에도). 하느님을 사랑하는 이(Beloved)로 부르며 자못 연시(戀詩)의 분위기를 풍기는 내가 쓴 시편 하나는 청중에게 낭독될 때 강렬한 효력을 발한다. 나는 그것을 예배의 정황에서 사용한 적은 없지만, 모임들 안에서 그 시는 분명히 영성에서의 섹슈얼리티의 위치에 대한 토론을 일으키고 그것은 흥분되면서도 상처받기 쉬운 내용이다. 이렇듯이 여기서 중요한 문제는 단순히 남성 혹은 여성 대명사의 문제보다 훨씬 더 큰 것 같다; 그리고 생소한 형상화, 특히 관례적인 독법에서 부정적인 느낌을 풍기는 형상화를 사용하는 것은 예배에서 새로운 통찰과 개방성을 산출할 수 있다.

수년 전 나는 이 문제를 탐구하던 한 대회에 참여했는데, 화자 중 누군가가 자신과 남편과의 관계로 인해 성서의 남편(Husband)이라는 하느님 이미지가 그녀에게 생생하고 중요해졌다고 감동적으로 표현했다. 나중 토의에서 나는 남성 청중들에게 그들이 하느님과 아내(Wife)의 이미지로 비슷하게 관계할 수 있느냐고 묻자, 야릇한 전율이 그들 사이에 흘렀다. 하느님의 여성적 형상화를 사용하지 않음으로 생긴 결과 중 하나는 여성 고유의 경험과 행동이 하느님과 우리를 매개하는 방식을 인식하고 존중할 수 없는 무능이다. 많은 여성들은 임신, 수유, 육아 경험이 곧 하느님이 우리와 만물을 포괄하는 부드러움의 강력한 이미지임을 알았다.

많은 사람들은 어머니나 자매와의 관계에서 불같은 충실성과 거의 분절될 수 없는 분노가 복잡하게 뒤엉키는 것을 경험하는데, 그것은 우리와 하느님의 관계를 조명해주는 또 하나의 은유가 될 수 있다. 많은 사람들이 여자 친구들 속에서 발견한 지칠 줄 모르는 인내, 지지, 분별의 원천은 종종 우리가 기도에서 찾아낸 것을 반영한다. 많은 이들은 다른 여성들(우리가 늘 좋아하지는 않는)과의 연대 속에서 억눌린 자들을 위해 말하고 인간의 정의를 요구하는 하느님을 경험했다. 그러나 우리의 기도와 우리의 여성적, 여성으로서의 경험을 연결할 언어가 없다면, 우리는 저러한 경험을 잃게 되고 기도에서 생생히 발견한 것을 부인하게 될 것이다.

이 글과 함께 인쇄된 시편은 '마더링과 하느님'이란 주제로 열린 한 여성들의 워크숍에서 작성된 것으로, 그것은 '마더링(생물학적 어머니들에 국한되지 않는 행위)'에 함축된 부드러움과 도전적 측면들을 결합하고자 한다. 어떤 여성의 반응이 나를 사로잡았다. '마치 내 치료사가 하는 말처럼 들리네요!' 이것은 내가 의식적으로 생각하지 못했던 이미지였지만, 그녀의 반응은 어떻게 색다른 형상화가 기도와 생활-경험을 연속적으로 새로이 연관시킬 수 있는지를 보여준다.

전통적으로 한 남성이나 한 대표적 인간을 가리켜 '그(he)'라는 말을 사용한 결과 중 하나는 남성이 여성과 달리 표준적이라는 믿음을 조장한 것이다. 따라서 인식의 변화를 위해서 '그녀(she)'라는 말을 사용할 필요가 있는데, 여성 고유의 특질을 강조하기 위해서가 아니라 한 사람 또는 실제로 하느님을 가리키는 중립적인 방법으로 말이다.

전문가들이나 위원회에서 '명목상 뽑힌(token)' 여성들이 경험하는 좌절 중 하나는 그들에게 오직 여성적 식견을 예시해달라는 기대이다. 그것은 마치 여성들은 오직 다른 여성들을 대신하거나 '나타낼' 뿐, 인류 전반을 대리하는 것은 아니라는 말과 같다. 그래서 나는 하느님을 'She'로 부르는 관행이 오로지 여성적 역할에서 도출된 형상화와 나란히 전개되는 것은 불행한 일이라고 생각한다.

나는 'She'가 '하느님'이란 말의 모든 의미를 'He'란 말처럼 적합하게(또는 부적합하게) '나타내'지 못할 이유가 없다고 여긴다. 그래서 나는 베네디치테(Benedicite) 혹은 창조의 노래를 본떠 만든 예전 기도문에서 특별히 여성적 이미지를 전혀 사용하지 않으면서도 '… 너의 창조자에게 감사하라. 그녀를 찬양하고 그녀를 무궁히 영화롭게 하라'는 후렴을 반복했다.

하느님의 본성에 관한 문제적 측면을 다룰 때 여성적 언어를 사용하는 것은 특히 중요하다. 최근 암으로 죽어가는 한 친구가 감내하는 무서운 고통을 지켜보면서, 나는 하느님에게 격노하고 있는 나 자신을 발견했다. 어떻게 그는 그렇게 무의미한 고통을 용납하거나 가할 수 있단 말인가? 나는 내가 대적하고 씨름하고 있는 하느님이 여전히 명확하게 '그(him)'였음을 간파했다. 아무래도 내가 가부장제 세력과 연관시킬 만한 하느님과 싸우는 것은 더 쉬웠다. '그녀'에 대항하기란 얼마나 더 불온한 일일까. 그렇지만 나는 하느님을 친절하고 문제가 없다는 의미로만 '그녀'로 부를 수는 없을 것이다. 이것은 신종 이원론이다. 만일 그렇게 한다면 하느님의 이해하기 곤란한 '타자성'을 내가 남성성과 관계할 때 경험하는 타자성과 동일화하게 된다. 물론 전통적인 남성적 언어는 항상 여성들에게 이 동일화를 허용했지만, 그것은 그릇된 대조이다. 그것은 잘못된 '타자성'이다.

고통에 빠진 욥은 누군가가 그의 이웃과 마주보고 하듯이 하느님과 논쟁할 기회를 갈구한다. 그러나 그는 완전히 불균등한 능력과 시각 때문에 그 경합이 불가능한 것임을 깨달았는데, '그는 나와 같은 사람이 아니기 때문이다.' 내가 하느님에게 여성적 언어를 사용하는 일에 아주 익숙해질 때에야 그 언어가 따스하고, 매력적이고, 모성적인 것만이 아니라 소원하고 이질적이고 불가해한 것도 지시한다는 것을 알게 되고, 그녀가 나와 균등한 한 여성이 아니라는 것(또한 그녀가 '실제로' 남성이기 때문이 아니라)을 인정할 수 있다. 여성들이 기도에서 여성적 형상화를 필요로 하는 이유는, 우리의 정체성을 확신하기 위해서가 아니라, 종교적 믿음의 고전적인 일부 딜레마들 —우리에게 그 싸움에서 멀리 떼어놓는 탈출로를 주지 않는— 을 친숙하고 값비싼 방식으로 제기하기 위해서다.

하느님에게 여성적 언어를 사용하는 것에 강하게 반대하는 이유 중 하나는, 그것이 특유하고 전통적으로 그리스도교적인, 실제로 예수에게 배운 언어와 상충하는 것처럼 보인다는 점이다. 여성적 언어가 이교 신앙과 여신 숭배를 재도입하지는 않는가? 내가 보기엔, 종교 언어를 이렇게 접근하는 것은 그것의 본성에 어긋나는 일이다. 첫째, 문자주의에 대한 현실적 문제가 있다. 만일 하느님에 대한 여성적 은유들이 성적으로 여성 신('여신')에 대한 믿음을 의미할 수밖에 없다면, 남성 용어들은 성적으로 남성 신('신')을 의미하게 될 것이다. 양쪽 입장이 이교적인 사유-세계에서 팽배했는데, 유대 그리스도교 전통은 거듭해서 양쪽에 대항했다.

그러므로 현대의 많은 그리스도인들이 하느님을 여성적 틀에 가두어 생각하듯이 무반성적으로 하느님을 남성으로 상상하는 것은 당연히 충격적이다. 다시 말해서 하느님에 대한 예수의 가르침이 '아버지'나 '압바'라는 말을 강조한 것은 사실이다. 하지만 하느님의 거룩한 이름을 본질적으로 발화할 수 없도록 훈련받은(YHWH 사문자를 발음하는 대신 에두른 표현을 사용한 관행) 한 유대인이 하느님에 대한 교리적, 문자적 호칭을 가르쳤으며 그것이 응당 마땅하다고 믿기는 어렵다. 더욱이 말과 이미지가 사회적 진공상태에서 작용하지 않는다는 문제가 있다. 그것들은 화자와 청자에게 구체적인 영향을 미친다. 만일 예수가 사용한 '아버지'가 사람들을 하느님과의 더 큰 친밀성으로 인도하려는 의도를 지닌 것이었다면 지속적으로, 배타적으로 그 말을 사용해야 한다는 주장 자체가(심지어 그 말이 사실상 친밀성을 가로막거나, 실제로 여성 억압에 적극 활용되는 지점에서) 모순적이다.

실상 여성적 언어가 하느님에 대해 말할 수 있는 방법을 둘러싼 현재의 논쟁에서 중요한 조명이 된다고 내가 믿는 이유는, 정확히 말하면 그것이 자체의 부적합성에 주목하기 때문이다. 이 언어에 '걸려 넘어지게 하는' 의미가 있다면, 그것은 매우 적합한 것이다. 훨씬 더 미묘하게 위험하고, 우상이 될 가능성을 지닌 것은 투명하고 문자적으로 느껴지는 익숙한 남성적 언어이다. 종교 언어는 속성상 은유적일 수밖에 없다; 즉 실재에 대한 상상력 있는 지시는 결국 발화될 수 없다. 문제는 많은 사람들이 은유를 문자적 진술보다 다소 못하거나, 기껏해야 '실제적' 의미에 대한 좋은 표현 정도로 치부하는 것이다. 기실, 창조적인 작가라면 모두 인정하겠지만, 시적인 또는 은유적인 언어는 평이한 진술보다 훨씬 더한 깊이와 밀도, 연상 가능성을 전달한다. 또한 은유는 동시에 두 가지 방식으로 작용한다는 점에서 각별히 종교적 진리의 적합한 매체가 될 수 있다. 첫째, 은유는 생생하고 조명적인 대조를 제시한다. 두 개의 발상을 예상치 못하게 한데 모은 결과 일종의 상상력에 의한 폭발이 발생한다. 그러나 동시에, 독자가 두 가지를 동일화할 기회는 주어지지 않는다. 고로 하느님을 '반석'이라고 부르는 것이 강력하고 유용한 이유는, 하느님이 중요한 측면에서 반석과 같을 뿐만 아니라, 하느님을 반석과 혼동하는 일이 거의 불가능하기 때문이다. 이미지는 사용된 후 사라질 테고, 그것이 우리가 모든 종교 언어를 다루는 방식이다.

나는 여기서 말한 내 입장이 전적으로 전통적인 것이라고 생각한다. 지속적인 영성적 가치를 지닌 통찰력을 가졌던 과거의 위대한 신비가들이 차라리 침묵을 선택하고 어느 특정한 인식론적 정식을 불신하면서도 빛나는 문체로 비범하고 놀라운 형상화 —여성성을 비롯한— 한 것은 우연의 일치가 아니다. 하느님을 표현하기에 적합한 언어에 빛을 비추는 사람들은 실제로 언어를 거대한 활력과 독창성, 사랑으로 부릴 수 있다.

시편

하느님은 내가 신뢰하는 강한 반석이시니,
내 모든 확신으로 그녀(her) 안에서 안식합니다.

내 어머니의 태속 깊은 곳에서,
그녀는(she) 나를 알고 계셨습니다.
내 손발이 생기기 전부터, 그녀는(she) 나를 갈망하셨습니다.
내 낱낱의 움직임을 그녀는 자비로이 기억하시고,
내가 아직 보이지 않을 때도, 그녀는 나를 상상하셨습니다.

그녀가 강한 힘으로 나를 빛으로 불러 내셨습니다;
나를 낳은 분이 그녀였습니다.
그녀의 손이 나를 안전하게 붙잡았습니다.
그녀가 내 어머니의 젖가슴에서 나를 길러냈습니다.

내가 말을 더듬을 때, 그녀는 내 입에 말을 주시고,
내가 잠잠히 있을 때, 그녀는 내 생각을 아셨습니다.
내가 소리 지르며 사납게 날뛸 때,
그녀는 나의 간구와 불확실함을 들으십니다.
내가 두려울 때, 그녀는 내 가까이에 계시고,
내가 공포에 짓눌릴 때, 그녀는 얼굴을 숨기지 않으십니다.

내가 그녀에게 대항할 때, 그녀는 나를 감싸주시고,
내가 그녀에게 저항할 때, 그녀는 내 힘을 막아내실 것입니다.
그러나 내가 스스로 만족할 때, 그녀는 나에게 맞서시고,
내가 거짓에 매달릴 때, 그녀는 내 자만심을 꺾으십니다.
그녀가 나의 온전함을 열망하고,
그녀가 갈망하는 것이 바로 진리이기 때문입니다.

연약한 모든 사람에게 그녀는 자비를 베푸시고,
짓밟힌 자들을 그녀는 일으키십니다.
그러나 그녀는 권력의 정상에 있는 교만한 자들을 혼란케 하시고,
억압자들을 바닥에 내던지실 것입니다.
냉혹한 자들의 전략을 완전히 고꾸라뜨릴 것입니다.

하느님이 쓰러진 자들을 불쌍히 여기시니,
내가 그녀를 사랑할 것입니다.
그녀가 강한 자들에게 도전하시니,
내가 그녀를 전심으로 욕망합니다.
하느님은 내가 신뢰하는 반석이시고,
내 삶의 모든 의미가 그녀 안에 있습니다.
하느님이 없이는 안전이 없고,
그녀를 떠나서는 피할 곳이 없기 때문입니다.

2015. 번역글

다시 부르는 노래, 마그니피카트

어느덧 12월, 대림절(Advent)이 다시 찾아왔다. 추위에 삼라만상이 몸을 한껏 웅크리고 순례자의 발걸음이 고단함과 아쉬움에 채여 더 없이 무거워지는 이 때, 대림절은 어김없이 찾아드는 햇살처럼 느닷없이 다가온다. 지나간 시간에 대한 감사와 회한을 뒤로 하고 새로운 구원의 시간으로 우리를 인도하는 대림절은 선물이다.

대림절의 어원인 라틴어 '아드벤투스(Adventus)'는 '온다'는 뜻이다. 처음에 대림절은 세상에 오신 구주를 기다리고 기뻐하는 시간으로 시작했지만, 시간이 지나면서 찢기고 갈라진 만물의 궁극적인 회복과 구원에 대한 기억과 소망의 의미로 확장되었다. 대림절과 성탄의 깊은 의미가 나날이 퇴색되고 가족이나 연인과 함께 하는 시간으로, 때로는 분주한 교회 행사와 선물, 화려한 장식으로 대체되는 시대에 오래 전부터 들려온 한 노래를 다시 기다린다.

하나님의 아기가 세상에 오셨다는 이야기는 실로 놀라운 이야기이다. 유대 땅 갈릴리의 변방 나사렛의 처녀 마리아는 하나님의 천사로부터 하나님의 은혜를 입어 아기를 잉태할 것이라는 말을 들었다. 두렵고 기괴한 일이었다. 마리아에겐 정혼한 남자가 있으니 자칫하면 이 일로 파혼을 당하거나 동네 사람들에게 잔혹한 봉변을 당할지도 모를 일이었다. 그러나 하나님을 깊이 신뢰한 마리아는 두려움과 의혹을 물리치고 고령에 아이를 가진 엘리사벳을 찾아 간다. 두 여인은 잉태에 대한 기쁨과 놀라움, 지지와 축복을 서로 나눈다. 그리고 마그니피카트(Magnificat), 마리아의 찬가가 울려 퍼진다.

> 내 영혼이 주님을 찬양하며 내 마음이 내 구주 하나님을 좋아함은, 그가 이 여종의 비천함을 보살펴 주셨기 때문입니다. 이제부터는 모든 세대가 나를 행복하다 할 것입니다. 힘센 분이 나에게 큰일을 하셨기 때문입니다. 그의 이름은 거룩하고, 그의 자비하심은, 그를 두려워하는 사람들에게 대대로 있을 것입니다. 그는 그 팔로 권능을 행하시고 마음이 교만한 사람들을 흩으셨으니, 제왕들을 왕좌에서 끌어내리시고 비천한 사람을 높이셨습니다. 주린 사람들을 좋은 것으로 배부르게 하시고, 부한 사람들을 빈손으로 떠나보내셨습니다. 그는 자비를 기억하셔서, 자기의 종 이스라엘을 도우셨습니다. 우리 조상들에게 말씀하신 대로, 그 자비는 아브라함과 그 자손에게 영원토록 있을 것입니다.(누가복음 1:46–55, 새번역성서)

고대의 다른 사본은 이 노래를 마리아의 찬가가 아니라 엘리사벳의 찬가라고 적기도 했다. 이스라엘의 세세만대에 정의와 자비를 약속하시고 이제 보잘 것 없는 신분의 한 여인을 통해 새롭게 역사를 변혁하시는 하나님을 찬양하고 감사하는 노래의 내용으로 본다면, 이것은 마리아의 노래이자 엘리사벳의 노래이고, 또 옛적에 불임으로 괴로움과 수모를 당하던 여인의 태를 열어 아기를 주신 하나님께 드린 한나의 노래가 되살아난 것이기도 하고,[1] 냉혹하고 무자비한 세상에서 하나님의 정의와 자비의 실현을 믿고 그 길을 걸어가는 모든 사람의 노래이기도 할 것이다.

그런데 하나님의 아기가 세상의 길목에서 들려오는 노래는 마리아의 찬가만이 아니다. 이 세상은 권력자가 생명을 짓밟고 끔찍하게 학살하는 곳이기도 하다. 마태복음은 헤롯왕이 아기

---

1) 한나의 노래(사무엘상 2:1-10)도 마리아의 찬가와 같은 내용과 구조로 짜여 있다. "주님께서 나의 마음에 기쁨을 가득 채워 주셨습니다… 주님과 같으신 분은 없습니다. 주님처럼 거룩하신 분은 없습니다…" 참으로 주님은 모든 것을 아시는 하나님이시며, 사람이 하는 일을 저울에 달아 보시는 분이시다. 용사들의 활은 꺾이나, 약한 사람들은 강해진다. 한때 넉넉하게 살던 자들은 먹고 살려고 품을 팔지만, 굶주리던 자들은 다시 굶주리지 않는다. 자식을 못 낳던 여인은 일곱이나 낳지만, 아들을 많이 둔 여인은 홀로 남는다. 주님은 사람을 죽이기도 하시고 살리기도 하시며, 스올로 내려가게도 하시고, 거기에서 다시 돌아오게도 하신다. 주님은 사람을 가난하게도 하시고, 부유하게도 하시고, 낮추기도 하시고, 높이기도 하신다. 가난한 사람을 티끌에서 일으키시며 궁핍한 사람을 거름더미에서 들어올리셔서, 귀한 이들과 한자리에 앉게 하시며 영광스러운 자리를 차지하게 하신다… 주님께서는 성도들의 발걸음을 지켜 주시며, 악인들을 어둠 속에서 멸망시키신다….

예수를 해하려다 이에 실패하자 베들레헴 인근의 무수한 아기들을 학살했다고 전한다. 그리고 "이리하여 예언자 예레미야를 시켜서 하신 말씀이 이루어졌다. 라마에서 소리가 들려왔다. 울부짖으며, 크게 슬피 우는 소리다. 라헬이 자식들을 잃고 우는데, 자식들이 없어졌으므로, 위로를 받으려 하지 않았다"라고 말한다.[2)]

고요하고 거룩한 성탄의 밤에 라헬의 이름은 자식을 잃고 우는 자로, 가눌 길 없는 슬픔의 대변자로 등장한다. 라헬이 누구던가? 라헬이 처음 나타난 곳은 창세기이다. 라헬은 야곱의 아내로, 둘째 아들 베냐민을 해산하던 중 숨을 거둔다. 라헬은 그 죽음과 아기와의 이별이 얼마나 애달팠는지 아기에게 '슬픔의 아들'이란 뜻의 이름을 주었고 베들레헴에서 가까운 라마에 묻혔다.[3)]

창세기에서 라헬의 슬픔은 육신의 고통과 죽음, 불확실한 삶, 사랑하는 아기를 잃는 상실감 등 자연 발생적인 온갖 고통을 대신한다. 라헬은 기원 전 6세기 예레미야의 예언에서 재등장한다. 당시 이스라엘이 패망하고 성전이 붕괴되면서 바빌로니아의 유민이 된 이스라엘의 무수한 자녀들이 긴 행렬로 라헬의 무덤을 지나갔다. 그때 예레미야는 주님의 탄식을 듣는다. "나 주

---

2) 마태복음 2:17-18.

3) 창세기 35:16-18 참조.

가 말한다. 라마에서 슬픈 소리가 들린다. 비통하게 울부짖는 소리가 들린다. 라헬이 자식을 잃고 울고 있다. 자식들이 없어졌으니, 위로를 받기조차 거절하는구나".[4]

예레미야서에서 라헬은 제국의 손아귀에 삶의 터전과 자유를 빼앗긴 이스라엘인과 자녀의 역사적 고난의 이름이다. 아기 예수가 태어나고 헤롯왕이 베들레헴의 아기들을 학살하던 밤에 예레미야서의 이 구절이 다시 들려온 것이다. 그러나 주님은 "이제는 울음소리도 그치고, 네 눈에서 눈물도 거두어라... 네 아들딸들이 적국에서 돌아온다"고 약속하신다.[5]

하나님의 아기, 예수 그리스도는 이토록 슬픔과 고난으로 점철된 세상에 오신다. 특히 이 시대는 더 이상 자연적인 죽음과 역사적, 실존적 고통이 따로 나뉠 수 없는 복잡하고 불확실한 삶에 처해 있다. 아기가 태어나기엔 이 세상은 예나 지금이나 위험하고 안전하지 않다. 날마다 지구 곳곳에서 일어나는 테러와 싸움, 억압, 굶주림, 차별, 증오, 핵 경쟁, 재난은 작고 연약한 아기를 비롯한 모든 생명을 위협하고 죽음으로 몰아간다. 마리아의 찬가는 이렇게 불의한 역사와 두려움 속에서, 참담한 슬픔과 고통을 겪는 수많은 라헬들 속에서 울려 퍼졌다. 라헬들의 슬픔과 곡소리를 위로하고 그들을 새로 일으킬 수 없다면 마리아의 찬

4) 예레미야서 31:15.
5) 예레미야서 31:16.

가는 더 이상 기쁨의 노래가 아니다. 마리아의 찬가는 하나님이 겸비하고 비천한 사람을 높이시고 역사를 새롭게 하신다고 굳게 믿고 기뻐한다. 권력자, 마음이 교만한 자, 제왕과 부유한 자가 아니라 비천한 자, 주린 자, 마음이 가난한 자가 하나님의 벗이요 새 생명을 잉태하는 자이다. 그들이 행복한 자들로 불릴 것이다.

다시 맞은 대림절에 우리는 우리의 거짓과 불의한 삶, 잘못된 관계를 낱낱이 참회하고, 우리의 영혼과 삶이 얼마나 무뎌지고 강팍해졌는지를 차분히 돌이켜볼 일이다. 여전히 우리에겐 세월호의 아픔이 남아있고, 남북한 대결구도와 긴장이 나날이 증폭하며, 삶의 변방으로 내몰리는 사회적 약자들의 고통은 늘고 국가폭력과 불의한 정권의 추악한 작태는 모든 이의 가슴을 멍들게 한다.

가부장적 사회의 폭력이 사회 전역에서 행해지고, 교회와 공동체, 가족이 미움과 불신, 분쟁의 온상지가 된다. 구주는 이렇게 우리에게 오신다. 가장 무력한 아기로, 라헬의 슬픔과 곡소리로, 또 그것을 새로운 노래로 전환하는 마리아의 노래로. 낡은 질서를 허물고 아기가 태어나는 모든 마구간에서 다시금 노래가 울려 퍼졌으면 좋겠다. 부르고 또 불러도 다함이 없는 노래, 마그니피카트가.

2016.

시몬 베유

굶주림을 몸에 새기다

시몬 베유(Simone Weil, 1909-1943)는 1909년 파리에서 유대계 유복한 집안에서 출생했다. 그녀의 가족은 지성적이고, 도전적이며 친밀했다. 베유는 어릴 때부터 남다른 수학적 능력을 보였던 오빠 안드레에 비해 열등감을 느끼기도 했다. 어릴 때부터 자주 아프고 허약했다. 십대 이후 심한 편두통을 앓았다.

파리 고등사범학교(Ecole Normale in Paris)에서 철학을 공부했다. 뛰어난 지성적 능력과 기괴한 행동, 남성스러운 복장으로 유명했다. 소르본에서 잠깐 스쳐 지나간 시몬 드 보부아르와 시몬 베유. 보부아르는 "나는 세상에 직격탄을 날릴 수 있는 가슴을 가진 그녀가 부러웠다"고 회상했다. 여학교들을 떠돌며 가르쳤고, 휴식기에는 공장에서 육체노동도 했다. 좌파 운동과 단체에 가담하고 또 결별했다. 스페인 내전에서 좌익과 우익, 양 진영의 잔학 행위를 목격한 후 공산주의와 결별했다.

베유는 Hyper-graphia 로도 알려졌다. 철학, 정치학, 그리스

문학, 수학 등 광범위하게 글을 썼으며 1938년 극적 회심의 순간을 경험한 후 본격적으로 종교적인 글을 썼다. 조지 허버트의 시 '사랑'을 암송하다가 그리스도에 사로잡혔다.

사랑

– 조지 허버트

사랑은 나를 환대하셨으나
먼지와 죄로 더럽혀진 내 영혼은 뒤로 물러났다.
그런 사정을 한눈에 아신 사랑은
내가 처음 들어올 때부터 꾸물거리는 모습을 보고
내게 다가와 부족한 것이 있느냐고 다정하게 물으셨다.
나는 대답했다.
"저는 여기 올만한 사람이 아닙니다."
사랑이 말씀하셨다. "네가 바로 그런 사람이다."
"매정하고 배은망덕한 제가요? 오, 아닙니다.
저는 당신의 낯을 쳐다볼 수조차 없습니다."
사랑은 내 손을 꼭 붙잡고 웃으며 말씀하셨다.
"나 외에 누가 네 눈을 만들었느냐?"
"주여, 옳습니다, 저는 제 눈을 망쳤습니다.
제 수치에 합당한 벌을 받게 하소서."
사랑이 말씀하셨다. "누가 그 수치를 담당했느냐?"

"사랑하는 주님, 당신을 섬기겠습니다."

사랑이 말씀하셨다, "너는 여기 앉아 내 양식을 먹어라."

그래서 나는 거기 앉아 먹었다.

베유는 가톨릭 신앙에 깊이 매료되었지만, 제도화에 대한 깊은 회의와 교리적 배타성 때문에 번번이 세례를 거부했다. 자신에게 주어진 소명은 교회 바깥의 "다양한 계급과 인종들 속에서 그들과 어울리고 그들의 삶에 대해 의견을 나누며 그들을 이해하고 그들을 있는 그대로 사랑하는" 것이라고 믿었다. 1943년 8월 24일 결핵과 영양부족으로 사망했는데, 사인은 '자살'로 판명되었다.

어릴 때부터 베유는 육체성과 기묘한 관계를 드러냈다. 음식물과 섭생에 대한 반감이 대표적이다. 그것이 어디서 연유했는지는 명확하지 않지만, 유아 때부터 잔병치레가 많았고 평생 동안 섭생을 힘들어 했다. 특히 며칠씩 극심한 편두통에 시달릴 때면 전혀 먹지 못하거나 생감자를 갈아먹었다. 게다가 의식적으로 식사를 거부하곤 했는데, '필요 이상 먹지 않는' 것이 그녀의 윤리적 입지였다. 자동차부품 공장에서 일할 때는 동료들이 먹는 만큼만 먹었다. 그녀는 늘 가난한 사람들, 노동자들과 연대하는 삶을 살아갔다. 전쟁 중에 가족과 함께 뉴욕으로 피신했을 때, 뉴욕에서 귀국하던 길에 영국에서 결핵으로 입원했을 때, 그녀는 "동포들보다 더 많이 먹을 권한이 없다"고 주장하며 나치에게 배급받은 음식만으로 살아가던 프랑스 시민들처럼 소량의 음식만 먹었다. “고인은 심리 불안에 시달리며 음식물을 거부한 끝에 죽음에 이르렀다”고 사망확인서에 쓰였다(그러나 정확한 사인 규정이란 쉬운 일이 아니다).

베유에게 육체적 굶주림(hunger)은 영적 굶주림을 가리키는 강력한 은유이다. 육체적 굶주림과 영적 굶주림이 인접해 있다. 우리의 육신을 음식으로 채우려는 욕망은 영혼을 좋은 것으로 채우려는 욕망에 비유될 수 있다. 그러나 좋은 영혼이 되려는 바람과 추구는 쉬이 변질되어, 우리는 타인들을 탐욕의 눈으로 바라보고 그들을 통해 자신의 욕망을 충족시키려 한다. 타인을 “우리 자신에게 주어진 먹이로” 사랑하는 것이다. 우리는 타인을 오직 욕망을 충족시키는 수단으로 사랑한다. 타인을 먹어버리는 우리의 욕망은 결국 타인의 파멸로 끝난다. 우리는 “먹는” 존재에서 “바라보는” 존재로, 타인을 먹어버리는 존재에서 타인을 그대로 사랑하는 존재가 되어야 한다. 그래서 우리의 영혼은 굶주려야 한다는 것이다.

상호의존과 취약성의 성스러움

베유에 의하면, 인간 존재는 선(善)을 위해 만들어졌다. 즉 선이신 하나님을 추구하고 끝내 선과 하나가 되는 것이 존재의 목적이다. 아우구스티누스의 사상과 흡사한 그녀의 이러한 사유를 드러내는 글은 1943년 전후 프랑스의 정치사회적 삶의 재형성을 내다보며 쓴 "Draft for a Statement of Human Obligations"이다. 이 글은 두 가지 주장으로 시작된다. "세상 바깥에, 세상 자체보다 '더 참된' 실재가 있다. 이 실재에 상응해서 인간의 가슴 속에서 절대 선에 대한 갈망이 일어나는데, 그 갈망은 항구적이고 세상의 어떤 것으로도 그것을 꺼뜨릴 수 없다."

인간 존재 중심에서 선을 향해 일어나는 인간의 갈망은 인간 존재와 초월적인 성스러운 실재를 연결하는 고리이다. 이러한 신적 지향성(모든 인간이 공유하는)이 우리를 결속시킨다. 모든 인간은 성스럽고 근본적인 관계성을 갖게 되고 이것이 상호적 의무의 기반이 된다. 우리는 서로 선을 추구할 수 있도록 서로 영혼을 보호해야 한다. 인간을 온갖 박탈에서 벗어나게 해야 하는 중심 이유는 우리가 선(善), 그리고 서로와 근원적 관계에 있기 때문이다.

선을 갈망하고 상호의존적으로 선을 추구하고자 하는 인간은 성스러우면서도 취약한 존재이다. 인간은 사실상 부서지기 쉽고 취약한, 의존적인 피조물이다. 인간은 자신의 선에 도달하는데 그치지 않고 타인의 선에도 이르고자 하는 역동적 존재이다. 하지만 인간은 취약성과 상호의존성을 포용하는 대신 두려워한다. 우리는 타인에게서 그것을 보면 두려워하며 물러선다. "인간에게는 동물과 진배없는 육체적 본성이 있다. 암탉 한 마리가 다치면 다른 암탉들이 몰려들어 부리로 쪼아댄다. 중력처럼 자동적인 현상이다."

인간은 박탈, 고통(affliction)을 두려워한다. “나는 한 순간, 손쓸 도리가 없는 환경에서, 모든 소유를 잃게 된다. 분신이라 할 만큼 친숙했던 것들까지, 잃지 않을 것은 아무 것도 없다.” 이 손실의 두려움에 사로잡힌 결과, 우리는 선과 타인에게서 시선을 돌려 두려움으로 채색된 우리의 욕망을 순식간에 채우려는 탐욕적인 삶으로 향한다. 안전하고, 정복될 수 없고, 어떤 것에도 관통당하지 않는 존재가 되려 한다. 그래서 우리는 타인의 궁핍함을 무시하고 짓밟으면서 자신의 공허함을 우악스럽고 필사적으로 채우다가 결국 타자를 먹어치운다. 베유에게, 그런 식으로 먹어치우는 것을 막는 길은 “먹”는 대신 “바라보기”를 배우는 것이다.

바라보기와 먹지 않기

베유의 글 “암묵적인 신적 사랑의 형태(Forms of the Implicit Love of God)”에서 먹어치우는 것에서 바라보는 것으로의 변화를 가늠해볼 수 있다. 그녀는 우리를 매료시키는 아름다움에 대해 서술한다. 우리가 어떤 아름다운 것에 매료될 때, 그것은 아름다움 자체를 우리에게 선사한다. 그러나 우리는 저 아름다움을 보고도 만족하지 못하고 “여전히 무엇을 갈구한다.” 그 ‘무엇’이란 아름다움을 완전히 소유하고, 그것을 완전히 또한 영구적으로 자기 것으로 만들고, 그것을 먹어버리는 것이다. “악덕, 악행, 범죄는 아름다움을 먹어치우는 것, 바라보아야 할 것을 먹어치우는 시도이다."

그때 우리는 타인을 선을 지향하는 동료 피조물로 보지 못하고 소비대상으로만 보게 된다. 편협하고 이기적인 방식으로 행복과 불패를 추구함으로써, 우리는 타인의 선이 증식되길 바라는 대신 타인을 자기 목적의 수단으로 전락시킨다. "우리가 하는 사랑은 식인종이 하는 사랑이다." **"우리는 사랑하는 사람들로부터 위로와 에너지, 동기부여를 얻는다. 우리에게 그들은 고단한 하루가 끝난 후 차려진 멋진 식사와 같다. 우리는 그들을 음식으로 사랑하는 것이다."** 타인을 그렇게 먹어치우는 것은 강간행위, 즉 동의를 구하지 않고 타인의 아름다움을 갈취하는 것과 같다. **"무의식적으로라도, 신적인 것을 추구하는 어떤 사람의 동의를 얻으려 하지 않는 것보다 더 끔찍한 일이 있을까?"**

베유는 먹지 않음으로써 먹어치우려는 욕망을 이기려 한다. 섭생은 우리의 먹이를 파괴할 수밖에 없다. 그러한 파괴를 막는 길은 먹지 않고 굶주리는 것이다. "필요 이상 먹지 않기"가 그것이다. 물리적으로든 관계적으로든, 필요 이상의 섭생을 자제할 때 식인종에서 탈피하게 된다. **"먹지 않으면, 우리의 신체 기관은 자기 육신을 먹고 그것을 에너지로 바꾼다. 영혼도 마찬가지다. 먹지 않는 영혼은 그 자체를 먹는다. 영혼의 불멸적인 것이 영혼의 죽어 없어질 것을 먹고 그것을 변모시킨다."** 먹지 않으면, 먹는 영혼이 바라보는 영혼으로 바뀐다. 아름다움은 **"다른 무엇을 갖기 위한 방편이 아니다. 특별히 좋고 유익한 것이 없어도 아름**

다움은 그것 자체로 좋다." 아름다운 것은 그것에 내 욕망을 투여하지 말고 있는 그대로 보아야 한다.

바라보는 것, 응시는 주목받으려는 욕망을 비우는 것이다. 그것은 영혼의 내용물을 비우고 영혼이 응시하는 존재를 그 자체로 받아들이는 것이다. 바라보는 것은 자기비허(自己脾虛, kenotic)이다. 나를 타인으로 채우는 대신, 내 자아를 비우고 타인을 먹어치우지 않으면서 받아들이는 것이다. 굶주림은 채우려는 욕망이 아니라 비움 그 자체이다. 굶주리며 타인을 지켜볼 때 우리는 사랑, 곧 신과 함께 사랑하는 것이다.

> **신의 사랑은 내가 하는 식의 사랑이 아니라, 에메랄드가 녹색인 것과 흡사하다. 신은 '내가 사랑하는 것'이다. 완전의 단계에 이른다면 나도 에메랄드가 녹색인 것처럼 사랑하게 되리라.**

나 자신을 비워야 완전한 사랑에 도달한다. 나는 "하나님이 사랑하는 것"이 된다.

굶주림, 신적 케노시스 모방하기

먹지 않는 것, 영혼을 비워 타인을 응시하고 순전히 사랑하는 것은 신적 케노시스를 모방하는 것이라고 베유는 생각한다. 우리는 먹지 않고 굶주리며 기다림으로써 신적 자기비허를 모방해 간다. 신의 입장에서 창조는 지극히 관대한 활동이다. 신은 자율적 존재들의 삶의 공간을 만들기 위해 자신의 능력과 현존 자체를 잘라낸다. 창조에서 "신은 신적 전능성을 양도하고 자신을 비웠다." 창조는 신의 자기비허 활동, 신성을 비우는 것, 피조물을 위해 신성을 포기하는 것이다. **"창조주 하나님의 눈으로 보면, 모든 사람의 실존은 하나님의 희생이다. 하나님이 물러남으로써 내가 존재하는 것이다. 내가 더 많이 존재할수록 하나님은 더 많이 물러나게 된다."**

십자가형은 무한한 사랑을 가능하게 만든 신성 안의 균열이다. 신의 사랑이 무한한 것이라면, 그것은 가장 먼 곳에도, 심지어 그 사랑이 무한해보이지 않을 때도 무한해야 한다. 하나님은 오로지 무한하므로, 어떤 피조물도 하나님의 사랑에서 무한히 떨어질 수 없다. 이것은 하나님에게만 가능하다. 하나님의 무한한 사랑을 창조세계에 실현하기 위해 하나님은, 십자가의 죽음을 통해, 신성 자체의 찢김을 용인한다. **"아무도 그렇게 할 수 없어서 하나님이 몸소 가장 멀리, 무한한 곳으로 가셨다. 하나님과 하나님 사이의 이 무한한 거리, 이 지고한 찢김, 모든 것을 초극하는 이 고통, 이 경이로운 사랑이 바로 십자가형이다. 저주를 받는 것보다 하나님으로부터 더 멀어지는 길은 없다."** 십자가형은 하나님의 무한한 사랑을 끝없이, 그 한계치를 넘어가게 하는 하나님 안의 균열이다.

베유는 가장 멀리까지 무한히 뻗어가는 그 사랑을 가장 필요로 하는 사람들은 고통 받는 사람들이라고 본다. 베유에게 "고통(affliction)"은 특별한 의미를 지닌다. 그것은 찌르듯이 깊고 지속적인 고통, 신체적, 심리적, 사회적 고통으로 사람을 파괴하는 것을 가리킨다. **"고통은 직접적인 신체적 통증이나 공격 때문에 어쩔 수 없이 영혼에 드러난 뿌리째 뽑힌 삶, 죽음에 다가서는 것이다." "고통 받는 사람은 살아있고 영혼이 있더라도 사물이다. … 영혼은 사물 안에 깃들 수 없다. 고통당하는 영혼은 존재하는 것이 아니라 폭력을 견딜 뿐이다."** 수치심, 자기혐오, 버림받음이 고통 받는 사람들을 뒤따른다.

어느 누구보다 그리스도의 현존으로 회복되어야 하는 이들이 고통 받는 사람들이다. 고통 받는 사람은 극심한 고립과 자기혐오 끝에 하나님에게 버림받았다고 느낀다. 고통은 하나님의 부재를 불러오며, 그것은 **"시체보다 더 차가운 부재, 독방의 칠흑 어둠보다 더 캄캄한 부재"**이다. 고통은 서로 관계를 맺어야 하는 삶에서 하나님의 현존을 잘라낸다. **"공포와 같은 것이 영혼을 송두리째 잠식한다."** 이렇게 버림받음을 겪는 사람들에게 무한한 하나님의 사랑이 전달될 수 있는 것은 십자가 때문이다. 그리스도가 십자가에서 몸소 버림받음으로써 신적 사랑은 그와 같은 사람들에게 전해진다. **"고통으로 쓰러진 사람들이 십자가의 발가에, 하나님에게서 가장 멀리 있다."** 신의 버림받음을 치유하는 것은 **"무한한 분리를 이겨내는"** 무한한 사랑이다.

하나님은 신성 안의 균열을 허용함으로써 멀리 떨어져 있는 인간과 신의 거리를 복구한다. 이 신적 자기비허는 우리의 자기비허를 가능하게 하는 토대이다. 굶주리며, 먹지 않고 바라봄으로써 우리는 하나님을 비추고, 부서진 인간성에 신의 무한한 케노시스가 새겨진다.

굶주림과 성찬: 그리스도의 몸 먹기

베유는 우리의 케노시스 변화가 특별히 성찬을 통해 일어난다고 믿었다. 그녀는 가톨릭 교회의 생기 없는 제도화에 반대하면서도, 성례전, 특히 성찬례에 경외심을 가졌다. "성례전 이론(Theory of the Sacraments)"이라는 글은 그녀가 성찬을 열망했다는 사실을 보여준다. 선은 우리의 행위로 얻는 것이 아니며, 우리는 그것을 받을 뿐이다. 선을 받으려면 먼저 "순수하고, 완전하고, 총체적이고 절대적인 선"을 갈망해야 한다. 그렇게 갈망하는 것만으로는 부족하다. **"영혼의 갈망은 우리의 행위와 동작을 통해 육신을 통과할 때까지 영혼 안에 실재하지 않는다."** 선을 영혼에 받으려면 절대 선과의 물리적 접촉이 필요하다. 그래서 **"물리적으로 절대 선이 될 세속 물질"**이 있어야 한다. 하나님이 인간과의 합의하에 순수 선의 실체를 확립해줄 물리적 물질이 있어야 한다. 저 물질이 성찬례이고, 성찬례에서 우리는 그리스도와의 물리적 만남을 통해 그리스도의 절대 선을 영혼 안에 받아들인다. 그리스도를 받아들이면서 우리 영혼이 변화하는 것이다.

영혼이 성찬례를 받아들이는 순간, 영혼이 이제 곧 일어날 실재의 변화를 직면하는 순간, 영혼은 갈라진다. 영혼에는 성례전과 그것이 불러올 변화를 갈망하는 참된 부분이 있고 미움 및 두려움과 같은 "구태의연한" 부분이 있다. 그러므로 성찬례는 "불로 영혼의 불순물을 태우고 파괴하는 여정"이다. 영혼이 성찬을 받을 때 불순물이 불에 탄다. 하나님을 향한 굶주림이 증가할수록, 성찬례에서 영혼이 느끼는 고통도 커진다. **"하나님을 향한 열망과 성례를 통한 하나님과의 접촉이 더 많이 일어날수록, 영혼의 구태의연한 부분 또한 더 사납게 요동칠 것이다."** 우리가 하나님을 더욱 갈망할수록, 우리의 영혼 역시 더욱 더 성례전의 불에 살라지고 정련되어, 마침내는 자기집착에서 벗어나 타자를 받아들이는 "부동의 자세"로 그 자리를 떠나게 된다.

2019.

참고서적

- 시몬 페트르망, 「시몬 베유, 불꽃의 여자」, 까치, 1978
- 시몬 베유, 「중력과 은총」「노동일지」「뿌리 내림」, 이제이북스, 2013

여성, 동물권, 육식이야기

1. 인간과 동물

'인간'과 '동물', 그 경계는 어디일까? 생물학적 의미로 동물이 동물계로 분류되는 생물의 총칭이라면 인간은 원숭이와 더불어 영장목(靈長目)에 속하는 포유동물을 칭하는 이름이다. 전혀 새로울 것 없지만, 인간은 동물이다. 인간과 침팬지가 98% 이상 동일한 DNA를 공유한다는 사실은 양자 간의 차이가 생각보다 크지 않다는 것을 보여준다. 실제로 그 차이는 지렁이와 사자 간의 차이보다 훨씬 미미하다.

역사적으로 인간과 동물은 태고부터 깊고 강하고 때로는 신성한 유대감을 형성하며 공존해왔다. 창세기의 저자는 창조주가 동물과 인간을 같은 날 창조했다고 말한다. 근대문명 비평가 제레미 리프킨에 의하면, 서구 문명의 뿌리에는 수소와 암소가 있었다.[1] 인류에게 소는 생식, 다산, 풍요를 상징하는 창조의 신

---

1) 제레미 리프킨 지음, 신현승 옮김, 「육식의 종말」, 시공사, 1993, p.25 이하.

이었다. 팔레스타인의 신 '바알'은 폭풍과 다산을 관장하는 황소 신이었다. 생명과 다산의 신 디오니소스도 뿔 달린 황소, 암소의 아들로 묘사되었다. 그렇게 신성한 자연과 생산력의 대명사로 군림하던 소는 인간의 문명 변화 속에서 점차 통화와 상품의 위치로 바뀌었다.

'소(cattle)'라는 이름은 동산(chattel)과 자본(capital)에서 연원된 것이다. 알파벳의 첫 글자인 A는 황소의 머리 모양에서 유래된 것이고 이탈리아(Italia)는 소의 땅을 의미하는 말이었다. 친족과 같던 동물을 사냥하고 죽여야 했던 고대인들의 죄책감과 불안심리 속에서 샤머니즘과 희생제가 생겨났다고 보는 학자들도 있다. 오랜 시간동안 동물은 인간에게 식량과 의복, 거처, 생산력과 동력, 연료 등 생필품을 제공하는 수단으로 활용되었다.

인간과 동물의 관계가 본격적으로 문제가 된 것은 근대에 와서다. 근대에 들어 자연과 동물을 멋대로 사용하고 지배할 권리가 인간에게 있다는 사고와 행동 양태가 확고부동한 진리처럼 구축되고 실행되었다. 인간과 동물의 관계는 기술적인 시스템으로 급변했다. 가장 참혹한 폭력의 시대로 불리는 지난 20세기는 동물에게도 가장 잔혹한 억압과 도살의 시대였다. 1978년 노벨문학상 수상자인 미국의 유대계 작가 아이작 싱어는 "동물에 대한 태도에 관한 한 모든 사람은 나치다"라고 일갈했다. 2003년 노벨문학상 수상자 존 쿳시 역시 「동물로 산다는 것」(The Lives of Animals)이라는 작품에서 인간의 손에 잔인하게 도살당하는 소들을 나치에게 학살당한 유럽의 유대인들에 비유하는 과감성을 보임으로써 논란을 불러왔다. 200년 이래 한국을 비롯한 세계 곳곳에서 끊임없이 발생하는 구제역 파동이 누군가에게는 단지 먹거리의 위협 정도로 비쳤겠지만, 수백만 마리의 돼지와 소, 닭 등을 잔혹하게 살처분, 생매장하고 불에 태우는 장면을 목도한 누군가에게는 피비린내 나는 '한국판 아우슈비츠'와 '제노사이드'의 현장이었다.[2)]

무수한 동물들이 왜 죽어 가는가? 구제역, 광우병 및 사스와 에볼라, 메르스 등 신종 바이러스 공포의 정확한 원인은 아직 밝혀지지 않았지만, 많은 전문가들은 그것이 오늘날 가공할만한 공장식 동물 사육시스템과 관계한다는데 동의한다. 더 근본적으로 그것은 인간의 과도한 육식주의와 관련된 문제이다. 어쩌면 인간에게 집단적으로 희생되고 살육된 동물들의 반격이자 역습일지도 모른다.

다행스럽게도, 아주 최근에 와서 멋대로 동물을 차별하고 도구로 삼아온 인간중심주의를 반성하고 인간과 동물의 관계를 새롭게 모색하려는 움직임이 서서히 일고 있다.[3)]

---

2) 예로, 2014년 12월 21일자 〈오마이뉴스〉, 이화영의 기고문 "살이 찢기고 피가 튀고… 쌓여가는 사체: 2011년 가축 살처분 현장, 아직도 잊지 못합니다."

3) 오늘날 동물권과 동물복지를 주장하는 사람들 사이에 사용되는 '인간 동물'과 '비인간 동물'이란 대안적 명명 역시 동물에 대한 인간중심주의적 시각을 극복하려는 노력의 일환이다.

동물권 이야기가 그것이다. 동물 철학자 피터 싱어는 "동물해방이 인간해방"이라고 역설했다.[4] 동물의 권리 담론은 하나의 동물로 다른 동물과 함께 살아가는 인간의 문제이기도 하다. 나는 이 글에서 그리스도인들, 특히 개개의 생명을 꽃피우는 일에 관여하는 여성 그리스도인들에게 동물권 및 육식과 관련된 문제의식을 단편적으로 드러내려고 한다. 또 다른 피조물인 동물들과 새로운 관계맺음을 상상하는 일은 동시에 하나님과의 관계를 새롭게 회복하는 일이기도 하다.

2. 낯설고 불편한 진실 - 우리에게 동물은 누구인가?

오늘날 동물은 인간의 '필요'를 충족하기 위한 소비대상이고 소비 방식은 주로 감금과 학대, 폭력과 착취, 포식(捕食), 도살과 살처분이다. 인간의 소비대상인 동물들은 용도에 따라 다양한 이름으로 불린다. 농장동물, 실험동물, 모피동물, 전시동물, 오락동물, 희생제물, 애완동물, 식용동물 등.

혹자는 개와 고양이와 같은 애완동물(pets)을 떠올리며 그들은 인간의 학대나 착취와는 거리가 멀다고 여길지 모르지만, 실상 애완동물과 유기동물은 동전의 양면과 같은 한 짝의 개념이다. 애완(愛玩)동물은, 그 이름이 의미하듯 자연권을 박

---

4) 피터 싱어, 김성한 옮김, 「동물 해방」(개정완역판), 연암서가, 2012(원서 첫판은 1975년), p.23

탈당하고 인간의 쾌락을 위해 인간 옆에서 물건처럼 길들여진다는 점에서 여전히 논란거리이다. 1980년대 이후 '반려동물(companion animals)'이란 대체 개념이 동물을 인간의 동반자와 가족적 지위로 끌어올렸다고 하지만, 할 헤르조그는 동물을 대하는 인간의 모순적이고 비일관적인 태도를 문제 삼으면서 반려동물이란 이름은 동물을 인간의 소유물이 아닌 것처럼 포장하는 '언어적 환상'에 불과하다고 단언한다.[5)]

동물을 애완용과 식용으로 구분하는 기준은 무엇이고 그것은 당연한 것인가? 우리는 왜 개는 사랑하고 돼지는 먹고 소는 신을까?[6)]

우리는 사물을 있는 그대로 보는 것이 아니라 우리의 주관대로 보기 때문이다. 인간이 각 동물을 느끼고 대하는 방식은 그 동물에 대한 우리의 인식과 인식틀에 달린 문제이다.[7)]

개고기를 둘러싼 동서양의 인식 차이와 논란에서 알 수 있듯이, 그 인식틀은 자연적이라기보다는 구성적이다. 어떤 사람에게 A라는 동물은 무리 없이 식용 고기로 전화(轉化)되지만 B라는 동물은 대신 혐오감을 낳는다. 인간의 육식 문화와 습관에는

---

5) 할 헤르조그 지음, 김선영 옮김, 「우리가 먹고 사랑하고 혐오하는 동물들: 인간과 동물의 관계, 그 모든 것에 관하여」(서울: 살림, 2011).

6) 멜라니 조이 지음, 노순옥 옮김, 「우리는 왜 개는 사랑하고 돼지는 먹고 소는 신을까: 육식주의를 해부한다」, 모멘토, 2011.

7) 같은 책, p.13-16

특정 동물과 죽은 동물의 살(고기) 사이의 인식론적 단절을 허용하고 인간의 공감능력과 불편함을 무감각으로 바꾸는 '정신적 마비(psychic numbing)'가 작용하고 있다(멜라니 조이). 이러한 인간의 정신적 마비기제는 특정 동물의 대상화와 몰인식, 부정과 회피, 합리화를 양산하고,[8)] 죽은 동물의 살(고기)에서 살아있는 동물을 비가시화하고 삭제해버린다.[9)]

오늘날 미증유의 동물 학대와 집단적 도살, 동물 고통을 야기하는 최대 현장은 공장식 축산농장(factory farm), 혹은 동물밀집 사육시설(concentrated animal feeding operations)이다. 해마다 전 세계에서 대략 500억 마리의 육지동물이 공장식 축산방식으로 사육된다. 공장식 축산농장의 유일한 목적은 최소 비용으로 제품을 생산하여 최대 수익을 남기는 것이다. 가령 영리하고 예민한 동물인 돼지는 자연 상태에서는 무리지어 살고 하루에 최대한 50km를 이동한다. 그러나 공장식 농장에서 돼지는 태어나자마자 꼬리와 송곳니를 잘리고 운신하기도 힘든 비좁은 철제 공간에 갇혀 살다가 도축된다. 새끼 돼지는 출산 직후에 어미와 떨어져 분리, 감금된다. 소의 자연 수명은 20년이지만 공장식 농장에서는 기껏해야 4년이다. 젖소는 우유 생산을 위해

8) 개는 영리하고 감정이 풍부한 반면 돼지는 더럽고 게으르다는 생각이 인간의 통념적 인식틀을 보여주는 한 예다. 실제로는 돼지가 개보다 더 영리하고 돼지가 진창에서 뒹구는 것은 땀샘이 없어 몸을 식히기 위해서다.

9) 같은 책, p.20-25

쉴 새 없이 임신을 해야 하고, 우유 생산량을 높이기 위해 유전자 조작 성장호르몬 주사를 맞고, 출산 후엔 새끼와 분리되어 사육되다가 4년만에 도축되어 식용 분쇄육이 된다. 전 세계의 산란계 중 70～80%가 상자형 닭장에서 사육된다. A4용지 크기의 상자 안에서 평균 6마리가 사육되며 1년 간 달걀 낳는 도구로 살다가 도축된다. 닭의 자연 수명은 10～15년이지만, 공장식 시스템에서는 고작 7～8주 만에 도살된다. 산란계가 낳은 암탉은 부리를 절단한 채 갇히고 수컷은 태어나자마자 산채로 분쇄기에 들어가 비료나 닭의 사료가 된다.[10)]

동물 (생체)실험 역시 무도한 동물 학대와 고통을 양산하는 주요 무대이다. 동물 실험은 의학 및 심리학 실험실, 군대 등에서 행해지고 살충제, 부동액, 브레이크액, 표백제, 초, 방취제, 목욕용 발포제, 탈모제, 눈 메이크업, 잉크, 선탠오일, 손톱 광택제, 마스카라, 헤어스프레이, 페인트, 지퍼 윤활유 등 광범위한 신제품 개발과 상업적 용도로 활용된다. 동물 실험이 인간의 수명 연장과 건강 증진에 이바지한다고 생각하기 쉽지만, 동물 실험 결과가 인간에게 적용될 확률은 5～15%이고 그로 인한 사망률 감소율은 1～3.5%에 불과하다. 세간에 알려진 악명 높은 실험으로 드레이즈 검사와 LD-50 검사가 있다.[11)]

---

10) 피터 싱어, 김성한 옮김, 「동물 해방」, 3장에서 공장식 농장의 현실을 상세히 설명한다.

모피동물의 사육 환경과 사육방식도 공포와 잔혹함의 산실이다. 모피(毛皮)가 피부와 피부에 달린 털을 아우르는 것처럼, 털을 이용하려면 동물의 피부까지 벗겨내야 한다. 여우 모피코트 한 벌에는 11마리의 여우가 필요하고, 밍크코트 한 벌엔 밍크 45마리-2백 마리가 필요하다. 전 세계 모피 제품의 75%이상이 공장식 사육시설에서 생산된다. 우리에게 양가죽을 제공하는 양은 파리 꼬임을 막기 위해 양 다리 뒤쪽과 둔부 살점을 잘리고, 주름 잡힌 부분을 절단당하고, 꼬리 잘리기는 필수다. 밍크는 목을 부러뜨려 죽인다. 중국을 비롯한 세계 각지의 열악한 공장에서 살아있는 밍크의 피부와 털을 벗겨내는 끔찍한 동영상을 손쉽게 볼 수 있다. 운동화, 구두, 벨트, 지갑, 핸드백, 가방, 오리털·거위털 파카, 양모 이불 등 인간이 애용하는 피혁, 모피 제품들이 이렇듯 수많은 동물의 생명을 잔혹하게 빼앗은 대가이다.

최근에 동물원과 동물원에 감금된 전시동물도 논란을 낳고 있다. 동물원은 19세기 초 영국에서 자연과 식민지 지배를 상징

11) 드레이즈 검사란 토끼나 개를 실험대에 눕히고 사지와 몸을 차꼬로 고정한 다음(눈을 만지지 못하도록), 동물 눈 속꺼풀 사이로 실험물질을 투여하는 것을 말한다. 3주 동안 실험을 반복하면서 동물 눈의 부기와 고름, 병균 감염도, 출혈 등의 증상을 관찰한다. 동물은 극심한 고통을 겪게 되고, 각막에 심각한 상처를 입어 완전히 시력을 잃은 동물은 도살된다. 구강 독성검사로 빈번히 사용되는 LD-50검사는 특정 동물 집단의 50%를 죽이는데 필요한 특정 물질의 치사량을 알아보는 검사이다. 동물에게 립스틱, 치약, 종이 따위의 실험제품을 강제로 먹인 후 제품의 독성에서 일어나는 구토, 설사, 근육마비, 경련, 체내 출혈 등 일반 증상들을 14일에서 6개월에 걸쳐(그때까지 살아 있다면) 조사하는 실험이다. 동물 실험 실태와 그것을 둘러싼 논쟁에 관해서 같은 책, 제2장을 보라.

하는 시설로 처음 등장했다. 수많은 사람들에게 동물원은 현장 체험과 휴식처일지 모르지만 동물들은 야생과 고향을 떠나 그곳에 감금된 것이다. 몸을 앞뒤로 흔드는 코끼리, 8자 모양으로 움직이는 곰, 원모양으로 유영하는 돌고래, 동물들의 그러한 행동은 고강도의 훈련 끝에 강제로 습득된 비정상적인 행동이다. 수년 전 반가운 소식이 들려왔다.

아메리카 대륙의 중심에 위치한 작은 나라 코스타리카는 전세계 다양한 동식물이 군집한 보고(寶庫) 중의 하나로 꼽히는데, 2013년 코스타리카의 환경장관은 동물원과 보호센터에 살고 있는 60종 400마리 동물을 야생으로 돌려보내기로 했다고 밝혔다. 인간 편에서는 동물원을 보호정책으로 간주할 수도 있지만 동물을 어떤 형태로든 감금하는 것은 결국 올바른 처사가 아니라는 것이 이유였다.[12)]

유럽연합(EU)에서도 2008년부터 공장형 배터리 닭장을 단계적으로 없애는 정책을 추진하겠다고 나선 바 있다.

분명하게도, 동물들이 처한 비참하고 무서운 현실은 인간의 폭력적이고 소모적인 삶의 방식과 연동된 것이다. 이 낯설고 불편한 현실을 더 이상 외면하지 않으려면 우리에게 적잖은 용기가 필요할지도 모른다. 동물권 시대는 동물에 대한 인간의 사고와 삶의 방식의 근본적인 변화를 요청하기 때문이다.

---

12) 2013년 8월 8일자 〈경향신문〉

3. 동물 지배와 인간 중심주의

인간이 동물과 맺어온 관계는 획일적이지 않으며 양가적이고 혼재된 것이라고 볼 수 있다. 히브리성서의 첫 책인 창세기에서 채식 및 인간과 동물 간의 조화로운 관계가 언급되기도 하지만 점차 동물 지배와 포식(捕食, predation), 희생제와 관련된 구절이 힘을 얻는다. 그렇다고 해서 동물에 대한 자비와 연민의 목소리가 전무한 것은 아니다. 여러 예언자들은 산 동물을 제물로 바치는 것, 동물 학대를 비판했다. 또한 이사야서에서는 평화의 임금이 오실 때 인간과 온갖 짐승이 함께 어울려 살 것이라는 구원의 비전이 울려 퍼진다. 그렇지만 인간이 창조세계의 정점으로 여타 동물을 지배하고 포식할 권한을 부여받았다는 견해가 유대교 안에 널리 자리잡았다.

고대 그리스 사상에서도 동물에 대한 상반된 태도를 엿볼 수 있다. 가령 채식주의자였던 피타고라스는 동물에 대한 관심을 촉구했지만(사자[死者]의 영혼이 동물에게 들어간다는 믿음에 입각한 것으로 보인다), 서구 사상의 기틀을 마련한 사람은 노예제도를 옹호한 아리스토텔레스였으며 그는 자연에 계층적, 목적론적 존재 질서가 있다고 보았다.

> **식물은 동물을 위해 존재하며, 야수는 인간을 위해 존재한다. 가축은 인간에게 사용되기 위해, 또는 식용으로 쓰이기 위해 존재하며, 야생동물은 식용 및 의복과 다양한 도구와 같은 여타 생활 부**

품으로 사용되기 위해 존재한다. 자연은 어떤 것도 아무 목적 없이, 또는 공연히 만드는 법이 없다. 때문에 자연이 모든 동물을 인간을 위해 만들었다는 것은 부정할 수 없는 사실이다.[13)]

그리스도교는 유대교와 그리스의 사유방식을 결합하고 로마제국의 질서를 기반으로 세워졌다. 정복 전쟁을 일삼은 로마제국 도심에서는 잔혹한 투기 경기가 성행했으므로 죄인, 전쟁포로, 동물 살해는 흔한 여흥거리였다. 인간 투기장은 4세기 말에 사라졌지만, 동물 살육 관행은 이후에도 존속했다. 새들에게 설교하고 자연친화적인 영성을 지녔던 성 프란치스코와 같은 이들이 더러 있었지만, 중세 가톨릭의 기류를 조성한 사람은 아리스토텔레스의 철학을 바탕으로 그리스도교 신학을 대집성한 토마스 아퀴나스였다. 「신학대전」에서 아퀴나스는 살인하지 말라는 그리스도교의 계명을 비인간 동물에게 적용할 수 있느냐고 묻고는 그렇지 않다고 대답했다.

어떤 사물을 그것이 지향하는 목적을 위해 사용하는 것은 결코 죄가 아니다. 사물의 질서는 불완전한 것이 완전한 것을 위해 존재하도록 만들어졌다. … 식물처럼 단순한 생명을 가진 모든 것은 동물을 위해 존재한다. 그리고 모든 동물은 인간을 위해 존재한다. 따라서 "철학자(즉 아리스토텔레스)"가 말한 것처럼, 사

13) 피터 싱어, 김성한 옮김, 「동물 해방」, p.323-24

람들이 동물을 위해 식물을 사용하고, 인간을 위해 동물을 사용하는 것은 아무런 문제가 없다. 또한 인간의 선(善)을 위해 동물을 사용하는 것도 합당한 일이다.[14)]

아퀴나스의 시각으로 보자면, 포식할 권한을 가진 존재가 더 완전하고 이성적인 존재이므로 '이성이 없는 동물'을 학대하는 것은 문제될 것이 없다. 그는 비이성적 동물에게 자애를 베풀 수 없는 세 가지 이유를 제시한다. 첫째, 비이성적 존재는 "선(善)을 소유할 수 없다. 선은 이성적 생물에게만 있다." 둘째, 인간은 비이성적 존재에게 동료 감정을 느낄 수 없다. 마지막으로, "자애란 영원한 행복을 공유할 때 생기는 것이다. 고로 이성이 없는 생물은 영원한 행복을 얻을 수 없다." 따라서 우리는 비이성적인 동물을 "신의 영광과 인간의 이용 목적"에 유익하게 사용할 따름이다. 우리가 칠면조에게 먹이를 주는 것은 칠면조가 허기져서가 아니라 칠면조가 성탄절의 풍성한 식사메뉴가 될 수 있기 때문이다.

르네상스 시대는 인간의 존엄성을 칭송하며 인간을 우주의 중심으로 복원시켰으나 동물에는 무관심했다. 레오나르도 다빈치는 동물의 고통을 염려하여 채식주의자가 되었다가 친구들의 조롱거리가 되었고, 철학자 조르다노 브루노는 "인간은 무한(無限) 앞에서 개미에 불과하다"고 주장했다가 1600년에 화형을 당했다. 오랜 시간이 흘러 1988년에 와서야 교황 요한 바오로 2

---

14) 같은 책, p.330-31

세는 사회 문제에 관한 회칙(Solicitudo Rei Socialis)에서 다음과 같이 선언함으로써 가톨릭의 강고한 인간중심주의에 변화를 촉구했다. "창조주가 인간에게 허락한 지배권은 절대 권력이 아니다. 우리에겐 사물들을 '선용하고 악용'할 자유가 없고 이들을 임의로 사용할 자유도 없다."[15)]

서구의 동물 지배와 인간중심적 세계관은 근대 과학의 등장으로 더욱 강화되었다. 동물 생체 실험과 해부학은 기원전 500년 전부터 연원했지만, 동물 실험이 과학 발전을 위한 중요한 과제로 부상한 것은 17세기 베이컨 시대의 일이다. 그는 1660년대까지 수많은 동물들에게 독약 실험을 반복적으로 실행했다. 과학의 발전으로 타인을 괴롭혀 유흥을 즐기던 로마의 관행이 17세기에 잔혹한 동물 실험과 도살로 바뀌었다는 평가는 사뭇 일리 있는 말이다.[16)]

베이컨의 과학철학이 실험을 통해 구체적인 사실을 이해하는 귀납적 방법이었다면, 연역적 방법을 취한 데카르트는 의심하고 생각하는 인간의 정신 외의 모든 것을 의심한 결과(코기토 에르고 숨) 정신과 육체의 이원론적 분리로 이어졌다. 육체는 운반책("기계")에 불과했다. 데카르트에 따르면, 이 세상을 인식하지 못하면서 반응하는 동물의 온갖 신호는 본능일 뿐이다. 개

---

15) 피터 싱어, 김성한 옮김, 「동물 해방」, p.335
16) 에리카 퍼지, 「동물에 반대한다」, p.137

가 짖거나 신음하는 소리는 고통의 표현이 아니라 시계나 자명종 소리처럼 외부 자극에 대한 기계적인 반응이라는 것이다. 그에게 동물은 정신과 사고 능력이 없는 자동 장치, 고통을 느낄 수 없는 기계였다. 데카르트의 그러한 주장은 '동물 기계론'이라고 불렸다.

동물에게 이성이 없으므로 인간이 동물보다 우월하다고 정당화하면서 인간의 이익을 위해 동물 실험을 용인하던 관행은 1957년 탈리도마이드 사건으로 귀결되었다.[17] 동물 실험을 거쳐 투약된 약으로 인해 수많은 기형아들이 태어난 일은 동물 실험이 인간의 삶에 필요하다는 기존의 믿음을 송두리째 흔드는 계기가 되었다. 조사 결과에 따르면, 탈리도마이드로 인한 기형 증세는 사람과 일부 토끼에서만 발견되었고 닭, 햄스터, 개, 고양이, 원숭이에서는 나타나지 않았다. 1980년 영국 보건경제청은 동물 실험의 확실한 존립 근거에 의문을 제기하며 그와 같은 실험은 굳건한 과학적 근거보다는 신념에 근거하고 있다는 성명서를 발표했다.

4. 동물권과 동물 신학의 등장

인간의 역사는 '타자'로 불리는 존재에게 도덕적 지평을 확장

17) 임신 초기 단계에 투약된 탈리도마이드가 태의 정상적 발육을 저해하는 바람에 1950년대 후반에서 1960년대 초반에 수천 건의 끔찍한 출산장애를 가진 아기들, 곧 '탈리도마이드 아기들'이 태어났다.

해온 역사였다. 거슬러 올라가면, 여성의 평등권 선언 역시 그 역사 속에서 탄생했다. 1792년 페미니즘의 선구자 메리 울스턴크레프트가 「여성의 권리 옹호」를 써서 여성에게도 동등한 권리가 있음을 세상에 알리고자 했을 때, 수많은 사람들은 '여성의 권리'라는 이질적인 개념에 냉소와 야유를 보냈다. 케임브리지 대학의 어떤 철학교수는 「짐승의 권리 옹호」라는 책을 익명으로 출간하면서 여성에게 권리가 있다면 동물의 권리도 인정해줘야 한다고 반론했을 정도였다. 우리 모두가 알고 있듯이 그의 차가운 비웃음은 예언자적으로 적중했다. 오늘날 동물은 철학과 윤리, 권리와 법, 종교 등 각 영역의 관심대상으로 부상했다. 동물에 대한 학계의 관심은 1960년대로 소급된다. 존 해리스(John Harris), 로슬린드 고드로비치(Roslind Godlovitch), 피터 싱어(Peter Singer), 톰 리건(Tom Regan)이 대표적인 동물권과 동물 복지를 주창해왔고, 비슷한 시기에 영국 신학자 앤드류 린지(Andrew Linzey)가 동물 신학의 포문을 열었다.

영국의 철학자 피터 싱어는 18세기 영국의 공리주의자 제러미 벤담의 입장을 빌어 동물 해방론을 전개한다. 공리주의란 감각 능력이 있는 한 모든 존재의 쾌락과 고통을 동등하게 고려해야 한다는 도덕적 입장을 말한다. 피부색이 다르다는 이유로 다른 인간을 괴롭혀서는 안 되는 것처럼, 다리 개수, 피부 털, 엉덩이 뼈의 모양이 다르다고 해서 다른 동물을 학대해야 할 이유가 없어질 날이 올 것이라고, 동물의 이성적 능력이나 언어 능력보다 중요한 것은 그들 또한 고통을 느낀다는 사실이라고, 벤담은 미래를 내다보듯이 말했다. 벤담이 생각하기에 어떤 존재가 평등한 배려를 받을 권리가 있음을 결정하는 기준은 쾌락과 고통의 감수 능력에 있다. 비인간 동물도 고통을 느끼는 한 '윤리적 고려 대상'이 되어야 한다.

피터 싱어는 공리주의적 관점에서 인간을 포함한 모든 동물이 평등하다고 강조한다. 남녀평등사상이 남녀 간의 차이를 부정하지 않듯이, 인간과 동물 간의 차이가 동물의 동등한 권리와 배려를 가로막는 장애가 되지 않는다. 동물권과 동물 복지의 문제는 동물의 이익(good)을 인간의 그것처럼 동등하게 고려하는가의 물음이다. 인간의 이익만 옹호하고 동물의 고통은 아랑곳하지 않는 사람들은 종차별주의자(speciesism)이다. 그렇다고 해서 그가 인간과 비인간 동물의 완전한 평등주의를 주장하는 것은 아니다.

인간의 이익과 비인간 동물의 이익이 비슷할 경우 '동등 고려의 원칙'에 따라야 한다는 것이다. 그는 동물의 고통을 최소화하는 사육 방식과 도축을 실행하고 그에 따른 육식만을 용인해야 한다고 주장한다. 즉 동물을 잔혹하게 다루는 공장식 축산업을 규제하고 윤리적 채식주의를 실현하여 동물의 고통을 최소화하는 것이 그의 대안이다. 비좁은 닭장에서 닭을 해방시키고, 인도적인 도축방식을 고려하고, 사육 환경을 개선하자는 것이다. 하지만 동물 학대와 폭력을 종식하려면 환경 개선이나 복지 증진

만으로는 불충분하고 궁극적으로는 동물의 감금과 자연 수명 단축을 해결하는 데까지 나아가야 한다는 주장도 만만치 않다. 동물사랑실천협회 박소연 대표의 말을 빌리면 "오늘은 돼지우리를 깨끗이 청소하고 내일은 돼지우리를 완전히 비우자"는 '신복지주의' 개념이 그러하다.

동물 신학의 선구자 앤드류 린지는 영국성공회 신부이자 옥스퍼드대학교 신학 교수이다. 린지는 전통적 그리스도교 신학과 바르트 신학을 인간중심주의적 신학이 아닌 동물을 포함하는 신중심적 신학으로 새롭게 해석하는데 주력했다. 1974년에 처음 펴낸 「동물권: 그리스도교의 시각」을 필두로 동물권과 동물 신학에 관한 저서들과 다수의 논문을 집필했다. 린지는 무수한 생명체와 동물들이 학대와 폭력에 시달리는 이 시대에 종교가 무엇보다 생명을 경축하고, 생명을 경외하고, 생명에 대해 연민하는 감수성을 회복해야 한다고 역설한다. 그것은 우리 밖에 있는 가치와 중요성을 인정하고 깨닫는 것이다. 그러한 종교라야 인간의 오만함과 인간중심주의를 넘어설 수 있다. 그는 각 종교를 윤리적으로 시험할 수 있는 하나의 기준이 있다면, 그것은 그 종교가 우리에게 더 사랑하고, 더 자애롭고, 더 연민하는 삶을 살게 하는가의 여부라고 단언한다. 전통적인 기독교신학은 동물을 윤리의 주변 문제로 치부하고 동물을 인간의 필요를 채우는 대상으로만 여겼지만, 오늘날 확산 추세에 있는 동물에 대한 새로운 윤리적 감수성은 "인간중심적이고 심지어 위(胃)중심적인 기독교 사상"[18]을 뒤흔들고 있다.

한편 린지는 동물에 대한 친절, 책임, 소통을 촉구하는 부분도 성서에 풍부히 담겨있음을 상기시킨다. 하나님은 '모든 살아있는 피조물'과 계약을 맺는다(창 9:9-11). 안식일의 평화는 모든 창조세계의 목표이다(창 2:1-3). 하나님은 "지으신 모든 피조물에게 긍휼을 베푸신다"(시 145:9). "자기 가축의 생명을 돌보는" 사람은 의인이고 자기 가축에게 "잔인한" 사람은 불의하다(잠 12:10).

창조 이야기에서 하나님은 인간에게 동물을 다스릴 권한을 준 다음, 바로 다음 절에서 인간에게 채식을 명한다(창 1:29). 고로 린지는 우리에게 세상의 만물을 인간의 눈이 아니라 "다른 눈으로" 보라고 권한다. 인간은 만물의 영장임을 자처하면서도, 하나님이 수백만 종, 혹은 수십억 종의 생명과 "여러 개의 눈을 가진 우주"의 창조자라는 사실을 자주 몰각해버린다. 성육신은 단지 인간의 육체에 대한 하나님의 긍정이 아니라 '모든 육체'에 대한 하나님의 긍정이고 그것은 육체를 가진 모든 피조물을 향한 하나님의 연애사건이므로[19], "하나님의 최고의 목적은 인간의 구원이 아닐 수도 있다"는 제임스 구스타프슨의 말을 경청할

18) 앤드류 린지, 장윤재 옮김, 「동물 신학의 탐구: 같은 하나님의 피조물」, 대장간, 2014, p.63, 여기서 "인간중심적이고 위 중심적"이라는 용어는 동물이 인간의 필요를 충족시키는 목적으로만 존재한다는 기존의 신념을 빗댄 것이다. 린지는 다른 종들이 오직 인간의 허기진 위를 채우는 것에 불과하다는 사고방식에 탄식한다.

19) 같은 책, p.69

필요가 있다.

다른 생물은 개별적인 고유한 가치를 지닌, 하나님의 지으신 동료 피조물이라는 점을 린지는 거듭 밝힌다. 하나님의 형상대로 지어진 우리는 신적인 삶을 살아갈 능력을 위임받았는데, 그 힘은 예수 그리스도 안에서 억눌린 존재들의 고통에 참여하는 겸손하고 희생적인 사랑으로 나타났다. 예수가 고통당하는 피조물과 "우리 가운데 지극히 작은 자"에게 보여준 '관대함의 윤리(ethics of generousity)'[20]를 따라 인간이 다른 피조물 위에 군림하지 않고 그들을 섬기는 종(種)이 될 때, 인간은 지배욕에서 벗어나 만물을 있는 그대로 인정하는 '무위(無爲)'의 영적 규율을 살아가게 될 것이다. 이처럼 앤드류 린지는 각 피조물이 존중받기를 바라시는 창조주의 권리, 곧 '신적 권리(theos-rights)'의 차원에서 동물권을 조망하고 촉구한다. 우리에게 '중요한 타자'[21]인 지각력 있는 동물들의 도덕적 요청을 받아들이고 돌보는 일은 우리의 본성 깊은 곳에 있는 만유를 위한 정의의 바람과 연합하는 일이다.

린지는 이론적 신학자일 뿐만 아니라 동물들의 삶과 죽음, 그들의 고통과 구원에 직접 관여하고 도움을 베푸는 실천적 사제이기도 하다. 그는 주위 사람들의 조롱을 무릅쓰고 「동물 의례:

20) 같은 책, p.74
21) 같은 책, p.176

동물을 위한 예전」(Animal Rites: Liturgies of Animal Care)을 펴냈는데, 그리스도인들이 "온 지구에 울려 퍼지는 신적 환희를 듣게" 하려는 목적에서다. 다음에 소개되는 기도문은 엔드류 린지가 맨 처음 집례한 동물 장례식에서 사용한 것이다.

순례자 하나님
우리와 함께 여행하시는 분
이 세계의 기쁨과 그림자들을 통해
우리와 함께 하시고
우리의 슬픔 안에서
우리의 고통을 어루만지소서.
비통함 없이
희망을 가지고
죽음의 신비를 받아들이도록 도우소서.
이 세계의 그림자들 가운데서
삶의 혼란과 죽음의 공포의 한복판에서
당신은 우리 곁에 서 계시며
항상 축복하시고, 늘 두 팔 벌려 안아주십니다.
우리는 이것을 압니다.
살아있는 모든 것이 당신의 것이며
당신께 돌아간다는 것을.
우리가 이 신비를 깊이 생각할 때

당신께서 ________ 에게 생명 주심을 감사드립니다.

이제 우리는 그/그녀를 당신의 사랑의 손에 드립니다.

온유하신 하나님

당신의 세계는 깨지기 쉽고,

당신의 피조물은 섬세하며,

우리 모두를 낳으시고 구원하시는 당신의 사랑은

값을 매길 수 없습니다.

아멘.[22]

5. 부재하는 지시대상(absent referent) 되살리기

미국의 페미니스트 작가 캐럴 아담스는 오늘날 서양의 육식 문화가 남성중심주의와 놀랍도록 유사하게 작동한다는 점을 발견했다. 동물 지배와 과도한 육식 문화가 당연시되는 사회에서는 살아있는 동물이 하나의 고깃덩어리라는 소비대상이 되고 상품화되는 과정이 지배 문화의 관점과 동일하게 일어나므로 그것이 우리 눈에 제대로 보일 수 없다는 것이다. 그렇게 그 과정은 은폐되고 비가시화된다. '고깃덩어리(meat)'라는 말은 각 동물들의 생명과 가치, 살아있는 동물이 죽은 고깃덩어리로 전화되는 모든 과정을 삭제해버리기에 그 말은 부재하는 지시대상(absent referent)이 된다.[23]

---

22) 같은 책, p.178-79

인류 역사 초기부터 성차별, 계급 및 인종주의, 육식 문화는 밀접한 관계에 있었다. 경작 문화가 성장과 재생의 주기와 조화했다면 수렵 문화는 도살과 죽음을 기본 특성으로 삼았다. 육식 중에서도 쇠고기의 붉은 피는 남성다움, 남성의 체력, 공격성, 성욕과 연관된다고 믿었다. 오늘날에도 동서양 각지에서 가장 좋은 부위의 고기는 항상 남성 '가족 부양자'의 몫이다. 18, 19세기의 아메리카 대륙 이주민들에게 쇠고기 소비는 계급 상승과 강력한 국수주의의 상징물이었다. 근대에 "음식 섭취는…사회적 차별의 수단이자 계급 불평등의 구현물"이었다(레슬리 고프턴).

고기야말로 스태미나(stamina)의 원천이라고 포장하는 현대의 동물 포식과 육식문화는 이윤과 힘의 논리에 고스란히 포획되었음에도 그 잘못된 편견과 신화에서 벗어나기 힘들게 만드는 비가시적인 지배 시스템의 대표적인 유형이다. 공장식 축산농장 혹은 동물밀집 사육시설에서 사람이 375g의 동물성 단백질(즉 고기)을 섭취하려면 송아지에게 7,875g의 단백질을 먹여야 하고, 결국 사람이 얻는 단백질은 투입량의 5%에 불과하다는 실체적 진실은 화려하고 보기 좋게 포장된 고기 식품에서 은폐되어 부재할 뿐이다.

오늘날 동물권 문제는 온 생명의 평화와 회복을 바라는 신적

---

23) 캐럴 J. 아담스 지음, 이현 옮김, 「육식의 성정치: 페미니즘과 채식주의 역사의 재구성」, 미토, 2006, p.20 이하를 보라.

요청이다. 점점 더 정교해지고 비가시화되는 동물 지배와 인간 중심주의, 육식을 조장하는 지배 문화, 그것을 뒷받침하는 교회의 지배적 신앙과 신학을 깊이 자성하고 생명을 살리는 새로운 지혜에 우리를 개방할 때이다.

2018.

날마다 길 위에서 황금률

이십여 년 전 어느 해 초여름이었다. 나는 미국에서 귀국하는 길에 십여 일간 동부 위쪽에서 남부로, 서부로 버스여행 중이었다. 수없이 그레이하운드 버스를 갈아타고 캄캄한 버스 안이나 퀴퀴한 버스터미널 모퉁이에서 쪽잠을 자며 마른 빵과 포테이토칩만 먹으면서도 스쳐가는 나무들, 고적한 별빛, 달빛과 색다르게 교감을 나눴다. 그리고는 누적된 피로감 때문이었는지 아니면 이질적인 생동감 때문이었는지 마지막 경유지 샌프란시스코에서 길을 잃고 말았다.

길을 잃는 것,은 내 인생에서 다반사였다. 특히 이사가 잦았던 어렸을 때는 이사를 가거나 학년이 바뀔 때면 길을 잃고 밤늦도록 미지의 곳을 헤맸다. 눈물바람으로 내 이름을 부르며 온 동네를 샅샅이 뒤졌던 할머니 덕분에 구조되었는데, 한 번은 내가 어느 결에 개울을 건너갔었는지 모두들 한밤중에 차가운 강물을 건너오느라 오들오들 떨었다. 그렇게 할머니와 동네 사람들의 수색 끝에 찾아낸 아이는 별로 놀란 기색 없이 말짱했다고 하니,

생각하면 참으로 죄송하고 민구한 일이다. 느릿하고 움직임이 적고 주변 세계에 서툴렀던 꼬마가 낯선 환경 및 속도와 조율하느라 혼자 주문을 걸 듯 치르는 작은 의식(儀式) 혹은 진통, 아니면 저항의 표현이었던 걸까. 그런데 막상 길을 잃고 나면 편안해지고 즐거운 상상이 시작되곤 했다. 나는 길을 잃고 싶었던 것일게다.

걸음을 멈추고 한참 서 있노라니 저쪽에서 누군가가 자전거를 타고 다가오는데, 집배원이었다. 쾌재를 불렀다. 집배원은 길을 가장 잘 아는 사람이 아닌가. 그에게 지인의 주소지를 내밀며 도움을 청하자 그는 단박에 환하게 웃으며 그러겠다고 했다. 다만, 아직 근무 시간이 30여분 남았고 온종일 땀을 흘렸으니 집에 가서 씻고 오면 족히 한 시간은 걸릴 텐데, 여기서 기다리겠느냐고 했다. 나는 그러겠다고 했다. 한 시간이 되지 않아 그는 약속한 대로 가벼운 복장으로 돌아왔다. 뜨거운 도로를 걸어가면서 자연스레 이야기를 나누게 되었다. 어투는 백인의 것이지만 작은 신장과 비서구인의 얼굴을 가진 그는 자신을 "인디언", 정확히는 "길을 잃어버린 인디언"이라고 소개했다. 그는 책과 강의실에서나 접했던 미국 백인들에 의한 인디언 말살정책의 피해자였다. 수많은 어린 인디언들이 그랬듯이, 그는 여섯 살에 고향에서 강제 이주되어 백인 가정에서 자랐다. 고등학교에 들어갈 무렵 자기 정체성에 대해 묻게 되면서 방랑하기 시작했다. 눈에 보이는 법적, 제도적 차별보다 확연히 드러나지 않는 문화적, 관습적 차별이 일상의 그물망에 더 질기고 촘촘하게 들러붙어 있는 법. 백인도 흑인도 중국인도 아닌 그는 아직도 이 도시에서 퇴근길에 편하게 찾아갈 식당과 작은 술집이 마땅치 않다고 했다. 십여 년 전부터 강제로 떠나온 고향과 인디언보호구역들을 찾아다니고 있지만, 빈곤과 알코올 중독에 찌든 그들의 눈초리 역시 냉담하기는 마찬가지였다. 그래도 그동안 몇몇 친구를 알게 되어, 흩어져 있지만 일 년에 한두 번씩 축제 때 만날 수 있다며 웃었다. 그리고는 마침 인근에서 인디언 축제가 열리는 중인데 오늘이 마지막 날이니 혹 시간이 닿으면 와보라며 안내지를 내밀었다.

지인의 댁에 당도해보니, 지인은 "꼭 집 앞에서 기다리라"는 쪽지를 문틈에 남기고 날 찾으러 주변을 살피러 나가고 없었다. 집배원은 어차피 기다려야 하고 출출하니 맞은편 우동 가게에서 간단히 요기를 하자고 했다. 어쩌다가 저녁까지 얻어먹은 후 나는 그에게 머릿속에 맴돌던 질문을 던졌다. 당신은 이방인이 도움을 청할 때마다 오늘처럼 친절을 베푸느냐고. 주저 없이 그는 대답했다. 어릴 적 자신이 어머니에게 배운 하나의 가르침이 황금률이라고, 그러니 누군가에게 황금률을 실천하는 한 자신은 인디언이라고.

지인과 상봉하고 집배원에게 깊이 감사하며 헤어진 후 지인은 눈을 크게 뜨고 고개를 내저었다. 낯선 도시에서 길을 잃고 아무나에게 도움을 청하고 무턱대고 그를 따라간 나와, 길에서 만난 이방인에게 끝까지 도움을 준 집배원 모두 이해하기 어렵다고 했다. 나는 길에서 만난 집배원이 천사인 것을 첫 눈에 알아보았으니 그것을 알아본 나 역시 오늘만큼은 천사가 아니었겠느냐고 대꾸했다. 그날 밤 오히려 지인의 성화로 우리는 40여 분을 달려 인디언 축제가 열리는 인근 대학교에 당도했다. 축제의 열기는 이미 꺼져가고 있었지만 지인과 나는 덮개를 뒤집어 쓰고 사위어가는 불꽃과 춤과 북소리를 한동안 말없이 지켜보았다. 돌아오면서 우리는 오늘 만난 길 잃은 인디언이자 천사에 대해, 황금률에 대해, 우리가 느낀 부끄러움에 대해 많은 이야기를 나누었다. 지금도 길 위에 있을 때, 누군가에게 도움을 청할 때나 누군가가 내게 도움을 청할 때면 오래 전 일이 되살아난다.

매일 아침이면 세계 곳곳에서 폭력과 테러, 살상, 재난의 소식이 식사메뉴처럼 날아들고, 개중엔 신의 이름으로 자행되는 살상과 보복이 적지 않다. 자비(慈悲, compassion)를 구하고 실천해야 할 종교인들이 오히려 증오와 혐오감을 확대하고 재생산하는 주체세력이 된다. 많은 이들에게 자비는 오래된 종교 문헌이나 지루한 설교에서나 듣는 고지식하고 무력한 언어로 들린다. 우리의 굳어버린 마음의 습관과 삶의 방식에 아무런 영향력을 줄 수 없는 화석화된 언어쯤으로. 길을 잃었다면 다시 시작할 일이다. 종교인이라면 자신이 서 있는 자리를 곰곰이 들여다볼 일이다. 나는 무엇으로 나를 종교인, 신앙인이라 하는가?

유명세 있는 영국의 진화생물학자 리처드 도킨스는 인간존재를 '이기적인 유전자'의 끊임없는 자기복제 과정에서 구축된 '생존기계'로 설명한다. 인간의 본성은 본시 이기적이고 무자비하다. 도킨스 류의 학자들의 주장에 따르면, 인간의 이 자기중심적 본성은 진흙탕에서 살아남으려 몸부림치던 파충류에게서 물려받은 '오래된 뇌'에서 연원한 것이다. 아주 옛적 생명체들의 생존방식은 먹고, 싸우고, 도망하고, 짝짓기 하는 것이 전부였다. 호모 사피엔스가 이 오래된 뇌 체계에 의해 자기 이익과 권력, 지배, 영역싸움에 몰두하며 생존하는 동안 '새로운 뇌'도 진화했다. '새로운 뇌'란 본능적이고 이기적인 격정에서 한 걸음 물러나 세계와 자기 자신을 반추하는 능력의 발상지이다. 새로운 뇌의 진화로 종교와 문화, 예술이 생겨나고 인간은 때로 협력과 공감, 의미를 추구하게 되었다. 그 학설에 비추어 보면, 인간의 삶은 아주 '오래된 뇌'와 '새로운 뇌'의 위태로운 공존상태인 것이다.

영국의 종교학자 카렌 암스트롱은 동서양의 고등종교들과 그리스 철학이 모두 기원전 900년과 200년 사이에 발원했다는데 주목한다. 독일 철학자 칼 야스퍼스는 이 시기를 '축의 시대'라고 불렀다. 축의 시대에 인류는 폭력과 야만의 한복판에서 공감과 자비를 일깨우고 촉구하는 종교적, 영적 혁명을 일궈냈다. 카렌 암스트롱은 인류가 축의 시대의 통찰을 넘어선 적이 없다고 단언한다. 축의 시대의 통찰은 무엇인가? 그것은 황금률로 집약될 수 있다.

공자(孔子)의 제자들이 스승에게 물었다. '온종일 그리고 매일' 실천해야 할 가르침이 있다면 그것이 무엇입니까. 공자는 그것이 '서(恕, 배려)'라고 대답했다. 논어는 '서'를 자기가 원치 않는 일을 남에게 하지 않는 것이라고 풀이한다. '서'란 타인을 나처럼 여기는 것이다. 공자는 이것을 '인(仁)'이라고도 불렀다. '인'이란 모든 사람을 존중하고 자기가 원하는 것을 토대로 남이 원하는 것을 이해하는 것이다. 자기가 하고 싶은 것이 아니면 다른 사람에게 시키지 말라(기소불욕 물시어인, 己所不欲 勿施於人).

잔혹한 동물 도축과 전투를 일삼던 고대 인도인들은 그보다 일찍 공격적 습성에서 벗어나기 시작했다. 힌두교의 현자들은 인간의 내면으로 눈길을 돌리고 참된 자아(아트만)에 이르러야 브라만(범凡)과 합일하게 된다고 여겼다. 참된 자아를 깨달은 자는 곧 온화하고 침착하며 인내하고 두려움에서 벗어난 아힘사(비폭력)적 인간이었다. 요가는 그것을 깨닫는 수행법의 하나였다.

붓다도 같은 깨달음에 도달했다. 그는 오랜 수행 끝에 자기를 괴롭히던 열망과 욕망, 이기심이 소멸되는 평화로운 경지에 이르렀고 그것을 '열반(涅槃, 번뇌를 불어 끄다)'이라 불렀다. 그는 열반에 이르게 하는 수행법의 하나로 '사무량심(四無量心)', 곧 보살이 가져야 할 네 가지 자비심을 가르쳤다. 중생을 즐겁게 하려는 마음, 중생을 불쌍히 여겨 고통에서 벗어나게 하려는 마음, 중생의 행복에서 기쁨을 얻는 마음, 중생을 편견 없이 동등하게 사랑하는 마음이 그것이다. 이것을 깨달은 사람은 저잣거리로 돌아가 중생에게 자비를 행하라고 했으니, '보살'이 바로 그러한 사람이다.

유일신 세 종교에서도 자비와 황금률의 가르침은 활짝 만개했다. 「탈무드」에 나오는 이야기이다. 어떤 이교도가 유대교의 위대한 현자 힐렐에게 이렇게 요구했다. 내가 한쪽 다리로 서 있는 동안 토라(율법) 전체를 요약해서 설명해준다면 유대교로 개종하겠소. 힐렐이 대답했다. 당신이 싫어하는 일을 이웃에게 행하지 마시오. 그것이 토라의 가르침 전부이고 나머지는 주석에 불과하니 가서 토라를 공부하시오.

또 다른 이야기도 있다. 랍비 요하난 벤 자카이가 예루살렘 밖으로 나갔을 때의 일이다. 그를 따라나섰던 랍비 여호수아가 불에 타서 폐허가 된 성전을 바라보며 말했다. "이스라엘의 죄를 속죄하던 곳이 폐허가 되었으니 안타까운 일이군요!" 그러자 랍비 요하난이 말했다. "슬퍼하지 마시오. 우리는 성전에서 했듯이 속죄를 할 수 있소. 그것은 사랑을 행하는 거지요. '내가 바라는 것은 인애(仁愛, 변치 않는 사랑)이지 제사가 아니다'라고 하셨잖소!"

신의 이름을 도용한 참혹한 전쟁과 민족의 비운 속에서 이웃 사랑과 자비를 행하는 것이야말로 신이 원하는 것이라고 했던 유대교 랍비들의 가르침은 보다 급진적인 예수의 산상수훈과 황금률로 나타났다. 남에게 대접을 받고자 하는 대로 너희도 남을 대접하여라. 이것이 율법과 예언서의 본뜻이다(마 7:12). 너희 원수를 사랑하고, 너희를 박해하는 사람을 위하여 기도하여라… 아버지께서는 악한 사람에게나 선한 사람에게나 똑같이 해를 떠오르게 하시고, 의로운 사람에게나 불의한 사람에게나 똑같이 비를 내려주신다(마 5:43-45).

무함마드가 태어나던 당시 아랍지역 부족들은 '자힐리야(무지의 시대)'에 잠식당한 상태였다. '자힐리야'는 공격, 오만, 맹목적 애국주의, 폭력과 보복을 뜻한다. 무함마드가 신으로부터 계시를 받고 그것이 기록되면서 변화가 찾아들었다. "자기가 바라는 것이 이웃에게 일어나길 원치 않는 사람은 신자가 될 수 없다"고 무함마드는 주장했다. 꾸란은 사유재산 축적과 부의 독점을 막고 가난한 약자들이 존중받는 사회를 만들라고 가르쳤다. 또한 고질적인 '자힐리야'의 습성을 갈아엎고 '힐름'(자비)의 덕성을 계발하라고 촉구했다. '힐름'을 실천하는 사람은 관대하고 너그러우며 격노할 만한 상황에서도 평온하고 상처에 맞서지 않고 보복은 알라에게 맡긴다. 그들은 빈민, 고아, 과부를 보살피고 겸손하게 걸으며 모욕을 당해도 '평화(salam)'라고 대답한다. 무함마드는 무지하고 오만한 '자힐리야'에서 벗어나 알라에게 몸과 마음을 맡기고 '복종(islam)'하라고 명했다. '무슬림'은 자기를 신에게 맡긴 자이다.

자비는 어디서 오는가. 자비는 만물이 모두 연약하고 상처받기 쉬운 존재라는 자각에서 움튼다. 그러한 동류의식과 상호 인식이 타인을 이해하고 공감하게 만든다. 리처드 도킨스가 믿어 의심치 않듯이 인간은 이기적이고 무자비하기도 하지만, 축의 시대에 태어난 종교들은 인간에게 자비로움 또한 있음을 환기시킨다. 종교는 원시적인 폭력상태에서 벗어나게 하는 자비로부터 발원했으며 인간은 자비를 통해 신과 조우한다. 자비의 가르침, 황금률은 오늘날까지 종교를 넘나들며 많은 사람들의 심장을 두드려왔다. 시몬 베유도 그 중 한 사람이다. 프랑스의 세속적 유대인으로 태어난 그녀는 세계대전, 나치즘과 반유대주의, 산업화에 내몰려 비인간화된 수많은 사람들의 고통을 목도하고 연대하면서 점차 예수 그리스도의 고통에 깊이 이끌렸다. 그녀는 누구보다 신약성서와 그리스도를 사랑했지만 세상의 고통받는 불신자들, 영혼을 파괴당한 사람들 곁에 남고자 제도화된 교회 '안'으로 들어가길 거부했다. 또한 서른네 살에 타국에서 결핵과 영양실조로 죽어가기까지 평생 동안 최소한의 음식물만 섭취했다. 세상의 고통에 연대함으로써 그리스도의 고통에 참여하려 했던 시몬 베유는 황금률의 사람이었다.

효용성과 유용성의 가치가 높아질수록 어두운 그늘과 박탈감도 깊어질 수밖에 없다. 오스트리아 출신의 사상가 이반 일리치는 기술문명이 불러들인 무서운 폐해를 '근원적 독점'이라는 말로 꿰뚫어 보았다. 편리와 유용성을 위해 만들어진 발명품이 어느 지점부터는 거꾸로 인간을 지배하고 노예화한다는 뜻이다. 이 현상은 자동차, 휴대전화와 같은 필수화된 물품에만 국한되지 않는다. 병원이 넘쳐날수록 인간은 병들어가고, 학교가 넘쳐날수록 인간은 우민화되며, 대량생산된 상품이 넘쳐날수록 인간은 궁핍해지고, 경제 성장의 환상에 발목 잡힐수록 인간은 도구화되고 무용(無用)해진다. 유용성의 '근원적 독점' 현상 앞에서 많은 사람들이 쫓겨나고 죽어가는, 여전히 야만적이고 폭력적인 세상에서 다시금 무용지용(無用之用)을 생각한다. 그 첫걸음이 황금률이 아닐까.

축의 시대에 자비의 가르침이 그랬듯이, 이십여 년 전 이국땅에서 만난 인디언 천사가 일러주었듯이, 황금률은 우리를 야만적인 폭력과 편견에서 물러나게 하고 신성과 만나게 하며 개별 존재들을 깊이 연결시킨다. 인간은, 또는 종교인은 무엇으로 사는가. 날마다 길 위에서 황금률이 아니라면.

〈샘〉43호, 2019.07

감리교 목사, 신학을 공부하고 가르치는 사람으로 느릿하게 산다. 글을 좋아한다. 작고 소박한 것에 대한 집착과 개인주의적, 비폭력적 기질 때문에 주변 세계와 종종 마찰을 겪는다. 잡다한 책읽기의 도움으로 보다 덜 편협한 인간으로 살고자 하는 바람을 갖고 있다.

〈샘〉에 표기한 저자의 자기소개글

동산 밖으로, 삶의 한가운데로

작년 가을, 예기치 않게 두 달간 산중에서 지냈다. 나날이 파도처럼 밀려드는 일상적 잡무를 뒤로하고 구불구불 산길에 흔들리며 깊은 숲속으로 향했다. 숨쉬기 힘들 만큼 무겁게 짓눌린 심신을 일거에 멈추고, 숲으로 들어가 인간의 삶 또한 신의 깊은 숨결에 기대어 미약한 호흡을 이어나가는 일임을 다시금 알아차리는 일, 그것은 선물이었고 느닷없음은 선물의 속성인지도 모를 일이다.

푹신한 의자 하나 없는 단출한 산속 거처는 맑은 아침 햇살과 산자락 오색 빛이 한껏 노닐다 가기에 비좁거나 불편하지 않았다. 도리어 그곳에서 나는 꽤 오래 전부터 마음속에 담아왔던 헨리 데이비드 소로의 오두막을 여러 번 떠올렸다. 18세기 자연주의자이자 작가였던 데이비드 소로는 월든의 호숫가에 작은 오두막을 짓고 수년 간 살았다. 그의 집에는 세 개의 의자가 있다고 했다. 하나는 고독을 위한 것, 둘째는 우정을 위한 것, 셋째는 사교를 위한 것. 느릿느릿 걷는 낮은 산길은 산새들과 수많은 생명제의 보금자리였다. 행여 그네들의 자유로운 놀이에 방해가 되지 않을까, 숨죽이곤 했다. 나만치 말수 적은 누군가와 수일간 동행을 하기도 하고 어느 날에는 나란히 앉아 명상을 하고 침묵 기도를 했다. 인간은 언제부터 이렇게 걷기 시작한 걸까. 인간의 삶은 어디서부터 시작된 걸까.

동산 밖으로

기원과 그 의미를 이야기하기에는 신화(神化)가 제격이다. 구약성서(혹은 히브리성서) 〈창세기〉 서곡에는 두 개의 창조 이야기가 나온다. 그중에 〈창세기〉 2-3장의 이야기는 고대 인간이 겪었던 곤경과 물음, 그 원인에 관한 이야기이다. 왜 인간의 삶은 고된 노동과 출산의 고통과 죽음으로 가득한가? 왜 신은 이다지도 멀리 있는 것인가?

에덴동산 이야기는 태(胎) 안에서 성장하려는 고대 인간의 이야기, 곧 인류의 유년기에 관한 이야기이다. 아담과 하와와 뱀은 인간성을 받쳐온 상이한 측면을 상징할 수 있다. 뱀은 의심하고 반항하는 인간의 충동을 보여주고, 하와는 지적 갈망과 모험에 대한 욕구, 눌림 없는 삶에 대한 열망을 드러내며, 다소 수동적인 태도를 보이는 아담은 자신의 행동에 무책임한 우리 안의 또 다른 면모이다. 5세기 초 히포의 주교 아우구스티누스의 해석을 계기로 그리스도교는 이 이야기를 인류의 원죄 이야기로 국한해 읽어온 경향이 있지만 이야기, 특히 신화적 이야기는 하나의 교리나 문자적인 해석에 갇히지 않는다.

동산 안에서 아담과 하와는 선악과를 먹었다. 그들은 선악을 아는 지식을 얻었지만 순수를 잃었다. 선과 악은 삶 속에 뒤얽혀 있다. 그 지식은 인간을 이롭게도 하고 재앙을 주기도 한다. 그들은 수치심과 두려움을 알았고 서로 반목하게 되었다. 서로 간에, 자연으로부터, 신으로부터 소외를 경험했다. 결국 아담과 하와는 동산 밖으로 추방된다. 동산 밖에서 시작된 인간의 삶은 노동과 해산의 고통, 죽음이 숙명처럼 동행하는데 그것을 반드시 신의 저주나 심판으로 읽을 필요는 없다. 노동과 해산의 고통은 어른으로 살아가는 도리이자 조건이기도 하다. 죽음은 흙에서 나온 인간이 흙으로 돌아가는 것이고, 후대가 세상에 오는 길목이기도 하니 말이다. 이 이야기는 인간에게 소여(所與)된 삶을 동산 밖의 삶, 추방된 자의 삶과 같다고 말한다. 신화, 신의 이야기는 인간의 집단적 무의식에 자리한 경험을 반추해준다. 인간의 삶을 동산 밖으로 떠도는 추방된 자들의 삶으로 여겼던 사람이 얼마나 숱했으랴! 나 또한 그랬다. 깊이를 알 수 없는 늪에 빠지듯 걸음걸이는 몹시 뒤뚱거렸고 어디서부터 길을 걸어야 할지 알 수 없어 불안했다. 세상은 난폭하고 어둡고 불합리했다.

언제부터였을까, 성서의 이 이야기가 내 불안과 두려움을 해석해주고 적잖은 안도를 주었던 것이. 신은 그들을 추방만 한 게 아니다. 추방된 그들에게 가죽옷을 지어주고, 이후 그들이 머무는 곳을 줄곧 좇으며 어둑한 빛을 비춘다. 추방된 자리, 동산 밖에서 인간의 삶이 시작되었다는 이 이야기는 역설적이다. 거기서부터 삶의 길을 걸어가라고 등 떠밀고 독려하니 말이다.

가인과 아벨, 폭력의 악순환

동산 밖의 삶은 가인과 아벨의 이야기로 이어진다. 〈창세기〉 11장까지 이어지는 이러한 이야기들을 '원역사(原歷史)'라고 부른다. 역사상 존재했던 특정 인물들의 이야기라기보다는 인간의 원형적인 이야기, 인류 보편의 이야기라는 뜻이다. 이 이야기는 먼 옛날 누군가의 이야기만이 아니라 오늘 이 시대를 살아가는 우리의 이야기이기도 하다.

아담과 하와는 두 명의 아들, 가인과 아벨을 낳았다. 형 가인은 농부이고 아우 아벨은 양을 치는 목자로 산다. 그들은 각자의 소산으로 신께 제물을 바친다. 그런데 어인 까닭인지 신은 아벨과 그의 제물만 반기고 가인과 그의 제물은 반기지 않는다. 화를 주체하지 못한 가인은 급기야 들에서 아벨을 살해하게 되고 그 형벌로 그 땅에서 쫓겨나 떠돌이가 된다. 가인과 아벨 이야기는 폭력과 보복으로 피비린내 나는 삶을 이어온 인간 세계의 폭력성을 근원적으로 성찰하게 한다. 처음 자행된 증오와 살인이 하필이면 첫 형제간에 일어났다는 것 자체가 역설적이고 불편감을 준다. 인간의 삶은 폭력성을 유전형질처럼 근간으로 하고, 무참히 살해되어 인간의 대지를 붉게 물들이고 사라진 자들이다.

왜 신은 아벨의 제물만 받으셨는가? 많은 사람들이 궁금히 여겼다. 혹자는 신의 식성이 채식보다는 육식에 가까웠다고 하고 또 어떤 사람들은 가인의 제사보다 아벨의 제사가 더 정성스러웠기에 신의 마음에 들었다고 했다. 성서 저자 역시 말이 없는 듯하니 곡절을 정확히 알기 어렵다. 그런데 현대 신학자 미로슬라브 볼프는 이 의문을 가인과 아벨이라는 이름의 어의(語義)와 상관지음으로써 이야기를 새로운 시각으로 끌어간다. 그는 지독한 분쟁지역인 크로아티아 출신으로 전쟁의 상흔을 지닌 사람이다. 볼프에 의하면 가인과 아벨의 이름이 이 물음을 풀 수 있는 실마리가 된다. 하와는 가인을 낳은 후 "주님의 도우심으로 내가 남자아이를 얻었다"고 기뻐한다. 가인은 '얻었다', '생산했다'는 뜻이다. 이와 달리 아벨은, 성서에는 나타나지 않지만, '호흡', '허무', '무의미', '아무것도 아닌 것' 등의 의미와 관계한다. 가인과 아벨이라는 이름에는 부모의 편애가 모호하게 남아 있다. 게다가 이름이 그들의 삶을 운명처럼 지배한 것일까. 전설에 의하면, 가인은 큰 땅을 소유한 부농이었고 아벨은 작은 황무지에서 몇 마리 양을 치는 빈궁한 삶을 살았다고 한다.

동산 밖에서 살아가는 인간에게는 사랑도 온전치 못하다. 사랑은 모자라거나 넘치기 마련이고, 상처를 남기거나 증오로 바뀌고 폭력성을 드러낸다. 부모의 사랑도 종종 크게 다르지 않다. 부모의 사랑이 자칫 편애로 기울고, 형제 살인이라는 악의 뿌리는 이미 부모의 차별적인 사랑에서 비롯되었을 소지가 있다. 성을 내는 가인에게 신은 "어찌하여 네가 화를 내느냐?"고 되묻는다(4:6). 신이 아벨의 제물을 반긴 것은 아벨이 부모로부터 또한 세상에서 받지 못한 사랑을 채워주고자 함이 아니었을까? 혹 그렇더라도, 가인은 자신에게 주어진 풍족함과 생산의 기쁨이 부모의 편애와 동생의 결핍을 대가로 한 것임을 알지 못한다. 그의 화는 끝내 극도로 치닫는다. 아벨을 죽인 후 가인은 더 이상 땅에서 소출을 얻지 못하고 떠돌이로 살아가야 하는 형벌을 받는다. 신에게서 멀어지고 누군가에게 보복을 당할지도 모르니 그는 두려움에 사로잡힌다. 신은 타인들로부터 보복당하지 않도록 그에게 표를 찍어주신다.

가인과 아벨, 가해자와 희생자의 이야기는 형제간 살해로 끝나지 않는다. 폭력의 얼굴은 평면처럼 매끄럽지 않다. 폭력은 이미 다른 폭력과 인과관계처럼 얽혀 있고 이것을 알지 못하는 폭력은 더 큰 폭력과 싸움, 죽음과 전쟁으로 확대된다. 이것은 인간이 자행해온 폭력의 근본 생리, 즉 폭력의 악순환을 직시하게 하는 이야기이다. 가해자는 다시 피해자가 되고 피해자는 가해자로 바뀐다. 그러한 삶에서는 개와 늑대의 시간처럼, 더 이상 가해자와 피해자가 구분될 수 없고 더 큰 증오와 폭력과 보복이 승리자일 뿐이다.

가인과 아벨 이야기는 인간이 끊임없이 저질러온 폭력과 보복, 폭력의 악순환에서 벗어나 삶을 걸어가라는 명령이다. 이것이 생명(生命)이다. 형제 살해 후 추방되어 떠도는 가인이 다시 누군가의 희생자가 되지 않게 하는 것, 그것이 폭력을 이기는 유일한 길이다. 쉽지는 않지만 인간의 삶이 끝이 없는 폭력의 악순환 속에 있음을 기억한다면, 폭력과 보복을 선택하지 않을 가능성이 생긴다.

바벨의 기억

동산 밖으로 추방되어 떠도는 자들에게 신은 때로 모순적이고 모호하게 다가온다. 일례로, 아브라함에게 아들 이삭을 모리아 산으로 데려가 제물로 바치라는 신의 명령은 얼마나 당혹스러운가. '모리아'는 '보다'를 의미하는 말이다. 삶의 딜레마와 씨름하는 인간이 신을 보거나 이해하기란 결코 쉽지 않았을 것이다. 성서는 다층적이고 상이한 문헌들이 기록되고 수집된 후 여러 번의 편집과 재편집을 거쳐 형성된 오랜 시간의 산물이다. 복잡한 성서 형성의 과정을 낱낱이 밝혀낼 수는 없지만, 기원전 6세기 말 '바빌론 유수'라고 불리는 경험이 성서 전승의 중요한 이정표가 된 것은 확실하다. 주변 열강 속에서 민족주의를 발판 삼아 근근이 버티던 유다 왕국은 바빌로니아 제국의 침공을 받고 파국을 맞았다. 예루살렘과 성전이 파괴되고 다수의 엘리트 계층이 수차례 바빌론으로 이송되었다.

바빌로니아의 수도 바빌론으로 유배된 사람들은 제국의 놀라운 성취와 문명을 목격하고 입을 다물지 못할 만큼 크게 놀라는 한편, 신에게 버림받은 듯한 충격과 분노에서 한동안 벗어나지 못했을 것이다. 어떤 사람들은 바빌론의 신에게 패배한 신을 더 이상 섬길 수 있겠냐고 따지듯 물었다. 신이 거하던 곳인 성전이 무너지고 예배가 사라졌으니 말이다. 그들의 전통적인 신 이해와 신앙이 유배의 시공간 속에서 산산조각 나는 듯했다. 이때 이송된 사제 그룹의 일부가 나서서 예로부터 전해진 이야기들을 재해석하여 전혀 다른 신 이야기로 변주를 시도했다. 그들을 P(priests)라고 부른다.

그들은 뿔뿔이 흩어져 있던 기존 전승과 서사들에 새로운 요소를 추가해서 이스라엘인들의 오랜 방랑과 이주의 삶을 시리즈처럼 엮어간다. 〈출애굽기〉에서 신은 광야를 떠도는 백성 한가운데로 내려와 그들의 장막에서 머문다. P는 율법도 혁신했다. 〈레위기〉와 〈민수기〉는 유배된 자들에게 전례와 정결 의식, 음식 규례를 지킴으로써 그들 가운데 신이 현존하듯이 거룩한 삶을 살아가라고 촉구한다. 유배의 고통은 유배당한 자들에게 타자의 고통에 공감하고 그 고통 속에서 신을 발견하게 했다. 이방인을 멸시하지 말라는 성서의 황금률이 유랑의 경험 속에서 더욱 확고히 자리 잡았다.

〈창세기〉 1장에 나오는 첫 번째 천지창조 이야기도 가장 눈길을 끄는 P의 산물이다. 바빌론으로 이송된 이스라엘 사람들은 매해 신년 제례에서 낭독되는 바빌론 창조신화를 들으며 그 신화가 들려주는 신들 간의 끔찍하고 잔혹한 전쟁 이야기에 오금이 저렸을 것이다. 바빌론 신화에서 최후의 승리자 마르두크는

티아마트의 시체를 동강 내서 하늘과 땅을 만들고 신들의 온갖 잡무를 담당해줄 노예로 인간을 창조한다. P는 바빌론 신화와는 사뭇 다른 창조 이야기를 들려준다. 〈창세기〉 1장에서 바다와 해, 달, 별은 신이 아니다. 거대한 바닷속 뱀도 더 이상 위협적인 세력이 아니며 맡은 일을 할 뿐이다. 신은 말씀으로 만물을 창조하고 제 칠일에는 그들을 기뻐하며 쉬었다. 놀랍게도 이 이야기는 피비린내 나는 신들의 전쟁이나 폭력에서 벗어난 비폭력적인 창조와 창조세계를 노래한다.

이사야는 실제로 바벨론 유수 시대에 살았던 예언자이다. 〈이사야서〉 한가운데 자리해 있는 '종의 노래'에도 P의 흔적이 담겨 있다. 네 개의 '종의 노래'들은 〈이사야서〉에 자주 등장하는 전사처럼 세상으로 진군하는 호전적인 신의 모습에서 멀찍이 있다. '종의 노래' 저자는 억울하게 가해지는 모욕과 조롱, 폭력을 참고 견딘다. 그를 의롭게 하신 분이 멀리 있지 않기 때문이다. 고난받는 종의 이미지는 훗날 예수 그리스도가 걸어간 십자가의 길에서 비상하게 부활했다.

'원역사'의 끝자락 〈창세기〉 11장에서 바벨탑 이야기가 들려온다. 처음에는 세상에 하나의 언어가 있었으나 사람들이 지배력을 과시하며 하늘에 닿는 탑을 쌓으려 하자 신들은 인간의 말을 뒤섞어 불통하게 하고 그들을 흩트렸다. '바벨'은 바빌론을 가리키는 말이고 온 세상의 말을 뒤섞은 일을 상기시키는 이름이다. 세상에 흩뿌려져 서로 다른 언어를 사용하게 된 기원론적 이야기인 바벨탑 이야기는 다른 한편 바빌론 유수의 쓰라린 기억을 끌어올린다. 제국의 삶은 끊임없이 타자들의 삶을 볼모로 삼고 식민화하면서 그것의 대가로 구축된다.

독일 출신 사회학자 마리아 미즈는 「가부장제와 자본주의: 여성, 자연, 식민지와 세계적 규모의 자본축적」이라는 책에서 인간이 일궈온 문명화가 그러한 과정을 밟아왔음을 소상히 밝혀낸다. 지배와 독점에 의거한 제국의 삶은 중심지와 변방, 인간과 자연, 남성과 여성, 1세계와 3세계, 부유한 자와 가난한 사람, 과개발과 저개발 등 양극화된 질서로 진행되고 한 축은 다른 축의 희생을 토대로 '발전'해간다. 제국의 질서에 기반한 세계에서는 한가운데란 존재하지 않으며 모두가 필요한 대로 삶을 일구고 자신의 목소리를 내는 자족적인 삶이 불가능하다.

수년 전에 작고한 미국의 페미니스트 신학자 레티 러셀은 유작이 된 「공정한 환대」(Just Hospitality)에서 바벨탑 이야기를 탈식민주의적 시각에서 재포착한다. 바벨탑을 쌓는 사람들을 흐트리고 언어를 뒤섞은 것은 지배 권력과 획일화를 통해 타인들 위에 군림하고자 하는 사람들에 대응하는 신의 처신이다. 교만과 권력, 재물을 탑처럼 쌓는 사람들에게 신은 '차이'를 선물로 준다. 인종, 젠더, 언어, 문화, 성적 지향성 등등의 차이는 지배 세력에 의해 통제되고 해소되어야 하는 문젯거리가 아니라 온 피조물에게 신이 선사해준 "유쾌하고 떠들썩한 선물"이다. "이러한 차이 자체가 이미 선물이다. 낯선 목소리가 들려오고 언어와 문화가 풍성해지는 것이 신이 주시는 선물이다"(96쪽).

레티 러셀은 신이 주신 선물, 차이와 다양성이야말로 가부장적 교회와 사회를 뒤흔드는 해방의 동력이 된다는 것을 삶으로 보여주었다. 그녀는 자신이 수십 년간 걸어온 주변부적인 삶의 행보가 궁극엔 환대, 신의 둥근 식탁으로 인도했다고 술회한다. 그녀는 여성이라는 이유로 하버드 신학대학원에 입학이 불허되던 시대에 학칙 개정을 요구하며 입학한 최초의 여성이었을 만큼 용감하고 진취적이었음에도 자신이 일평생 주변과 잘 어울리지 못하는 '내부 안의 외부자'였다고 토로한다.

사별과 이혼, 목사 부인이라는 어색하기만 했던 옷, 백인으로 뉴욕 동부 할렘가에서 시작한 흑인교회 사역, 두터운 남성 중심적 교단과 대학에서 때로는 동일하게 때로는 이질적인 목소리를 냈던 페미니스트 교수이자 목사, 오랜 기간 전 세계를 떠돌며 참여해온 에큐메니칼 운동, 양성애적 레즈비언, 커밍아웃 이후 성직 박탈 등. 그러나 주변부에서 또 다른 주변부로 이어진 그녀의 삶은 아무도 소외되거나 배제되지 않는 신의 둥근 식탁 한가운데로 인도되고, 그녀가 경험한 환대는 타자들에게 선물처럼 전염되었다. 주변과 잘 들어맞지 않는 삶의 기질은 중심과 주변부를 뒤집고 역전시키는 신의 활동에 사용되는 '선물'이다. 차이와 다양성이라는 선물 덕분에 우리는 서로 간의 다름을 눈여겨보고 받아들이며 탈식민주의적인 환대의 삶을 향해 걸어갈 수 있다.

얼마를 걸어온 걸까. 여전히 느릿느릿 뒤뚱거리는 걸음이지만 꽤 걸었다. 동산 밖에서, 추방된 자로, 이방인처럼 걷는 동안 언제부터였을까, 나만치 느리디느린 신의 기척을 느끼곤 했다. 멀리서, 저만치서, 때로는 지척에서. 결핍과 의혹과 질병과 싸움, 수고로움, 폭력의 악순환, 획일성, 지배와 독점이 여전히 실타래처럼 얽혀 있는 동산 밖은 뜻밖에도 신이 기거하는 곳이기도 하다. 추방된 자들의 오두막은 신이 거닐던 동산처럼 때때로 천사들이 드나들고 신이 주신 다양한 선물로 북적였다. 나는 여전히 동산 밖으로 걷는다. 몸에 탈이 생기고 숨이 가빠오지만 계속 걷는 중이다. 삶의 한가운데로.

〈샘〉44호, 2020.04

12.07.2006 19:21
HK
MS

누구의 연인도 되지 마라

버림받은 자가 되어라

당신 인생의 모순을

숄처럼 당신 몸에 두르고,

돌을 막기 위해

당신을 따뜻하게 하기 위해

– 앨리스 워커, '누구의 연인도 되지 마라' 부분
소피아의 방 '독서노트'에서

제자들 좌담

우리들의 선생님,
정애성을 기억합니다

김경민, 김유미, 김영(가명), 이은재, 옥승헌, 임지희
정명성, 조은소리, 최건희, 함영원, 함지혜

2022.7.19 감신대에서

우리들의 선생님,
정애성을 기억합니다

01 인사

"나 이렇게 잘 살고 잘 자립했고 성장했어요."

이은재 정애성 교수님 수업을 누구보다 열심히 따라다니며 듣다가 교수님과 마침내 친구가 됐다고 생각하는 이은재입니다.

함지혜 일상에 치여서 교수님 소식도 모르고 있다가 이번에 연락을 받고 알았어요. 사실 아직 부르시면 언제든지 연락할 수 있는 사이일 수 있을 것 같은데 제가 너무 연락이 뜸했구나, 했습니다.

김경민 2017년도에 처음 들었던 강의가 정애성 교수님 여성학 수업이었어요. 지금까지 들었던 수업 중에서 가장 기억에 남는 수업으로 기억합니다. 다른 분들보다는 가깝게 지내지는 않았지만, 한번씩 인사 나누고 한마디 해주실 때마다 참 따뜻했던 기억들이 남아 있어요. 오늘 다른 분들에게 남겨진 정애성 교수님과의 기억들을 듣고 싶어 이 자리에 나왔습니다.

김영 이은재랑 같이 공부했고요. 수업을 두 번 들었던 것 같아요. 여성학 수업, 졸업 직전에 여성신학 수업 이렇게 들었던 것 같습니다. 교수님께 수업을 듣지 않은 학기에도, 졸업 이후에도 계속 책 추천도 받고 꾸준히 연락을 주고받았어요. 저에게도 정애성 교수님은 각별하고 친한 스승님이셨어요.

최건희 저도 은재 님이랑 김영 님이랑 수업을 함께 들었고요. 이후에도 '정애성 교수님'이라고 하면, 그 수업을 찾아 들었어요. 교수님은 늘 학생들의 글에 관심을 많이 가져준 선생님이에요. 페이퍼를 제출하면 늘 코멘트를 적어주던 분이었어요.

임지희 저는 교수님 수업은 듣지는 못했는데 대학원 다니면서 논문 부심 교수님이셨어요. 교수님 덕분에 졸업을 한 학생입니다.

함영원 정애성 교수님이 목요일 오후에 수업을 하셨는데 수업 마치고 같이 개발원으로 가서, 페미니즘 책모임을 했던 게 기억이 나요. 그때 이야기를 많이 나누면서 '어떻게 살아야 되는 것일까' 이런 생각도 교수님을 통해 많이 했어요. 그전까지는 제가 생각하기에 여성의 삶이라는 게 그냥 평범하게 감신에서 목사가 될 만한 남자를 만나서 결혼을 하고 사모가 되고 그 정도일 거라고 생각했어요. 다른 삶을 사는 사람들이 제 주변에 없어서 그런 생각을 했던 것 같아요. 그런데 교수님을 통해서 '다른 삶을 살아갈 수 있는 거구나, 우리가 그렇게 할 수 있구나'라는 생각을 했어요. 조금 더 '진취적으로 살아야겠다'는 도전이 생긴 것 같아요.
그 당시에는 교수님이 저를 되게 안타까워하셨어요. 제가 참 우울했던 아이였고 늘 사회에 대한 불만이 많아서… (웃음) 네, 요즘에 많이 좋아졌답니다. 그 당시에는 굉장히 어둡고 컴컴한 삶을 살고 있었는데 교수님이 많이 안타까워하셨어요. 이후에 저도 유학도 갔다 오고, 해외 경험도 쌓고, 그러고 나서 생각을 해보니까 '지금 교수님이 내 모습 봤으면 진짜 좋아했을 텐데…' "영원아, 너 진짜 잘 살았다"라고 얘기를 해줬을 텐데… 그 모습 못 보여드린 게 저는 많이 아쉽더라고요. '나 이렇게 잘 살고, 잘 자립했고, 성장했어요. 교수님' 이 얘기를 꼭 한번 하고 싶었는데 그렇게 못한 것이 너무 아쉬워요. 그래서 앞으로는 교수님이 저한테 그런 존재였던 것처럼 저도 우리 후배들이나 다른 동생들에게 더 좋은 언니가 되어야겠다고 다짐하면서 이 자리에 왔습니다.

조은소리 저는 20학년도에 교수님 수업을 들었으니까, 제가 졸업학년일 때 수업을 들은 셈이네요. 그래서 한 번밖에 수업을 못 들었어요. 그런데 수업을 들으면서 '정말 멋진 선생님이구나'라는 생각을 많이 했어요. '친해지고 싶다' 이런 생각을 했는데 뭔가 친해지기도 전에 작고를 하셔서 아쉬운 마음이 많이 들고요. 그래서 오늘은 여기서 다른 사람들이 보고 겪은 정애성 교수님은 어떤 모습일지, 궁금한 마음으로 오게 됐습니다.

옥승헌 안녕하세요. 저도 은소리 님이랑 유미 님이랑 20학년도에 수업을 들었어요. 수업을 하실 때마다 몸이 안 좋다는 이야기는 주위에서 많이 들었는데, 수업하실 때만큼은 아프신 기색이 전혀 없었고 굉장히 열정적으로 수업을 하셔서 위급한 상황은 아니신가보다, 싶었어요. 저는 교수님의 부고를 군대에서 들어서 그 소식이 더 충격적이었어요. 선생이었던 한 사람이, '따르고 싶다' 생각했던 한 사람이 떠나니까 이걸 어떻게 받아들이고 해석해야 되나 고민도 많이 했어요. 저는 오늘 다른 분들이 기억하는 선생님으로서의 정애성, 그리고 그냥 친구로서의 정애성이라는 사람을 만나고 싶어서 왔습니다.

정명성 저는 정명성 목사고요 누나하고는 연년생입니다. 86학번이고 누나는 85학번이지요. 누나하고 1년 차이로 학교에 다니고 있었기 때문에 누나가 세상을 떠났을 때, 조문객으로 오는 이들은 거의 다 알았어요. 그런데 여러분들은 제가 몰랐습니다. 젊은 분들이 이렇게 많이 조문 올 줄 몰랐어요. 제가 혼자 가족이다보니까, 여러분들을 한 명 한 명 챙기지 못했습니다. 그래서 여러분들한테

늦게나마 인사를 좀 해야겠다고 생각했어요. 그게 오늘입니다. 반갑습니다.

정애성 교수의 1주기를 맞이하며 유고집을 준비하고 있습니다. 유고집을 어떻게 만들까, 고민이 있었는데 준비하는 분들하고 작업을 하다 보니까 누나가 쓴 글이 많더라고요. 누나의 글만으로도 책 분량이 되었기 때문에 우리가 누구의 글을 더 받거나 할 이유는 없겠다, 그렇게 생각했습니다. 대신 누나를 교수로서 기억하는 분들, 그분들의 기억과 느낌을 유고집에 포함시켜보자는 취지로 이 자리가 만들어졌습니다. 여러분과 나누는 오늘의 이야기가 여러분들하고 같은 시기, 같은 배경에서 시간을 보내고 있는 이들에게 공감이 될 수 있겠다, 그런 생각을 했습니다.

김유미 목사님이 이야기해주신 대로 유고집을 만들며 글을 모으던 와중에 정애성 교수님의 글이 많다는 사실을 알게 되었습니다. 그런데 어떤 시기의 글은 거의 없더라고요. 그게 저희가 학교에서 정애성 교수님을 만났던 시기였어요. 아마 본인이 갖고 있던 힘을 학교에, 수업에, 학생들에게 다 쏟아부으신 것 같아요. 그래서 그 공백을 기록할 수 있는 방법이 무엇이 있을까 생각하다가 학생들의 기억 속에 있는 정애성 교수님을 찾아보는 게 그 시기의 정애성을 기억할 수 있는 가장 좋은 방법이겠다 싶어서 오늘 이 자리를 마련했습니다.

승헌 씨가 이야기한 대로 교수님은 수업하실 때만큼은 아픈 사람의 기색이 전혀 없었어요. 제가 교수님 돌아가시기 직전 학기의 수업을 들었는데 한 번도 아픈 사람의 냄새를 맡지 못 했던 것 같아요. 유고집을 준비하며 교수님의 노트북을 살펴보는데, 그렇게 알뜰히 살뜰히 일기를 썼던 양반이 학기를 보내는 동안에는 한 줄도 남기지 않으셨더라고요. 제가 기억하는 정애성의 모습이 남아있지 않아서 참 아쉽습니다.
교수님을 기억하는 이 시간에 여러분들의 이야기를 적극적으로 들려주시길 바랍니다. 그러면 우리들이 정애성을 기억하는 데 큰 도움이 될 것 같습니다. 아마 은재 님이 연락하면서 '내가 정애성에게 무엇을 받았는지', '그와 있었던 일', '그와 나눴던 대화'를 곱씹고 와달라고 부탁을 드렸을 겁니다. 여러분들이 들고 온 생각들을, 기억들을 편안하게 나눠주시면 좋겠어요.

02
내 손을 잡고 길을 걷던 선생님

함지혜 정애성 교수님이 수업을 하시고 그 다음날 세미나 때문에 연 이틀 학교에 오셔야 될 상황이었어요. 저는 당시에 신촌에서 자취를 했고, 아시다시피 교수님은 춘천에서 학교까지 왔다갔다 하셔야 해서 "교수님, 그러면 저희 집에서 하루 밤 보내세요" 하고 제안을 드렸어요. 그때 정말 오셨거든요. 같이 파자마를 입고 조그마한 5평짜리 원룸에서 하루를 보냈어요. 그때는 제가 학교를 다니면서 진로를 고민할 때였어요. 목회자가 되어야 하는지, 아니면 다른 살 궁리를 해야 하는지 고민 중이었는데, 교수님이 제 냉장고를 보고 단번에 고민을 해결해 주셨어요. 제 자취방이 5평짜리 원룸이었으니까 원룸에 있는 냉장고가 뭐 그리 컸겠어요? 되게 작았는데 교수님이 작은 냉장고에 가득 찬 저의 식재료를 보면서 "지혜야 너는 그냥 돈을 벌어. 너는 돈 없이 못 살 애야. 그냥 돈을 벌어." 하시는 거예요. 내가 그 말을 듣고 '와, 내 냉장고를 보고 이렇게 생각을 하시는구나, 그래 맞다, 돈을 벌자' 그래서 제가 교수님께 "그래요? 저, 돈을 벌까요?" 하고 다시 물었더니 교수님이 재차 돈을 벌라고, 돈을 벌어서 큰 냉장고를 사고, 사람들한테 많이 베풀며 살라고 말씀해 주시더라고요. 공부에 뜻이 없는 사람이 공부를 오래 하는 것도 힘들다는 말을 덧붙이시면서요. 진로 문제로 한참 골머리를 앓았었는데 교수님 말 한마디에 고민이 한 방에 해결됐어요. 교수님은 고민이 많은 건 좋은 일이라고 하셨어요. 휘청거리며 가다 보면 길이니까. 그냥 길을 가라고 조언해주셨던 게 기억에 남아요.

김유미 먼저 말씀해주시니 저도 자연스럽게 교수님과 있었던 일 하나가 생각났는데요, 저는 정애성 교수님 수업, 땡땡이를 종종 쳤어요. 근데 꼭 땡땡이를 치고 온 날이면 메신저로 '오늘은 무슨 일 때문에 빠졌냐'라고 물으셨거든요. 한 번은 제가 수업을 빠지고 타투를 하러 갔었어요. 최후의 만찬 그림이랑 고공에서 식사를 하는 노동자들 사진이 꼴라주된 타투였는데, 제가 교수님께 "타투하고 왔어요" 답을 하니, 다음부터는 제가 수업에 빠지기만 하면 "너 오늘 또 문신 하러 갔냐"고 물어보셨던 게 갑자기 생각이 나요. 나중에 교수님이랑 밥을 먹었는데 '내가 그날 수업을 빠지면서까지 이 그림을 몸에 새기고 싶었던 이유가 있었다.' 설명할 기회가 생겼어요. 저는 밥을 나눠 먹는 일이 저한테 즐거운 일이 아니었거든요. 그리고 별로 중요한 일도 아니었는데 그 즈음해서 밥을 나눠 먹는다는 것의 가치를 조금씩 배웠어요. 현장에 나가 거리기도회를 하면서, 복직투쟁을 하는 해고노동자, 강제집행에 가게를 잃은 철거민들과 기도회 이후 거리에서 밥을 먹는데 그 순간이 제게 참 강렬했거든요. '기도회가 끝나도 예배가 끝나지 않았구나' 하는 깨달음이 제게 있었어요. '우리의 식사가 곧 애찬이고, 성찬이구나' 하는 깨달음이었어요. 그 생각을 잘 남기고 싶어 그랬다는 이야기를 교수님께 들려드리니까 교수님이 말 한번 자르지 않고 다 들으시더니 출석 인정을 해주시겠다고 했어요. 그 기억이 갑자기 떠오르네요.

함영원 유미 님은 출석 인정을 받았지만 저는 에프학점을 받았어요. (웃음)

이은재 여기 꽤 있어요, 꽤 있어요….

함영원 그 당시에는 제가 그럴 수밖에 없었어요. 제가 당시에 되게 우울했고 그때는 정애성 교수님 수업뿐 아니라 모든 수업에 열심히 가지 않았거든요. 그 시기의 학기는 전체가 다 날아갔기 때문에 저는 부모님께 죄송했던 시절로 기억하고 있어요. 어쨌든 또 저는 그렇게 에프를 받았고, 에프를 받았는데도 불구하고 교수님이랑 관계는 되게 좋았어요. 수업이 끝나면 같이 손잡고 개발원까지 걸어가고 저녁을 가끔 같이 먹기도 하고 아니면 빵을 사 먹기도 하고 그렇게 시간을 보냈는데요. 저는 교수님이 아주 단단한 사람이라고 생각했는데 교수님이 저한테 이런 얘기를 한 적이 있었어요. "나도 우울했을 때가 있었다." 교수님도 슬펐을 때가 있었는데 그때 교수님이 자신의 우울과 슬픔을 알아차린 방법이 양말이었대요. 오랫동안 빨래통에 담아놓았던 양말을 발견했을 때 우울하다는 걸 아셨대요. 빨래통에서 엄청나게 심한 악취가 나고 있었는데, 정말 우울했을 때는 그걸 알아차리지 못하다가 조금 나아지려고 하니까 냄새가 나더래요. 그 순간 '아! 내가 우울했구나!' 하고 알아차리셨대요. 그제서야 양말을 빨았다는 이야기를 들려주셨어요. 저는 제게 그런 일이 있을 때마다, 종종 우울함을 느낄 때마다 정애성 교수님의 양말이야기를 떠올려요. '양말에서 냄새가 나지 않나? 양말을 빨아야 될 때인가?' 저의 우울함의 지표가 되는 이야기예요.
요즘 저는 정애성 교수님이 말씀해주신 것처럼 잠도 잘 자려고 노력하고, 밥도 잘 먹으려고 노력하고 있고, 슬퍼하지 않고 혼자를 기르는 방법이 어떤 것일까 고민해요. 정애성 교수님과 함께 보냈던 시간 속에서 익힌 습관이에요. 비록 수업은 에프를 맞았지만 교수님께 배운 게 적지는 않다고 자부할 수 있어요. 그래서 그때보다는 나은 어른이 된 것 같습니다. 교수님이 저를 보셨으면 진짜 기뻐하실 텐데요….

김유미 저, 그 아쉬운 마음이 너무 공감이 돼요. 출석 인정을 받았던 그날 제가 교수님보다 앞에서 걸어가고 있었고 정애성 교수님은 제 뒤를 쫓아오셨는데 정애성 교수님이 제 신발을 보시더니 한참을 웃으셨어요. 제가 신발을 엄청 구겨 신거든요. 교수님이 그 신발을 보고 "나도 너랑 똑같았다"고 이야기를 하시더라고요. 그게 무슨 말인지 이해가 안됐어요. 제가 만난 정애성 교수님은 항상 단정하셔서 저랑 스타일이 다르다고 생각했는데 '뭐가 똑같다는 거지?' 했죠. 그런데 교수님이 돌아가시고 난 다음에 교수님 친구분이 올려주신 정애성 교수님의 학부시절 사진을 봤어요. 그제야 저도 교수님처럼 한참 웃게 되더라고요. 비슷했어요, 제 모습이랑. 신발은 나오지 않은 사진이었는데, 분명 신발을 구겨 신었을 것 같더라고요. 단정함이라곤 찾아볼 수 없었어요. 영원 님이 기억하시는 애성 교수님 이야기를 들으니까, 저도 분명히 생각이 나요. 교수님은 제 어떤 우울한 기질을 잘 알아차리시고 안쓰러워하시고, 그래서 한 번 더 살펴보셨던 것 같아요. 사실 저는 아직까지 어떤 기간을 벗어나지 못한 것 같아서 영원 님처럼 "나를 보셨으면 기뻐하실 것이다" 자신 있게 말하지는 못하겠어요. 제가 교수님 부고를 듣자마자 썼던 일기도 '내가 이만큼 자랐다, 나는 이제 신발을 구겨 신지 않는다' 이야기하고 싶고 보여주고 싶었는데, 내가 잘 자란 모습을 보여주고 싶었는데, 못 보여주고 우리가 헤어져서 아쉽다. 그런 글을 썼어요. 저도 너무 아쉬워요.

이은재 근데 유미 님 이야기를 들으면 아니라고 하실 거예요. 교수님은 유미 님이 말하는 모습을 못 본 것에 대해서 별로 아쉬워하지 않고, 오히려 유미 님이 그 때 얼마나 성숙했는지를 이야기하실 것 같아요.

김유미 맞아요. 오버한다고 하실 것 같아요. (웃음)

03

나에게 꼭 필요한 말을 해주던 선생님

함지혜 정애성 교수님이랑 저랑 생일이 별로 차이가 안 나요. 제 기억에는 일주일도 채 차이가 안 났던 것 같은데 대화중에 우연히 그 사실을 알게 됐어요. 기억하고 있다가 생일을 한 번 챙겨드린 적이 있어요. 교수님이 깜짝 놀라시며 어떻게 자기 생일을 아느냐고 물으시더라고요. 지난 번 대화중에 얼핏 듣고 기억해뒀다고 하니까 교수님이 하시는 말씀, 이런 센스가 있으면 감신에 있지 말고 빨리 사회에 가서 일을 하라고 하셨어요.

김유미 저한테 그런 센스를 보지 못하셔서 공부를 하라고 하셨나 봐요. (웃음)

이은재 나한테도 공부하라고 하셨는데… (웃음) 저는 대학원 진학을 고민했었는데 학부를 졸업하고 제가 대학원에 바로 진학하지 않고 개발원에서 3년 정도 일을 했거든요. 대학원 진학을 해야겠다는 생각을 하고, 어느 학교를 갈지 고민 중이었어요. 아무래도 여성신학을 깊이 공부하고 싶었으니까, 고민이 되더라고요. 교수님은 감신으로 진학을 추천해주셨는데, 어느 대학원에 가야만 할 수 있는 공부는 없다고, 공부는 혼자 하는 거라는 말씀을 해주셨던 게 기억이 나요. "친구 따라 강남가지 마라"는 말씀을 해주셨어요. 제가 학부 때 세월호 참사도 있었고, 국정농단 사건도 있었고, 사회적으로 정치적으로 사건 사고가 있었던 시기이기도 했고요. 학내에서도 '학내사태' 투쟁이 거셌던 시기였는데요. 그 즈음에 학부에서도 소위 현장으로 연대를 나가는 움직임들이 다시금 생겼어요. 제가 기억하는 교수님은 그렇게 현장으로 나가는 학생들을 챙기면서도 동시에 그 안에 있는 '운동권 문화' '그 안에 있는 위계'를 무척이나 경계하셨던 게 기억이 나요. 혹시 원치 않는데 거부할 수 없는 분위기에 휩쓸리는 학생이 있지는 않은지 늘 살피고 챙기셨어요. 현장에 나갈 때 무서우면 안 가도 된다는 말, 너답게 하라는 말에 위로를 받았던 친구들도 많고요.

함지혜 그 말을 들으니까 생각난 건데 그 즈음 친구 몇이 세종대왕상에 올라가는 일이 있었는데 저도 그 현장에 있었거든요. 애들이 올라간다고 해서 저도 살짝 고민을 했어요. 어차피 저는 목회에 뜻이 있지 않았으니까, 올라가서 문제가 생겨도 큰 상관이 없겠다 싶기도 했거든요. 같이 올라가야 하나, 말아야 하나 교수님께 고민을 나누던 게 떠오르네요. 제가 고민 끝에 "저는 올라가지는 않고, 우는 걸 담당할까 봐요" 했더니 교수님이 너무 좋은 생각이라고 하셨어요. 그때 우는 사진이 찍혀서 교수님께 자랑했던 기억도 있어요. (웃음) 교수님은 정말 운동권 안의 위계에 대해 염려를 많이 하셨고, 실제로 저한테도 그런 조언을 많이 해주셨어요.

김유미 맞아요. 저한테도 오래된 걱정이라 하시며 길거리 남자애들이랑 놀지 말라고 하셨어요. 한 번은 제가 온라인으로 교수님 수업을 듣는데, 쉬는 시간이었거든요. 한 남자선배가 와서 제가 교수님 수업을 듣고 있는 줄 아니까 대뜸 저를 일으켜 세우고 제 노트북 앞에 앉아서 교수님이랑 인사를 하는 거예요. 저를 일으켜 세운 건 별로 기분 나쁘지 않았는데 쉬는 시간에 교수님이 제대로 쉬지 못하는 게 싫어서 제가 그 선배한테 막 짜증을 냈거든요. 켜진 마이크로 제가 내는 짜증을 다 들으시고 교수님이 너무 좋아하셨어요. "그래야 된다, 잘했다." 제 생각에도 교수님은 계속 그런 걸 확인하셨던 것 같아요. 제가 소위 말하는 '운동권' 안에서 안전한지, 제 목소리를 잘 낼 수 있는 환경 속에 있는지, 이런 걸 눈 여겨 보신 거지요.

김경민 저도 기억나는 게 있는데, 교수님이 제가 현장 활동을 많이 하는 걸 아시니까, 저한테 모든 문제를 다 짊어질 필요는 없다고 말씀하셨어요. 그리고 덧붙인 말씀이 선배들한테 너무 끌려 다니지 말라는 말씀이었어요. 사실 다른 누가 그런 말을 하면 그냥 넘기고 말 텐데, 교수님이어서 기억에 오래 남아 있어요. 나를 위한 말이라는 걸 아니까….

이은재 맞아요, 늘 그러셨어요. 스스로를 챙기면서 하라고.

함영원 정애성 교수님을 만났던 당시에 저는 제 정의감에 취해서 살았던 것 같아요. '나는 다른 감신 애들과는 다르고, 나는 좀 더 난 놈이고, 나는 되게 의로운 사람이다'라는 생각. 교수님은 늘 생활인으로서의 감각을 잃어선 안 된다고 하셨어요. 그 당시에 저는 그 말을 다 이해하지 못했는데 돌이켜보니 참 소중하더라고요. '교수님의 말을 하나씩 곱씹어 볼 필요가 있구나, 교수님이 내게 꼭 필요한 이야기들을 해주셨구나.' 오늘 이 자리에 오니까 또 그 생각이 드네요.

04

한결같은 선생님

정명성 저는 누나가 이중성을 가지고 있다고 생각했어요. 정애성은 선배들이나 동료들에 대해서는 굉장히 가차없었어요. 자기 동기들한테도 그랬어요. 아주 날카롭고, 가시 같았는데 후배들한테 또 그렇게 잘해줬어요. 그 모습이 나는 이중적이라고 생각했어요. 그런데 어느 새인가는 '그래, 그것도 괜찮다'는 생각이 들더라고요. 선배라는 것은 관계 안에서 일단 강자잖아요. 그러니 그 관계의 힘에 매여 '나는 숙이지 않는다'라는 것을 철학처럼 갖고 있었던 것 같고, 아랫사람에게 대해서 그리고 후배들에 대해서는 '나는 그냥 받아주겠다'라는 기준을 가지고 있었던 게 아닌가 싶어요.

이은재 저는 그 모습을 '이중성'이라고 보지는 않아요. 교수님은 강하게 나오는 제자들한테는 거침없으셨고, 가시처럼 하셨어요.

수업은 열심히 안 들으면서 점수는 후하게 받고 싶어하는 운동권 후배들한테 칼 같으셨죠. 그러면 안 된다고 화도 내셨고요. 제 머릿속에 있는 교수님은 굉장히 자유롭고 솔직하고 따뜻한 분이에요. 이중적인 사람이어서 나이별로 무 자르듯 행동했던 사람이라기보다는 위세와 허세를 부리는 학생에게는 강하게, 위태롭게 보이는 학생에게는 한 번이라도 더 챙겨주신 분으로 기억해요. 그래서 동기도 선배도 위태로운 삶을 살고 있으면 그 딴엔 살갑게 대하셨을 거예요. 한결같은 사람이죠.

김영 계속 저한테 은재 안부를 물었어요. 저는 은재랑 연락도 안 하고 지내는데, 은재가 대학원 진학을 놓고 고민하고 있다는 것도 알고 계셨어요. 교수님이 은재 걱정을 저랑 통화하면서도 하셨거든요. 다른 교수님이라면 그렇게까지는 안하셨을 거예요.

이은재 맞아요, 교수님은 인간에 대한 충실함이 있었달까요. 저는 교수님이 돌아가시고 나서 그런 생각을 계속했어요. 교수님은 수업이 끝나면 학생들한테 늘 커피를 마시러 가자고 하셨어요. 그 시간에는 서로 친하든 안 친하든 '정애성 교수님 수업을 듣는다'라는 공통분모로 한 자리에 모였어요. 서로 모르는 사이지만 어쩌면 성향이 너무 달라서 친해질 일이 없는 사람들인데 교수님 수업을 듣는다는 이유만으로 서로 인사도 하고 그랬어요.

김영 정애성 교수님 주변에는 좌우 구분이 없었어요. 사실 저 되게 싫어했거든요, 은재 같은 친구들. 아마 오늘 모인 사람들 중에 제가 결이 제일 다를 거예요. 저 되게 열심히 살았어요.

이은재 아니, 나도 열심히 살았어. (웃음)

김영 아니, 내 말은 주어진 대로밖에 못 살았다는 이야기야. 그때 저는 공부밖에 안 보였어요. 학내사태 때 학생들이 종합관 입구를 막고 수업을 못하게 하고… 저는 너무 싫었어요. 생각해보면 그때 정애성 교수님은 저한테 "휘둘리지 말고, 네 일 해라"라고 조언해 주셨던 것 같아요. 재밌죠?
12학년도부터 14학년도까지 학교가 너무 소란스러웠어요. 제가 기억하는 정애성 교수님은 그 와중에 공부를 하려는 친구들도 살피셨어요. 운동하는 애들만이 아니라 공부를 하고 싶고 무슨 책을 읽어야 할지 모르는 애들도 따로 챙겨서 번역모임을 만들었어요. '이런 건 전임교수가 해야 하는 일 아닌가' 생각을 할 정도로 세심하게 학생들 학업을 챙겨주신 게 기억이 나요. 지속적으로 연락을 주고, 설날 때는 지방회에서 받은 햄 세트도 갖다주시고요.

05

매 학기를 마지막 학기로 보냈던 선생님

정명성 질병 얘기는 좀 들었어요?

이은재 아니요, 수업시간에는, 그것과 관련해서는 말씀을 안 하셨어요.

정명성 누나가 자존심이 무척 센 사람이에요. 그래서 자신이 아픈 얘기 하는 것을 싫어했을 거예요. 심지어는 친구들도 누나한테 묻는 것이 조심스러워 나한테 전화를 했을 정도니까. 10년 앓았어요. 발견했을 때 이미 4기였어요. 그리고 몸이 좀 안 좋아서 강원대병원에서 진찰을 받았는데 서울로 가라길래 서울아산병원에서 검사했더니 '흉선종'이라고, 희귀암이었어요. 병원에서는 다 똑같아요. 항암, 방사선, 수술, 이 세 가지밖에는 다른 방법이 없대요. 의사한테 "병원에서 하자는 대로 하면, 선생님이 하자는 대로 하면, 가능성이 있습니까?" 물으니 자기가 이렇다 저렇다 얘기할 수 없다고 답하더라고요. 그러면 우리가 의논하겠다고 말하고 아산병원 지하식당에서 밥을 먹으며 누나한테 어떻게 하겠느냐고 물었어요. 그때 누나 의견하고 내 의견하고 똑같았어요. "병원에서 진료받지 말자"고. 그래서 그 길로 병원에 연락도 안 하고 그냥 내려갔어요. 그렇게 10년 동안 버틸 것이라고는 생각 못했는데, 어쨌든 10년은 우리 기대 이상이었어요. 병원에서는 길게 보면 6개월, 아니면 3개월일 수도 있다고 그랬는데 말이에요. 가끔씩 오는 어려움이 흉수가 차는 거였어요. 가슴에 물이 차는 거, 그게 굉장히 고통스럽거든요. 작년에는 조금 심해져서 몇 차례 병원을 다니다가 병원에서 하자는 걸 다 안 할 수가 없어서, 방사선치료를 두 번 했는데 지금 와서는 그게 후회가 돼요. 끝까지 고집 피우고 하지 말 걸, 이 생각이 나중에 좀 들었어요.

김유미 저는 몰랐어요. 건너 들어 병환 중에 계시다는 건 알고는 있었지만 그게 어느 정도인지 몰랐고, 그래서 오히려 제가 힘들었던 순간에 연락을 드려 어리광을 부릴 수 있었던 것 같아요. 나중에 사정을 알고 나서 '내가 괜히 괴롭혔네' 이런 생각을 했어요. 교수님이 생전에 마지막으로 서울에 올라오셨던 일이 저 때문이었거든요. 당시에는 몰랐지만 알고 보니 그때도 폐렴으로 입원하고 퇴원하신 직후였는데, 제가 학교에서 성희롱을 당하고 의논할 사람이 없어서 교수님께 그 사정을 이야기했더니 저를 챙겨주시러 춘천에서 서울까지 올라오셨어요. 퇴원한지 일주일도 채 안돼서. 아마 그렇게까지 아픈 줄 알았으면 연락을 못 드렸을 것 같아요. 제가 그 즈음에 교수님이랑 통화를 굉장히 많이 했거든요. 그랬는데도 몰랐어요. 그날 교수님이 5시 차를 타고 춘천에 돌아갈 일정이었는데 제가 약간 걱정돼 보였는지 기차시간을 미루고 11시께에 들어가셨어요. 이후 유고집에 들어가는 내용을 살펴보다가 교수님 노트북에 그날 일기가 있더라고요. 그 일기에 저를 만나러 온 것이 '잘한 일'이라고 적혀 있었어요. 여러 모로 저한테는 감사하고 죄송한 기억이에요. 아픈 줄은 알고 있었는데 저는 한 번도 여쭤보지를 않았네요. 교수님은 저한테는 늘 괜찮냐고 물어보셨는데 말이에요.

함지혜 교수님한테 건강은 어떠시냐고 물어볼 때마다 교수님은 항상 괜찮다고 하셨어요. 저는 괜찮다는 말을 백만 번은 들은 것 같아요. 저는 교수님이 아프신 걸 알고 있어서, 매번 만날 때마다 통화를 할 때마다 여쭈었는데 늘 괜찮다고 하셨어요. 그래서 괜찮은 줄만 알았어요, 저도. 아마 유미 님이 물어봤어도 괜찮다고 하셨을 거예요. 괜찮다고 하시고는 유미 님 이야기를 들으셨을 거고, 유미 님을 보러 서울로 가셨을 거예요.

정명성 10년, 죽음을 실감하면서 10년을 산 것인데 나는 그 10년이라는 시간이 대단한 시간이었다고 생각해요. 가까운 시간 내에 생명이 끝날 수 있다고 하는 게 매일매일 마지막 날을 사는 거예요. 나는 그게 새로운 관점으로 세상을 볼 수 있게 만들어준 시간이 아니었을까, 생각해요. 학교 강의 시작할 때였거든요. 그러니까 정애성은 늘 '이게 마지막 강의다. 이 학기가 마지막 학기다.' 생각했을 거예요. 실제로 학기를 간신히 마치고, 학기가 끝나자마자 요양하러 들어가기도 했어요. 그래서 내가 몇 차례는 수업을 그만두라고 했을 정도니까. 그런데 또 강의를 한다고 했어요. 이것이 정애성을 버티게 만든 힘일 수도 있겠다는 생각을 했어요.

)6

ㅏ생들에게 좋은 밥을 먹이고 싶었던 선생님

함지혜 제가 교수님께 그런 질문을 한번 해본 적 있어요. 교수님은 멀리서 오시니까 "수업하러 오시는 길에 어떤 생각으로 오세요?"라고 물어본 적이 있거든요. 교수님은 항상 설렌다고 하셨어요. 아니 어떻게 매번 설렐 수 있냐고 물었어요. 매번 설렌다고 재차 말씀하시더라고요.

김영 교수님이 서울에 계셨으면 수업하다가 밤 새셨을 것 같아요. 춘천 가시는 길을 늘 아쉬워하셨어요. 그런 게 느껴지니까 학기가 끝나면 춘천을 자주 찾아가기도 했고요.

이은재 그래서 더 아쉬워요. 제가 2014년에 교수님이랑 방학 때 영어 원서모임을 했어요. 몇 사람이 일주일에 한 번 학교에서 모여서 하는 거였어요. 그 당시에는 교수님이 먼저 제안하신 일이기도 하고, 원서모임이니까 뭔가 안 가고 싶고 (웃음) 그래서 막 빠지고 그랬거든요. 생각해 보면 춘천에서 여기까지 오시는 건데 엄청난 일인 거잖아요. 얘들도 저도 이게 얼마나 귀한 일인지 모르고 "교수님, 저 오늘 못 가요"라고 하면, 교수님이 "오늘은 모임 하지 말자"고 하시기도 하고, 그랬던 기억이 있어요. 방학 때까지 학생들을 모아서 그렇게 모임을 한다는 것 자체가 엄청난 열정이었다 싶어요. 사실 건강하셨으면 그런 모임이 계속됐겠죠.

김유미 그런 면에서 아쉽다고 생각한 게 제가 얼마 전에 QBC 출판기념회 갔는데 그 자리에서 뒤늦게 정애성 교수님이 번역한 단락을 다시 보니 너무 속상한 거예요. 제가 교수님이 번역한 글을 어떻게 읽었는지 너무 얘기하고 싶은데, 그 이야기를 할 사람이 없고, 같이 공부할 선생이 없는 게 너무 속상했어요. 계셨으면 분명히 같이 모임을 하고 공부를 했을 텐데 말이에요. 교수님은 제가 날림으로 써낸 페이퍼에도 정성껏 코멘트를 달아주고 생각의 흐름을 짚어주며 '이런 고민을 했다 하니, 이런 책을 읽어봤으면 좋겠다'는 세세한 피드백을 주신 분이었거든요. 저는 개인적으로 유고집 편집 일이 정애성과 함께하는 마지막 수업이라고 생각하고 있는데 이 일이 끝나면, 수업 때 주신 피드백들을 다시 살펴보고, 그때 읽어보라고 하셨던 책들을 읽으며 정애성 교수님을 기억하는 일을 할 것 같아요.

최건희 저는 다른 분들처럼 인격적인 교류가 대단히 많지는 않았지만, 저도 정애성 교수님 하면, 제출한 리포트에 코멘트를 일일이 달아주시는 선생님으로 기억해요. 또 다른 기억은, 제가 학교를 다닐 때가 당시 시국 상황과 학내 사태 등이 맞물려서 많은 학생들을 각성하게 하던 시기라, 그런 상황을 두고 "이렇게 물 들어올 때 노를 젓듯 많은 학생들을 조직해야 한다"는 이야기를 했다가 교수님께 굉장히 차가운 말을 들었던 기억이 있어요. 그런 걸 목표로 운동을 하느냐는 반응이었어요. 그리고 제가 그 당시 연애를 하고 있었는데 교수님이 그 모습에도 무척 비판을 하셨어요. 제 주변,

소위 운동권 학생들이 커플이 되면 여성들이 남자친구들을 챙기는 모양새였는데, 교수님이 아직도 그러느냐고 날을 세우셨지요. 그 기억이 나요.

임지희 저는 논문지도를 받으면서 교수님을 알게 되어서 지금 다른 분들 얘기 들으니까 교수님이 더 입체적으로 와 닿아요. 제가 논문지도를 받을 때가 코로나 시기여서 저는 논문심사도 줌으로 했거든요. 사실 논문을 안 쓰려고 도망갔다가 다시 돌아와서 교수님께 처음 논문지도교수를 부탁드리고 거의 3년만에 졸업을 했어요. 중간 중간 연락드릴 때마다 잘 쓸 수 있다고, 잘 할 수 있을 거라고, 격려를 많이 해주셨어요. 그때 주셨던 카톡 메시지가 엄청 많은데, 안 그래도 올 때 다시 한 번 읽어보려 했는데 교수님 핸드폰 번호를 다른 사람이 사용하고 있어서 기록이 더 이상 남아있지 않더라고요. 너무 아쉬워요. 논문지도 받을 때도 교수님이 하나하나 진짜 엄청 꼼꼼하게, 마침표 하나 빠진 것까지 살펴보고, 각주 표기 틀린 거 하나하나 다 잡아주고, 이야기의 흐름이 조금 이상하거나 논리가 보충되어야 할 부분도 다 짚어주셨어요. “이거는 어떤 책에 어떤 파트를 참고하면 좋겠다”며 세세하게 봐주셔서 큰 감동이었어요. 그때 짚어주신 것들 중에 되게 인상이 깊었던 거는 창조‘주’라는 말에 대해서 다시 한 번 생각해보라는 조언이었어요. ‘주’라는 말을 쓰는 것이 페미니즘 시각에서 글을 쓸 때 재고되어야 하는 표현이라고 짚어주며 다른 표현으로 바꿔보라고 조언해주셨어요. 그때 글자 하나의 중요성을 배웠던 것 같아요. 그래서 저도 ‘교수님과 더 오래 공부를 했으면 좋았을 텐데’ 하는 아쉬움이 커요. (눈물) 오늘 울지 않으려 다짐했는데 결국 울게 되네요. 교수님이 남겨주신 글들 보며, 숙제처럼 앞으로 더 열심히 공부를 해야겠어요.

조은소리 저는 정말 정애성 교수님이 아픈 거, 하나도 몰랐어요. 정애성 교수님 수업에 들어가면 수업을 이끄는 힘이 너무 강하고 단단해서 아픈 분이라고는 상상을 못했어요. 수업에서 교수님의 에너지를 많이 받는다고 생각했거든요. 교수님 수업을 졸업하기 바로 직전 학기에 들어서 대학원에 진학하면 꼭 다시 들어야겠다고 생각했어요. 그런데 교수님 부고를 듣고 얼마나 놀랐는지, 정말 너무 놀랐어요. 저는 '정애성 교수님' 하면, 수업을 하다가 갑자기 기성 교회라든가 기성 목사들을 신랄하게 비판하시던 모습이 제일 먼저 떠올라요. 사실 저는 교회를 아주 사랑해서 교회에 남아 있고 싶지만, 또 교회를 아주 싫어하는 사람이기도 해서 교수님의 그런 모습이 무척 좋았어요. 가려운 곳을 긁어주신 듯요. 사실 자신이 속한 곳을 이렇게까지 냉철하게 바라보고 비판하기 어려운 일이잖아요. 그런데 교수님은 그런 분이어서 좋았어요. 가까이 하고 싶은 선생님이었어요. 교수님이 남긴 어록들이 저를 너무 감동시키는 거예요. 유미한테도 "길거리 남자애들이랑 놀지 마라"고 했다는 말을 전해 듣고 어쩜 내 생각이랑 그렇게 같은지, 정말 더 알아가고 싶었던 분이었는데, 안타깝기만 해요. 교수님이 수업 중에 저한테 뭔가 물어보실 때가 있어요. 갑자기 "유미는 어디 갔냐", "누구는 요즘 뭐하냐", 이런 걸 물어보셨는데 그때 그냥 짤막하게 답하지 말고, 길게 이야기를 나눌 걸 하는 아쉬움이 있어요. 어쩌면 교수님은 저를 궁금해 하신 것 같아요. 운동권 애들이랑 친한 것 같은데 운동을 하는 것 같지는 않고, 공부를 열심히 하는 것 같은데 가까이 다가오지 않고, 그래서 유미 핑계를 대면서 말을 걸고 싶은 것은 아니셨는지… 그런 생각이 들어요. 그 당시 저는 관계를 이어나가는 데 굉장히 서툰 사람이어서 제대로 답을 못했어요. 교수님 이야기를 더 많이 듣고 싶었는데 교수님을 너무 늦게 알아서 아쉽고, 만난 시간이 너무 짧아서 아쉬워요.

옥승헌 저는 교수님이랑 별로 안 친했어요. 그래서 교수님에 관한 이야기를 들으며 아쉽다는 생각을 계속 하게 되네요. 교수님을 대할 때 교수는 교수고 학생은 학생이고… 내 안에 이런 구분이 강해서 인간적이고 개인적인 관계가 거의 없었는데 저도 다른 분들처럼 '춘천에 가서 연락 드려볼 걸' 하는 생각이 드니 더욱 아쉬움이 크네요. 정애성 교수님은 항상 코멘트를 달아주실 때, 높임말을 쓰셨는데 그러면서도 꼭 제 이름을 불러줬어요. "승헌, 이렇게 하길 바라요. 승헌, 이렇게 했으면 좋겠어요." 이런 식으로요. 저는 교수님이 제 이름을 성 빼고 불러주시는 게 참 좋았어요. 나를 제자로 생각하면서도 후배로 생각해주셨구나, 이런 생각이 들어요.

이은재 뜬금없는데, 정애성 교수님 에니어그램 몇 번일 것 같아요? 제가 한창 에니어그램에 빠졌을 때 제가 "교수님, 몇 번이세요? 교수님은 몇 번이시죠?" 이렇게 캐묻곤 했는데 그때마다 교수님이 엄청 짜증을 내시면서 그런 걸로 사람을 9가지로 나누고 그러면 되냐고, 왜 묻냐고, 안 알려준다고 하시던 게 생각이 나요. 제가 기억하는 교수님은 누구보다 자유로운 사람이었어요. 진영이나, 신학이나, 이런 걸 초월해서 현장도 같이 가고, 학교에서 '로빈슨 주교의 두 가지 사랑' 영화상영회를 할 때 같이 가서 울기도 하고, 수업에 온힘을 다하시고… 오늘 많은 이야기에서 느꼈듯이 학생들 한 사람 한 사람을 대할 때도 편견이 없으셨어요. 그런 부분이 너무 존경스럽고 닮고 싶어요. 나도 그렇게 자유롭고 싶다는 생각을 해요.

김영 맞아요. 그런 면에서 저는 교수님한테 많이 혼났어요. 제가 제 삶에 너무 빠져 있을 때마다 교수님께서 매몰되지 말라고 조언해주셨어요. 교수님은 어느 한 구석에 매몰되지 않고 자유로운 분이었으니까요. 그래서 이렇게 제자들이 늦은 시간까지 추억하고 이야기하는 거 아닌가 생각해요.

정명성 누나가 마지막으로 병원에 입원하기 전, 누나하고 병원에 갔어요. 입원 수속을 밟는 데 코로나 때문에 늦어졌어요. 누나랑 차에서 기다리면서 그때, 제가 "누나, 이제 더 못 살겠다, 이번엔 못 살겠다" 얘기했어요. 그 밤에 이런저런 이야기를 나누었는데 여러 가지 이야기 중에 장례 이야기가 있었어요. 누나가 "찾아온 사람들한테 조의금 받지 마라, 내가 나 장례할 돈은 마련해 놨다, 그러니까 돈 받지 말고 밥은 좋은 걸로 먹여라" 그랬어요. 그때는 그냥 "우리가 알아서 하겠다" 하고 말았는데 그 이야기가 무슨 이야기인가 장례식을 하면서 알았어요. 누나는 학생들이 올 거라는 걸 알았던 것 같아요. 나는 예상을 못했는데 누나는 그 생각을 했어요. 조의금 받지 말라고 한 것도 그렇고, 좋은 밥을 먹이라고 한 얘기도 그렇고요.
누나가 10년을, 혼자서 버틴 게 아니고, 여러분 때문에 버텼어요. 사람이 언제 떠나든 다 아쉬워요. 30년 만나도 아쉽고, 단 몇 년 만나고 헤어져도 아쉽고 그런 건데, 좀 짧았죠. 짧은 거는 맞아요. 근데 짧다는 게, 갖고 있는 특성이 굉장히 강렬하다는 거예요. 길지 않지만 아주 강렬한 만남이었다는 것, 이건 또 다른 선물이 되죠. 그래서 나는 누나가 남보다 충분히 오래하지 못했지만 강렬했다고 생각해요.
여러분이 누나가 자유로운 사람이었다고 기억하는데 저도 그렇게 생각해요. 누나하고 나하고 많이 공유한 이야기인데, 자유롭다는 것은 매이지 않는다는 거예요. 무엇에든 매이지 않는다, 내가 열심히 하더라도 거기에 매이지 않는다는 게 중요해요. 예수께서 팔복을 얘기하실 때, 가난한 사람은 복이 있다고 했는데 나는 그 말씀이 맞다고 생각해요. 가난하지 않은 사람 치고 자유로운 사람이 없어요. 부자는 걱정이 많습니다. 매이게 돼 있어요. 권력 많은 사람은 매이게 돼 있어요. 성취욕이 강한 사람도 매이게 돼 있어요. 인정 욕구가 있는 사람도 매이게 돼 있어요. 누나는 그런 것에서부터 떠나 있었어요. 그렇기 때문에 자유로울 수 있었어요. 육십도 못 맞이하고 이렇게 갔지만, 이 정도로 살았으면 그 스타일답게 살았다고 생각해요.

누나가 떠나기 전 마지막 10년 동안, 강의가 있었고, 여러분들이 있어서 그의 삶에서 아주 중요한 동반을 했어요. 그 걸음을 누군가는 백 보를 걸을 수 있고, 누군가는 열 보도 못 걸을 수 있는데, 여러분들이 중요한 동반을 했다는 사실, 참 소중하고 기쁩니다. 감사합니다.

기독교의 신학 중에서 제일 중요한 것 중의 하나가 부활이죠, 부활은 기억하는 겁니다. 기억이에요. 기억하면 살아있는 겁니다. 그러니까 그 기억 가지고 계속 가면 됩니다.

정리_ 김유미

일기노트

2003

2004

2005

어머니의 방

병상일기

2003

일기노트

고난주간과 아침 금식

2003.04.21

지난 종려주일 예배시간에 나는 이제 우리는 고난주간을 통과하게 된다고 말하면서, 예수님의 수난과 죽음을 기억하고 그 슬픔과 고통에 참여할 수 있는 나름의 방법을 하나씩 찾아보자고 했다. 그리고 부활절 헌금을 모아서 이라크의 굶주리고 병에 시달리는 아이들에게 보내자고 제안했다. 아이들은 진지한 표정으로 듣고 있었다.

생각했던 대로, 나는 고난주간 동안에 아침 금식을 했다. 이라크 전쟁으로 수많은 무고한 약자들이 죽임 당하고 다치고 한 국가의 정신적, 문화적 유산이 유린당하는 시점에서, 예수님의 고난은 더욱 숨 가쁘게 다가왔다. 가족과 자식을 잃은 차도르 여인들의 눈물과 슬픔에 참여하지 않고서 어찌 내가 예수의 찔림과 십자가에 못 박힘을 설교할 수 있단 말인가? 그래서 결정한 것이 아침 금식이었다.

밥 먹듯이 금식을 하는 이들도 있건만, 내게 금식은 결코 쉬운 일이 아니다. 사람들은 내게 툭 묻곤 한다. 무슨 재미로 사느냐고. 그러면 나는 밥심으로 산다고 대답한다. 하루 세 끼니 먹는 힘으로 산다는 내 말은 허풍이 아니다. 어릴 적부터 고기를 안 먹는 대신 끼니를 거르지 않는 게 오래된 습관이 되었다. 어린 시절 반찬 투정을 허용하지 않았던 어머니 덕분인지 여즉 김치 한쪽에도 밥맛은 언제나 꿀맛이다. 이른 아침 시간에는 음식이 별로 안 당긴다는 이들도 있는 모양인데, 어찌된 노릇인지 나는 하루 세끼 중 아침식사가 더 유별나게 맛나다. 몇 해 전 어떤 모임에서 고난주간동안 한 끼씩 금식하자는 제안이 나왔는데, 그때 난 미안함을 무릅쓰고 밥 대신 즐기는 커피를 안 마시는 것으로 양해를 구한 적이 있을 정도다. 그런데 이번 고난주간에는 목회 초년생의 남다른 마음가짐에서였는지 어쩐지는 몰라도 자연스럽게 아침 금식을 결정했다.

물론 쉬운 일이 아니었다. 냉장고 구석에는 식빵이 있고 밥통엔 따끈한 밥이 앉아 있는데, 식욕을 참으며 보내는 오전은 어찌 그리 길기만 하던지. 수요일에는 서울 모임이 있어서 새벽부터 몸을 움직여 기차를 타고 장시간 모임을 끝내고 부랴부랴 돌아와 수요예배를 마치고 집에 돌아오니 다리가 퉁퉁 붓고 너무 저려서 잠을 이룰 수가 없었다. 피곤이 가시기도 전에 일찍 눈을 떠버린 목요일 아침, 부지런을 떨며 집안 청소를 했지만 그래도 시간이 너무 더디 가는 듯해서 현관과 계단 물청소는 물론 윗집 계단까지 청소를 했다. 오히려 굶으면서 몸은 더 움직인 셈이다.

성금요일 아침이 되니 힘들게만 느껴지던 아침 시간에 고요함이 찾아들었다. 예수께서 제자들과 마지막 만찬을 나누면서 빵을 떼어 주시며 "이것은 내 몸"이라고 하셨다는 구절이 문득 새롭게 말을 건네 왔다. 그동안 나는 예수의 이 말에서 방점은 예수의 '몸'에 있다고 여겨왔다. 즉 자신의 몸을 내어줄 정도로 크나큰 사랑을 함축하는 예수님의 수사학으로 생각했다. 그런데 예수님이 손으로 떼어 제자들에게 나누어주신 '빵' 그리고 이는 자신의 몸이라고 비유하신 '빵'이 새롭게 다가왔다. 그렇다. '빵'은 단지 빵에 그치는 것이 아니라, 예수님의 '몸'이자 생명 자체이다. 나는 음식을 입에 넣으면서 예수의 기운과 생명을 호흡하는 것이다.

어제 부활절 아침에 나는 기쁜 마음으로 빵 두 조각을 굽고 차를 끓였다. 일주일만에 다시 대하는 아침식사의 감미로움과 행복이란…. 너무 적어서 부끄럽긴 하지만 내가 굶은 일곱 끼니를 더해서 부활절 헌금으로 드렸다. 광고 시간에 아이들에게 고난주간의 감상을 얘기해보라고 했더니, 한 아이는 저녁 금식을 했다고 하고 현철이는 초콜릿을 안 먹어서인지 1kg이 빠졌다고 했다. 저녁 금식을 한 아이는 화요일 밤인가 "배고파 죽겠어요"라고 이메일을 보내왔다. 그리고 어떤 계산에 입각한 건지는 몰라도 부활절 헌금으로 4,500원을 드렸다. 이틀 동안 촉촉이, 충분히 내린 봄비로 동네 어귀와 교대 교정 안에 활짝 피었던 봄꽃들은 다 떨어졌지만, 바야흐로 우리는 부활절을 맞았고 부활의 계절을 살아간다.

불편한 친구, 담

2003.04.23

엊그제 주일날 밤 잠들기 전에 갑자기 담이 찾아들었다. 이번에는 왼쪽 옆구리다. 또 너니? 그날 밤 제멋대로 찾아온 담에게 나도 약간은 무심한 척하며 잠들었다.

담이 나를 찾아온 게 언제부터였는지 하도 오래되어 기억나지도 않는다. 십대 시절에 유난히 허리 통증이 심했는데 20대 접어들면서 소위 '담'이 불현듯 날 찾아오기 시작했던 것 같다. 제멋대로이긴 하지만 일 년에 두어 번, 주로 가을이나 겨울에 올 때가 많다. 이 녀석은 제멋대로 와서는 또한 제멋대로 머물다 간다. 1993년 초겨울에 찾아왔던 담은 무려 두 주간 내내 머물면서 나를 무던히 괴롭혔던 기억도 있지만, 평균적으로 일 주일 정도 머문다.

담이 찾아들면 불편한 것이 한두 가지가 아니다. 몸을 제대로 움직일 수 없음은 물론 작은 움직임에도 통증을 느껴야 한다. 타율적인 움직임이야 내가 조심하면 그 통증을 어느 정도는 줄일 수 있지만, 아침마다 참을 수 없는 앨러지성 재채기와 코풀기를 연거푸 해대는 내게 이놈이 찾아오면 그게 보통 이상의 고역이 된다. 재채기를 할 때마다, 숨을 쉴 때마다 이 녀석의 눈치를 보며 최대한 살살, 작게 해야 하니 말이다. 어제 새벽에는 잠을 자다가 3시가 넘은 시간에 나도 모르게 퍼뜩 눈을 뜨고 말았다. '왜 내가 눈을 떴을까' 생각해보니 잠을 자다가 나도 모르게 나온 재채기가 옆구리 통증을 건드렸기 때문이었다. 무심한 척, 별로 신경 안 쓰는 척 하지만 솔직히 여간 귀찮은 놈이 아니다.

그런데 몇 년 전, 어떤 사찰을 들렀다가 한쪽 벽에 걸린 글귀를 읽은 일이 있다. 읽고 나서 부지런히 수첩에 옮겨 적었지만 언제인지 그 수첩이 행방불명되는 바람에 그 내용을 다 담을 수는 없다. 어느 불교 경전의 한 구절인 듯했는데. 단지 내가 기억하는 부분은, 몸에 찾아드는 병을 쉬이 물리치거나 미워하지 말고 친구로 여기고 보살피라는 구절이다. 어려서부터 병치레를 많이 해서였을까, 그 구절은 순식간에 내 뇌리에 와서 깊이 안착해버렸다. 그때부터였다. 잊지 않고 나를 찾아와 고통을 주고 내 잔잔한 일상에 파문을 던지는 담을 불편하긴 하지만 친구로 여기게 된 것은. 생각해 보면 이 불편한 친구 때문에 얻게 되는 깨달음도 있다. 따끔거리고 결리는 통증을 느끼는 동안 나는 '며칠간의 고통도 이러하거늘 늘상 고통과 장애와 더불어 사는 이들은 얼마나 힘들까?'를 생각하게 되기 때문이다. 이 친구로 인해 한결 마음을 낮추게 된다.

사람들이 말한다. 침 맞으면 단방에 낫는다고. 찜질방에 가서 뜨끈하게 몸을 풀어주면 빨리 낫는다고. 아마 그럴 것이라고 여기면서도 나는 쉽게 그런 일을 실행하지 않는다. 침 맞기를 두려워해서일 수도 있고 공중탕에 가지 않는 내 버릇 때문일 수도 있다. 대신에 그냥 이 놈과 며칠 함께 동거하기를 택한다. 이번에도 마찬가지이다. 내가 하는 일이란 고작 뜨거운 수건 찜질과 뜨거운 물에 발 담그기로 혈액순환을 도와보려는 것뿐이다. 어제는 축축한 봄비가 지나간 뒤의 화창한 봄볕이 고와 보였지만, 걸음을 옮기기가 불편해서 외출을 하지 않았다. 오늘은 어제보다는 조금 나아진 듯해서 공과금도 처리할 겸 천천히 밖으로 나갔다. 그리고 돌아오는 길에 동사무소 앞 볕 좋은 곳에서 김치류, 떡, 나물 등을 파는 아주머니한테 오이 네 개를 천원에 사왔다. 신선한 오이와 파를 썰어 소금, 고춧가루를 뿌려 알맞게 버무리면서 내 불편한 친구, 담에게 말을 건넸다. '친구야, 맛난 오이 반찬 먹고 고이 있다 가거라.' 내 예감이 맞다면 모레쯤이면 이 친구는 어느새 떠나줄 것이다.

5월의 아침을 열며

2003.05.02

4월이 지나갔다. 엘리엇이 '황무지'에서 '잔인한 달'이라고 읊조렸던 4월이 어느덧 지나갔다. April is the cruellest month. 왜? "죽은 땅에서 라일락을 키워 내고 추억과 욕정을 뒤섞고 잠든 뿌리를 봄비로 깨우"는 4월의 봄기운이 겨울동안 죽은 듯 가라앉았던 사람들의 태만을 마구 마구 흔들어대고 일깨우기 때문이다. 춘천에서 첫 봄을 맞이한 내게 4월은 잔인할만치 인간을 취하게 하고 흔들어대는 봄의 향기가 얼마나 아름다운지를 실감나게 해주었다. 종류를 채 헤아릴 수도 없이 여기저기서 만발한 봄꽃들, 녹빛으로 물오르는 나무들이 뿜어내는 향기에 취해서 때때로 가슴이 풍선마냥 부풀어오르기도 했다. 그러니 그 잔인함은 표현 못할 아름다움의 다른 이름이었다고나 할까.

4월의 잔인함은 다른 곳에 있었다. 지난 3월 20일 첫 미사일 발사를 신호탄으로 이라크의 무고한 생명들을 앗아가고 문화역사적 유산을 짓밟아버린 미국의 명분 없는 전쟁이 4월의 숱한 나날을 가슴저리며 무력감속에 빠져들게 했으니 말이다. 전쟁은 끝났으나 바야흐로 초강대국 미국의 독주와 폭력이 세계를 지배하게 된 시대를 맞게 되었고 한반도의 평화 정착이 더욱 시급한 과제가 되었으니, 참으로 숨가쁘게 살아온 4월이었다. 어느덧 5월의 아침을 맞았다. 오늘 만큼은 거두리의 나지막한 언덕들을 온통 수놓은 흰 배꽃과 복숭아꽃을 축복하고 미소를 보내련다.

사실 내게 5월의 기억은 그리 곱지만은 않다. 초등학교에 입학하고 보니 나는 '한부모 가정(요즘 '편모가정', '편부가정'이란 말의 사용을 지양하고 대신 '한부모 가정'이란 말을 사용하는 운동이 있다. 점점 더 늘어나는 독신자들에 대해서도 '미혼'이란 말보다는 '비혼자'란 용어를 사용한다)'의 아이로 지목받고 있었다. 새 학년이 될 때마다 소위 '가정환경조사'라는 명목으로 뭘 그리 많이 묻고 대답하라고 하던지. 5월은 '가정의 달'이라고 했고 난 소위 '가정'의 특혜를 별로 누리지 못한 아이였다.

5월엔 무슨 무슨 날이 왜 그리도 많던지. 어린이 날, 어버이 날, 스승의 날…. 참 우울하고 지루하고 지겨웠던 어린 시절이었다. 아침에 눈을 뜨면 '학교 가기 싫다'라는 생각에 짓눌려 몸을 일으키기가 지옥 같은 날들의 연속이었다. 요즘 같은 때에 태어났더라면 아마 대안학교나 홈스쿨의 방법을 찾아보았을 테지만, 학교라는 테두리를 벗어날 수 있는 대안이 전혀 없었던 그 시절은 무척 침울할 수밖에 없었다. 별로 기억하고 싶지 않은 일은 깊이 잊어버린다고 했던가, 아니면 그 시절에 대한 애정이 없어서인가, 실제로 나는 초·중·고 시절 선생님들과 친구들의 이름을 거의 기억하지 못한다.

몇 달 전 춘천에서 살고 있는 여고 동창을 만났는데 그 친구가 고1과 고3 때 우리가 같은 반이라고 말해서 무척 놀란 적이 있다. 그러한 류의 학창시절 기억이 내겐 전혀 남아있지 않아서였다. 그리고 대학에 들어간 후 5월은 광주민주화운동과 죽어간 이들의 시간으로 다가왔다. 어찌되었든 5월은 매우 오랫동안 내게 크고 작은 생채기를 남기며 지나갔다.

그러나 우리는 살아가는 동안 측량할 수 없는 신비, 축복의 시간(카이로스)과 부딪치게 된다. 어린 시절 부모의 부재 경험으로 외로웠지만, 하느님은 또다른 어머니를, 또다른 아버지를, 잊지 못할만치 자애로운 천사들을 만나게 하신다. 그러는 사이에 나 자신을 치유하고 타인의 결핍을 돌아보고 연민을 느끼게 만드신다. 비혼자로 살아가는 자유 속에서 때때로 누군가의 어미와 언니, 누이, 친구, 연인이 되게 하고 이것을 기쁨으로 받아들이게 하신다.

이젠 5월이 되면, 혈연과 지연에 묶여 파당을 짓고 신분을 갈랐던 종교지도자들에게 도전하며, 누구든지 맞아들였던, 특히 손가락질 받고 왕따 당했던 이들을 환대했던 예수의 식탁공동체와 같은 삶의 꼴을 더욱 꿈꾸게 된다. 5월을 가정의 달이라 하지만, 한 뼘만 삐딱하게 주위를 둘러보라. 소위 '정상 가정'의 바운더리 안에 머무르지 않고 있는 사람들이 얼마나 많은지를. 얼마나 많은 이들이 그 '정상 가정'의 이데올로기 때문에 힘들어하는지를. 또 얼마나 많은 이들이 소위 '가정'의 범주에 편입하지 않은 채로 용감하고 자유롭게 살아가고 있는지를.

유니언신학교에서 내 주임교수였던 크리스토퍼 모스(Christopher Morse)의 환한 유머가 떠오른다. 어느 날 중산층 백인교회에 설교자로 초대받아 갔는데, 교회 입구에 '천국의 가정'이란 제목의 커다란 그림 액자가 걸려 있더란다. 전형적인 안락한 백인 가정의 모습, 즉 잘생긴 아버지와 어머니, 그리고 아들과 딸이 그 안에 보기 좋게 그려져 있더란다. 모스는 설교를 시작하기 전에 이렇게 유머를 터뜨렸단다. "천국은 저 그림 속에 들어있지 않은 이들이 가는 곳입니다. 여러분들이 천국엘 간다면 저같이 혼자 사는 이들은 못 가겠지요. 만약 내가 천국엘 간다면 여러분들이 못 오겠지요"라고. 그의 말에 둘러앉아 있던 모든 학생들이 와하하 웃음을 터뜨렸고, 이 기막힌 유머에 청중들은 웃기는커녕 얼굴을 찌푸렸다. 그는 다시는 그 교회에 초대받지 못했다고 하면서 껄껄 웃었다.

적어도 그리스도인에게 '가족'이란 혈연과 지연을 뛰어넘어 새로운 생명 공동체를 향한 대안으로서 존재해야 할 것이다. 물론 내 부모와 아이가 누구보다 소중하지만, 이것은 피를 나누어서가 아니라, 하느님이 우리에게 곁에서 돌보고 사랑하라고 보내준 생명이기 때문이리라. 칼릴 지브란이 말했듯이, 내 아이조차 나에게 속한 것이 아니다. 단지 생명의 원천인 그분이 우리에게 잠시 보살피라고 쏘아 보낸 화살을 우리는 맡았을 뿐이고, 언젠가는 생명의 원천에게로 다시 돌아갈 존재이다. 이미 우리는 아주 복잡하고 다양한 가족의 패턴들이 존재하는 시대를 살아가고 있다. 어쩌면 얼마 안 있어 유전공학의 발달이 불러온 숱한 '아담'과 '이브'들이 우리의 가족이 되어 아침 식탁에 앉아 있게 될지도 모를 일이다.

진하디 진한 봄 향기를 마구 흩뜨리고 전쟁 소식으로 가슴을 짓무르게 했던 '잔인한 4월'은 지나갔다. 이제 여유롭고 차분한 마음으로 5월의 아침을 새롭게 시작할 일이다.

나는 기억하네, 나는 믿네

2003.05.08 어머니의 날에

하루 종일 늦은 봄비가 세차게 내렸다. 늦은 밤에 갑자기 'Sweet Honey in the Rock'의 노래가 듣고 싶어져서 벌써 몇 번이나 리와인드해가며 듣고 있다. 'Sweet Honey in the Rock'은 십여 명의 미국 유색 여성들(주로 흑인들)로 구성된 아카펠라 그룹이다(미국에서는 순수백인의 것이 아닌 피가 단 0.001%만 섞여도 유색인이다). 출애굽기의 어느 구절을 연상케 하는 그룹명이 살짝 암시하는 것처럼, 이들은 1960년대 이후 시민운동과 민권운동에 참여해온 크리스천 여성들이다. 각 구성원이 자아내는 보이스의 높이와 넓이, 공명이 아주 컬러풀하게 어우러질 뿐더러, 각 곡의 메시지가 성서적이고도 상황적 아픔을 뜨겁게 끌어안은 것이라 즐겨 듣게 된다. 그런데 오늘따라 'I Remember, I Believe'란 곡이 아리게 고여 드는 바람에 결국은 눈시울을 적시고 만다. 노래의 가사를 옮겨본다.

내 어머니가 어떻게 그 가시밭길을 걸어왔는지 나는 알 수 없네
내 아버지가 어떻게 땅 위에 버티고 있었는지 나는 알 수 없네
내 백성이 노예살이를 어떻게 견뎠는지 나는 알 수 없네
나는 기억하네, 그것이 바로 내가 믿는 이유라네

강물이 둑을 흘러넘치는 이유를 나는 알 수 없네
눈이 내리고 땅을 뒤덮는 이유를 나는 알 수 없네
그 때나 지금이나 허리케인이 땅을 휩쓸고 가는 이유를 나는 알 수 없네
폭풍우 속에 서서, 나는 믿네

오늘 아침 천사들이 날 깨운 이유를 나는 알 수 없네
내 혈관 속에 피가 아직도 돌고 있는 이유를 나는 알 수 없네
또 하루를 어떻게 달려가야 할런지 나는 알 수 없네
나는 여전히 여기서 달리고 있네, 나는 믿네

내 하느님이 아침 이슬 속에서 나를 부르시네
우주의 힘은 내 이름을 알고 있네
내게 부를 노래를 주었고 내 길로 나를 보냈네
나는 정의를 위해 내 목소리를 높이 드네, 나는 믿네

이들의 노래가 깨우쳐준다. 우리의 믿음(faith)은 우리의 기억(remembering)을 기반으로 한다고. 때때로 우리의 살아가는 이유가 불투명하고 우리의 발 딛고 선 상황이 우리를 저버리는 듯해도, 조상들과 자연의 숱한 생명체들이 고통과 눈물로 이어온 시간과 역사를 우리가 기억하는 한, 우리의 믿음은 그치지 않으리라고.

오늘은 어버이날이다. 나는 지금 몇 시간 후 어머니 집으로 떠나기 위해 간단한 여장을 꾸리고 있다. 내 어머니에게, 나는 결코 전형적인 효녀나 고분고분하고 살가운 딸이 아니다. 아직도 결혼과 출산의 경험을 갖지 않은 나는, 앞으로도 그러한 경험을 비껴갈 가능성이 더 큰 나는, 어쩌면 그러한 경험을 통해 좀더 친밀해진다는 모녀관계의 새로운 단계를 접하지 못하고 평생 이 정도의 평행적 모녀관계를 떠돌게 될런지도 모른다.

그럼에도 불구하고 나는 믿는다. 평생의 가시밭길을 묵묵히 신앙으로 걸어온 내 어머니의 역사를 기억함으로써, 만유를 어루만지고 소생케 하는 하느님과 이 우주의 힘에 대한 내 믿음이 살아있으리라고. 그러한 내 믿음 속에서 나는 내 어머니와 오래 오래 닿아있으리라고. 붉은 카네이션 한 송이도 채 준비하지 못했지만, 몇 시간 후면 나는 이 기억과 믿음의 관계의 한편을 여태껏 지키며 말없이 내 가는 길을 축복해주는 내 어머니의 야윈 어깨를 꼬옥 안아드리리라.

교정의 해질녘 풍경

2003.05.13

조금 서둘러 저녁식사를 한 후 산책을 나갔다. 아직 남아 있는 피곤을 풀기 위해 오늘은 일찍 잠자리에 들 작정이다. 저녁 식단은 감자 한 알과 호박 반쪽을 넣어 만든 카레라이스와 김치. 카레의 겨자 성분이 뱃속의 기생충을 쫓아준다고 하니 한동안 배앓이는 없을 것이다. 여느 때보다 조금 이른 시간에 나와서인지 서산으로 저물어가는 햇살 아래의 교대 교정엔 오늘 따라 많은 사람들로 북적인다.

교정 한가운데 운동장에는 남학생들이 열심히 축구를 하고 있다. 그 옆에는 또 한무리의 남자애들이 길거리 농구를 한판 벌이고 있는 중이다. 한길 가와 맞닿은 가장자리 잔디밭에서는 두 팀이 노릿한 고기냄새를 풍기며 저녁식사를 하고 있다. 꽤 시끌벅적한 분위기의 한 팀은 모두 여자들이다. 서너 명의 정장 차림의 여성들이 끼어있는 걸로 보아 근처 사무실 직원들이 야외로 저녁회식을 왔나 보다. 고기를 굽고 소주를 돌려가며 연신 깔깔거린다. 얼마 떨어지지 않은 자리엔 할아버지 세 분이 고기를 굽고 소주잔을 기울이고 있다. 자리 중앙에는 앞 팀에 없던 김밥과 순대 한 접시까지 놓여 있지만 말소리도 작고 조용하다. 후문 옆 콘크리트 바닥에서는 남녀 한쌍이 롤러 블레이드를 즐기고 있다. 그 옆의 체육관 담벼락에 기대어 두 남자가 담배를 피우며 킬킬대고 있다.

맞은편에서 운동을 나온 아줌마가 빠른 걸음걸이로 다가오는데 운동화가 금방 빨아 말린 양 하얗게 반짝거린다. 캠퍼스 안쪽으로 난 벤치엔 한 무리의 남녀가 자장면을 시켜 먹고 있는 중이다. 벤치 아래에 두툼한 책들이며 문서들이 뒹구는 것을 보니 아마 함께 발표를 준비하는 팀인 것 같다. 운동장 앞쪽에는 '축 봄내 초등학교 운동회'라고 쓰인 플래카드가 걸려 있는데 날짜를 보니 지난 주 금요일에 있었던 행사이다. 그리고 교정 안쪽 한 귀퉁이에 듬성듬성 앉아 있는 바위들 주변에서는 다섯 명의 학생들이 무척 낯익은 곡을 피리 이중주로 연주하고 있다. 아주 매끄럽지는 않지만 꽤 경쾌하고 아름다운 소리다.

운동장 안쪽으로는 3번이라고 써 있는 빨간 운동복 상의를 입은 중년 아저씨가 부지런히 경보 중이다. 그리고 뒤로 걷기를 하고 있는 사람도 저만치 눈에 띈다. 강아지를 데리고 나온 초등학생도 내 옆을 지나간다. 광고판을 둘러보니 이은미 공연 안내와 최일도 목사의 강연 안내가 언뜻 눈에 들어온다. 5월 18-19일에 광주기행을 간다는 총학생회의 노란색 플래카드도 걸려 있다. 네 바퀴를 걷고 나니 어느새 해는 저물었고 몸에서 더운 냄새가 풍긴다.

이때쯤이면 이곳은 이렇듯 시민들의 쉼터로 바뀌어 간다. 매우 다양한 사람들이 오가며 산책하고 운동하고 떠들고 놀지만 그 전체적 풍경은 늘상 여유로운 조화이다. 어제 있었던 지방 교역자회의에서 이번 성지순례 일정에 에덴동산도 끼어있다고 어느 목사가 푸지게 자랑을 했는데, 내게는 지금 이곳이 바로 에덴동산이지 싶다. 햇빛에 찬란한 녹음 한가운데에서 사람들은 누군가의 제재 없이 각자 하고 싶은 대로 움직이면서도 조화를 잃지 않는 이맘 때쯤의 풍경이야말로 에덴이 아닐손가. 지금 이 평화로운 풍경이 수천만 년 온갖 생명들의 터전이 되어온 지구별의 축소판, 작은 단면일 수 있다면 얼마나 좋으랴.

1등한 윤희, 윤미

2003.05.29

윤희, 윤미는 쌍둥이 자매이고 고등학교 2학년이다. 상업계 고등학교에 다니는 언니 윤희는 대학에 가려고 공부에 전력을 다하는 아이다. 수능 공부까지 따라가려니 하루 스물네 시간이 턱없이 부족하다. 실제로 하루에 네다섯 시간 이상을 자면 망하는 줄 안다. 학년에서 늘 일등을 하지만 그런 윤희의 얼굴엔 어느새 조급함과 불안이 한쪽 언저리에 배어 있다. 지난 겨울(1학년 때)에는 일등을 한 기념으로 내게 길거리에서 천원 짜리 양말 4켤레를 사다주기도 한 맘보 좋은 기분파이기도 하다.

동생 윤미는 윤희에 비하면 조금 느긋하고 속이 깊은 아이다. 무엇이든 최선을 다하지만 조급해하거나 쉽게 불평하지 않는다. 조금은 까탈스럽고 파다닥거리는 언니의 성격을 약간 못마땅해할 때도 있지만, 가족들이나 친구들과 비교적 원만한 관계를 맺는 아이다. 지난 1학년 2학기 때 반에서 4등을 했다는 얘기를 듣고 '공부도 너답게 하는구나' 하고 생각했었다.

윤미는 학교에 양해를 구하고 매주 수요예배에 나온다. 우리의 수요예배는 찬양하고(새로운 곡을 가르쳐 줄 때가 많다) 성경 두 장 나눠 읽고 말씀에 대해서 같이 생각해보고 함께 약 10분간 침묵기도하는 것이 전부이다. 빠지지 않고 매주 수요예배에 나오는 윤미가 교인이라기보다는 나를 지탱해주고 격려해주는 수호천사처럼 느껴질 때도 있다. 오늘(아니 어제) 수요예배를 마치고 나서 나는 윤미에게 중간고사 성적을 물어보았다. 지난 주일 윤희는 또 과에서 일등을 했다고 좋아했었는데 반면에 윤미의 소식이 궁금했기 때문이다. 그랬더니 윤미는 예상치도 않게 반에서 일등을 했다고 아주 덤덤하게 말하는 것이다. 무표정한 윤미의 말에 난 너무 좋아서 그 애를 꼭 끌어안아 주었다. 이 애는 아마 내가 먼저 묻지 않았으면 1등 했다는 말도 하지 않았을 거다. 그게 바로 윤미이다. 난 일등한 선물로 즉석 아이스크림을 사주었고 윤미네 집 앞까지 데려다 주었다. 이 길을 윤미는 늘 혼자 걸어다녔을 것이다.

내가 감사할 수밖에 없는 이유는 이 아이들이 일등을 했기 때문이 아니다. 물론 나는 현재의 학교교육 방식에 별로 호의적이지 않고 성적 지상주의 따위에는 냉소와 비판을 가하는 사람이다. 그리고 내 청소년기는 학교의 획일적이고 폭력적인 교육방식과 체제 때문에 우울했다는 것을 평생 잊지 못할 것이다. 그럼에도 불구하고 나는 윤희, 윤미의 일등 소식을 진심으로, 마음놓고 축하해 줄 것이다. 나는 이 아이들이 주어진 일과 시간에 누구보다 최선을 다하는 사람임을 알기 때문이다. 착하고 순수하고 정직한 이 아이들이 얄팍한 몇 마디 칭찬에 쉽사리 교만하거나 우쭐대지 않으리라는 것을 난 잘 알고 있기 때문이다.

이웃교회의 후배 전도사는 약 열댓 명 되는 아이 교인들이 어쩌면 그렇게 하나같이 전도사를 마구 대하고 헐뜯고 말을 안 듣는지 매 주일마다 '시험'에 빠진다고 토로한다. 주일마다 시달리고 나면 몸과 마음이 너무 지쳐서 밤이 되면 '내가 지금 뭘 하고 있는 건가' 하는 자괴감에 빠지게 된단다. 그이에 비하면 나는 얼마나 행복한 사람인지. 때로는 이 금같이 귀한 아이들이 앞으로 걸어갈 인생과 신앙의 여정에 내가 부끄럽지 않은 사람이 되어야겠다고 스스로 엄숙해질 정도이다.

감리교가 지금 사활을 건 듯한 '300만 총력전도운동', 말은 좋지만 이것이 한편으로는 아주 작은 교회들에게 존재의 위기와 열등감을 조장하기도 한다. 그러나 나는 이들과 함께 예배를 드리고 찬양할 때마다 하느님의 호흡과 손길로 빚어진 생명은 결코 숫자로만 가치매김할 수 없다는 진리를 거듭 깨우치며 가슴이 따스해져오는 것을 경험한다. 내가 때때로 불안하고 초조해할 때 어머니 하느님의 영은 나를 그렇게 위로해 주신다.

오는 토요일에는 윤희, 윤미를 위해 조촐한 스파게티 파티를 열어야겠다. 자기 자신의 고귀함을 알고 그것을 스스로 축하할 줄 아는 사람, 자신의 계획과 욕심이 무너졌을 때 쉽게 절망과 자포자기의 늪으로 숨어드는 대신 자신의 몸무게를 가벼이 하고 새로운 길을 떠날 줄 아는 사람, 엄청난 쾌락과 성공 등 세상에서의 그 어떤 것도 하나님 앞에서 상대화시킬 줄 아는 사람. 나는 윤희, 윤미가 이러한 사람이 될 수 있기를 간절히 원한다. 그리고 그들도 나의 이러한 바람을 알아차리게 되길 바란다.

제단 만들기

2003.07.07

흐리고도 맑은 하늘이 다행히 뜨거운 햇살을 피할 수 있게 해주었다. 아이들이 돌아가고 텅 빈 주일 오후, 피곤이 한꺼번에 몰려왔다. 어제 저녁 이웃 교회에서 열렸던 GEM 콘서트에 교회 아이들과 함께 갔다가, 예상치도 못했던 흥과 몸짓이 절로 나는 바람에 신나게 박수치고 몸을 흔들고 소리를 질렀던 탓이다. 얼마나 놀았던지 콘서트가 끝났을 때 내내 내 옆에 앉아 있었던 선배 목사 사모가 두 눈을 동그랗게 뜬 채 할 말을 잊고 날 쳐다보았을 정도로. 어쨌든 신나게 터져 나오는 음악과 찬양소리에 평소 얌전히 움츠리고 있던 내 안의 흥과 멋이 깨어나 제멋대로 분출되었다는 사실은 반가운 일이었다. 돌아오는 길에 두 다리가 얼마나 뻐근하던지.

설거지와 청소를 마치고 뜨거운 커피를 훌훌 식혀가며 마시고 있던 중 이웃교회 후배 전도사 두 명이 당도했다. 오늘 작은 공사를 하기로 며칠 전 미리 시간을 빌려두었었다. 작은 예배실 앞 중앙에 너무도 위압적이고 딱딱한 자태로 놓여있는 강대상과 두 개의 낡은 의자를 몇 달 전부터 치워야겠다고 마음먹었지만, 그 후의 대안이 마땅치 않아서 고민 중이었다. 내가 그것을 치워야겠다고 생각한 것은 사용할 일이 없어서였다. 작은 교회에 목회를 나오고 나서야 나는 강대상이 목회자를 위한 곳 이상이 아님을 깨달았다. 그러나 내겐 우람하고 부피가 큰 강대상 대신 날씬하고 작은 설교대로 충분했을 뿐만 아니라, 그 뒤편의 보기 흉하게 너덜너덜해진 두 의자는 더욱 무용지물이었다. 그것들을 치워버린 후 제단을 어떻게 만들지 대안이 없어서 미뤄오다가 얼마 전 누군가 가볍게 흘리는 얘기가 귓속으로 쏘옥 들어왔다. 그래서 바쁘다고 엄살을 부리는 두 후배에게 독촉을 해서 오늘 제단을 만들 작은 공사를 하게 되었다. 사실 나도 공사일을 놓고 시간을 재 봐도 마땅한 날이 없을 정도이니 그들의 바쁘다는 소리도 틀린 말은 아니었다.

강대상과 낡은 한 의자를 바깥으로 치우고 나서 밑 부분의 보관 상태가 상대적으로 좀더 나은 의자의 등받이를 뜯고 잘라냈다. 합판으로 붙여졌음에도 뜯어내는 게 솔찬히 시끄럽고 고되었다. 이렇게 해서 아직 제대로 갖춰지지는 않았지만 예배실의 제단이 생겼다. 등받이 없이 묵직한 두 팔 부위만 있는 의자 제단 위에 유리를 깔고 그 위에 영대를 준비하고 몇몇 성물을 얹어놓을 것이다. 그리고 움푹 들어간 유리 하단에는 납작하고 작은 꽃바구니를 놓아보련다. 언젠가 미국의 공동체 탐방기사를 실은 교계신문에서 함께 노동하고 삶을 나누는 '브루더호프' 마을 이야기를 읽은 적이 있다. 그들은 하루 일을 끝내면 함께 모여 하루를 마감하고 감사하는 예배를 드리는데, 들판에서 거둬온 꽃 한묶음이 드려짐으로써 금방 일하던 그 곳은 해질녘 아름다운 예배처소로 바뀐다고 한다. 꽃망울의 아름다움만으로도 우리가 선 곳은 가장 성스럽고 마음을 여미게 되는 신의 정원이 된다. 어렵사리 두 사람의 도움을 얻은 김에 벽에 못을 하나 더 박았고 쓸데없이 붙어있는 게시판도 하나 철거했다.

대강 치우고 나니 예배실은 한결 널찍해진 반면, 그렇잖아도 낡고 상처투성이인 진붉은 카펫의 어둡고 칙칙한 느낌은 더욱 강렬해졌다. 하지만 어쩌랴. 한걸음씩 가는 수밖에. 내일은 교역자회의와 오롯한 산책 모임이 있고, 모레엔 절기별 색상의 영대들과 은은한 촛대 두 개, 예배실 옆방에 걸어놓을 십자가, 수련회 준비를 위한 책자 등을 사오기 위해 서울을 다녀올 생각이다. 그러고 나면 수요일에는 등받이 없는 의자와 유리로 만든 작은 제단이 완성되겠지. 아직 쓸 만한 강대상을 탐내는 사람이 있어 그날 실어보내기로 했다.

후배 전도사들과 저녁을 먹은 후 잠시 이야기를 나누다가 집으로 돌아오는 길에 문득 느꼈다. 낮에까지도 두 팔과 두 다리로 저릿하게 돌아다니던 피곤의 그늘이 어느새 빠져나가고 없다는 것을.

십수 년만의 산행

2003.07.07

몇 주 전부터 지방 몇몇 목회자들이 '월요산행'을 시작했다. 춘천은 고만고만한 산들로 둘러싸인 분지 지역이다. 즉 사방천지가 산이다. 성지순례를 다녀온 젊은 팀들을 중심으로 비가 오는 날은 빈대떡이라도 구워먹자며 산행이 시작되었다. 합류를 권하는 전화를 몇 차례 받았지만, 걷기를 좋아하는 내가 가장 자신 없어하고 무서워하는 것 중 하나가 산행인지라 정중히 거절하곤 했다. 마음으로야 왜 안 가고 싶었으랴.

산행을 두려워하게 된 것이 언제부터인지 정확히 끄집어낼 수는 없다. 나지막한 뒷산을 가지고 있었던 초등학교 고학년 시절 미술시간, 체육시간에 걸핏하면 뒷산으로 내달리고 원고지를 끼고 선생님과도 여러 차례 올랐던 기억이 있는 것을 보면 그 때까지는 경사진 곳을 오르는 힘겨움이 그렇게 크진 않았던 것 같다. 6학년 후반부터 시작된 악몽과도 같았던 악성빈혈은 고등학교 3학년이 될 때까지 내내 날 괴롭혔고, 당시의 체력은 최저하 상태로 전전긍긍했다. 걷는 것, 서 있는 것조차 힘들어서 뛰고 경사진 곳을 오르는 일은 꿈도 꾸지 못했다.

또 하나의 요인이 있다. 고등학교에 들어와서야 심장병을 가진 어머니를 닮아 내 심장도 그리 건강하지 않다는 것을 알았다. 조금 무리하거나 경사진 곳을 오르면 가슴 한가운데에 뜨거운 통증이 일어나고 어느 순간엔 심장이 타거나 폭발하는 것처럼 아프다. 그리고 호흡을 할 수 없게 된다. 그러다보니 자연스레 뛰거나 산을 오르는 일은 진즉에 나와는 상관없는 일이 되고 말았다.

산에 대한 최악의 기억 하나는 대학원 1학기 때였다. 당시 나는 단단한 동지애와 꽤 결속력 있는 힘을 가졌던 대학원 내 학술운동단체에 속해 있었는데, 그 해 여름방학을 맞아 다함께 치악산으로 MT를 떠났다. 우리의 일정 속에 치악산 등반과 전원 참여가 당연한 듯 자리 잡혀 있었고, 당시 외적 내적 분위기상, 그것에 대해 이러쿵저러쿵 사적인 의견과 이견을 내놓는 일은 거의 불가능했다. 치악산 등반을 놓고 고민하며, 따라갈 수 있는 만큼 가겠으나 도저히 오르지 못할 때에는 개인행동을 하겠다고 겨우 용기를 내어 말했으나 관철될 리 만무했다. 오히려 그것은 다른 동지들에 대한 '배반'이며 집단적 결속력을 깨는 위험한 것이라는 핀잔을 들었을 뿐이다. 선배들은 말했다. "우리가 업고 오더라도 너를 꼭 데리고 가야겠다"고. 양손을 두 선배의 팔에 붙들려 1/3 지점에 올랐을 때 이미 내 심장은 활활 타오르는 불 가운데서 마지막 폭발하기 직전의 고통과 숨막힘으로 죽을 것만 같았다. 아직은 심장이 붙어있으나 곧 터져버린 후 활활 산화되어 아무것도 남지 않게 될 것 같은 생각이 드는 이 때가 가장 두렵다. 심장이 없어질 것 같은 고통과 두려움. 난 눈물을 찔끔거리며 개인행동을 하겠다고 다시 이야기했으나 그들은 내 고통엔 여전히 무관심한 채 내 배반적 마음 약함에 대해서만 다그쳤다.

어찌 되었을까? 죽을 것 같이 고통스럽고 하늘이 노래지고 까매지는 상태로 반절 정도 오르던 중 난 문득 의식을 잃고 말았다. 이삼십 분 정도 흘렀던가. 정신을 차리고 눈을 떠보니 부슬부슬 빗방울이 떨어지고 있었고 선배들이 놀라서 다리를 주무르고 얼굴을 두드리는 등 어찌할 줄 몰라 허둥대고 있었다. 그제서야 난 개인행동을 허락받았고 돌봐줄 선배 한 명과 함께 산을 내려올 수 있었다. 산을 내려온 그들이 내게 하던 말, "우린 네가 꾀병하는 줄 알았지." 내가 미쳤냐, 아무데서나 아무 앞에서나 꾀병을 하게. 든든한 동지애를 자랑하던 시대였지만 실상 우리는 옆 사람의 터져버릴 듯이 고통스런 박동소리를 듣지 못하고 그를 믿으려고 하지 않았던, 또 그래야만 했었던 때가 아니었던지. 아무튼 그 때 이후로 산과 등산에 대한 나의 알레르기 반응은 더 심해졌다.

오늘 나는 몇몇 사람들과 함께 누군가 '어머니산'이라고 지칭한 대룡산을 올랐다. 어머니처럼 따뜻이 품어주고 완만하다더니 실제로 그런 맛을 느끼게 해주었다. 오늘 산행에 응한 이유? 그저 마음 넉넉한 이들과 함께 말없이 산을 오르고 싶었을 뿐이다. 더 이상 우리는 '전원 완주' 혹은 '이탈자는 배반자'라는 거창한 구호와 목표 의식에 사로잡혀 있지 않다. 나 또한 누군가의 눈치를 보고 그에게 나를 맞추고 복종해야 할 어떤 '당위성' 같은 무엇, 내 몸에 맞지 않은 옷에서 걸어 나온지 이미 오래된 일이다. 산을 좋아하는 마음으로 오르고 더 이상 오르지 못하면 혼자 앉아 쉬면 된다. 다른 이들이 더 오르는 동안 난 주위에 짙게 우거진 수종의 나무들이 뿜어내는 아찔하고 신선한 녹빛 향기에 젖어 크게 숨호흡 했다. 근처를 돌아다니며 버찌와 산딸기를 따먹었고, 흰나비의 나풀대는 몸짓에도 즐거이 시선을 빼앗겼다. 산 아래 펼쳐진 자그마한 인간 동네를 내려다보며 마음이 한결 가벼워졌고, 비우고 덜어낸 자리로 알 수 없는 무언가가 흘러드는 것을 느꼈다.

돌이켜보면 십수 년 전 치악산을 오르던 때, 이러한 자유로움으로 걸음을 내디뎠다면 어쩌면 좀더 오를 수 있었을지 모르겠다. 아니 좀더 높이 오르지는 못했더라도 이토록 오랫동안 산을 멀리하지는 않았을지 모르겠다. 내려오는 길에 두 다리가 후들거리면서도 나는 십수 년 만에 편안히, 거의 성공적으로 산행을 한 나 자신에게 축하와 웃음을 보내고 있었다. 앞으로도 문득 산이 그리운 날엔 별로 욕심 없이 산을 오를 수 있으리라. 오늘처럼.

향기

2003.07.15

만물에겐 향기가 있다. 인적이 드물고 녹음이 짙은 산속에 서면, 내 피곤한 폐 한가운데로 새벽이슬의 것인 양 맑고 찬 내음이 거침없이 흘러든다. 장미에겐 그의 화사하고 어찔한 향기가, 뙤약볕 아래 노오랗게 익은 참외에겐 달콤하게 입안으로 젖어드는 그만의 향이 있다. 반짝이는 강줄기와 들녘 풍경을 따라 두 시간 기차를 타고 가서 내린 청량리역의 부산함 속에는 코끝에 와 닿는 잿빛으로 찐덕이는 도시의 향기가 있고, 산자락 아래 고즈넉하게 자리잡은 내 동네에는 아침저녁으로 머물곤 하는 무미건조한 듯 친근한 향기가 있다.

만물 가운데 한 존재, 사람도 각자 자기만의 독특한 향을 지녔다. 처음 만난 순간부터 내뿜어대는 강렬한 향기로 상대방을 사정없이 매혹시키거나 너무 진하고 어질한 향기에 놀라 한걸음 뒤로 물러서게 만드는 사람이 있는가 하면, 처음의 고요하고 부드러운 향기가 시간이 갈수록 빛을 발하고 그윽해지는, 오랜 수목 같은 이도 있다. 타인의 향기에 젖어들고 그것을 음미하는 즐거움엔 무관심한 채 오로지 자신의 향기를 고집스레 군림시키는 이가 있는가 하면, 때로는 자신의 향기가 타인의 것을 상처내고 흠집 내지 않도록 명암을 조율하고, 어느 순간 다양한 향기들의 상호 교감을 통해 흘러나온 낯선 향기에 기꺼이 취할 줄 아는 이도 있다. 치장과 과장으로 숨막히게 만들고 경계하게 만드는 흡사 인조화장품의 향기가 있는가 하면, 깊숙한 우물 혹은 드넓게 펼쳐진 보리밭을 흐르는 자연스러운, 불현듯 귀향의 본능을 일으키는 오래된 냄새도 있다.

자신이 어떤 향기를 지녔으며 또 옆의 타인의 냄새는 어떠한지 눈여겨 볼 일이다. 내게 머물고 있는 이 향기가 지나가는 다른 생명체들과 다채로운 교감을 일으키고, 날실과 씨실처럼 서로 얽힌 삶의 그물망에 잠시 몸을 내려놓은 자신과 타인의 운명을 자축할 수 있는 한 치의 여유로운 호흡이 될 수 있는지 곰곰이 생각해 볼 일이다. 그렇지 않아도 내 살갗과 생각을 스쳐가는 타인의 존재 자체로도 숨 막힌 더위가 고조되는 이 무더운 계절에 말이다.

균형 잡기

2003.07.16

어제 저녁 한낮의 더위를 조금씩 식혀 주는 기분 좋은 바람이 불기 시작할 즈음에 교대로 산책을 나갔다. 요즘은 늦은 시각까지 더위가 극성을 부리는지라 밤 아홉시, 열시까지도 걷거나 운동하는 사람들이 많이 있다. 운동장을 걷기 시작할 때 잔디밭을 어슬렁거리며 뭔가 하고 있는 아주머니의 모습이 문득 눈에 들어왔다. 아주머니는 한 손에 비닐을 들고서 잔디밭에 간간히 널려 있는 작은 쓰레기들을 줍고 계셨다. 학교의 직원도 아닌 평범한 차림의 이웃집 아주머니임에 틀림없는 분이었다. '아, 저런 분도 있구나. 선하기도 하셔라.' 처음에 든 생각이었다. 며칠 못 걸어서인지 가슴이 아파 오길래 꽤 천천히 한 바퀴를 돌고나서 다시 그 지점에 다가왔을 때, 그분이 여전히 그 주위를 서성이고 계심을 발견했다. 비닐 주머니 안에는 꽤 많은 분량의 쓰레기가 담겨있었고, 나는 보기보다 쓰레기가 많이 널려있다는 것을 그제서야 알아차릴 수 있었다. 이와 동시에 여러 가지 잡념과 느낌이 몰려들기 시작했다. 그 아주머니의 모습에 비추어 내가 누구인가를 보게 된 것이다.

방학하기 전에는 온종일 학생들로 북적거리고 방학 이후에도 운동하는 사람들, 아침저녁으로 산책 나온 사람들로 쉴 틈이 없는 교대 교정. 산책을 하면서 나도 문득 생각하곤 했지. 많은 사람들이 오가는데도 학교가 참 깨끗하다는 것을. 하지만 그것이 전부였다. 언제나 상쾌하고 깨끗한 모습으로 오가는 사람들을 쾌적하게 만들어주는 그것이 과연 무엇인지에 대해서는 더 이상 생각해보지 않았다. 그저 나는 깨끗하게 정리된 교정을 아무 생각 없이 즐기고 돌아가는 거의 대부분의 사람들 중의 하나였다. 물론 나는 간혹 자판기 음료라도 사용한 후 길바닥에 쓰레기를 버린 적은 없다. 그렇지만 누가 버린 쓰레기를(구석구석에 처박혀서 거의 남의 눈에 잘 띄지도 않는) 줍고, 또 이곳을 사용할 누군가를 위해 이곳을 보존해야겠다고 생각한 적도 없었다.

난 지금 그동안 기분 좋게 밟아온 이곳을 이렇게 깨끗하고 편안한 곳으로 만들어온 진정한 힘을 마주하고 있는 것이다. 대부분의 사람들이 자신은 쓰레기를 버리지는 않는다고, 공공장소를 어지럽히고 헤치는 사람은 아니라는 자기 만족으로 살아가는 동안에, 아무 말없이 남이 버린 온갖 자잘한 쓰레기들을 눈여겨 줍고 또 줍고 있는 이 아주머니의 안에 분명히 자리잡고 있을, 누구보다도 넓고 지극한 마음터를 맞닥뜨리고서야.

교정 안 작은 울타리 안의 이 풍경은 어떻게 보면 넓디넓은, 또 끝없이 확장하고 있는 이 우주적 삶터의 한 단면이기도 할 것이다. 타인들을 책하기 전에 그들이 토해 놓은 역한 쓰레기와 오물을 쉬임 없이 치우는 일을 자신의 일로 여겨온 존재들이 없었다면, 우주 안의 온갖 에너지가 이나마 균형과 상생력을 잃지 않고 여기까지 올 수 있었을까.

우리가 '균형 상태'라고 일컫는 것은 결코 나의 노력이나 관심이 배제된 '무위 상태'나 무중력과 같은 '중도'가 아닐 게다. 균형은 눈에 보이든 안 보이든 저 분과 같은 수많은 존재들의 배려와 사랑이 있어서나 가능한 것이리라. 뉴스와 지면의 거의 전체를 잠식한 어둡고 악하고 미간을 찌푸리게 하는 일들 속에서 우리의 일상마저 괴롭게 흔들리면서 살아가지만, 그 이면에서 저토록 균형을 잡기 위해 애쓰고 또 그것을 말없이 지속하고 있는 더 많은 사람들과 존재들이 있어 세상은 존재하는 것이리라.

가끔씩 산책길에 해야 할 일이 생긴 셈이다. 결국 '나'라는 존재와도 무관하지 않을 쓰레기들을 줍고 치우는 일, 이 일이 없이는 이 우주가 균형을 잃고 말거라고 생각을 하면 그것은 분명 남의 일이 아니라 내가 해야 할 일인 것을.

남은 자리가 깨끗해야

2003.07.20

월요일에 아이들과 함께 떠나는 수련회 준비가 만만치 않다. 사람 수는 적은데 이것저것 챙겨야 하는 물건들은 왜 이리 많은지. 물건 챙기고 확인하고 현지에서 사야 할 것들 적어놓고…. 방학에 들어가자마자 떠나는 수련회에 아이들은 몹시 들떠 있다. 주중에 서로 일정과 가져 갈 물건들에 관한 내용을 이메일로 주고받았는데, 윤희는 달랑 한 줄짜리 메일을 보내오기도 했다. "베개도 가져갈까요?"라고. 차량이 없으니 꼼짝없이 모두 한가득 등짐 지고 손에 든 피난민 식 여행이 될 터이나 어느 누구도 이런 불편에 아랑곳하지 않는다. 어제 저녁에 공부를 끝낸 윤희 윤미는 라면에 밥 말아먹자는 내 제안도 용감하게 거부하고 소슬비를 맞으며 집으로 달려갔다. 가방 싼다면서.

하루 종일 주보와 설교준비, 수련회 준비, 영어공부로 정신없이 보내고 난 지금, 이제 편안히 발 뻗고 잠자리에 들어야 하는 이 시간에 난 집안 청소를 하고 있다. 방과 부엌에 환하게 불을 켜놓고 말이다. 말하자면 집안 청소도 내겐 집을 떠나기 위한 준비 의례에 속한다. 눈병이 오려는지 눈도 아프고 몸도 피곤한 이 시각에 청소를 하지 않으면 마치 길을 떠날 수 없는 사람처럼 먼지를 제거하고 방을 닦아낸다.

미워하면서 닮는다더니 갈수록 내 행태가 꼭 그것이다. 집을 비우기 전에 방 청소를 하는 습관은 본디 어렸을 적에 내가 그토록 싫어하던 어머니의 습관이었다. 가족이 하룻밤이라도 집을 비우게 될 때 이상하리만큼 어머니는 집안 청소에 집착을 보이셨다. 방을 쓸고 닦고 마당도 훤하게 치워놓으셨다. 물론 그 일을 혼자 하셨을 리는 없고 나와 동생을 닦달해서 청소로 몰아넣는 바람에, 집을 떠난다는 일말의 설레임을 걸핏하면 반감시키곤 하셨다. 어린 마음에 '집에 돌아오면 짐과 빨래가 한 무더기일 텐데 그때 청소를 하면 낫지 않나' 하는 내심 합리적인 생각이 들기도 했는데, 커서 보니 그 당시 짜증과 불만 섞인 표정으로 휘적거리던 청소가 어느새 길 떠나기 전 내게도 습관으로 붙어 있었다.

어느 날이던가, 청소를 하면서 어머니에게 물었다. 왜 꼭 집을 떠나기 전에 청소를 하느냐고. 서슴지 않고 되돌아온 어머니의 대답은 "사람은 남은 자리가 깨끗해야 한다"였다. 어차피 반감에서 나온 질문이었던지라 어머니의 짤막한 대답도 내겐 별로 신빙성 없는 말로 들렸다. 즉 우리가 집 떠나면 볼 사람이 누가 있다고 남은 자리를 운운하시는가 말이다. 그러다가 나이가 들어 집을 떠나기 전 나는, 예전에 어머니가 하신 말을 새롭게 떠올리며 집을 비우기 위한 마지막 코스라도 되는 양 청소를 하고 있는 나 자신을 발견하곤 한다.

워낙 건강이 안 좋아 외출을 별로 즐기지 않았던 어머니는 집을 떠나 어딘가에서 유숙을 해야 한다는 일에 굉장한 부담을 느끼셨을 게다. 그런 연유에선지 어떤지 정확히 알 수는 없지만, 어머니는 평소 죽음에 대해서도 썩 거리감을 두고 살지 않으셨다. 집을 떠나던 날 아침에 우리의 반발을 사면서도 집안을 청소해야만 맘 편해 했던 어머니의 '남은 자리'의 의미를 나도 어느새 맞닥뜨리며 살아가게 된 것이다. 혼자 살다보니 남은 자리를 더 생각할 수밖에 없게 되었는지도 모르겠다.

꼭 이러한 의미를 떠나서라도 집을 비우기 전에 청소를 하게 되는 또 하나의 이유는, 지친 몸으로 돌아온 나를 산뜻하고 편안하게 맞아주는 집안공기가 꽤 괜찮아서이다. 어쨌든 집안 청소까지 끝냈으니, 이제 아주 홀가분하고 여유롭게 길을 떠날 일이다.

ps. 지난 17일, 극한 생활고와 빚 독촉을 못 견디고 자녀 셋과 동반자살(타살)한 한 여인. 내내 가슴 어딘가가 소화불량처럼 막혀버렸다.

예수님이 안계셔도

2003.07.27

교단 홈페이지에서 초등학생을 대상으로 하는 성경 독후감 응모 소식을 읽은 것은 어언 두 달 전이었다. 해당 본문이 사도행전 1-5장이라 현철이에게 썩 쉽지는 않겠다 싶었지만, 난 현철이에게 성경을 몇 번 정독해보라고 권했다. 평소에 책읽기를 좋아하는 현철이었지만, 낯선 인명과 어려운 말들이 이어지는 성경 본문은 역시 잘 읽혀지지 않았는지, 한번 정독하는데도 내 독촉이 수없이 필요했다. 한번 읽고 났지만 잘 모르겠다는 현철이에게 그럼 앞으로 두 번만 더 읽자고 했더니 아주 못마땅한 표정을 지었었다. 그러나 세 번을 읽고 나자 내용을 술술 이야기할 정도가 되었다. 그래서 독후감을 쓰게 했더니, 성경 본문을 거의 그대로 베끼다시피한, 문맥이 안 맞아 결국 본문보다 어려워진 독후감을 써온 것이 지지난 주였다. 그것도 내가 주문한 매수보다 두 배나 길게. 그만큼 글쓰기가 그에게 쉽지 않았다는 증거였을 것이다. 그래서 오자를 잡아주면서 내용을 크게 축소하고 읽은 소감과 느낌을 마지막에 써보라고 다시 주문했더니 현철이는 수련회 중간중간에도 독후감이 걱정되었는지 이러쿵저러쿵 물어오곤 했다. 그후 며칠 독후감을 수정하느라 꽤 공을 들이는 눈치였다.

어제 저녁 윤희 윤미가 공부하러 오는 참에 현철이도 함께 왔다. 여분의 원고지와 연필, 지우개를 들고서. 글의 형식과 길이는 이제 대충 맞춰졌다. 자신의 소감과 인상을 좀더 강하게 피력해주었으면 하는 바람이 여전히 남았지만, 그것은 나의 욕심일 뿐이라는 생각에 현철이를 칭찬해주었다. 이제는 글의 제목을 다는 일이 남았다. 나는 현철이에게 딱딱하고 형식적인 제목 말고 새롭고 신선한 제목을 생각해보라고 한 후 윤희 윤미의 공부를 도와주고 있었다. 십여 분이 족히 흘렀을 것이다. 드디어 제목을 정했다는 현철이의 말에 뭐냐고 물었더니, '예수님이 안 계셔도'란다. 순간 나는 현철이가 성서 본문을 누구보다도 더 깊이 이해했다는 것을 알아차렸고, 그렇게 상징적인 제목을 떠올릴 수 있다는 것에 환호했다. 사도행전 1-5장은 예수의 승천에서 시작해서 성령을 받은 사도들이 복음을 전하고 이적을 행하며 고난을 당한 이야기, 신도들의 공동 소유 생활을 보도해준다. 즉 예수가 하늘로 올라가신 후 본격적으로 시작되는 교회의 처음 이야기인 셈이다. 현철이가 뽑은 '예수님이 안 계셔도'란 제목이 좀 포괄적이긴 하지만 이 본문의 배경과 상황을 잘 간파한 것임은 틀림없다. 그만큼 그가 성서 본문을 이해하려고 애썼음을 여실히 보여주기에 충분하다고 생각되어 난 흔쾌히 동의했다.

가끔씩 이런 식으로 현철이는 나를 놀라게 만든다. 아직 어른의 정형화된 현실 논리에 젖어들지 않은, 풋풋하고 상상력 넘치는 세계를 지닌 현철이. 어제 일은 내게 성서는 아이들에게 고리타분하고 어려운 책이라는 일반 통념을 통쾌하게 깨뜨려주는 사건이 되었다. 아니 상대적으로 순수하고 깨끗한 마음을 지닌 아이들에게 성서는 오히려 더 잘 이해되고 받아들여질지도 모를 일이다. 현철이에게도 이번 기회가 성서와 훨씬 더 가까워질 수 있는 좋은 기회가 되었을 것이다. 앞으로도 이런 기회를 잘 사용해서 아이들에게 성서와 친해질 수 있도록 해야겠다. 이제 현철이가 정성스레 쓴 독후감을 교단본부에 부치는 일만 남았다.

삼악산행

2003.08.04

며칠 전부터 오늘은 산행에 동행하리라 마음을 먹었었다. 산의 녹푸른 물기와 자태에 온 몸을 푸욱 적시며 다소곳이 올라보고 싶었다. 물론 산행이 주는 싱그러운 여유와 즐거움은 잠시이고, 곧 뜨겁게 부풀어올라 질식과 파열의 공포로 내리꽂히는 심장의 통증을 생각하고 번번이 마음을 접곤 했지만. 듣자하니 오늘은 삼악산을 오른다는데, 어제 어떤 이의 말에 의하면 오르다가 힘에 겨워 악악악 세 번 소리를 내지른다고 '삼악'산이란다. 아침 이른 시각에 삼악산이 과연 그리 험한지, 나 같은 산행의 방해꾼이 동행해도 될지를 알아보려고 두세 곳에 전화를 넣었지만, 이상하리만치 연락이 닿는 곳이 없었다. 라디오 뉴스를 통해 듣고 나도 놀란 정몽헌 회장의 투신자살 소식에 모두들 정신을 잃고 있는 것인지. 그래도 애초에 마음먹은 대로 그저, 길을 나섰다.

오늘은 세 사람이 산을 올랐다. 두 사람은 나를 배려해서 공식적 등산로인 난코스 대신, 지금은 인적 드문 쉬운 코스를 선뜻 선택했다. 잔치가 있는 날인지 음식과 사람들로 북적이는 한 산사에서 출발해서 천천히 오르기 시작했다. 30,40m 정도의 높이를 견디지 못하고 한 번씩 주저앉아야만 했던 나 때문에 예닐곱 번을 쉬며 한 시간정도 오른 끝에, 나는 나머지 산행은 두 사람이 자유로이, 훨훨 날아 다녀오라고 말할 수밖에 없었다. 내 통증도 문제였지만, 더 이상 나로 인해 두 사람의 산행에 차질을 빚을 만치의 염치도 남아있지 않았다. 어질어질하고 울컥대는 몸을 그 곳 널찍한 바위 위에 겨우 앉히고 내려다본 의암댐과 의연하게 피어오르는 강줄기란, 방금 전까지 고통스레 짓눌러오던 통증을 가라앉히고도 남는, 고요한 평화로움 자체였다. 나는 오늘도 결국 산을 오르다 말았지만, 사람들은 이러한 충만함이 있어 산을 오르고 또 오르나보다. 하산해서 점심메뉴로 선택한 청국장의 더할 나위 없이 구수하고 진득한 맛은 우리의 시장기만 아니라 온 몸과 마음까지 든든하게 파고드는 것이었다.

매주 산행은 엄두조차 낼 수 없지만(그러기엔 내 심장의 상태가 너무 열악하고, 동행한 이들에게도 말할 수 없는 민폐를 끼치게 될 테니), 가끔씩이라도 오르고 싶게 만드는, 이렇게 오르다 말지라도 오고 싶게 만드는, 천지사방의 산들이 있어 너무 좋다. 또 그렇게라도 동행하는 나를 말없이 배려하고 자세를 낮추고 내 걸음에 보조를 맞춰주는 사람들이 있어 너무 고맙다.

이른 아침에 어떤 분이 전화를 해서 여러 가지 지혜와 용기의 말씀을 주셨다. 잠을 깨우긴 했지만 가슴 밑자락을 뻐근하게 적셔주는 전화였다. 희수가 선물로 주고 간 카라가 더욱 노랗게 넓은 입을 벌렸다. 한 주간을 시작하는 첫 날에 찾아드는 이 피곤과 여유로움.

만유에게 감사, 만유에게 평화!

조금은 어색하고 조금은 특별한 일

2003.08.07

어제 아침 나절에 춘천에 사는 사촌언니가 전화로 "너 줄려고 김치 조금 해놨는데 내가 갖다 주랴?"하신다. 50대 중반을 넘어선 어른에게 걸음하게 하기도 미안하고, 지척에 살면서 얼굴 한 번 디밀지 않은 나를 은근히 책하는 소리 같아서 얼른 내가 다녀가겠다고 대답했다. 집주소를 얻어듣고 점심식사를 함께 할 양으로 집을 나섰다.

이모들이 여럿 있었지만 막내였던 어머니와의 나이 차가 커서였는지 나는 자라면서 이모들을 제대로 뵌 적이 없었다. 어머니가 이모들과 특별한 교분을 쌓지 않고 지내온 데는 여러 이유가 있었을 것이다. 남들과 고만고만하게 살가운 관계를 유지하는 재량이 별로 없는 어머니 성격 때문이기도 하겠지만, 더 원초적 이유는 여섯째 딸에다가 가장 못생기고 키가 작았던 어머니가 여섯 살 때부터 가족들의 핍박 속에서도 교회에 '미쳐버'렸기 때문이다. 말하자면 아들을 바라고 딸을 여섯이나 낳았던 할아버지로부터 온갖 냉대와 설움을 받았던 어머니는 일찍이 교회와 하느님을 선택함으로써 가족들에게서 완전히 독립해버렸고, 15살에 기차비를 훔쳐 들고 홀홀단신의 몸으로 가족과 고향을 떠났다. 할아버지가 돌아가신 후 홀로 된 할머니는 어머니와 함께 살면서 아주 신실한 그리스도인이 되었지만, 이모들은 모두 돌아가실 때까지 예수와 교회를 알지 못했으니, 어린 나이에 고집스레 교회를 다니고 혼자 야반도주해서 완전 별종의 삶을 살았던 어머니와 이모들 사이엔 가족이라는 이름으로 묶을 만한 연결고리가 별로 없었을 것이다.

그래서인지 아버지가 돌아가시고 내가 초등학교에 입학한 후 우리 가족이 원주에 살던 한 이모네 집에서 몇 개월 기거한 적을 빼놓고는, 내가 이모들을 떠올릴 만한 일이 전혀 없다. 아버지(장로교 목사)가 임직했던 교회에서 나와 오갈 곳이 없었던 어머니가 향후 계획을 모색하고자 잠시 찾아들었던 이모네 집이었지만, 그 당시 '동네부자'로 통하던 장사꾼 이모네에서 일하던 못된 식모가 우리 식구를 너무 멸시하는 바람에 어머니는 몇 달 후에 다시 짐을 꾸렸다. 오늘 전화를 준 이는 망나니 두 아들 때문에 모든 재산을 잃고 오랫동안 알콜릭 정신병자로 외롭고 외롭게 살다가 몇 해 전에 돌아가신 그 원주 이모의 딸이다. 어렸을 적에 처녀 전도사로 지역 선교 사업에 '눈부신' 활약을 했던 어머니를 동경해서 여러 번 어머니를 찾아가곤 했지만, 예수쟁이가 되지 못해서 돌아오곤 했다는 사촌언니이다. 젊었을 적 교분 때문인지 가끔씩이라도 어머니와 연락을 주고받는 거의 유일한 친척이지만, 친척이 뭔지 모르고 자란 내게는 멀고 서먹하게 느껴져서 춘천에 온 후로도 찾아뵌 적이 없었다. 그러니 어제 나는 김치를 핑계로 수십 년의 세월 동안 내 가족과 간신히 이어져 온 유일한 친척 언니를 찾아간 셈이다.

언니는 내게 어머니와 아버지에 관해 몇 가지 이야기를 들려주셨다. 그리고 젊었을 때 세상 무서운 줄 모르고 활약했던 어머니가 저렇게 건강을 잃게 된 것은 '스트레스와 체면에 먹고 사는' 목사가 된 탓이라고 푸념했다. 몇 년 전에 혹시나 하고 교회를 나갔다가 역시나 일 년도 안 되어 그만두었다면서 "교회 다니는 일이 보통사람으로는 안 되는 거더라. 내가 워낙 신심이 없어서인지, 매일 기도하고 예배 쫓아다니는 사람들이 뭐하는 건가 싶고, 난 그게 안 되더라"고 말한다. 극히 내성적이고 몸이 약한 형부 사이에 둔 딸 하나를 세상에 없는 자식처럼 홀홀 불어 키우는 바람에, 어머니가 '자식 망치는 지름길'이라고 몇 번 핀잔을 주었던 일도 기억났다. 언니와 형부는 나와 비슷한 나이의 딸을 아직도 어린애처럼 떠받들며 뒤치다꺼리하느라 바쁘다. 식구도 별로 없는데 무슨 재미로 살았냐고 물었더니 뭐든 배우고 손으로 만드는 일이 좋았다고 하신다. 내가 갔을 때에도 거실 한구석에 기타가 놓여 있었고 탁자 위엔 기타 악보들이 나뒹굴고 있었다. 언니는 기타뿐만 아니라 피아노, 재봉질, 요리 등에서 탁월한 솜씨를 가졌고, 지금도 매일 아침에 뒷산을 오르는 덕인지 나이에 비해 날씬하고 날렵한 몸매를 지녔다. 내가 보기엔 건강한 몸과 부지런한 성격, 얼마간의 자긍심과 교만 등에 의지해서 살아온, 바로 그것 때문에 신앙에 귀의하지 못한 분인가 싶었다. 그러면서도 "난 예수쟁이들이라면 이상하게 싫은데 아직도 니네 엄마는 좋아한다"고 하는 것을 보니, 젊은 시절에 내 어머니를 너무 동경한 나머지 '나도 전도사가 될까'라고 잠시 미친 생각을 했던 때가 있었다는 말이 아주 헛말은 아닌가보다.

점심을 함께 나누고 이야기를 나눈 두어 시간 동안 나는 신앙과는 상관없이 나름대로 '똑똑하게' 살아온 듯한 언니가 문득 드러내는 이면들을 읽게 되었다. 언니는 타인들과 이웃들에게 좀 지나치다 싶은 불신과 경계심을 갖고 있었다. 세상에 믿을 사람은 없으며 오늘 이 사람이 내일은 나를 배반할 수 있다는 논리가 깊이 배어들어 있었다. 우리가 살아가면서 간혹 그런 일을 만나기도 하지만, 항상 그런 생각 속에 갇혀서 사는 일은 꽤 곤혹하고 피곤한 일일 것이다. 그러고 보니 언니의 얼굴엔 나이 든 지혜로운 사람에게서 묻어나는 여유와 편안함이 들어있지 않다. 외양적으로는 꽤 풍족한 생활을 누려왔음에도 불구하고 언니는 종교에 귀의하기엔 너무 자신감 있었고 남부러울 게 없었던 것이 아니라, 자신과 타인의 삶에 대한 종교적 성찰을 물리쳐버림으로써 자신의 것을 혼자의 힘으로 지켜내기 위한 끊임없는 경쟁, 싸움, 벽 쌓기에 갇혀 지내온 것이 아닐까. 하느님을 모심으로 내 삶의 공간이 좁아지는 것이 아니라, 도리어 내 좁은 삶 안으로 세상과 우주의 생명이 깃든다는 진리를 놓쳐버린 것은 아닐까.

돌아오는 길에 생각해보니, 나는 언니와 같이 종교인을 '보통 사람'이 아니라고 말하거나 경시하는 자칭 '보통 사람들'을 접할 기회가 별로 없었다. 종교를 떠나 만나는 사람들이 간혹 있지만,

그들 역시 무늬만 그리스도인이 아닐 뿐이지 나로 하여금 되레 옷깃을 여미게 할 정도로 숙연한 삶의 방식을 지닌 사람들이다.

그동안 나의 주변관계 형성에 별다른 영향력을 주지 못했던 '친척'이라는 이름으로 누군가를 만났다는 것, 내게 조금은 특별한 일이다. 여전히 멀고 공유할 것이 별로 없어 어색하긴 하지만, 가족과 혈연 대신 신앙을 선택하는 바람에 어머니가 떠나왔고 한평생 멀찍한 반경 속에 있었던 친척관계가 오랜 세월을 지나 내게 이렇게 흐릿한 정도로 남았다는 것, 어머니보다 한 치 멀리 서서 그것을 확인하고 그 의미를 묻는 것이 조금은 색다른 기분을 불러일으킨다.

내 안에 사는 이

2003.08.10

새벽녘이었다. 잠결에서 서서히 깨어나면서 나는 누군가와 이야기를 나누고 있음을 알았다. 그이가 누구인지는 알 수 없었지만(별로 궁금하지도 않았지만), 퍽 친근하고 다정한 대화가 흐르고 있었다. 귀를 기울여보니, 내게 맡겨진 어떤 과제에 대해 나와 어떤 이가 서로의 아이디어를 내놓고 더 좋은 방향으로 절충해 가고 있는 중이었다.

실은 그 일에 대해 나는 구미와 호의를 느끼면서도 진득하게

다가앉아 첫 단추를 꿰는 일을 미뤄 오던 터였다. 그것은 또한 평상시 나의 일 처리 방식이기도 했다. 일(하기 싫은 일이 아니라 관심과 애정을 갖게 되는 일일수록)을 앞두면 나는 선뜻 그 일에 착수하지 못하고, 얼마 동안 마음을 궁굴리고 깁느라 꽤 멀리 헤매다 돌아온다. 그러한 시간이 지나야 비로소 손에 일이 잡힌다. 그리고 첫 단추를 꿰고 나면 언제 그랬던가 싶도록 그것은 내 안에 안착해 버린다. 물론 하기 싫고 별로 의미를 찾지 못하는 일들엔 그러한 과정이 썩 필요하지 않다.

두런두런 이야기를 듣고 있던 나는 나도 모르게 탄성을 지르며 좋아했다. 그리고 나도 그 대화에 끼어들었고 이야기는 세 사람 사이로 오갔다. 그러다가 나는 퍼뜩 어느 순간 완전한 의식 상태로 돌아오고 말았다. 갑자기 단절된 대화가 마냥 아쉬웠지만, 의식과 무의식 지층을 오가며 진행된 그 만남의 파장은 몸을 일으킬 수 없을 정도로, 그러고 싶지 않을 정도로, 오랫동안 강하게 내 주위를 맴돌았다. 주일 아침의 서늘한 빛이 창문 너머에 가득했고 형용하기 어려운 좋은 감정과 상태가 나를 충만하게 했다. 자리에서 일어났을 때, 어느새 내 입에서 흘러나오는 노래.

내 안에 사는 이 예수 그리스도니,
나에겐 죽음도 유익함이라
그는 나의 왕 나의 노래 나의 생명 나의 기쁨
그는 나의 힘 나의 승리 나의 평화 나의 주

하도 오래 전에 익히고 최근에 별로 불러본 적이 없어서 내 뇌리에 제대로 남아있지 않았을 것 같은 이 노래, 빌립보서 1장 21절에 바탕을 둔 노래가 저절로 흘러나왔다.

이것은 그리스도가 나와 함께 계시고 지혜로 나를 도우시고 이끄시는 성령이 내 안에 계심을 "놀랍고 기쁘게" 알게 해 준 희한하고 경이로운 체험이었다. 그것은 꿈도 아니고 생시도 아닌 어떤 것이었지만, 내 안에 계신 분이 나에게 지혜와 힘을 주신다는, 별로 새로울 것도 없는 진리의 화살은 오늘 아침 나에게 정확히 꽂혔다.

문배마을을 걷다, 가장 오래 걸은 날

2003.08.11

밤새 쏟아진 빗줄기가 완전히 멈추지 않은 아침 아홉시 경에 강촌 옆 자락에 자리잡은 문배마을로 향했다. 오늘은 네 사람이 걸었다. 문배마을의 높이와 위치를 전혀 알길 없었지만, 산보다는 낮게 다녀올 수 있으리란 기대를 안고서. 아무도 내색은 안했지만 오늘 코스도 나를 배려한 결정이라는 것을 금방 알아버리고 조금은 미안함을 갖기도 했다.

산은 아니지만 평지보다는 훨씬 경사진 구불구불한 길을 따라 한 시간 수십 분 가량 올라가면서 가히 절경이라고 할 폭포와 다람쥐들, 이름 모를 수목들을 보았다. 이젠 다 왔다는 말에 땀에 푸욱 젖은 몸으로 고개를 쳐들었을 때, 갑작스레 눈앞에 펼쳐진 작고 정갈한 마을 풍경에 얼마나 놀랐던지! 그렇게 오래 산길을 올라간 끝녘에, 한눈에 들어오는 몇 채의 집들과 연못이 아담하게 자리잡고 있었다. 한 목사의 말에 의하면, 한국전쟁 당시 인민군들이 이 곳에 이런 마을이 있는 줄 몰라서 아랫녘에서 그냥 돌아갔다고 한다. 아주 옛날 이 곳을 처음 찾아들어 집을 짓고 농지를 가꾸던 사람들은 어떤 이들이었을까? 주중엔 이따금씩 오가는 등산객들 외엔 인적이 없지만 주말엔 꽤 많은 사람들로 붐빈다고 한다. 작은 동네를 돌면서 그 고요함과 맑은 주변환경에 홀딱 반해버린 난 '나이가 더 들면 여기에 작은 집 짓고 친구들 불러 모아 살아야지' 생각하다가 기분이 좋아져서 혼자 히히거렸다. 오늘 난 노후에 살 곳을 결정했다.

마을 전체인 몇몇 가옥들은 '이씨네' '장씨네' 등의 간판을 달고 행락객들을 위한 음식점을 경영하고 있었다. 우리는 이씨네에서 산채비빔밥을 주문했는데 인심 후한 주인 부부는 향이 좋은 묵 한 접시와 누룽지까지 내주셨다. 그러자 어떤 목사가 "팁은 이럴 때 필요하다"며 이천 원을 아주머니의 손에 쥐어주었다. 식사 후 동네 한 바퀴를 돈 후, 예전에 없었지만 새로 생긴 찻길로 내려오기로 했다. 굽이굽이 산을 다듬어 돌멩이 투성이인 산길을 만든 문배마을의 이장이 산을 해쳤다는 이유로 해고되었다는 말에 씁쓸한 웃음을 짓기도 했다. 차와 사람들이 다니는 길이니 처음 코스보다 조금 더 쉽지 않으랴 했던 내 예상과는 달리, 우리의 하산길은 무려 갑절의 시간이 더 걸렸다. 식사시간을 합해서 오늘 나는 여섯 시간 이상의 시간을 산속에서 보냈으니, 오늘은 태어난 후 가장 많이 걸어본 날이다.

마을을 오르며 또 내려오며 얼마나 많은 이야기들을 주고받았으랴. 서로의 말에 귀를 기울이고 그것을 통해 그를 이해하고 때로는 갸우뚱거리기도 하다가 다음의 이야기를 기다리게 되는 것. 그리 높지도 낮지도 않은 징검다리들을 서로 놓아주며 서로간의 사귐을 지어가는 일은 누군가의 명령이나 강제에 의한 것이 아니다. 그것은 우리가 지닌, 내가 지닌 '힘'이며 '자연스러움'이다.

내려오던 중 한 목사가 내게 슬쩍 이실직고를 했다. 그이는 다람쥐마냥 산을 잘 타고 성격도 걸음도 매우 급하고 빠르다. 저번 주 월요일 삼악산을 올라갈 때 나를 끌고 가려니 몇 미터 못 오르고 쉬고, 또 쉬고, 내가 힘들어하지 않나 살펴야 하고…. 실은 내심 "매우 어렵고 속 터지는 일"이었단다. 혼자서 냉큼 오를 수 있는 산을 그렇게 올라보기는 난생 처음이었단다. 내가 도중에 더 오르길 포기했을 때는 속으로 쾌재를 부를 지경이었단다. 그리고 산을 내려가서 저녁시간에 성경을 읽었는데 '부자와 거지 나사로' 이야기였단다. 그런데 대문 밖의 나사로에게 한줌의 긍휼을 베풀지 않아 지옥에 떨어진 부자의 이야기가 새롭게 뒤통수를 치며 다가오더란다. 긍휼이 다른 게 아니라는 것을 깨달았기 때문이었단다. 그래서 몸 건강하고 성격 급한 자기에게 '긍휼'을 베풀 기회를 만들어 준 내게 감사하며 주일 설교 원고를 써내려갔단다. 매주 자기에게 긍휼을 베풀 기회를 기꺼이 만들어달라는 마지막 말에 난 웃고 말았다.

집에 돌아온 후 대충 씻고 쓰러져 한잠 청할 수밖에 없을 만치 피곤에 푹 절어버린 오늘, 태어난 후 가장 많이 걷고 산을 떠돌아다닌 오늘, 내 마음은 충분히 즐거워 춤추었다.

서울 외출, 기나긴 하루

2003.08.30

어제는 워크숍이 있어서 서울에 다녀왔다. 그것을 준비하느라 커피 한 잔과 녹차 한 잔을 벗하며 그저께 밤을 꼴딱 새웠다. 아직도 이렇게 가끔씩 밤을 새우며 살아야 하다니, 역시 난 게으른 사람이다. 그런데 긴장의 고도를 높이며 밤을 지새우고 난 이튿날은 약간의 낯설고 달콤한 설렘이 찾아든다. 일종의 어떤 보상 심리라고나 할까. 샤워하고 빵 두 조각을 먹고 기차 타러 나가던 어제 오전도 여전히 그러했다.

미국에서 몇 년간 공부하다가 잠시 짬을 내어 한국에 들른 선배언니를 늦은 점심시간에 만났다. 꽤 오랜만에 만났어도 자주 보지 못했을 뿐 서울 어딘가에서 부산스레 살고 있던 사람을 만난 양 푸근한 친근감이 흘렀다. 캠퍼스에서 혼자 밥을 차리고 먹으면서 울고 울었다는 언니의 말이 짠하게 고였다. 늘 분주하고 사람들과 부대끼길 좋아하던 사람이 그 낯선 곳에서 혼자만의 생활을 견뎌야 했으니 얼마나 힘들었으랴. 주변에 한국 사람들은 많았지만 결혼한 부부들과 나이 차이가 많은 여자 후배들 속에서 마음 둘 곳이 마땅치 않았을 것이다.

혼자 일어나고 혼자 먹을 것을 준비하던 나의 뉴욕시절은 내게 '거리낄 것 없는 혼자만의 시간'이라는 것 자체로 서늘한 치유와 기쁨을 주곤 했다. 사람마다 살아가는 빛깔은 이처럼 다르다. 반가운 마음 하나 달랑 들고 간 나에게 언니는 클렌저를 선물이라며 내밀었다. 선물이라면, 고생한 언니에게 내가 주어야 하는 것이 아니었을까.

며칠 내내 빗줄기가 쉼 없이 쏟아지던 지난 주부터 갑자기 오른쪽 다리에 가볍지만 언짢은 통증이 찾아오더니 움직이는 게 불편해졌다. 앉았다가 일어나려면 우두둑 소리가 들리기도 했고 저리고 시큰거렸다. 며칠 전 밤 시간엔 문득 팔다리 관절염으로 오랫동안 고생하신 어머니가 떠올라 겁이 나기도 하고 슬프기도 했다. 내 나이가 몇이던가. 이 놈의 몹쓸 비. 며칠 동안 걸을 때마다 약간의 통증과 언짢음을 느껴야 했지만 크게 마음을 쓰지는 않았는데, 어제 길고 높다란 시스템을 갖춘 서울 시내 전철역을 오고가며 느껴야 했던 불편과 고충은 예상 외로 컸다.

예전의 나는 높다란 에스컬레이터를 사용할 때 길다랗게 오른쪽에 서 있는 사람들 축이 아니라 그 위에서도 계속 걸어 올라가던 왼쪽 줄에 속했었다. 갑자기 걸음을 멈추고 멍하니 서있고 싶지 않아서였고, 내심으론 '저렇게 젊고 멀쩡한 사람들이 왜 저리 멍하니 서있는 걸까' 의아하기도 했다. 전철역 내의 짧지 않은 도보의 길이도 절룩대며 힘들어하던 난 에스컬레이터 앞에서 일종의 반가움마저 들었다. 이젠 무겁고 아픈 걸음을 걷지 않아도 되고 쉬면서 올라갈 수 있으니까. 에스컬레이터 오른편에 붙어서 오르던 나에게 그제야 불현듯 스쳐가던 짧은 깨달음은 아주 당연한 것이었다. '겉으로 보이는 나이와 건강 상태와는 상관없이 이렇게 쉬어가고 싶은 사람들이 많이 있었겠구나'. 아하.

몇 여성들이 각자 준비한 것을 내어놓고 타인들의 의견을 들어가며 생각을 모아가는 워크숍은 꽤 즐겁다. 아주 가끔은 약간 지나친 듯한 누군가의 말이나 의견에 갸우뚱하기도 하지만, 이 테이블에서는 그것마저도 다시 다른 이의 중재나 색다른 의견으로 곧 평화로워진다. 워크숍을 마친 후엔 마르크 샤갈의 그림 전시회가 있다는 말에 세 사람이 인사동 어느 화랑으로 향했다. 꿈꾸듯 아름답고 화려하고 신비로운 샤갈의 꽃과 여인들의 그림들을 둘러보며 행복감에 젖었지만, 한편으론 그 외의 주제를 담은 그림들을 볼 수 없어서 서운하기도 했다. 러시아 출신 유대인이었지만 결코 종교인이 아니었던 샤갈, 그럼에도 그는 히브리 성서 구절들을 떠올리게 하고 유대관습을 상징하는 훌륭한 종교화들도 그리지 않았던가. 그이의 그림을 들여다보면서, 시대적 한계이고 남성이었던 그이 자신의 한계이기도 하겠지만, 어느 그림에건 남녀를 꼭 짝지워놓는 전형적인 '헤테로'적 구상이 적잖이 불쾌하기도 했다.

아, 화랑에서 예전 어떤 교회에서 가르쳤던 학생을 만났다. 이후로도 몇 번 보고싶다는 문자를 날리곤 했던 그 아이는 이제 어엿한 영문학도이고, 어제 우연히 마주치고 보니 아가씨의 수줍고 총명한 아름다움이 어느새 흘러나오고 있었다.

그림전을 본 후 선배는 저녁 약속 장소로 떠났고, 희수와 나는 맛난 된장비빔밥을 먹었다. 하루종일 제대로 된 밥을 못 먹어서인지 맛있게 비웠다.

예약해 둔 기차시간을 떠올리며 길바닥에 나온 우리들은 거리의 노래공연을 만났고, 난 주저함 없이 예약한 기차를 놓치기로 하고 희수와 길바닥에 주저앉았다. 꾸밈없고 자유롭게 소리를 토해내고 기타를 두드리는 저 흥겨움에 어찌 그냥 갈 수 있을소냐. 8,000원이란 거금의 입장료를 내고 들어간 샤갈의 그림보다 이 길바닥의 값싼 노래가락이 내겐 더 매혹적인데 말이다(두 시간이 넘게 몸을 흔들며 노래를 듣고 따라 부르고도 우리가 그곳을 떠날 때 낸 돈은 불과 2,000원이었으니). 어느덧 막차시간이 되어 아쉬워하며 인사동을 빠져나왔고 난 춘천 가는 막기차에 올랐다.

기차에 오르자마자 난 곤하디 곤한 잠에 빠져들었고, 간간이 내 옆과 뒷자리의 젊은 패거리들의 우악스런 말소리에 방해를 받으면서도 몰려드는 잠의 무게 속에 파묻혀 있었다. 그러다가 문득 예사롭지 않은 기운에 두 눈을 뜨니 아, 춘천의 종착역인 춘천역이었다. 그리고 저만치 마지막으로 내리던 사람이 나를 뒤돌아보고 있었다. '저 여자를 깨워야 할꼬, 그냥 가야 할꼬' 생각 중이었겠지. 후다닥 내려 역을 빠져나오니 새벽 12시 반, 하늘엔 수도 없는 별들이 반짝거린다. 난 이 역을 거의 사용해본 적이 없다. 춘천의 두 역 중 남쪽에 사는 내가 사용하는 역은 남춘천역이다. 잠자다가 동네역을 지나쳐온 것이다. 고등학교 시절 자율학습을 마치고 돌아가던 밤늦은 버스 안에서 졸다가 두어 번 동네를 지나쳐 본 후로는 거의 이런 일이 없었던 듯하다. 택시를 타고 행선지를 말하니 기사 아저씨가 왜 여기에서 내렸느냐고, 너무나 뻔한 질문을 한다. 잠자다가 역을 지나쳤다고 하니 가끔씩 그런 사람들을 본다며 껄껄 웃는다.

피곤하고 즐거웠던, 긴 하루였다. 당신께 드리는 감사.

준회원 허입서류, 그리고 'The Hours'

2003.09.02

지금 준회원 허입서류를 우체국에서 부치고 돌아왔다. 오늘 부친 서류는 허입원서, 교역자 신상카드, 이력서, 졸업증명서, 성적증명서, 호적등본(호주제 폐지되면 호적등본도 없어질라나?), 주민등록등본, 건강진단서, 교회 건물 월세계약서 사본, 은급비 30만원 지불 영수증, 반명함판 사진 4매이다. 아직 11월에 심사 받을 때 제출해야 할 교회 보고서 등 몇 장의 서류가 더 남아있지만, 오늘 보낸 서류를 준비하는데 소모된 다리품과 경비를 생각하니 일단 안도의 한숨부터 나온다.

지난 주 내내 나와 동거했던 다리 통증은 여전했고, 어제 아침 일어났을 때는 엉덩이 꼬리뼈가 몹시 아파서 몸을 움직이는 것조차 조심스러웠다. 그러한 몸 상태로 꽤 오랜 시간의 일정을 마치느라 온몸의 신경들이 예민하게 들고 일어선 듯 했다. 동사무소에서 걸어 나오다가 나는 다시 그 안으로 기어들어가 사무실 바깥에 놓인 원탁 의자에 철퍼덕 앉고 말았다. 그리고 자판기 커피 한 잔을 마신 후 지니고 있던 묵직한 소설책을 꺼내 한동안 읽다가 살랑대는 졸음을 반기며 엎드려 곤하게 잤다. 잠에서 깨고 나니 통증은 여전했지만 기분은 한결 가벼웠다. 몇 장의 책장을 더 넘기고 있을 즈음에 두 후배전도사들의 전화를 받았다. 저녁식사 하자는. 나는 기분 좋은 거래를 청했다. 너희들과 내가 저녁을 먹는 대신 후배네 교회 비디오로 영화 한편을 볼 것, 그리고 영화 메뉴는 내가 고른다는 것(나는 비디오는커녕 TV도 없이 산다). 그래서 실로 오랜만에 감상한 영화가 'the Hours'였다.

The Hours를 보는 동안 나는 숨이 잦아들 정도로 가라앉고 있었다. 영화에는 1920년대 넘치는 작가적 상상력에도 불구하고 삶의 박탈감과 정신병에 우울해하다가 결국 자살을 선택한 버지니아 울프, 1950년대 주어진 삶의 조건 속에서 자살을 꿈꾸다가 가족을 떠나 삶을 향해 걸어 나간 한 여성, 2001년 자신의 정체성과 자유를 좇아 살아온 중년 여성이 등장한다.

여성의 과거와 현재에 다름 아닌 세 여성들의 상이한 삶의 궤적을 꿰고 있는 실가닥은 결혼이라는 '제도'와의 관계이다. 각기 다른 세 여성을 다루었지만, 옴니버스 형식을 취하지 않고, 세 지점이 끊임없이 상호 교차하고 엇갈리고 만나는 방식을 취했는데, 나는 시대를 뛰어넘고 다시 만나는 그 시선이 너무 마음에 들었다. 옆의 두 남자 전도사들이 끝내 이해하지 못한 그 방법은 영화 속에서 여성들의 삶의 과거와 현재, 미래를 상호 연결하고 연대와 화해의 고리를 형성케 하는데 성공했기 때문이다.

결혼 '제도'를 선택하는 대신, 뉴욕에서 책 편집인으로 일하며 자신의 정체성과 꿈을 좇아 살아가는 세번째 여성(아, 내가 좋아하는 메릴 스트립이 분했다)이 남성의 정자를 받아서 생긴 딸을 키울 정도로 독립적이고 당당하지만, 친구의 죽음과 그의 어머니와의 해후를 통해서 뼈아프게 마주하게 된 깨달음, 즉 자신이 선택해 온 삶의 결들이 결코 자신의 것이 아니라 그 제도의 안팎에서 고뇌하고 죽어가고 때로는 그 밖으로 걸어 나간 수많은 선배들과 자매들의 선택 끝에 주어진 고귀하고 값비싼 것임을 비로소 알고 삶을 새롭게 받아들이는 순간, 나는 그이의 눈물겨운 전율과 감사에 그대로 감전된 끝에 가슴 벅참과 가슴 저 밑의 고요가 극적으로 하나를 이루는 상태로 침몰되었다.

밤늦게 집에 돌아온 후에도 쉽사리 감동이 사그라들지 않아 다시 차를 끓이고 음악을 틀고 한동안 방안을 서성여야 했다. 꼬리뼈 통증으로 몸을 절룩대면서도.

다시 삼악산

2003.09.04

지난 월요일 몇몇 교역자들이 비 덕분에 몇 주 산행을 쉬었으니 이번 목요일에 날씨가 쾌청하면 산에 가자고 짧은 약속을 해두었는데, 아침에 일어나니 실로 오랜만에 눈부신 햇살이 쏟아지고 있었다. 어젯밤 교회에서 돌아오는 길에 하늘에 별들이 나와 있어서 날씨가 괜찮을 줄은 알았지만 이렇게 개인 날을 맞을 줄은…. 이번 비에 나는 다리 건강을 잃은 듯하다. 보기엔 멀쩡하지만 걷고 접었다 펼 때마다 느껴지는 통증과 저림, 바람소리와 뒹굴었던 지난 수일동안 마음까지도 비에 푸욱 젖어버렸다. 어젯밤만 해도 잠들려고 누웠지만 다리 저림이 너무 신경 쓰여 잠이 오질 않았다. 하는 수없이 다시 일어나 앉아 두 손으로 양 무릎을 감싸 안고 몇 마디 기도를 중얼거렸다. 한순간에 일어나는 기적은 바라지도 않으니 그저 건강하지 않은 육신으로도 삶의 고귀한 순간을 걸어갈 수만 있게 해달라고, 그럴 수 있는 마음의 평화와 믿음이 내 곁을 떠나지만 않게 해달라는 기도. 내게 오늘 산행은 내 다리가 얼마나 망가졌는지, 또 얼마나 버틸 수 있는지를 시험해보기 위한 것이기도 했다.

삼악산을 오르는 길은 여러 개이다. 저번에 택한 코스는 지금은 거의 인적이 없는 예전의 산길이었고, 오늘은 그 힘들다는 공식적 등산로로 간다고 했다. 오늘은 여섯 명이 산행에 나섰다. 어차피 그 산길을 오르지 못할 나는 등선폭포 입구에서 내려서 폭포와 물줄기를 따라 천천히 걸어 올라가기로 했다. 그들이 저쪽 삼악산 등산로를 올라 정상에서 내려오는 중간에 흥국사라는 작은 사찰이 있었고 내 걸음으로 한 시간 족히 걸으면 흥국사에 닿을 수 있으니 그 밑의 음식점에서 합류하기로 했다. 비온 뒤 산속은 한결 더 웅숭깊고 상쾌한 자태를 과시하고 있었고, 폭포 줄기를 역행하는 내 코스는 시원한 물소리와 산새들의 지저귐으로 가득 차 있었다. 힘들면 바위에 앉아 쉬기도 하고, 차가운 물에 손을 담그기도 하고, 사과도 먹으면서 족히 한 시간 이십여 분 오르다보니 약속지점에 도착할 수 있었다.

비가 계속 내려서인지 음식점의 문이 닫혀 있는 바람에 나는 음식점 앞 널찍한 바위에 걸터앉아서 간헐적으로 지나다니는 사람들을 구경하고 시간도 물어보고(약이 닳은 내 손목시계가 쉬고 있는 바람에) 책장도 몇 장 넘기다보니 저쪽 코스로 올라간 이들이 내려왔다. 한 목사가 "저쪽 산이 얼마나 험한지 네 발로 기어 올라갔는데 내려오는 길은 이렇게 가뿐하네" 한다. 등선폭포 입구로 다시 내려와서 점심식사를 할 곳을 정했는데 정갈하고 전망이 좋은, 가을 단풍이 산을 불태울 무렵에 다시 찾고 싶은 집이었다.

산 정상에 오르는 길은 여러 갈래라는 것은 산을 오르는 이들에게 주어진 즐거움이자 자유이다. 우리네 삶도 마찬가지일 것이다. 우리 각 사람은 이 길로, 저 길로, 또는 알지 못할 길로 오르지만 인생을 주신 분의 넉넉한 품안에서 각 길은 정상으로 이어질 것이라는 믿음을 잃지 않는 한 산에서 길을 잃지는 않을 것이다. 설사 길을 잃었을지라도 분명 또 다른 길이 어딘가에 준비되어 있을 것이다. 오르내리는 동안 다리 통증은 계속되었다. 그렇지만 나는 오늘 그 통증과 함께 두 시간을 걸을 수 있었다는 사실에 새로운 힘을 얻었다. 몸 안에 스멀스멀 기어든 모든 우울함을 이 복스러운 가을 햇볕 아래 하나씩 하나씩 꺼내 말려야겠다.

낡은 세탁기를 (잠시) 들여놓으며

2003.09.18

어제 세탁기를 집에 들여놓았다. 별로 크지 않고 낡은 것이지만 내겐 무척 낯선 물건이다. 약 한 달 전이었던가, 곧 결혼하게 될 후배 전도사가 쓰던 세탁기지만 필요하면 주겠다고 했을 때 나는 일언지하에 "필요하지 않아"라고 잘랐었다. 그것은 사실이었다. 왜냐하면 저녁식사 후에 쪼그리고 앉아 하루치의 손빨래를 하는 것이 내 일과 중의 하나였으니까. 바로 어제까지도.

대학시절 기숙사엔 세탁기가 없었다. 그러나 손빨래를 하고 나면 작은 탈수기를 이용할 수 있었다. 자취생활을 하면서 나는 줄곧 손빨래를 고집했다. 유학시절엔 기숙사 지층 세탁실(laundry room)에서 코인을 넣는 공동세탁기를 사용하면서도, 난 매일 작은 속옷 류들을 손으로 빠는 일을 그치지 않았다. 손빨래, 꼭 이유가 있어서라기보다는 혼자 살다보니 이런 저런 깨달음이 있어서였다. 우선 혼자 살다보니 빨래 양이 별로 많지 않아서 손빨래가 가능했다. 두터운 겨울 옷가지 류와 가벼운 이불 등은 발로 비벼 빨고 감당할 수 없는 겨울 이불은 세탁소에 맡기기도 하면서. 어떤 때는 굽혔던 허리를 펼 수 없을 정도로 힘이 들지만 그럭저럭 견딜 만한 일이었다. 수영장이나 바다엔 들어가지 않는 내가 '물'과 닿는 것을 좋아한다는 것을 슬며시 깨닫게 된 것도 그 덕분이었다. 뿐만 아니라 쉴 새 없이 혹사당하고 오염되는 땅과 환경을 생각하면 혼자 사는 덕분에 이렇게라도 할 수 있어서 기쁜 마음이 들기도 했다. 내 뒤에 오는 누군가가 조금이라도 덜 오염된 물을 마실 수 있기를 바라는 마음은 실제로 빨래 양이 많은 날의 고됨을 넉넉히 덮어주기에 충분했다. 그래서인지 그동안 쓰던 세탁기를 얻을 기회가 두어 번 있었지만, 실제로 나는 전혀 마음의 요동조차 느끼지 못했다.

지나치게 많은 비가 내렸던 이번 여름, 한 달 중 22일간 비가

왔다는 지난 8월이 문제를 일으켰다. 오른쪽 다리가 내내 저리고 욱신거려서 이젠 쪼그리고 앉는 것이 몹시 겁나는 일이 되고 말았다. 앉고 서는 일에 대한 부담이 커지면서 요즘엔 자질구레한 일을 무심코 옆 사람에게 부탁하곤 하는 나 자신을 문득 느낄 때가 있다. 그러니 저녁마다 쪼그리고 앉아 흥얼거리며 하던 손빨래가 즐겁지 않고 무서운 일이 된 것은 물론이다. 며칠 전 나는 더 이상 나의 손빨래 역사를 지속하기 어렵다는 결론을 내리고 후배에게 전화를 했다. 지금이라도 세탁기를 갖다 줄 수 있느냐고. 어제 오후 두 전도사들이 실어온 세탁기를 바라보는데 손빨래를 접어야 한다는 아쉬움의 한켠에 슬며시 안도감이 고개를 내밀었다. 환경오염의 지름길에 들어서야 하는 이 마당에 말이다. 어머니의 집에서 살던 고등학교 시절 이후로는 세탁기를 사용해 본 적이 없으니 세탁기 사용법조차 모르는 것은 당연했다. 사용법을 재차 묻는 내게 후배는 친절하게도 메모지에 사용법을 적어주었다.

후배는 2년 전 중고가게에서 이 세탁기를 들여왔다고 한다. 아마 1년 정도, 운이 좋으면 좀 더 길게 쓸 수도 있겠다고 말한다. 이 세탁기와 함께 살게 될 1년여의 기간 동안 나는 기계의 편리함과 그것이 제공하는 게으름에 젖어들게 될 것이다. 이것이 고장 나서 더 이상 쓸 수 없게 되었을 때, 어쩌면 나는 그 편리함을 놓치고 싶지 않을지도 모른다. 세탁기라는 새 식구가 들어온 어제, 내 무릎이 건강을 되찾아서 1년여 후 다시 손빨래로 돌아갈 수 있기를 간절히 바랐다. 나의 형편에서 할 수 있는 일을 하는 것, 이것은 지구라는 별에 생명의 둥지를 트고 잠시 거하러 온 인간에게 최소한의 도리이다. 올해 농사를 망친 폭우, 태풍 매미…, 인간이 자연을 폭행하고 그것을 군림해온 역사의 한 끝에서 드디어 자연의 반란이 시작된 것이 아닐까.

어제 수요예배에서 출애굽기 9-10장의 재앙 이야기를 윤미와 함께 읽으면서 점점 더 거세지는 자연의 반란 속에서도 이집트의 바로 왕처럼 게으르고 교만하게 버티고 서서 자신과 모든 생명의 멸종을 재촉하고 있는 인간 군상들을 탄식할 수밖에 없었다. 하느님은 우리에게 환경과 생명을 죽이고 살해하는 이러한 삶의 패러다임에서 어서 속히 탈출(출애굽)하라고 하시는데 말이다.

수명이 얼마 남지 않은 낡은 세탁기를 들여놓은 날, 복잡한 여러 가지 생각들로 나는 꽤 분주하다. 그러나 이 물건과 친해지고 고마워해야 할 수 날들이 지나면 나는 다시 예전의 손빨래 생활로 돌아갈 수 있으리라. 그것이 내가 할 수 있는 일인 한.

아이들과 가을 나들이

2003.10.13

어제의 가을 나들이는 몇주 전부터 아이들 마음을 사로잡고 있었다. 한 주간 동안 중간고사에 잡혀 있었던 윤희, 윤미는 나들이가 가져다주는 설렘을 위안삼아 공부를 하는지 몇 번씩 확인 메일과 문자를 날리곤 했다. 나는 춘천 근교의 수풀 우거진 곳으로 가고 싶어 했지만, 이번엔 서울 나들이를 하자는 아이들의 의견을 수용하기로 했다. 흠, 이 아이들에게 서울은 아직 혼자서 용이하게 다녀올 수 있는 곳이 아닌 것이다. 그래서 어제의 가을 소풍은 서울 나들이가 되었다.

우리는 교회에서 잠시 찬양과 기도를 올린 후 가벼운 마음으로 아홉시 기차를 탔다. 춘천에 살지만 아직 기차 여행에 익숙하지 않은 탓인지 아이들은 기차 안에서 창밖 풍경을 내다보느라 잠잠했다. 간간이 가져온 달걀을 나누어 먹거나 졸기도 하면서. 청량리역에서 내려서 패스트푸드로 조금 이른 점심을 먹었는데, 이러한 음식에 아직 길들여지지 않은 아이들은 "맛은 괜찮네요"라고 했다. 이번 나들이의 주된 목적지인 덕수궁미술관에 도착했을 때, 17세기 네덜란드 회화전을 보러온 사람들이 휴일이라 더 미어지리라는 우려와는 달리 그다지 사람들이 북적대지 않았다. 나는 이미 한 달 전 친구와 함께 그림을 본 터라, 아이들만 전시회장으로 들여보냈다. 그림을 안내하는 큐레이터가 있으면 그이를 잘 따라다니며 설명을 들을 것, 사람들이 많아서 제대로 볼 수 없을 시엔 대충 한번 훑어 본 후 나중에 다시 꼼꼼히 들여다볼 것, 안내 팸플릿의 도움을 받을 것, 등을 설명해 준 후. 그리고 나는 조금 떨어진 곳 나무 그늘 아래에서 책 한 권을 펴들고 책섶과 사람들, 높은 하늘, 풍경 등으로 시선을 옮기며 앉아 있었다. 실은 그리 화창하지 않은 날씨 탓이었는지 아침에 무릎 통증이 더 심해져서 오래 걷거나 서 있기도 어려운 터였다. 한 시간 이십여 분만에 아이들은 흡족하고 상기된 표정으로 빠져나왔다. 현철이는 몇 장의 그림엽서를, 윤희는 화려한 하드커버로 단장한 작은 노트를 사들고 있었다.

미술관 옆 건물에서 열리는 '궁중의례' 전시도 꽤 볼만 했다. 아이들은 교과서에서 배운 지식들을 들이대며 마치 공부라도 하듯 진지하게 위아래 층을 돌아다녔다. 어떻게 온 서울인데 하나라도 놓치랴 하는 태세로 보여 난 멀찍이서 웃음을 짓곤 했지. 덕수궁 뜰과 분수대 앞에서 몇 컷의 사진을 찍고 발걸음을 서둘러야 했다. 덕수궁에서 그다지 멀지 않은 교보문고를 들르기로 했기 때문이다. 덕수궁을 빠져나올 때 입구에 관람객들이 백여 미터 이상 줄지어 기다리고 있는 것을 보니 회화전의 열기가 아직 수그러들지 않은 듯했다.

교보문고 입구에 즐비하게 전시된 노벨문학상 수상자들의 초상화를 지나치다가 토니 모리슨의 초상화를 가리키며, 이 사람이 얼마 전에 윤미가 내 책꽂이에서 빼어들고 물어본 책의 저자임을 알려주었더니, 윤미는 뚫어져라 그이를 쳐다본다. 하기야 모리슨은 예쁘다기보다는 매우 균형감 있고 고전적으로 잘 생긴 얼굴을 가졌으므로 저리 오래 쳐다볼 만도 할 테지. 내가 좋아하는 얼굴형이다.

서울에 살 때에도 거의 들르지 않았던 교보문고를 참으로 오랜만에 아이들과 함께 '구경'왔다. 즐겁고 편안하게 들러 책 구경을 하기에는 부적절한 곳이지만(남대문시장을 방불케하는 그 소란함과 복잡함이라니!), 교보문고란 데가 이렇게 복잡하고 난잡하고, 책보다는 사람이 더 많은 곳임을 경험하러 올 수도 있구나 싶었다. 사람들의 발길도 훨씬 덜하고 별로 규모가 크지 않아서 위아래 층으로 올라다니는 것도 그리 싫지 않았던 종로서적이 학부 시절부터 내겐 안성맞춤이었는데, 작년인가 대한기독교서회의 자금난에 부딪쳐서 종로서적은 없어지고 말았다. 아쉬움도 컸지만, 최초의 서점인 역사적 기념물이 이렇게 쉽게 처리되고 만 데 대한 분노가 더했던 기억이 있다. 교보문고를 빠져나와 아이들과 종각까지 걸어가서 한번 건너다 본 그 건물, 어느덧 춘천시민이 된 내겐 남아있는 아쉬움도 별로 없는 듯했다.

기차 시간에 맞추어 부지런히 역에 닿았을 때가 떠나기 오 분 전. 주말 비 소식을 인터넷 뉴스에서 읽고 혹시나 해서 우산을 가져오길 무척 잘 했다. 몸치로 살아온 내 몸은 다리가 아픈 이후 더 이상 날씨와 기온 변화에 무감한 척할 수 없다. 이렇게 비가 내릴 것을 먼저 알고 아침부터 쑤심과 저림이 제멋대로 굴었으니 말이다. 좌석에 앉자마자 나는 약 삼십여 분 혼곤한 잠에 빠져들었는데, 눈을 뜨니 아이들은 아직 가시지 않은 서울 나들이의 설렘에서 헤어 나오지 못한 모양이다. 내가 먼저 사주기 전에는 무엇을 사달라고 졸라대지 않는 아이들에게 배고프지 않냐고 물었더니 쉽사리 긍정도, 부정도 하지 않는다. 그러나 음료수와 빵, 과자를 몇 개 사자 아이들은 금세 흥겹게 먹어대며 수다를 떨어대기 시작한다.

겨울방학 어느 날, 새벽기차를 타고 와서 밤기차를 타자고 했더니 아이들은 아주 호기심있는 눈초리로 모두 동의한다. 기차역에서 내렸을 때 마중 나와 있던 아이들 어머니가 아이들을 데려갔고 나는 우산을 들고 축축해진 역전을 조금 걸어 나왔다. 어둠이 찾아든 시간, 문득 집에 밥도 라면도 없음을 떠올리며 잠시 요기를 해야겠다고 생각하고 찾아든 어느 우동집. 피곤해서였는지 별맛 없는 국수가락을 건져올리며 시장기를 채우고 있는데 핸드폰에 문자가 하나 떠올랐다. "전도사님, 저희 때문에 많이 힘드셨죠? 오늘 푹 쉬세요. 서울구경 잘 했어요^^ㅋ~" 윤미다. 귀여운 아이. 나도 즐거웠는데.

돌아오는 길에 보니 벌써 노랗게 물든 잎들이 길가에 떨어져 있었다. 낙엽의 계절, 가을이 그렇게 가고 있다.

하루의 첫 시간

2003.10.16

밤새 무언가를 붙들고
이렇게 저렇게 고심, 꼼지락, 씨름하다가
문득 맞고 마는 희미한 새벽

얼굴도 보지 못하고 어딘가로 빠져 달아난 잠이 아쉽고
서서히 피곤이 몰려드는 이때
그러나 지금은 어제가 아닌 오늘,
어서 축제를 열어야지

조용히 노래를 부른다. 세 번 반복할 것
그리고 스탠드 불빛을 잠그고 촛불을 켠다
어른거리는 빛 사위를 축원하며 눈을 감는다
드릴 말은 여러 구절이지만 잠시 침묵 속으로 침잠한다

이제,
큰 불을 켜고 음악을 틀어야지
내 안에 혼곤히 가라앉은 에너지를 힘껏 깨워야지
뜨거운 차도 끓여야지

창문을 열고 찬바람도 스며들어오게 해야지

서울 가는 기차,
모임과 사람들 속에서 지내야 할 오늘과 내일,
10월은 '잎이 떨어지는 달'이라 했던가
거리에 서면
단풍지는 나무들로 오색찬란한지
눈여겨봐야지

운악산 가을 그리고…

2003.10.28

피곤이 극에 달한 나머지 아예 잠을 저만치 밀어놓은 듯하다. 하긴 태산같이 밀려 있는 일들을 생각하니 쉽게 잠들기도 어려운 상태다. 원고, 서울행과 워크숍, 진급시험 준비… 이번 주는 최대한 잠을 줄여야겠다.

어제 아침 다섯 사람이 가평 운악산으로 향했다. 물안개가 자욱이 들어찬 강을 따라 가평으로 가는 길도 마음에 들어 눈을 뗄 수 없었는데, 가평 시내에서 운악산 자락까지 이어진 깊숙한 길가 주변 풍경은 내 숨소리조차 잦아들게 만들었다. 무질서하게 들어서는 모텔들과 음식점들이 풍경의 아름다움을 잠식하고 있긴 했지만 나도 모르게 "나중에 여기 와서 살아야겠어요"라고 한마디 뱉었나본데, 누군가가 "그럼 문배마을은 어떡하구요?" 라고 응수해서 모두들 화들짝 웃고 말았다.

운악산 입구에서 함께 조금 오른 뒤 나는 현등사로 난 길을 올랐고 나머지 일행은 운악산 정상을 향해 떠났다. 현등사로 가는 구불구불한 산길 양쪽엔 수목들이 절정에 이른 듯 불타오르고 있었고 날렵하고 귀여운 다람쥐들이 뛰놀고 있었다. 현등사에서 만나 내려와서 먹은 뒤늦은 점심, 오는 길에 들렀던 사진 전시회, 돌아오는 길 오른편에서 별빛 받아 반짝이던 강… 산에 오르는 일, 물론 아직 힘겹다. 아니 오르는 모든 날 동안 난 힘들 것 같다. 그런데 오늘 운악산은 쌓인 피로와 고민을 넉넉히 어루만져주는데서 그치지 않고 넌지시 한마디 더 보탰다. 이젠 날아가라고.

몇 가지 일들이 있었다. 내 일상의 커다란 변화를 예고하는 한 가지, 다음 주엔 오래된 것이지만 내 차가 생긴다는 것이다. 캐나다로 떠나는 이웃교회 부목사의 92년도식 프라이드를 십오만 원에 인수했다. 아직 길을 잘 몰라서 부담감도 있지만, 필요한 일을 마냥 미뤄둘 수는 없다. 두 번째는 며칠 전 새벽녘 꿈에 3년 전에 보았던 우피 골드버그를 다시 보았다. 우피는 처음 본 순간부터 내가 좋아하고 마음에 들어 했던 사람이다. 그녀의 넉넉한 체격, 날카롭고 깊고 울림 있는 눈빛, 낮아서 타인의 가슴을 더 편안히 두드리는 보이스, 여러 편 영화에서 보여준 용감하고 지혜로운 배역들 등등. 며칠 전 꿈에 그녀가 나타났을 때 나는 즐겁고 반가웠다. 융의 이론을 빌린다면, 그녀는 어쩌면 내 안의 '나', 내가 되고자 하는 사람, 내 안의 여신일 게다. 3년 후엔 더 다정하게 찾아와주오.

두통이 또 시작되었다. 이젠 쉬는 수밖에. 숨 쉬는 모든 것들에 하느님의 돌보심이 그치질 않길 바라며.

어린이 큰 잔치(?)

2003.11.03

어제 주일 오후 지방교육부 주최 행사인 '어린이 큰 잔치'가 있었다. 지방 소속 교회학교들이 함께 모여 글짓기, 그림그리기, 퀴즈, 줄다리기, 게임 등을 하며 친목을 도모하는 행사인데 오늘 두 아이와 함께 참여하면서 보니 짐작했던 대로 중·대형 교회들 위주의 행사였다. 시끌벅적하게 모여든 다른 교회 아이들에게 주눅이 들어서인지 자꾸만 집에 가겠다는 두 아이를 글짓기만 하고 가라고 설득했다. 이런 행사에 오고 싶지 않았던 것은 나도 마찬가지였다. 오후 예배 후에 아이들과 '단풍 구경하며 사진 찍으러 갈까' 생각하고 있었는데, 어제 이른 아침에 교육부 총무 목사가 글짓기 심사를 고집스레 맡기는 바람에 어쩔 수 없이 아이들과 오긴 했지만서두.

글짓기 제목은 두 개가 주어졌다. 여자들에겐 '낙엽', 남자들에겐 '가족'이라는. 참 불편하고 알 수 없는 일이었다. 왜 성별을 구분해서 두 개의 제목을 주어야 하는지, 그리고 왜 남자들에겐 '가족'이라는 책임과 의무에 기반한 일상적 소재를 주고 여자들에겐 '낙엽'이라는 어찌 보면 '가족'에 비해 감상적으로 보이는 제목을 주어야 하는지. 교육부 평신도들이 준비한 행사라 내게 발언권이 없긴 하지만, 그래도 며칠 내로 교육부 총무 목사에게 내 느낌을 정중하게 전달해야겠다.

옆에 지키고 앉은 내 등살에 억지로 글짓기를 끝낸 현철이와 도영이를 큰길가까지 바래다준 후 글짓기 심사를 하기 시작했는데, 명수 많은 큰 교회 아이들의 작품이라고 더 시원찮은 것도 아니라는 것을 금세 알 수 있었다. 나는 자신 있게 현철이와 도영이의 작품을 금상과 동상에 매겼고, 다른 두 심사위원도 별다른 딴지를 걸지 않았다. 풀이 죽은 채 이미 집으로 돌아가고 없는 아이들을 대신해서 끝까지 행사에 참여한 나는 아이들의 상장과 상품, 선물을 한보따리 들고 집으로 돌아왔다. 그리고 두 아이에게 글짓기를 잘해서 상 탔다고 전화를 걸었더니, 놀라고 흥분한 아이들은 몇 번씩이나 "정말이냐?"고 물어댔다. 끝내 믿을 수 없었던 한 아이는 식구들과 내기까지 걸었단다. 이렇게 좋아하는데, 쪽수가 별로 없다는 것으로 기를 죽이다니, '어린이 큰 잔치'의 주안점은 '큰'에 있었다는 게 아쉽다.

그러고 보니 교육부에 또 하나 제안할 것이 생겼다. 어린이 큰 잔치를 이런 식으로 계속 할 예정이라면, 내년엔 작은 교회들이 오손도손 모여 조촐하고 풍성한 잔치를 열어보자고 해야지. 시끄럽기만 한 그 '쪽수'와는 전혀 상관없는, 진짜 '어린이 큰 잔치'가 되도록 말이다. 진급시험준비가 바빠져서 오늘 산행엔 끼지 않기로 했다.

어머니댁에 다녀오는 길

2003.12.03

지난 이틀간 동해 어머니댁에 다녀왔다. 월요산행을 쉬게 되어 한결 한가해진 월요일에 어머니를 자주 뵈러 가야겠다고 마음먹은 차였다. 지난 주말, 마을 주민들과 공동으로 유기 농사를 짓고 영성수련에 정진하는 이웃 지방의 한 선배 목사에게 이메일로 들기름과 된장을 주문하고 송금했더니, 월요일에 평창의 조화순 목사님을 뵈러 갈 일이 있는데 다녀와서 물품을 전해주겠다는 답신이 금방 왔다. 나는 제대로 만난 적이 없는 그 목사에게 평창까지 동행할 수 있겠냐고 문의했다. 어차피 동해 가는 길에 평창에 들러 조 목사님과 선배, 친구를 잠시 만나는 것도 좋겠다는 생각이 문득 들었기 때문이다.

이튿날 나는 처음 만난 선배 목사로부터 주문한 물품을 건네받고 흙으로 얼룩진 차를 얻어 타고 평창으로 향했다. 달리는 차

안에서 인사와 소개를 하면서 비로소 나는 내가 얼마나 대담무쌍하고 평소 나답지 않은 일을 했는지를 알았다. 그러나 그 목사의 삶의 방식에 관심을 갖고 있던 터여서였는지, 그렇게 해서 이루어진 첫 만남은 어색하거나 언짢지 않았다. 조곤조곤 살아가는 이야기를 들려준 선배 목사는, 짐작했던 대로 순수하고 강직하면서도 꽤 내성적인 사람이었다. 몇몇 인근 선배 목사(농사짓는)들과 조 목사님과의 만남에 우연찮게 꼽사리끼게 된 자리에서 반가운 얼굴도 여럿 대했고, 며칠 심한 감기몸살로 고생하신 탓에 아직 얼굴에 열꽃이 오르고 입술에 까맣게 터진 자국이 선명한 조 목사님을 뵈니 '이렇게라도 와서 뵙길 잘했다'는 생각이 들었다. 지난 번에 디아코니아에서 사온 어성초를 건네 드렸더니 고마워하셨다. 평소 나답지 않게 낯선 사람에게 동행을 요청했던 것, 결코 우연이나 과한 일이 아니었던 것이다. 또한 기존에 고집해온 나다움을 이렇게 일탈해보는 것은 스스로 격려하고 축하해야 할 일임이 분명하다.

강릉에서 동생네 식구들과 합류하고 간만에 어머니댁에서 함께 둘러앉은 저녁 식탁은 즐겁고 편안했다. 변변한 선물가지를 들고 가지 못해도 가족들은 그저 내가 함께 한다는 것 자체를 반가워한다. 무심한 딸과 누나, 시누이, 고모인 나에게 가족들은 오로지 관대를 베풀 뿐이다. 이런저런 이야기들이 오가다보면 시간이 훌쩍 지나가 버린다. 지난 주 서울에 갔다가 정동의 '바오로의 딸' 서점에 앉아 거의 통째 읽어버린 에니어그램 관련 서적 한 권을 올케에게 건네줬더니 "마침 너무 필요했다"며 좋아했다. 동생네가 돌아간 뒤 어머니는 올케 같은 식구가 생긴 것이 당신에게 복이라고 또 중얼거리신다. 어머니도 그만그만하시다. 가끔씩 감기를 앓긴 하시지만. 초등학교 3학년짜리 조카 해인이가 12월 13일(자기 생일)에 꼭 놀러오라고 거듭 당부했는데, 토요일이라 갈 수는 없지만 작은 선물하나 사서 보내줘야겠다.

꿈, 특별한 꿈

2003.12.04

난 평소에 꿈을 잘 꾸지 않는다. 꾸지 않는다기보다는 전문가의 말들처럼 잘 기억나지 않는다고 해야 할지도 모르겠다. 꿈사위의 흔적조차 발견할 수 없는 것이 보통이다. 그러다가 아주 가끔 꿈을 꿀 때가 있다. 그럴 때의 꿈은 아주 또렷한 형상과 색채까지 곁들여진, 오래 기억되는 꿈이다.

오늘 아침엔 참 이상한 꿈을 꿨다. 나는 예전에 알았던 좋은 곳에 서 있었고 거기서 그리워하던 이와 몇몇 주변 사람들을 만났다. 세월은 흘렀어도 반가움과 사랑의 느낌은 여전해서 우리는 말과 웃음, 포옹, 눈짓을 툭툭 던지며 즐거워했다. 그런데 그 자리에서 흘러나오는 말은, 온통 모국어가 아닌, 영어였다.

예전과 별로 달라진 것 없는 그곳 한가운데 얼핏 보기에 두께운 비닐하우스 같은, 예전에 없던 무엇이 서 있었다. 비닐은 아니고 외부의 빛을 안으로 빨아들일 듯이 두텁고 낮은 색깔의 천으로 온통 휘둘러진 집, 안부와 인사를 나누며 하하호호하던 우리는 천천히 그 집 안으로 들어갔다. 내가 그리워하던 이가 인도하는 행렬엔 언제 어디서 흘러들어왔는지 무수한 여성들이 말없이 그득그득 몰려오고 있었다.

그 집 안으로 들어가 몇 겹의 원형으로 모여선 우리는 어떤 경구를 읽는 듯했다. 유다서, 유딧서라는 단어가 남아있는 것을 보니 그것은 분명 외경이었다. 숙연하게 경전 읽기를 마친 후 사람들은 천천히 돌아가며 춤을 추기 시작했다. 그 많은 사람들이 한 치의 혼잡과 번잡 없이 이토록 아름답고 강렬한 춤을 출 수 있다는 것에 놀라워하며 나도 어느새 그들 속에서 자연스레 춤을 추고 있었다. 그러다가 내가 그리워하는 이가 두 낯선 사람(남성)을 데려오게 한 후 몇 마디의 말을 내뱉자, 둘러선 사람들이 돌아가면서 그들을 때리기 시작했다. 퍽 소리가 나는 폭력은 그다지 심하지도, 내 눈살을 찌푸리게 하지도 않았다. 고급 관리이거나 종교지도자와 같은 외장을 한 두 사람은 우리 모두의 안녕과 평화를 저해한 음험한 악한임이 분명하니, 그들에 대한 일종의 '처리' 과정은 우리가 행하는 이 의식의 일부였을 뿐이다. 그리고 춤은 다시 이어졌다.

짙은 미색의 고대 의복을 입고 긴 머리를 나풀대며 자유의 동작과 웃음을 터뜨리는 무수한 여성들의 행렬에서 즐거워하다가 문득 잠에서 깨어난 후 내가 떠올린 이미지는 마법사 Starhawk(Miriam Simos)의 글을 읽으면서 느끼곤 했던 여신들의 비의한 축제와 같은 것이었다. 잠에서 깨어날 때도, 무언가에 한껏 집중해 있다가 슬쩍 볼펜을 땅에 떨어뜨린 것 마냥 가볍게 한순간의 의식으로 돌아와 있었다. 그렇지만 꿈에서 깨어난 뒤에도 내 생각과 시선은 금방 빠져나온 꿈속으로, 꿈속으로 찾아가고 있었다. 내가 그리워하는 이를 만난 것만으로도 기뻐해야 할 꿈, 그 꿈속엔 여러 가지의 흥미롭고 비일상적인 요소들이 들어와 있다.

프로이트는 가까운 주변과 일상의 일들이 꿈 재료가 된다고 했는데, 언뜻 보기에 오늘 아침 꿈의 재료들은 요즘 내 주변과 일상에서 쉽게 건질 수 있는 것들은 아닌 것 같다. 그리고 커피를 마시면서 지금 나는, 그리워하던 이가 나였는지 아니면 내가 그이였는지를 헷갈려하고 있다. 그래서 부리나케 꿈을 기록해 두는 중이다. 천천히 분석해봐야겠다. 그런데 이렇게 갑작스레 솟은 듯이 꾼 꿈, 아주 드물게 꾸는 꿈은 과거 경우로 보아 아주 상징적이고 오래도록 저장되는 꿈이 될 것이다. 그리고 꿈이 남겨놓고 간 아늑하고 환상적인 기분이 오늘 하루 내 곁에 머무를 것이다.

아, 생각난 것이 또 있다. 꿈속에서 함께 부르던 노래를 잠에서 깨어난 뒤 한참 동안 머릿속에 악보를 그려가며 흥얼댔었다. 비교적 간결하고 입에 달라붙던 그 음률을 그때 얼른 악보에 그려 넣었어야 하는 건데 놓쳐버렸다. 점심을 먹다가 생각이 나서 그 음률과 가사를 떠올려보려 애썼지만, '그게 아니야'란 한 구절 외엔 이미 그것들은 멀리 떠나가고 없다. 어느 날 훌쩍 내게 다시 돌아와주면 좋으련만. 마음에 와닿던 노래여.

보리출판사에서 온 성탄 선물

2003.12.07

보리출판사에서 두 박스의 책을 보내주었다. 다양한 크기와 색상의 예쁜 책들을 본 아이들은 좋아서 어쩔 줄 몰라 했다. 감리교어린이도서관협의회에서 책보내기 행사에 참여하라는 연락이 와서 신청서를 보냈더니 이렇게 훌륭한 선물이 도착했다. 감격스럽고 행복한 성탄 선물이 아닐 수 없다.

생명수교회는 시내 외곽의 주택가에 인접해 있다. 앞으로 교회가 이 지역 속으로 어떻게 들어가야 할지를 고민하다가 여름이 끝날 무렵 나는 예배실 옆의 작은 방을 어린이도서관 형식의 공간으로 사용해야겠다는 생각을 하게 되었다. 생각만 해도 신나는 그 생각을 가시화하기 위해서는 재정을 비롯한 여러 문제들을 고려하고 해결할 시간이 필요했다. 12월 안에는 오픈해야겠다고 작정하던 차에 이렇게 좋은 책 선물을 받게 되니 마음 한 켠이 든든해지고 용기를 얻게 된다.

며칠 내로 주문한 책들이 도착할 테니 어서 방 정리를 서둘러야겠기에 이웃지방 후배 전도사에게 도움을 요청하니 수요일에 들르겠단다. 그제 도착한 내년도 달력에는 교회 이름 밑에 어엿하게 '작은 도서관 꼬마정원'이란 글씨가 새겨져 있다. 윤희는 '꼬마정원'이란 이름이 무척 특별해 보인다고, 어떻게 이런 이름을 지을 수 있었냐며 신기해 하길래 "하느님이 주셨다"고 말해주었다.

마음 붙일 곳이 없었던 어린 시절에 내 관심과 시간을 함께 나누며 놀아준 것은 책들이었다. 책 한권 사주지 않았던 어머니를 원망하기보다는 학교 선생님, 언니 오빠가 있었던 친구들, 교회 선생님 사이를 오가며 책구경하기를 즐겼다. 요즘 아이들이 책을 안본다고 하지만, 생명수교회의 아이들을 보면 반드시 그렇지도 않다. 여전히 많은 사람들이 책을 통해서 마음과 삶의 등불을 켜고 지혜와 정보를 캐낸다. 성탄 책 선물이 이곳에 오기까지 도와준 여러 사람들에게 늦지 않게 정성스런 성탄 카드를 보내야겠다.

마적산의 겨울, 그리고 지금은 아픈 중

2003.12.23

어제 월요일, 네 사람이 마적산을 올랐다. 꽤 간만의 산행이었다. 며칠 동안 몸 안으로 파고들던 차디찬 기운이 어제는 조금 풀릴 거라더니, 동면의 어느 산골짜기에 차를 대놓고 산을 오르기 시작해서 구비진 산을 몇 자락 오르락내리고 거의 여섯 시간 만에 청평산으로 내려오기까지 실로 겨울날인가 싶을 정도의 온기와 볕이 동행해주었다. 겨울산행임에도 거의 무방비 상태로 나선 내게 누군가가 즉석에서 두툼하고 따뜻한 빵떡모자와 아이젠을 내주었다. 오랜만의 산행이어서인지 마적산 초입에서 더 극심한 호흡곤란과 가슴 통증, 구토 증세를 느꼈다. 몇 미터 오르지 않아 지치고 마는 나를 보며 누군가 "쉬었다 갑시다. 오늘 산행은 천천히 놀면서 가지요" 하는데 말할 수 없는 미안함과 고마움이 울렁거린다. 마침 남은 밥이 없어서 나는 고구마 몇 개를 쪄 갔는데 다른 이들은 김치볶음밥, 오곡밥에 맛깔난 반찬까지 넉넉히 준비해왔다. 산을 오른다는 것, 산을 닮는다는 것은 저렇듯 널찍한 마음새와 여유를 스스로 지켜가는 일일 텐데, 나는 여즉 매번 나 자신의 미치지 못함을 어정쩡하게 드러낼 수밖에 없는 초짜이다.

마적산이란 이름은, 예수님이 태어나던 즈음 푸른 평야와 강줄기를 끼고 이곳에 자리잡았던 맥족이 말을 키우며 살던 곳이라 해서 얻어진 이름인 듯하다. 625m 산 정상에서 내려다보니 실제로 신석기시대 유적지이기도 한 산 아래 풍경이 적이 평화스럽고 고요하다. 마적산 정상까지는 수북이 쌓인 낙엽과 잎을 모두 떨군 채 알몸으로 서 있는 수목들 사이로 마치 늦가을 산길을 오르내리듯 했는데, 정상에서 점심을 먹은 뒤 눈앞에 보이는 눈 덮힌 산을 두 개 너머 청평산으로 곧장 내려가자는 말에 잠깐 어릿해지기도 했다. 저 눈 산을 두개나 오르내려야 한다니, 섣불리 용기도 나지 않지만 오던 길로 혼자 되돌아갈 수는 더더욱 없다. 아이젠을 등산화에 장착하고 천천히 내딛어보니 생각보다 할만 했다. 무려 여섯 시간만에 청평산 아래로 내려와서 눈 덮인 평지를 걷다보니 그제서야 추운 바람과 찬 기운이 마구 얼굴을 때린다. 비로소 실감했다. 지금 막 마적산의 겨울을 뚫고 나왔다는 것을.

처리해야 할 일과 복잡한 생각으로 분주했던 오늘은 하루 종일 아프다. 쉽지 않은 어제 산행이 몸에 준 여파는 이상할 정도로 그리 크지 않은데, 이상할 정도로 심란하고 아픈 것은 마음 쪽이다. 아침부터 통제하기 어려울 정도로 침울하고 심각해진 나 자신을 그나마 추스르고 객관화할 수 있게 해준 것은 평소보다 더 자주, 세게 울려대는 여러 통의 전화벨이었다. 전화라는 낯선 외부의 자극에 힘입어 나는 다시 제자리로 돌아와 차를 마시거나 할 일을 진행한다거나 하면서 마음을 곧추세우려고 애썼다. 순간적으로 얽히고 얽힌 이 실타래, 그렇지만 막상 풀려니 어디를 먼저 손대야 할지가 난감한 무거운 타래를 물끄러미 쳐다보고, 사방으로, 제멋대로 뻗어있는 여러 씨줄과 날줄을 느끼고 당겨보기. 섣불리 걷어치워지지 않는, 그럴 수도 없는 그 상념의 실타래와 함께 지내느라 하루 종일 아팠다.

몸이든 마음이든, 어느 한쪽이 시름대면 다른 한쪽도 같이 아플 수밖에 없음은 당연한 일. 그런데 해가 지고 창밖이 어두워졌을 때 문득 나를 지나가는 생각이 있다. 2003년을 며칠 남겨놓지 않은 시간에 이렇게 느닷없이 아픈 것은 내가 한 해 동안 충분히 아프지 않았기 때문에, 아파해야 할 것을 제대로 아파하지 않았기 때문이 아닌가, 하는. 어쨌든 지금은 몸과 마음이 모두 아프다. 아픈 중에 맞는 성탄절이 되고 또 새해 아침이 되겠지. 그러다보면 또 어느새 나는 그것에서 벗어나 있겠지. 어제 통과해온 마적산의 겨울처럼.

2004

일기노트

새해엔 봉숭아 물처럼

2004.01.01

지난 월요일, 여섯 사람이 특별한 송년산행에 나섰는데, 학곡리에서 군자리까지, 어언 16km(40리) 길을 걷는 일이었다. 따스한 볕과 곰실대는 바람결이 그저 걷고 또 걷는 우리의 등을 떠밀어 주고 있었다. 논밭길과 작은 도로, 눈 쌓인 언덕, 시내, 시골길…길에서 길로 이어진 그 행로가 점점 더 깊어지면서 나는 또, 마치 내가 세상에 등 떠밀려 나오기 전에 편안히 보채며 놀던 고향에 이른 것 같은 들뜸과 설렘에 시달렸다. 군자리에 못 미쳐서 어느 볕 좋은 산귀퉁이를 돌 때는, 언젠가는 저 곳에 아늑한 집을 지어야겠다는 생각이 치미는 바람에 한동안 걸음을 멈춰야 했다. 몇 번 쉬어가긴 했지만, 나중엔 내가 걷고 있다는 자각까지 흐릿해질 만큼 다리가 무감각해질 때까지 다섯 시간을 걸었던 그 날의 피로를 밤늦게 동생네가 찾아드는 바람에 제대로 씻지도 못하고 다음 날 지방회 행사로 향해야 했다. 행사 끝 언저리에 부리나케 기차역으로 향할 무렵엔 어서 눈 좀 붙여야겠다는 간절함만 남아 있었다. 감리교여성지도력개발원의 송년회에 참석하러 가는 길엔 피곤함이 그득 했다.

개발원 식구들이 모인 조촐하지만 정성스런 송년회는 매우 따뜻했다. 우리가 걸어온 길이 어떠했던지 이젠 그 모든 것을 웃음과 즐거움으로 다시 시작하려는 듯, 모두들 여유와 소망, 새로움에 대한 기원으로 기꺼이 함께 모아갔다. 그 중에서도 새해를 축복하며 서로 나눈 일, 서로 봉숭아물을 들여 주던 일은 몸 가득히 내려덮었던 피곤을 걷어 제치며 탄성과 즐거움이 터져 나오기에 충분했다. 첫 눈 온지도 저만치 지났지만, 우리가 낄낄대며 들인 이 봉숭아물은 우리의 온몸과 가슴을 물들이고 세상으로, 세상으로 흘러가리라. 붉게 물든 이 손톱 끝처럼 곱고 소박한 꿈과 사랑이 내년 한해 우리 모두를 감싸주리라. 지난 해를 돌이켜보고 새로운 시간에 다가섬을 축복하던 이 여성들의 새해맞이 의식은 각 사람의 가는 길을 훤히, 붉게 비춰 주리라. 돌아오는 길은 얼마나 사뿐하고 가볍던지.

이렇게 새해가 찾아왔다. 새해 아침은 여전히 감사하다.

춘천으로 이사온 동생 목사네

2004.01.04

1월 2-3일에 춘천북지방 사북교회에서 조화순 목사님을 모시고 말씀을 듣는다기에(일명 '부흥회'라고 하는) 한번 다녀오고 싶었는데, 어제는 수북이 내린 눈으로 선뜻 발걸음이 떨어지지 않았다. 그러나 화창한 봄날 같은 따스한 기운이 충천했던 오늘 아침에 일찍이 집을 나섰다. 조 목사님은 근간 시골교회에 며칠 거하시면서 임낙경 목사님의 건강요법을 받으셨다는데 이젠 쾌차하셨는지 궁금했고, 동네 주민들과 공동으로 유기농을 하며 공동체적 삶을 일궈나가는 사북교회 선배 목사네도 방문해보고 싶던 차였다. 무엇보다도 삶을 저만치 살아나가신 어른들의 말씀을 듣는 일이 얼마나 보배로운 즐거움인지를 알게 된 것이 내가 나이 먹어간다는 증거일지도 모르겠다. 큰 길 가에서 택시를 타고 시외버스터미널까지 가서 30여분 기다렸다가 화천행 버스를 타고 35분가량 걸려 신포리우체국 앞에 내리기까지, 적잖은 시간을 길에서 보내는 동안 앙상한 나무와 촌길, 춘천호에 시선을 주며 나는 콧노래를 흥얼거리고 있었다. 마음은 바쁘지만, 좋은 날씨에 길에서 노닌다는 것은 어쨌든 유쾌한 일이다.

크지 않은 동네 중간쯤에 벽돌로 지어진 사북교회는 시내 골목마다 무수히 십자가를 내달은 교회들과는 사뭇 멀찍한 풍모를 지니고 있었다. 예배당 안의 소박하면서도 영성이 깃든 강단도 그러했는데, 언젠가 세계 곳곳을 떠돌아다니는 떼제공동체 수사들이 자기가 선 텅 빈 자리를 어떻게 거룩한 곳으로 만드는지에 대한 간략한 글을 읽으면서 느꼈던 감동이 잠시 스쳐지나갔다. 하느님의 임재를 예배당 한구석에 가둬놓지 않으려는, 콘크리트 건물 안의 딱딱하고 권위적인 강대상 주변에 고착시키지 않으려는 선배 목사의 염원이 눈에 선하게 들어왔다.

조화순 목사님의 말씀은 여전히 강렬하고 명확했다. 아직 몸에 열기가 남아 있는 듯 했지만, 오늘도 최고조의 힘에 사로잡혀 말씀하신다. 그리고 노인층 교인들을 위한 다정한 당부와 배려도 잊지 않으셨다. 예컨대 한평생을 잘 살아왔으니 이제 남은 일은 '잘' 죽는 일이다, 괜한 욕심과 집착을 버리고 하느님께 딱 일주일만 앓다가 편안히 천국 가게 해달라고 기도해라, 남은 자식들에게 부모자식간의 정을 정리할 시간을 주고 타인에게 짐이 되지 않기엔 일주일이면 넉넉하다, 등. 목사님 자신도 서서히 죽음에 대해 생각하기 시작한 것 같았다.

오전 집회를 마친 후 한 교인이 준비한 보신탕 식사에 갔다가 (난 밥과 김치, 야채만 집어먹었지만), 목사님과 짧은 담화를 나눈 후 서둘러 시내로 나와야 했다. 오늘은 동생 목사가 이웃지방 한 작은 교회로 부임하고 이사하는 날이다. 갑작스런 이동이라 당사자가 조금 힘들긴 했겠지만, 일가친척 없이 단출한 우리 가족들이 이렇게나마 거리를 좁혀 얼굴을 대하고 살아갈 수 있게 된 것은 하느님의 도우심이라고 믿는다. 춘천 시내를 빠져나가 경춘가도의 첫 동네라고 할 수 있는 팔미리는 작고 소박한 시골 동네다. 이제 그곳에서 새롭게 목회를 해나갈 동생네를 반가운 얼굴로 맞기 위해 다시 버스를 갈아타고 택시를 타야 했다.

팔미교회 할머니 교우들이 아침부터 나오셔서 사택청소하고 맛있게 끓여놓은 팥죽을 먹다보니 거진 동네잔치 분위기다. 세 조카들은 사방에 쌓인 눈과 노느라 여념이 없고, 봉고차로 따라온 주문진교회 교우들은 눈물을 찍으며 떠나갔다. 이제 동해에 계신 어머니가 집을 팔고 이곳으로 오시는 일이 남았다. 왜 어머니와 살림을 합치지 않느냐고 묻는 어떤 이에게 나는 이렇게 말했다. "저는 출가했습니다." 혹여 어머니가 기동할 수 없을 정도로 아프시지 않다면 아직은 이렇게 세 집으로 살아가는 것이 서로 편안할 일일 게다. 이나마 가까이 살 수 있게 된 것으로도 우리는 충분히 만족하고 있다.

동생 목사는 얼마 전 약 300여 권의 책을 버렸다며 속이 시원하다고 말한 적이 있다. 오늘 나를 집으로 데려다주는 길에 동생은 "왜 목사들은 하나같이 책에 대한 미련과 집착이 많을까?"라고 물었다. 이사를 하면서 보니 전임 목사의 짐은 무려 40박스가 넘는, 온통 책이었단다. 그리고 자기네는 애들용 살림이 많았고. 대충 생각나는 대로 이것저것을 주워섬기는 내게 동생의 답변은 이런 것이었다. 몇 개월 전에 냉장고를 하나 사려고 아내와 인터넷 쇼핑몰을 뒤진 적이 있었는데, 셀 수도 없이 많은 물품들을 구경하고 가격 비교하느라 휴일 하루를 소비하고도 결국 결정을 못하고 말았단다. 그래서 하는 수 없이 근방 하이마트로 향했는데, 그곳에서 30분 만에 단박에 품목을 결정했다는 거다. 즉 읽지도 않는 무수한 책들을 이리 끼고 저리 지고 다니는 것은 실상 더 훌륭한 설교를 만들거나 지적 세계를 넓히는 일과는 하등의 관계가 없다는 거다. 동생의 이론에 의하면 목회자들의 하나같은 저런 버릇은 자기 허위의식이자 삶에 도움이 안 되는 집착이라는 것. 가끔씩은 저런 기특한 생각과 말을 할 줄 아는 동생이 가까이 오게 되어 내 마음은 흥겨운 중이다.

제 생일이에요. 복 받으세요.

2004.01.18

1월 18일, 오늘은 내 생일이다. 삼십하고도 수년 전에 허약 체질에다 아주 늦은 나이였던 어머니는 제왕절개 끝에 나를 낳으셨다. 2.6kg의 비실거리고 깡마른 나를 두 손에 안고 보니 새까만 털로 뒤덮인 한마리 작은 짐승 같았단다. 그래도 생김새와 체격에 비해 두 눈만은 유난히 반짝거려서 지나가던 이들이 모두 "저 아이 눈 좀 보게" 하며 구경하고 갔다고 했다. 그러던 아기가 어느새 서른 후반의 삶을 통과해가고 있으니(이렇게 건강하고 뚱뚱한 몸으로), 과분한 은총이 나와 함께 하셨다.

어릴 적 내 어머니는 몇 안 되는 가족의 생일을 따로 차리거나 기념하는데 매우 인색하셨다. 복잡스런 일을 싫어하는 그분 성격 탓이기도 했고, 더 큰 이유는 세상에 굶어죽는 사람도 많은데 목사네 자식이라고 더 차려줄 이유가 없다는 거였다. 아침식사에 미역국이라도 끓여주시면 "고맙습니다" 하고 먹는 것이 그날 생일 행사의 전부였고, 어떤 날은 여느 때와 다름없이 된장국이나 볶은 김치로 아침을 먹고 나면 "저금하거라" 하시며 1,000원짜리 한두 장을 주셨다. 우리 남매는 어머니의 그러한 관행에 익숙해지는 것이 현명하다는 것을 일찌감치 깨달았던 걸까, 이의를 제기하는 법이 없었다. 물론 우리 남매가 점차 자라면서 조금씩 변화가 있기는 했지만, 그러한 가족의 생일 문화에 전격적인 변화가 일어난 것은 동생이 결혼해서 올케를 맞게 된 이후였다. 식구 많은 중산층 가정에서 오밀조밀한 정을 나누며 살아온 올케는 생일은 '특별한 날'이어야 한다며 가족 외식과 선물꾸러미를 반드시 준비하곤 했다. 자식에겐 무뚝뚝하지만 올케에겐 더없이 너그러운 내 어머니는 두 말 않고 올케의 방식에 따르기 시작했고, 지금은 어린 조카들의 생일까지 꼬박꼬박 챙기신다.

그런데도 나는, 어릴 적 무심하게 보냈던 생일 습관 때문인지 생일에 대한 별다른 기대가 생기지 않는다. 오히려 누군가가 내 생일을 기억하고 선물이라도 내밀면 숨고 싶을 만치 부끄럽고 죄송한 마음이 든다. 당연히 나 또한 누군가의 생일을 정확하게 기억하고 챙기는 일에 부지런하지 못하다.

그러한 내게도 수년 전부터 아주 작은 변화가 생기기 시작했다. 춘천으로 목회를 나와서 처음으로 맞은 작년 생일엔 교회 아이들을 집으로 초대해서 멋지게 피자 파티를 열었다. 아이들로부터 시집, 인형, 카드를 받고 진심으로 즐거워했다. 내 생일에 누군가를 집으로 초대해보기는 처음이었다. 외로웠던 걸까, 뻔뻔해진 걸까.

올해 나는 3일간 생일을 치르게 생겼다. 어제(토요일) 공부하러 온 두 아이가 저녁 무렵에 문자를 보내왔다. "전도사님, 저녁 드시지 마세요"라고. 그리고는 빵과 떡, 집안에 피우는 향을 사들고 왔다. 차를 끓여서 함께 먹고 있는데 느닷없이 동생 가족이 들이닥쳤다. 서로 바쁘니 월요일에 보자고 낮에 말해 두었는데,

아마 일주일 전부터 내 생일카드와 선물을 준비하느라 바빴던 세 조카들이 더 이상 참지를 못했나보다. 예쁜 케이크와 세 조카가 각각 그리고 오려붙인 카드들, 양말 케이스, 대학 노트, 귀걸이(사실 이 세개의 선물들은 일주일 전에 큰조카 해인이가 받고 싶은 선물 세 개를 말해보라고 해서 내가 주문한 것들이다). 그리고 뽀뽀까지. 생일 전야제를 이렇게 화려하게 치러 본 것도 처음이다.

오늘 저녁엔 주변 몇 사람과 함께 호수 근처의 어떤 집에서 식사를 하기로 했다. 늘 그랬듯이 익숙하지 않고 부끄러워서 내내 사양했지만, 춘천에서 만난 이들은 나와 상의도 하지 않고 지들끼리 축하 자리를 마련해놓았다. 식사를 한 뒤 열두 시까지 놀기로 했는데, 대체 뭘 하고 놀자는 건지….

내일 월요산행에서는 생일기념으로 따뜻한 점심을 대접하겠다고 말해두었다. 그동안 얻어먹은 것이 수차례인데 이제야 한 끼 사면서 온갖 큰소리를 쳤다. 그리고 오늘 저녁 동해로 가는 동생네가 월요일에 어머니를 모시고 올 테니, 아마도 월요일 저녁식사는 가족끼리 나누는 따스한 시간이 될 것이다.

생일을 이렇게 길고 피곤하게 보내게 되리라곤 예상치도 못했고 꿈꿔본 적도 없다. 내 몸을 낳아주신 어머니와 아버지, 가족들, 내 영혼과 정신이 형성되고 자라나도록 나와 동행해준 세상의 모든 존재들에게, 그리고 끊임없이 생명을 낳으시고 보살피시는 하느님에게 무한한 감사와 경의를 바칠 뿐이다.

오늘은 제 생일입니다.

그대에게 풍성한 복이 내리길 기원합니다!

ps. 아, 오늘은 늦봄 문익환 목사님이 돌아가신 날이다. 1994년 그분의 꽃상여가 지나가던 대학로와 종로길을 인산인해로 가득 메웠던 사람들이 떠오른다. 그날 나는 학부 졸업 이후에 거의 소식을 모르고 살았던 몇몇 사람들을 그 인파 속에서 아주 우연히 만났다.

휘영청 보름달에 사랑 한 조각 걸어놓았네

2004.02.06

달맞이춤

– 정명성

추석 바다에
파도가 높다
바람 한 떨기 없는데

혹자는

달의 인력 운운하며
보름 바다의 파도를 설명한다마는…

달맞이다
바다의 달맞이!

지금은
새로이 백과사전 쓰여진 시대
계수나무 잘라내고
토끼는 묻어버린
상식의 시대

누구라서
조물주의 감탄사
공명할까마는
바다는 홀로
달맞이춤을 춘다.
아가조차도
달맞이하러 나오지 않는 밤에

추석은 아니지만, 이젠 아가는커녕 어느 누구도 달맞이하러 나오지 않는 정월 대보름에 일곱 명이 달구경하러 나갔다. 안마산 공동묘지로. 휘영청 솟아오른 둥근 달에서는 여전히 달토끼의 방아소리가 들려왔고, 달에서 놀러 나온 그윽하고 안온한 빛이 산길 위에 그득히 뒹굴고 있었다.

묘지를 헤집고 다니며 죽은 자의 성함을 기웃대고, 묘지 앞에 놓인 차가운 청주 한 잔 기울여 서로의 행복을 기원하고, 달 여신의 무궁한 생명력이 남은 한 해 동안 마음껏 만유에 흘러가기를 빌면서, 추운 밤길을 녹이며 걸었다. 산 정상에서 내려다본 춘천 야경은 낮에 본 풍경과는 또 다른, 그림 같은 불야성이다. 저곳은 아름다운 곳이어라, 내가 이곳에 살고 있으므로. 누군가는 충만한 달기운에 자신을 내맡기는 오늘밤을, 사랑을 고백하는 우리 식의 '발렌타인데이'라고 하기에, 난 앞서거니 뒷서거니 함께 걷는 친구들을 위해 저 높이 솟아오른 희고 푸른 보름달에 힘껏 사랑 한 조각 내걸었다. 내 부서지기 쉽고 고달픈 심장을 힘껏 내걸었다. 당신의 완전하고 무궁한 사랑으로 날 안아주소서, 비춰주소서.

오고가던 이야기에서 훔쳐나던 아픔과 한숨도 함께 이고 가면 견딜만하리라. 오늘, 만유를 껴안는 꺼짐 없는 생명력과 사랑의 정표로 휘영청 밝아 오른 정월 대보름달과, 공동묘지를 함께 오른 무리들의 달맞이춤이 훗날 나를 찾아와 행복이 멀지 않았었다고 회고해 주리라.

나는 그늘이 없는 사람을 사랑하지 않는다

2004.03.10

어제 월요일, 네 명이 눈덮인 대룡산을 걸었다. 수북이 쌓인 봄 눈길 산행에 대비해서 깨끗이 씻어서 넣어두었던 아이젠과 털장갑을 다시 꺼내드는 기분이 그리 나쁠 것은 없었다. 벌써 몇 번째의 눈길 산행인가. 지난 겨울동안의 눈길 산행은 흙탕물에 젖은 몸을 차갑고 시원한 물에 푸욱 담구고 묵은 때를 씻어내는 듯한 생소한 평화와 정화를 느끼게 했다. 눈길에 푹푹 빠지고, 두터운 신발과 발목을 적시고, 때로는 얼리면서, 미끄러운 길에 나자빠지거나 미끄러지는 일은, 위험천만한 경우가 아니라면 생기를 잃었던 웃음과 비명을 단숨에 터져 나오게 했다.

대룡산은 내가 가 본 인근 산 중에서 가장 따뜻하고 깊은 맛을 주는 산이다. 몇 차례 올라본 적이 있건만, 여전히 가슴을 설레게 할 정도로 끌어당기는 힘이 있는 산이다. 사람마다 산을 오르는 재미와 취향이 달라서, 어떤 이는 고도가 높은 산을 헐떡거리며 '오르는' 맛을 좋아한다고 하고, 또 어떤 이는 '험하고 가파른' 코스를 오를 때 산행의 묘미를 느낀다고 한다. 고도와 험한 코스에 약한 나는, 마치 용의 긴 허리마냥 완만하고 길게 뻗은 대룡산 줄기가 아주 마음에 든다. 그리고 오르느라 몸이 점점 가빠지는 나를 처음부터 끝까지 그윽하게 품어주는 듯한 대룡산세는 문득 '바닷속'이나 '어머니'와 같은 근원적인 따스함, 넓은 포용력, 깊은 고요를 떠올리게 만든다. 산마다 길은 여러 갈래이므로 어느 길로 가느냐에 따라 산행의 맛과 향취는 다르지만, 어느 지점에서 출발했건간에 그 깊고 긴 허리즈음을 걸을 때마다 나는 대룡산이 간직한 이 같은 매력을 느끼곤 했다.

어제 우리는 조금 색다른 경로를 택했다. 보통은 학곡리의 산자락에서 출발하거나 느랏재에서 출발해서 가장 높은 지점인 명봉을 지나 내려오곤 했는데, 어제는 느랏재에서 출발해서 명봉이 아닌 대룡산 건너편의 구봉산 쪽으로 건너가기로 했다. 어느 누구도 아직 걸어보지 않은, 아무도 장담할 수 없는 길이었지만, 네 사람은 어차피 푹신한 눈 위에 찍는 발자국이 우리의 길이 될 터이므로 그저 걸어보기로 가벼이 동의했다. 춥지 않았기에 젖은 신발과 그 축축함도 견딜만 했다. 눈길에서 신발이 젖을 때마다 '겨울용 등산화를 한 켤레 마련해야지' 마음먹곤 했지만, 무엇을 사들이는 일에 무관심하고 게으른 나를 비웃듯이 어느새 겨울이 저만치 가버렸으니, 다시 흰 눈이 쌓이는 겨울이 오기 전까지는 낡은 등산화로도 마냥 거침없이 걸을 수 있을 것이다. 두 시간을 족히 올라 저만치 구봉산을 바라보면서 일행은 라면을 끓여 간단히 허기를 채우고 차를 마셨다. 겨울 나뭇가지를 모아 불도 지폈다. 그리고 정호승이 쓴 '내가 사랑하는 사람'이란 시를 읽고 그 시로 지어진 노래를 함께 불렀다.

내가 사랑하는 사람

– 정호승

나는 그늘이 없는 사람을 사랑하지 않는다
나는 그늘을 사랑하지 않는 사람을 사랑하지 않는다
나는 한 그루의 그늘이 된 사람을 사랑한다
햇빛도 그늘이 있어야 맑고 눈이 부시다
나무 그늘에 앉아
나뭇잎 사이로 반짝이는 햇살을 바라보면
세상은 그 얼마나 아름다운가

나는 눈물이 없는 사람을 사랑하지 않는다
나는 눈물을 사랑하지 않는 사람을 사랑하지 않는다
나는 한 방울 눈물이 된 사람을 사랑한다
기쁨도 눈물이 없으면 기쁨이 아니다
사랑도 눈물 없는 사랑이 어디 있는가
나무 그늘에 앉아
다른 사람의 눈물을 닦아주는 사람의 모습은
그 얼마나 고요한 아름다움인가

주변을 정리하고 저만치 보이는 구봉산을 향해 가는 길을 찾아 나서야 했을 때, 길게 이어진 평로를 택하는 대신 조금 가파르지만 짧아보이는 코스로 내려가기로 했다. 대신에 각 사람이 몇 번씩 미끄러지고 구르고 몸을 적셔야 했는데, 그만치 즐거운 동심의 세계로 빠져들기도 어디 흔한 일이랴. 한참을 그렇게 내려와서 일행이 만난 길, 너무 예쁘고 곱게 난 길목에서 난 호흡을 낮추고 잠시 눈을 감았다. 구비구비 이어진 길엔 따스한 햇살과 봄바람이 한껏 노닐고 있었다. 그 길 아랫녘으로 물결치는 두릅나무의 천지도 아주 인상 깊었고. 천하에 다시없는 데이트 코스라며 모두들 감탄사를 연발했다. 우연찮게 만난 굽이굽이 길을 걸어 대룡산 끝자락에 닿았을 때는 이미 오후의 절반이 지난 시각이었으므로, 아쉽지만 다음에 다시 이 길을 걷기로 하고 마을을 향해 내려왔다. 대룡산 눈 속에서 우연찮게 접어들었던 곱디고운 길이 내려오는 동안에도 나를 선연히 사로잡고 있었다.

어머니와 함께 보낸 식목일

2004.04.07

무릎이 아파서 몇 주째 월요산행을 거르던 차에 휴일(식목일)을 어머니와 함께 보내야겠다고 마음먹고, 주일 밤에 동해 어머니 집에 내려갔다가 어제 저녁 무렵에 돌아왔다. 동생목사네가 춘천으로 온 후 동해에 홀로 남아계신 어머니는 겨우내 감기와 어지럼증으로 고생하시는 듯했다. 그리고 기운 없이 살이 내린 어머니 얼굴을 뵙는 순간 불현듯 가슴이 저려왔다.

어머니의 어지럼증은 영양부족 때문임이 분명하다. 겨울 내내 김치반찬 하나로 생김치, 볶은 김치, 김치찌개만 해드셨으니 말이다. 부엌에서 뭘 만드는 일에 영 취미가 없는 어머니에게도 문제가 있긴 하지만, 반찬 가게는커녕 괜찮은 슈퍼마켓도 없는 작디작은 아파트단지 환경도 못마땅한 일이다. 하기야 20여분 걸어 나가거나 차로 5분만 나가면 대형슈퍼 이마트가 떡 버티고 있으니, 하나 있는 동네 슈퍼에 활기가 없을 수밖에 없을 게다. 아무리 그래도, 몇 가지 야채와 두부조차 제때 갖다 놓지 않는 가게 주인의 게으름과 무관심은 이해하기 어려웠다. 내 어머니처럼 20여분 걷는 일이 버거워서 바깥 장을 볼 수 없는 사람들은 최소한의 반찬거리를 어디서 구해야 한단 말인가. 강릉에 살면서 월요일마다 이것저것 반찬거리를 사 들고 어머니를 찾곤 했던 동생네가 춘천으로 온 이후 어머니에겐 영양결핍이 올 수밖에 없었을 게다. 내놓은 아파트가 빨리 팔려야 어머니가 춘천으로 오실 텐데, 두어 사람이 보러 왔지만 아직 소식이 없는 상태다. 어머니가 동해에 계시는 동안 내가 더 자주 찾아뵙는 수밖에.

기특하게 반찬을 만들거나 때깔 나게 집안청소를 할 줄 아는 딸과는 거리가 멀지만, 나이 드신 어머니는 그저 딸이 찾아와 주는 것, 함께 밥상을 대하고 tv를 보고 커피를 마시는 것만으로 좋아하신다. 춘천에서도 어머니와 따로 사는 것을 당연하게 여겼던 나는 그러기엔 어머니가 너무 노쇠하셨다는 생각이 들어서 "춘천에서 우리 같이 살까?"라고 물었더니 어머니는 "네가 힘들지"라고 대답하셨다. 예전과는 달리 싫다는 의사표현은 아니다. 어머니집에 내려가던 날 밤에 생리가 시작된 내게 "그놈 끊어지기 전에 애 하나 낳아도 될 텐데"라고 하셔서, 웃음을 터뜨리며 "늦게 애 낳아서 무슨 고생을 하려구요?" 했더니 "늙어서 덜 외롭지" 하신다. 그 말에서 묻어나는 노년의 묵은 감정에 다시금 가슴이 울컥해졌다.

돌아오던 길가엔 노란 개나리와 진달래가 한창이었건만, 나는 꽤 울적한 기분에 젖어 있었다. 집에 들어서자 피곤이 몰려오는 바람에 일찍 잠자리에 들었고 눈을 떠보니 새벽 세 시다. 다시 잠자리에 들까 하다가 해야 할 일들이 눈에 밟혀서 벌떡 일어나 찻물을 올려놓고 컴퓨터를 켰다. 고난주간의 중간인 오늘은 좀 더 길고 바쁜 하루가 될 것이다.

감리교 준회원이 되다

2004.04.15

분주하고 아팠던 며칠이 지났다. 12일(월)-14일(수)까지 춘천에서 동부연회가 열렸고 이틀에 걸쳐 성품통과와 준회원 허입식이 있었다. 실력 있고 똑똑하다고 소문난 동부연회 감독은 두어 달 전부터 이번 연회는 연회원들의 엄격한 출석과 성실한 참여를 요구한다고 엄포를 놓았었는데, 연회기간 동안 실제로 각 지방의 출석률을 점검하는 시간을 갖기도 했다. 그 빡빡하고 재미없는 회의 일정을 몸에 배인 능숙함과 카리스마, 유머와 재치를 통해 일사천리로 진행해가는 감독과 부지런히 움직이는 준비위원들과 영상 팀의 모습을 바라보며 이번 연회가 꽤 준비된 것임을 느낄 수 있었다. 그저 줄 맞춰 입장하고 감독과 연회원들 앞에서 성품심사를 받고 문답이 오가는 일이 전부였던 성품통과, 그리고 준회원 허입식에서는 장시간 서 있느라 다리가 아팠고 왠지 모르게 가슴이 뭉클해지기도 했다. 그러나 감리사가 지방회원들에게 베푼 첫 날의 저녁식사(유황오리)에서 김치 몇 조각에 급히 먹은 밥이 급체하는 바람에 밤잠을 설치고 두어번 토하고 이튿날 오후까지 집에서 시름시름 누워있어야 했다. 전화를 받고 동생이 달려오는 바람에 겨우 정신 차리고 씻고 저녁식사를 하는 둥 마는 둥 하고 아직 휭휭거리는 머리를 진정시키며 준회원 허입식에 늦지 않게 나갈 수 있었다. 구토로 지저분해진 이불과 침대보를 어제 밤에야 세탁하고 말려놓았다.

몇 가지 일들이 있었다. 이번 연회의 특기하다고 할 만한 일 가운데 동부연회와 자매결연을 맺은 미연합감리회 위스콘신 주 감독(여성)과 몇몇 목사들의 방문이 있었다. 둘째 날에 위스콘신 주 여성 감독의 설교가 있었는데 주변의 목사들이 메시지가 풍부하고 영감이 깊었던 그분의 설교가 이번 연회에서 가장 감동적이었다고 말했다. 아쉽게도 그 때 끙끙대고 앓느라 집에 누워있었던 나는 그분을 뵙지도, 설교를 듣지도 못했지만, 주변의 남자 목사들이 스스럼없이 그렇게 말하는 것을 듣는 것만으로도 썩 유쾌했다.

둘째 날 일정을 모두 끝낸 늦은 시간에 여목회자들의 만남이 있었다. 몸도 아프고 썩 가고 싶지는 않았지만(흠, 이것에 대한 해명은 단순하지 않다. 현재 여목회자들의 수준을 드러내는 동시에 함께 넘어야 할 과제이기도 하다) 어른들께 인사나 드릴 겸 들른 자리는 예상한 대로 몹시 무겁고 권위적인 분위기였다. 몇몇 할머니 목사들이 다짜고짜로 올해 준회원에 허입한 사람들의 옷차림을 문제 삼기 시작했다. 네 여성 가운데 한 명을 제외한 세 명이 바지 차림이었다는 것, 한국 전통에서 보면 여성들의 정장은 한복과 치마라는 것, 블라우스에 조끼 차림이었던 사람에겐 성품심사 반대에 손을 들고 싶었다는 것, 저래서 여자 목사는 안 된다는 남자 장로들의 비난이 있었다는 것. 생각지도 못했고 말도 안 되는 억압적인 지적을 듣고 끝내 내 옆의 후배(조끼 차림이었던)는 울음을 터뜨리고 말았다. 후배는 지금 임신 7개월이었기에 마땅한 의복이 없어서 고민했다고 한다. 여자 전도사들의 바지 차림에 신경을 쓰는 남자 장로들의 비난이 있었다는 말 자체도 나로서는 신빙성을 갖기 어렵지만, 설사 그렇다고 해도 그 비난을 막아줬어야 할 사람들이 바로 그 선배 여자 목사들이 아니던가. 이해하기 어려운 말들과 왠지 모르게 짓누르던 그 모임을 끝내고 허탈하게 집으로 돌아오던 길에 계속 눈물을 쏟으며 발길을 돌리던 후배의 모습이 아른거려서 전화를 했더니 택시 안에서 아직도 울고 있었다. 이런 일에 너무 마음 상하지 말라는 내 말에 후배는 지금은 그저 울고 싶다고, 며칠은 울어야 할 것 같다고 했다.

흔히 하는 말 가운데 "여자 목사가 더 남자 같다"는 말이 있다. 이런 말에는 교묘한 반여성적 뉘앙스가 깔려 있다. 그렇지만 때때로 저러한 의혹투성이의 말들을 떠올릴 수밖에 없는데 바로 이런 경우도 그 한 예이다. 자신의 여성적 정체성과 의식을 제대로 받아들이고 사랑하지 않는 여성은 결국 다른 여성을 억압하고 괴롭히는 사람이 되고 만다. 오늘날 사회 보편적으로 행해지는 여성들의 바지 정장 차림을 굳이 문제 삼고, 임신한 어린 후배의 옷차림을 문제 삼고, 자신들이 걸어온 좁고 험한 길에 비해 다양하고 발랄한 자유를 구사하려고 하는 후배들을 축하는 못 해줄망정 그런 식으로 질투하고 나이를 내세워 군기를 잡아보려는 것이다.

'목회'라는 남자들의 세계 속에서 여전히 가시화되기 어려운 소수의 여성 목회자들의 힘들고 궁핍하고 쓸쓸한 내면을 순간적으로 드러낸 이 일 앞에서 바지차림의 한 사람이었던 내게 찾아든 것은 화, 분노, 눈물이 아니라 짙은 우울에 가까운 것이었다. 누군가에게 쉽사리 투사할 수도 없고 이것을 던져버릴 대상이 금방 찾아지지 않아서 며칠 지난 지금까지도 아직 내 안에서 맴돌고 있는 이 우울.

연회의 마지막 순서인 목사 안수식을 멀찍이서 지켜보고 같이 밥 먹자는 후배 목사를 뒤로 하고 집에 돌아오던 어제 오후, 나는 문득 '마하'에 들렀다. 불교용품 전문점이라는 간판을 내건 이 가게의 여주인은 두어 번 들렀던 적마다 환하고 넓은 표정으로 맞아주었다. 가게에 흐르는 자연의 음악을 들으면서 두어 가지 차도 얻어 마시고 이쁜 다기류를 구경하고 한 켠에 꽂힌 책들도 구경했다. 흥미로운 것은 불교 서적뿐 아니라 대안적, 자연의 삶과 관련된 책들, 차와 식생활을 다룬 책들, 이웃나라의 재미있는 역사와 문화를 다룬 책들, 깨달음을 주는 기독교 서적들이 서로 사이좋게 꽂혀있다는 점이다. 그렇게 한참동안 시간을 보내고 동생에게 선물할 일엽차(당뇨에 좋다는) 한 봉지를 사들고 나오니 그제서야 오후의 고즈넉한 햇살이 따사롭게 흐르고 있었다.

이제 점심을 먹고 나서 투표하러 가야겠다. 내 소중한 한 표가 이 땅에 민주주의를 정착시키고 더러운 정치문화를 내어 쫓는 일에 쓰여지길 바라마지 않는다. 그리고 오늘 밤엔 성경공부가 있으니 부지런히 숙제를 마저 해야지.

총선 다음 날 정취

2004.04.16

어젯밤 성서연구 모임이 끝난 후 잠시 한국에 다니러 온 중국에 거주하는 선배 목사, 그리고 동생 목사와 조촐한 만남을 가졌다. 연회 일과 몇몇 행정상의 문제로 한국에 온 선배는 춘천에 계신 어머니를 뵙고 투표도 할 겸해서 하룻길을 내려왔다고 이른 저녁 시간에 전화를 주었었다. 자주 만나지는 못하지만 평소 그의 삶의 길과 사유의 깊이를 눈여겨보고 존경해오던 터라 이런 식의 갑작스런 만남은 어느새 유쾌한 긴장감을 불러들인다. 불쑥 찾아와 한 시간 반가량 즐겁게 떠들고 헤어졌던 것이 작년 초겨울 무렵이었던가. 중국으로 돌아간 선배는 곧장 인편으로 뽀송뽀송한 보이차를 보내주어서 아껴두고 잘 마시기도 했다.

당장 만나게 될 선배에게 뭔가를 주고 싶은 마음이 들었는데, 집안 이곳저곳을 뒤져봐도 마땅한 것이 전혀 없었다. 물건 사들이는 것, 쟁이는 것에 전혀 관심이 없이 혼자 궁색하게 살아가는 내 살림살이가 어련하겠는가. 하는 수 없이 그냥 집을 나서는 참인데 문득 책장 한 켠에 놓아둔 예쁜 초에 시선이 꽂혔다. 연두색 한지를 두르고 자그마한 한지 꽃송이를 몇 개 달고 '평화가 있기를'이란 글씨가 적혀있는 그 초는 수년 전 성 바오로 서점에서 구입한 것인데 사용하기가 아까워서 장식용처럼 초꽂이에 세워두었다. 그런데 작년 어느 늦은 시각에 갑자기 내 집에 들렸던 선배가 그 초를 이리저리 만져보면서 "참 이쁘게도 만들었다"고 했던 기억이 났다. 그래서 단숨에 그 초를 가방 안에 넣었고, 그 초를 받아 든 선배는 어린아이처럼 좋아했다.

한적하고 조용한 커피 하우스에 둘러앉은 세 사람은 마치 며칠 만에 다시 만나기라도 한 것처럼 아이 양육, 차, 선거 등에 관해 자연스레 이야기를 나누었다. 짧은 대화를 통해서도 충분히 전해지는 세상을 한 치 더 깊고 넓게 바라볼 줄 아는 선배의 넉넉한 시선은 여전하고 고마웠다. 선배는 동생 내외에게 두 사람의 이름이 새겨진 작은 다기 한 쌍을 주었고 내겐 저번 것과 다른 통에 담긴 보이차를 선물로 주었다. 며칠 전부터 차를 마시기 시작한 동생네에 바로 그것이 필요했다는 것을 선배는 어떻게 알았을까.

거의 12시가 되어 집에 돌아와서 곧장 인터넷을 통해 개표 현황을 검색했다. 민노당 10석이 거의 확정되는 것까지 지켜보느라 새벽 3시가 넘어서야 잠들었다. 오전 11시 약속 때문에 동네 앞으로 나갔다가 돌아오는 길에 뭔가 신선하고 새콤한 반찬이 먹고 싶어서 농협 앞에 할머니들이 내어놓은 돌나물 천 원어치를 사다가 고추장 양념에 버무려 먹었다. 마음씨 좋은 할머니가 선뜻 내어준 돌나물은 서너 끼는 족히 먹을만치 풍성했다.

이 좁은 땅, 할 일 많고 골치 아픈 땅에서 이 무수히 많은 사람들과 한 시대를 어깨 걸고 함께 살아간다는 일의 의미와 가치를 오랜만에 느껴보는 날이다. 해결해야 할 과제들은 여전히 산적해 있고 새로운 과제들이 한층 더 무겁게 다가오지만, 그 험난하고 도도한 역사의 흐름 속으로 우리가 제대로 또 한 발자국을 내딛었다는 뿌듯함, 이 땅에서 숨 쉬고 있는 모든 타자들을 향한 무언의 고마움과 정겨움이 내 안에서 출렁대는 날이다. 오늘 밤엔 우리보다 먼저 길을 내시고 앞서 가시는 하느님께 좀 더 긴 찬미와 기도를 드려야겠다.

다리가 시큰대는 아침에

2004.05.03

궂은 날이나 비가 올 때는 확실히 다리가 더 무겁고 시큰거린다. 내가 무심히 보고 넘긴, 궂은 날씨에 신경통을 하소연하던 낯모를 노인들의 사정이 이젠 더 이상 타인의 일이 아니다. 하루종일 비가 올 것같이 잔뜩 웅크리고 있었던 어제는 내게도 왠지 모르게 조심스럽고 뭔가를 살펴야 할 것 같은 하루였다.

내 십대 시절의 전반기, 시야의 모든 것이 흙빛이었고 우울하기 짝이 없었던 그때가 생각났다. 어린 나이에 악성빈혈만이 아니라 몸의 구석구석이 아프지 않은 데가 없었다. 특히나 마치 땅에 발 딛길 거부하던 내 삶의 부재를 증명이라도 하듯, 소리를 지를 수도 없이 하염없이 주저앉고만 싶었던 내 허리 통증. 난 죽고 싶다고 혼자 되뇌이곤 했다. 아침에 눈을 뜨면 이 천근만근의 몸을 일으켜서 학교라는 지옥 소굴을 가야 한다는 무섭고 괴팍했던 자괴감과 싸우느라, 퍼렇게 날 선 칼 끝을 걷는 듯한 고통의 덮개가 나를 짓눌렀다. 거기에 비하면 십대 후반의 고등학교 시절은 한창 업그레이드 된 상태였다. 내 뿌리 깊은 저항감과 무력감은 어쩔 수 없이 잔존했지만, 학교생활과 공부에 조금씩 적응할 수밖에 없었고, 몇몇 주변 친구들도 생겼고, 그러는 동안 몸 상태도 약간씩 좋아지고 있었다. 그렇게 내 속을 썩이던 허리 통증은 이십대 중반에 와서야 훨씬 덜해졌지만, 십대 후반에 이미 나는 차라리 허리를 꺾어버리고 싶다는 충동에서 벗어나 있었다. 그러고도 한참 세월이 지난 후에야 나는 깨달았다. 아픈 것도 견딜만하다는 것을. 내겐 지극한 건강 따위는 한순간도 주어져 본 적이 없었던 것 같지만, 늘 모자라고 헉헉대는 내 몸 위에도 삶의 따뜻하고 고마운 햇살이 여전히 넘실거렸다는 것을. 썩 건강하지 않은 다리와 허리, 심장으로도 나는 하느님을 만났고 또 누군가들을 만났고 그들과 어느 정도는 발맞추어 걸을 수 있다는 것을.

오늘도 내 다리는 낮고 무겁게 흐느끼는 듯한 하늘처럼 욱신거리고 시큰거린다. 그리고 오늘도 나는 이 다리를 움직여 여기, 저기를 다녀올 것이다. 그러나 날씨의 궂고 맑음을 어느 때보다 더욱 예민하게 인지하게 된 지금은, 그것이 내 몸에 가하는 무게의 용량에 따라 내 삶의 시선이나 마음 상태까지 더 이상 덜컹대지는 않는다. 눈비가 내리는 날이든 햇살이 화창하고 고운 날이든, 이 모든 날은 하나님의 선한 두 손 안에 있기에.

구멍 난 양말

2004.05.04

비가 추슬추슬 내리던 오전에 이웃교회 전도사의 차를 얻어 타고 지방 한 교회의 이전예배에 참석했다. 이전예배 후에 교역자 회의까지 하기로 되어있던 터라, 작은 예배실 안에 지방 교역자들과 몇몇 평신도 대표들이 꽉 들어찬 채 예배가 시작되었다. 말이 이전이지 반주자도 없는 거의 개척이나 다름없는 교회 형편인지라, 담임전도사는 아침 일찍 내게 예배 반주를 해달라고 부탁했었다.

손에 익지 않은 악기였지만 힘껏 찬송가 반주를 울려댄 후 설교를 들으려고 자리에 앉기 위해 일어서던 찰나에, 아주 우연히도 앞줄에 앉아있던 한 목사에게 시선이 살짝 꽂혔는데, 그는 내 발을 유심히 쳐다보고 있었다. '남의 발은 왜 저리 열심히 쳐다보는 거람? 기분 나쁘게.' 벗어두었던 신발을 신으려고 발을 내밀던 순간, 나는 그 이유를 단번에 알아차렸다. 짙은 회색과 검은 색의 가로줄 무늬가 엇갈리게 나 있는 양말 한쪽에 빼끔히 구멍이 뚫려서 엄지와 검지 발가락 살이 삐죽 나와 있는 거다. 아뿔싸!

작년 가을경부터 세탁기를 사용하게 된 후에도 나는 속옷 류와 양말을 줄곧 손세탁해왔다. 속옷 류는 손세탁을 해야 때도 잘 빠지고 섬유를 더 오래 보존할 수 있기 때문이고, 양말을 수건 류 등과 세탁기에 한꺼번에 휘돌리는 것이 꺼림칙해서였다. 그래서 나는 오늘의 이 낡고 닳은 양말이 이젠 곳곳의 섬유와 실이 흐트러지고 가늘어져서 곧 폐기될 수밖에 없는 상태임을 잘 알고 있었다. 그런데도 선뜻 이것을 쓰레기통에 버리지 못하고, 살을 드러내는 빵구가 날 때까지는 신어야지, 하고 있던 참이었다. 그런데 이놈을 손세탁했던 바로 며칠 전까지도 보이지 않던 구멍이 하필이면 오늘 갑자기 나버린 것이다! 그것도 사람들 앞에서 신발을 벗었다 신었다 해야 하는 자리에서 말이다.

자리에 앉은 후 몇 자리 떨어지지 않은 그 목사님을 흘깃 곁눈질하면서 생각했다. '저 목사가 내 빵구 난 양말을 보고 뭐라고 생각했을까? 저 여자 전도사가 양말 살 돈도 궁해서 저렇게 빵구 난 것을 신고 다니는구나' 했을까, 아니면, '에구 칠칠치 못한 여자 같으니라구. 진작 좀 꿰매 신든가 바꿔 신고 올 것이지 했을까?' 그런데도 슬며시 웃음이 나왔고 그것을 참느라 괜스레 성경책을 뒤적댔다. 스스로 이상할 정도로 황망함이나 부끄러움 따위는 별로 들지 않았다. 예배가 끝나고 도시락 점심식사를 하다가 그 목사와 또 눈이 마주쳤을 때도 난 그저 태연자약하게 약간의 목례를 건넸을 뿐이다. 이제 나는 그런 정도엔 아랑곳하지 않는 염치불구의 사람, 자신의 부끄러움과 게으름에 둔화된 사람이 된 것일까?

내 구멍 난 양말을 본 것은 비단 그 목사만이 아니었을 거라는 것은 새삼 말할 필요도 없다. 구멍 사이로 발가락이 삐죽 나온 채 열심히 반주의 박자까지 맞추고 있던 내 발을 그들이 구경하고 있었을 거라는 것은.

어머니의 황혼 창가 앞에서

2004.05.09

동해에 계신 어머니를 뵙고 왔다. 며칠 전부터 이번 어머니날엔 어머니에게 작은 꽃송이라도 달아드려야겠다는 생각이 간절하게 스멀댔다. 아마 늙고 힘없는 어머니를 뵙는 것이 이젠 몇 번 안 남았다는 자각 때문이었을까? 오가는 기름값과 초행 부담이 적이 마음에 걸렸지만, 나는 자동차로 동해를 다녀오기로 했고 내겐 최초의 장거리 운행인 셈이었다. 동네 플라워숍에서 소담한 꽃바구니 하나 사들고 길을 떠난 것이 어제 오후였다.

세 시간을 무사히 달려서 동해 어머니집에 당도하자마자, 나는 물 한 모금을 들이킬 기운도 없이 소파 위에서 금세 잠에 빠져들고 말았다. 첫 장거리 운행이 주는 긴장과 안구건조증이 몰고온 눈 통증, 두통, 어깨 결림으로 인해 극도의 피곤이 엄습해 왔다. 두 시간을 죽은 듯이 자고 일어난 뒤에 어머니와 함께 저녁을 먹고 TV를 보고 간간이 이야기를 나누고 또 잠잠히 잠들었던 어젯밤, 토요일이라 늦지 않게 춘천으로 돌아와야 했으므로 오늘 아침에 서둘러서 일어났다. 그리고 집안 청소를 대충 끝낸 후 어머니와 함께 차를 타고 동네를 빠져나왔다. 어머니에게 맛있는 식사를 한 끼 사드리고 싶었고, 검은 색이라곤 전혀 남아 있지 않은 순백의 지저분하게 길러진 어머니 머리를 미용실에서 정돈해드리고 싶었다.

푸른 바다가 훤히 내다보이는 해안가 레스토랑을 찾아갔지만 내부수리 중이어서, 시내 음식점에서 어머니는 우렁된장찌개, 나는 산채비빔밥, 새로울 것 없는 식사에 만족해야 했다. 멋진 바다 풍경과 일상적이지 않은 식사를 선물하고 싶었던 내 바람은 어긋났지만, 어머니는 참 맛있다면서 좀 과하다 싶을 만치 그릇을 비워내셨다. 나는 미용실에서 "내 머리모양처럼 잘라 달라"고 주문했다. 어머니의 머리카락이 아무리 힘을 잃었기로서니 뵐 때마다 눈에 거슬릴 정도로 요상했는데, 기력 없는 노인네가 혼자 다니니까 어쩌면 미용사들이 은근히 내 어머니의 볼품없는 머릿결을 무시했던 것은 아닐까, 여기면서. 옆머리 숱은 그대로 두고 길이만 단정하게 정리하고 나자, 어머니의 머리가 조금 산뜻해졌다. 실은 먼 길을 피곤하기 이를 데 없는 자동차로 다녀오기로 작정한 이유가 바로 그것이었다. 차가 없으면 외출하기가 영 어려운 곳에 사시는 어머니에게 맛있는 밥을 사드리고 미용실에 함께 가는 것.

어제보다 차량이 눈에 띄게 늘어난 길을 돌아오면서 어머니에게 가는 길은 역시 멀고 힘들다고 생각했다. 어렸을 적엔 굉장히 크고 강한 모습으로 다가왔던 어머니가 이젠 (체격이야 줄지 않았지만) 너무 가벼워져서 눈물이 났다. 무섭고 날카롭던 어머니 눈빛은 이제는 움푹 사그라들어 빛을 잃었고, 말소리와 발소리는 하루가 다르게 더 작아졌다. 세상과 이웃, 자식 안으로 이런저런 모양으로 들여놓았던 자신의 자취를 어느새 모두 거둬들이셨다. 그저 무념처럼 앉아계신 어머니의 옆모습을 보노라니, 한겨울 추위와 한여름 뜨거운 뙤약볕을 넉넉히 견뎌내고 자신의 모든 것을 내어준 채, 이젠 자신의 본향, 뿌리를 향해 스스로를 거둬들인, 사각거리는 한줌 낙엽을 대하는 듯했다. 그 사각거림이 한순간 멎어버릴 것 같아서 가볍디가벼워진 어머니를 등에 업기라도 한 듯, 나는 자꾸만 고개를 돌리고 뭔가를 훔쳤다.

돌이켜보면 나는 결코 짧지 않은 세월동안 '어머니를 닮지 말아야겠다'고 생각했다. 누군가가 던지는 '어머니를 닮았다'는 소리에 나는 흠칫 놀라고 기분 나빴다. 그런데도 혈액 속 유전자로 흘러 어머니로부터 내게 전해진 몇몇 가지, 가령 현재 나의 반백의 머리(십여 년 후면 내 머리도 아마 거의 순백으로 빛나고 있을 거다), 고집스러움이 담긴 얼굴 생김새, 가지런한 손가락과 발가락, 나도 모르게 몸에 배인 절제와 어떤 엄격함 등에 나는 어느덧 익숙해지고 친밀해졌다. 게다가 내 삶의 구비구비 곡선은 점점 더 어머니의 그것을 향하고 닮아가고 있다. 어머니와 딸 사이에 형성된 유사한 그것들은 이젠 더 이상 내게 좋고 나쁜 어떤 것이 아니다. 단지 닮아서 기쁘고 안타깝고, 또한 닮아서 슬프고 감사할 뿐. 그런데도 어머니에게 닿기 위해 다녀오는 길은 아직 멀다. 어머니의 삶과 그 자리, 그 남은 시간은 여전히 내게 먼 길이다. 늦은 황혼녘 창가에 서 계신, 이젠 가볍디 가벼워진 어머니의 모습을 뵙고 오는 길에 내 눈에서는 묵직한 눈물이 흘렀다.

우주의 창조자요 구원자이신 분에게 '어머니'라고 뇌까리며 저녁기도를 올리자니, 갑자기 내 속 깊은 데서 뭔가가 울컥하고 치오른다. 어쩌면 하느님은, 수십 억 년의 시간을 만물의 기쁨과 고통 속에 자신을 내어주고 그들과 쉬임없이 동행하느라, 이젠 몸을 가벼이하고 숨을 돌리고 싶어하는 '늙은' 어머니가 아닐까, 하는. 이젠 자녀들에게 사랑의 진화와 성숙, 책임감을 절실히 요청하는 힘없는 어머니, 그럼에도 그 주름살 투성이의 자비로운 손길을 모자라는 자식에게서 여전히 거둬들이지 못하시는, 우리의 늙은 어머니 하느님. 왠지 오늘밤 기도는 단아한 찬송과 감사 대신 소리 없는 흐느낌과 통곡이다. 필시 어머니의 자비와 연민의 그 손길은 내일 아침 나를 변함없이 찾아오겠지만, 오늘 밤 왠지 나는 어머니 그분께, 그리고 세상의 모든 어머니께 눈물만 바친다.

취, 하다.

2004.05.25

엊그제 대룡산의 산불 기간 입산금지 기간이 만료됐다는 소식을 듣고 오늘은 간만에 대룡산에 들기로 했다. 내가 가장 마음에 들어하는 대룡산에 오른다는 생각만으로도 어젯밤에 설렜는데, 아침나절에 일정을 변경해서 군자리로 나물을 캐러 간다는 연락이 왔다. 군자리교회의 목사가 이번 주가 지나면 봄나물을 구경할 수 없다고 거의 땡강을 부리다시피 했다는 거다. 그래서 평소보다 더 간단한 행장으로 네 사람이 군자리로 향했다.

여유롭고 따스한 봄볕 아래서 두 시간여 산길을 돌며 네 사람이 딴 나물은 취, 도라지 등 서너 종류였다. 처음엔 취를 한눈에 구분하기가 어려운 탓에 별 재미를 못 느꼈는데, 취가 눈에 들어오고 그 야들야들한 잎을 골라 채취하는 맛을 알게 되자 야트막한 산길은 매우 흥미진진한 곳이 되었다. 산 중턱에서 날씬하고 길쭉한 뱀 한 마리도 만났고(결국 한 사람의 사정없는 낫질에 죽었지만), 내려오던 산속 물웅덩이에서 가재도 몇 마리 잡았다.

군자교회로 돌아와 마당 평상에 채취한 나물들을 한가득 펼쳐놓고 구분하고 있는데, 둘째아이를 낳은 지 얼마 안된 군자교회 목사 사모가 내려와 보더니 "어유, 많이도 취하셨네요"라며 웃었다. 취나물을 많이 따왔다는 말인데, 언뜻 목사들에게 '취했다'는 말로 들려서 다들 한바탕 웃음을 터뜨렸다. 시내에서 30여분 떨어진 인적 드문 시골에 갑자기 아빠 동료들이 놀러왔다고 한껏 기분이 좋아서 우리 옆에서 이것저것을 재잘대던 첫째 딸 희원이가 엄마의 말에 모두들 웃는 모습을 그대로 넘길 리가 없다. 영특한 네 살박이 희원이는 얼른 이렇게 대꾸해서 우리를 또 웃게 만들었다. "우리 아빠 산에 갔다 올 때마다 취 하세요."

산에서 캐온 취나물을 물에 한번 헹구고 돌판에 삼겹살을 굽고 사모가 제공한 된장찌개를 곁들인 점심식사는 특별하고 유별난 감회를 불러일으켰다. 내 손으로 직접 채취한 것으로 차려낸 밥상이 어찌 아니 최고의 것이 아닐 수 있으랴. 한줌 가져온 취를 깨끗이 씻어서 볶음김치, 당근, 감자볶음과 함께 또 쌈을 쌌던 저녁식사의 맛도 여전히 최상급의 것이었다. 취를 씹을 때 입 안에 고이는 향기롭고 석석이는 맛이라니. 처음으로 봄나물을 캐보고 그것을 식탁에 올리는 즐거움에 푸욱 젖었던 날이었다. 오늘 나는 '취, 했답니다. 그거 참 괜찮아요. 다들 취, 해보세요'

우연인지 필연인지, 고마운 인연인지

2004.06.02

이틀간 서울에 다녀왔다. 이따금씩 올라가는 서울에서 숙박을 하는 경우는 거의 없었는데, 또 가급적이면 숙박은 피하곤 했는데, 이번엔 불가피하게 이틀 내내 일정이 묶여있는 바람에 새로 이사한 선배언니 집에서 잠을 잤다. 두 개의 모임에 참석하고 몇달 전 귀국한 선배와 희수를 만나는 것이 내 스케줄이었는데, 뜻하지 않게 그것과 상관, 무상관하게 참 많은 사람들의 얼굴을 본 탓이었을까, 어젯밤 내려오는 기차 안에서 약간 상기되어 있었다.

월요일 여동문회에서는 일 년에 한두 번 볼까말까한 어른들과 선배들을 꽤 뵐 수 있었고, 반갑게도 대책위 후배들과도 잠깐 만날 수 있었다. 쉼터의 일이 바빠서 결국 희수는 만나지 못했지만, 오랫동안 미국에서 고생한 끝에 공부를 마치고 귀국한 옛날 선배를 만나는 일은 즐겁고 새로운 감회를 불러일으켰다. 밤에 찾아들어간 선배언니네 집에서 피곤한데도 또 몇 시간 대화가 이어졌다.

개발원 연구모임은 새로운 국면으로 들어가고 있는 것 같다. 서로 다양한 시간과 공간 속에서 살아가면서 각 사람의 내적 성숙과 개발원의 나아갈 방향을 모색하고 있는 요즘, 이전에 맛보지 못한 한층 깊어진 어우러짐의 결을 느끼게 되었다. 하느님의 은혜는 우리가 전혀 생각하지 못한 시간에 눈치챌 수 없이 조용히 찾아온다. 6년만에 한국을 방문한 재희 가족과 개발원에서 같이 점심을 먹는 즐거움도 만끽했다. 방학을 맞아 잠시 한국에 와 있던 민아가 때마침 오후 나절에 전화를 주어서 학교 안에서 잠시 얼굴을 대하고 이야기를 나눌 수 있었다. 학교에서 나오는 길에 수년 전 같은 교회의 신학생이었던 어린 후배를 우연히 마주친 일도 한바탕 웃게 만들었다. 게다가 양손에 가득 짐을 들고 선배 언니와 학교를 빠져나와 종로에 가려고 버스정류장으로 가던 중, 어디선가 "애성, 애성!" 하는 소리가 들려 무심코 도로 쪽으로 고개를 돌렸는데 아, 저쪽 버스 안에 탄 귀옥이 부부가 싱그러운 웃음을 보내고 있다. 아마 서울 부모님을 뵙고 가는 길인가보다. 이런 우연과 필연의 마주침을 하루 종일 여기저기서 하게 된 어제는 신기하고도 행복했다.

우연히 마주친 것은 사람만이 아니다. 여동문회 바자회에서 누군가 내게 불쑥 들이민 다기 세트를 3만 원에 사들고 왔다. 원래는 25만 원짜리였던 물건이 어쩌다 내게 3만원에 팔리게 된 것이다. 차를 마시게 되면서 손님용 다기세트가 있었으면 좋겠다는 생각을 여러 번 하게 된 탓에, 책 두어 권 값으로 들고 간 돈으로 냉큼 사고 말았다. 덕분에 책값은 별로 쓰지 않는 카드로 처리하고 말았지만. 다기 세트 박스를 춘천까지 들고 오느라 고생은 좀 했지만, 오늘 아침에 하나하나 꺼내서 씻고 보니, 이것도 더 없이 좋은 우연 혹은 인연이 아닌가 싶은 생각이 들었다. 이틀 동안 이렇게 저렇게 마주친 반가운 사람들, 그리고 다기세트여, 다시 한번 고맙다.

충주에서

2004.06.18

지난 월요일 아침에 한 선교단체에서 주최하는 목회자 세미나에 참석하기 위해 원주로, 다시 충주로 가는 버스에 몸을 실었다. 목회자들 세계에서 이렇게 저렇게 유행처럼 번지는 숱한 세미나, 부흥회 등에 별다른 믿음이나 관심이 없는 내가 특별할 것도 없는 이 세미나와 관계하게 된 것은 작년이었다. 작년에 우연히 참석했다가 동병상련의 여러 좋은 사람들을 만났고 주최 측의 최선의 배려가 무척 특별해보였다. 이박삼일간 밖에서 낯모르는 사람들과 함께 지내야 한다는 부담감도 컸지만(바깥에서 지낼 때는 갑절, 갑절 제곱의 피곤을 느끼게 되고 극심한 변비에 시달리게 된다. 그런데도 잠은 변함없이 잘 잔다는 게 이상할 정도이다), 충주로 가는 버스 안에서는 약간의 기대와 설렘이 조용히 일고 있었다. 몇몇 사람들의 얼굴을 떠올리며 지난 일년간 그들이 모두 안녕했기를, 그랬으리라고 생각했다.

충주에서 내려서 마중 나온 후배 전도사와 간단한 점심식사를 한 후 약간의 시간을 보낼 요량으로 그의 안내를 받아 '책이 있는 글터'라는 서점에 갔다. 무심코 들어간 그곳에서 나는 어떤 '공간'에 들어서는 일의 느낌을 한껏 느꼈다. 더 많은 책들이 빨리 쏟아져 나오지만 이른바 '인문학의 위기'를 맞게 된 요즘, 그래서 기존의 숱한 인문과학서점들이 자취를 감추고 있는 요즘,

'글터'라는 서점의 곳곳에서 복합적이고 선도적인 문화공간으로서의 역할을 살려내려는 노력의 흔적이 여실히 보였다. 빼곡히 들어찼으면서도 적절한 눈높이에 사려 깊게 배치되어 훑어보는 즐거움을 최대한 제공하는 책들, 그림과 엽서들, 지하실에 구비된 작은 음악감상실(소모임방으로도 쓰인다), 자판기의 100원짜리 그윽한 커피…. 여비를 세심히 계산한 뒤 두 권의 책과 이철수 판화 엽서를 사들고 그곳을 떠날 때는 내리 주저앉아있고 싶은 심정 때문에 아쉬움마저 들었다.

들어서는 사람에게 최대한의 느낌과 행복을 만끽하게 해주는 '공간'을 만나는 일. 흔치않은 만큼 특별한 일임이 분명하다. 앞으로 충주를 떠올리면 어느새 '책이 있는 글터'가 반갑게 달려오리라. 그래서 오늘은 얼마 전에 불에 탔다가 며칠 전에 새롭게 개장한 춘천의 어떤 서점(나름의 문화공간으로 자리잡고자 노력하는)의 인터넷 게시판에 충주에서 우연히 들렀던 글터 이야기를 올려놓기도 했다.

공교롭게도 같은 방을 쓰게 된 사람은 십수 년 만에 해후하게 된 감신 학부 동기이자 진급 동기였다. 오랜 시간동안 이따금씩 바람결에 희미한 소식이 스쳤을 뿐인 동기와 비슷한 상황에서 만나 한방을 쓰게 되니, 마치 한 시간이 수년의 세월을 집어삼키기라도 하듯 금세 친근해지고 편안해졌다. 실은 옛날 학교 다닐 때도 이렇게 마주앉아 제대로 이야기를 나눠본 적이 없었는데 말이다. 이런저런 마음고생과 일들을 거쳐 이곳까지 오느라 연륜의 주름살과 고집이 곳곳에 자리잡은 그의 얼굴을 물끄러미 쳐다보고 있자니 눈앞의 그의 얼굴이 바로 내 얼굴이기도 하겠거니 싶었다. 목회 현장에서 만난 이 여자가 꽤 반가웠다.

국회에서 노무현 '탄핵'이 일어났던 직후 의분을 참지 못해 유서를 써놓고 신나를 사들고 국회의사당으로 올라가다가 잡혔던 충청도 어느 지방의 모 목사님의 얼굴을 다시 뵙는 일도 즐거웠다. 내가 일부러 약간의 장난기를 동반하여 그 일을 떠올리자 그분은 얼굴을 붉히며 "지금 생각하면 아찔한 일이었지" 하셨다. 전라도 깊숙한 산골에서 유일한 교우인 할머니 권사가 돌아가시지 않아서 교회를 떠나지 못한다던 어떤 목사님은 오히려 작년보다 반짝거리는 눈빛으로 나타났고, 아는 장로님의 아들인 어떤 후배 목사는 지방 축구 경기에 몸 바쳐 충성하다가 인대가 끊어지는 바람에 양쪽에 목발을 짚은 채 배시시 웃고 있었다. 가난한 현장과 불투명한 앞날의 틈바구니 속에서, 그래도 모두들 여전하다. 고마웠다.

목회자의 개인적 성화와 귀납법적 성서연구를 내리 강조한 강사 목사의 강연은 듣는 사람의 입장에 따라 해석과 용납의 정도를 달리할 수밖에 없는 것이었지만, 분명한 것은 무엇을 보고 듣고 느끼고 스스로에게 적용하는 일은 전적으로 내게 달린 일이라는 것이다. 지나가는 행인의 말과 행위에서도 불현듯 깨달음을 얻는 사람은 그 어떤 사람, 그 어떤 것을 통해서도 가르침과 새로움을 얻을 수 있다. 강사의 신학적 입장과 성공 지향주의, 남성 특유의 자화자찬과 야심은 내게 꽤 멀찍이 있는 것이었지만, 그의 열정적인 말씀 탐구와 개인적인 구도자 정신만큼은 여러 측면에서 자극과 도전을 주기에 충분했다.

충주로 가던 버스 안에서 슬며시 누군가의 얼굴이 떠올랐을 때 나는 소리 없이 웃음을 지었다. 별다른 인연이나 만남이 없지만 그저 간혹 얼굴과 이름을 떠올리는 일만으로도 가슴을 따뜻하고 충만하게 만드는 사람들이 있는데, 그도 그런 사람이다. 일 년 만에 내 뇌리에 다시 다가온 그이가 해후 직전의 수 시간을 한층 더 재깍거리게 만들었다. 그의 유난히 순하고 순수한 눈빛, 온화하지만 올곧은 열정에 사로잡힌 얼굴 표정, 세련되지는 않았지만 타인을 무장해제하게 만드는 묘한 내면의 힘. 그의 모든 것도 여전했고, 마주서서 일 년 만에 나눈 인사말은 마치 며칠 만에 다시 만난 이웃지간의 그것처럼 짤막하고 적절했다. 그와 나는 작년에 이어 올해에도 새벽부터 밤까지 집회와 예배시간마다 반주를 도왔는데(보잘것없는 반주 실력을 가진 내겐 적잖이 부담스럽고 성가신 일이었지만 주최 측을 돕는다는 마음으로 응했다), 빽빽한 일정보다 먼저 움직여야 했으므로 나는 극도로 피곤할 수밖에 없었다. 폐회예배와 점심식사를 마친 후 모두들 아쉬운 마음으로 헤어지는 인사를 나누던 무렵, 그와 내가 마주서게 되었을 때, 그가 주변의 여러 사람들 앞에서 정색을 띠고 이렇게 말하는 것이었다. "여러분들이 용서해 주신다면 저는 정 전도사님을 꽉 안아드리고 싶어요." 주변에 있던 사람들의 열렬한 박수와 환호를 받으며 그이와 나는 따뜻한 포옹을 나누었다. 서로 수고한다는 말도 제대로 주고받은 적이 없었고(실은 그럴 시간조차 없었다) 반주와 관련한 어떤 의견도 나눈 적이 없었지만, 나는 내내 그의 반주와 몸짓에 귀를 기울이며 무리 없이 그와 조화하기 위해 애쓰고 있었다. 예상하지 못했던 허깅을 나누는 순간, 나만치 과묵했던 그이가 보내오는 속 깊은 감사와 애정을 온전히 읽을 수 있었다.

그 순간 하루 전의 어떤 장면이 설핏 스쳐 갔다. 은퇴한 음대 교수 장로의 인도에 따라, 잘못된 박자와 가락으로 세간에 불려지는 찬송가들을 그 의미를 살려서 제대로 부르고 있었을 때, 가락과 박자에 완벽을 기하며 반주에 정신을 쏟고 있던 나는 아주 우연히 저쪽 뒤에서 카메라를 꺼내 드는 그를 흘낏 보았다. 카메라의 시선이 처음엔 앞에서 인도하는 장로 교수를 향하는 것을, 그다음엔 한참 뒤켠에서 정신과 손길이 한창 바쁘던 나를 향하던 것을. 그는 역시, 그런 사람이었다.

세미나를 마친 뒤 충주에서 원주행 버스를 타자마자 나는 정신없이 잠에 빠져들었다. 버스가 흔들리는 바람에 두어 번 눈을 떴다가 한번인가는 거울을 통해 나를 빤히 쳐다보며 웃는 기사와 눈이 마주치기도 했지만, 그가 왜 웃는지를 생각할 겨를도 없이 다시 잠속으로 떨어졌다. 사람들이 웅성대는 소리에 겨우 정신이 들어서 제대로 떠지지도 않는 눈을 부비며 짐을 챙겨 들고 맨 마지막으로 버스에서 내리려는데 기사가 손을 불쑥 내밀었다. 왜냐고 묻는 눈길로 쳐다보자 그가 한바탕 웃음을 터뜨리며 이렇게 말했다. “숙박비 내야지.” 아하, 그가 나를 희한하게 쳐다봤던 게 그거였구나. 나는 덩달아 웃음으로 숙박비를 계산했다.

피곤한 일정이었지만, 나의 자리를 다시금 돌아보고 나를 새로운 각오와 계획으로 이끌어준 귀중한 시간이었다. 피곤을 어쩌지 못해 이튿날 일정을 놓칠 수밖에 없었지만. 내년 이맘때도 나는 분명히 그곳을 향해 발걸음을 옮기고 있을 것이다. 한 해 동안도 모두들 안녕하시길.

ps. 혹시 충주에 가시는 분들은 ‘책이 있는 글터’에 들러보세요. 괜찮은 ‘공간’이랍니다.

어머니 이사와 어질한 피곤

2004.06.30

어느덧 6월의 마지막 날이다. 시간의 급물살이 선선한 가을을 당겨주기도 하련만, 오늘따라 시간의 엄중함 앞에 다시 서는 일이 등에 땀방울을 더 고여 들게 한다. 월요일에 동해에 계신 어머니가 춘천의 칠전동으로 이사를 하셨다. 동생과 주일 저녁에 내려갔다가 월요일에 어머니를 모시고 이삿짐센터, 교우 몇 사람과 함께 춘천으로 돌아오는 길은 매우 피곤하고 힘들었다. 포장이사인지라 우리의 땀 흘림을 필요로 하는 일은 많지 않았지만 신경 쓰고 체크해야 할 일들이 여러 가지였고, 수십 년 간 어머니가 끌어안고 살아온 해묵은 짐들(절반 이상이 쓰지도 않는 물건이다)을 또 끌고 오려니 인생의 황혼녘의 바스락거리는 비애 같은 것이 마음 한켠을 짓눌렀다. 이젠 쓸 수도 없이 낡고 부서진 물건들을 버리고 가자는 내 말에 어머니는 아무 말도 하지 않는 것으로 강한 거부감을 고집스레 표현하셨다. 짐을 풀고 정리하는 사람들을 두고 저녁시간에 어머니와 함께 내 집으로 와서 저녁을 먹고 샤워를 하고 이야기를 나누고 잠을 청하려니 벌써 새벽 한 시가 되고 있었다.

이튿날은 홍천에서 있었던 동부연회 동문체육대회에 가느라 이른 아침부터 분주히 몸을 움직여야 했다. 모처럼 어머니와 함께 대하는 아침 식탁이었으므로, 떠지지 않는 눈꺼풀을 억지로 치켜세우고 일어나서 잡곡과 감자를 섞어 밥을 하고 호박을 볶고 김을 썰었다. 어제는 동문체육대회에서 돌아와 어머니 집으로 가서 한 시간여 이야기를 나누다가 쏟아지는 잠기운을 한 짐 지고 집에 돌아오니 밤 열한 시다. 곧장 세수하고 잠을 청하는 대신 나는 미련한 욕심을 부리며 주방에 불을 켜고(보이차를 끓일 생각으로) 컴퓨터를 켰다(몇 가지 소식이라도 챙기려고). 손을 보지 않아서 점점 느려지는 컴퓨터가 부팅되기를 기다리면서 침대 위에 잠시 눕기로 한 내가 깊은 잠 속으로 내리구른 것은 아주 당연한 일이었다. 참을 수 없이 따끔거리는 얼굴 통증을 느끼며 잠에서 깨어보니 늦은 아침이다. 이따금씩 방과 주방에 환히 불을 켜놓고 컴퓨터를 켜둔 채로 이렇게 순식간에 잠들어버린 다음 날은 왠지 불쾌해진다. 좀 더 나를 잘 조절하지 못하고 허둥대게 만드는 내 안의 욕심스런 근성이 나를 내려다보며 비웃음을 흘리는 중이다. 근 일주일간의 수면 부족을 이렇게 해결하긴 했지만, 하루 종일 얼굴이 지끈대고 아프다. 세수를 안 하고 잠든 날은 얼굴 통증이 몇 갑절 더 지독해진다. 어쩔 수 없이 피부과를 한번 가긴 해야겠다.

하루종일 언짢은 주변 소식들까지 이리저리 들려와 내 몸과 마음을 더욱 무겁게 하길래, 점심을 먹고 나서 따가운 볕을 맞고 교대 안으로 걸어 들어가 뜨거운 커피 한 잔을 마시고 돌아왔다. 참을 수 없는 피곤함, 내어쫓을 수 없는 피곤에 지쳐버리는 날이다.

어머니와 식사하기

2004.07.16

춘천으로 오신 어머니는 일주일에 이삼일씩 내 새벽 단잠을 깨우신다. 아침잠이 많은 내겐 달콤하기 이를 데 없는 새벽 여섯 시 반에 전화를 해서 다짜고짜로 하시는 말씀이 "지금 밥 올려놨으니 세수하고 밥 먹으러 와라"이다. 잊지도, 지치지도 않으시고 매번마다 똑같은 말씀을 하시는 어머니를 보면 '요즘 내 단잠 깨우는 재미에 사시나?' 싶을 정도이다. 처음엔 '심심해서 저러시나?' 싶었는데, 이른 시간의 어머니 전화에 조금씩 익숙해지면서 그것보다 진정성 있어 보이는 이유를 알게 되었다.

어머니와 내가 한 집은 아니지만 이렇듯 가까이에서 다시 살게 된 것은 내가 고등학교를 졸업한 이후 처음이다. 미국에서 돌아왔을 때 당뇨로 쓰러지신 어머니를 간호하느라 10개월가량 함께 살았던 일을 제외하면 말이다. 즉, 우리 모녀는 아주 오랜만에 다시 인근에서 살게 되었지만, 어머니는 나의 옛 학창시절의 어머니 노릇의 일부를 그런 식으로 다시 재현하고 계신 것이다. 새벽마다 시체처럼 혼곤해 있는 나와 동생을 흔들어 깨우고 어서 밥 먹으라고 성화를 대시던 예전의 어머니 모습을 오랜 시간이 지난 뒤에 나는 다시 대하게 된 것이다.

나는 어머니의 새벽 전화에 무심한 척 하면서(실은 자다가 놀라기도 하고 약간 짜증이 날 때도 있다), 대신 점심 먹으러 가겠다고 대답한다. 새벽에 전화해서 아침 먹으러 오라는 어머니의 멘트와 점심 먹으러 가겠다는 내 대답은, 마치 틀기만 하면 입력된 똑같은 메시지가 흘러나오는 앤서링 머신처럼, 되풀이되고 있는 중이다. 어찌 보면 늙으신 어머니와 내가 요즘 한창 즐기는 '놀이'라고나 할까.

생전 부엌일과 살림살이에 잔재미를 붙여보지 못한 어머니는 이젠 살림을 거의 돌보지 않으신다. 새벽부터 내게 밥 먹으러 오라고 해놓고 덩그라니 밥만 해놓았거나, 겨우 된장찌개 하나 끓여놓는 수준이다. 그러니 나는 오이나 장아찌, 김이라도 사들고 가서 이것저것 차려보거나, 영 밥맛이 없어하시는 눈치면 우리 동네 쪽으로 모시고 와서 청국장이나 메밀국수를 사드린다. 맛있게 드시는 어머니를 뵈면 흡족한 생각이 들다가도, 바쁜 일 놔두고 어머니 집과 내 집을 오가다 보면 마음이 급해질 때도 있다. 그러나 그러한 내색을 비췄을 리가 없는 내 뒤통수에 던지는 어머니의 한 마디는 또 어찌나 정확한지. "늙은 에미가 옆으로 왔으니 니가 안 들여다볼 수도 없고 자주 들여다 보자니 바쁠 테고, 네가 좀 고생이겠다." 이크!

예전과 크게 달라진 것이 있다면 이젠 어머니와 함께 식사하는 데 꽤 긴 시간이 걸린다는 것이다. 많이 망가지고 손상을 입은 어머니의 틀니와 의치가 씹는 기능을 제대로 수행하지 못하기 때문이다. 치과에 가자고 하면 어머니는 두 손을 내저으며 질색을 하신다. 성격이 급하셔서 상대적으로 느긋한 우리 남매를 항상 들볶고 성화하시던 어머니, 밥 먹는 것까지 왜 그리 느리냐고 수없이 타박을 주시던 어머니가 이젠 한 끼 식사를 마치려면 거의 한 시간이 걸린다. 어머니를 떠나 사는 동안 나는 항시 누군가보다 밥을 늦게 먹는 사람이었는데, 아주 오랜만에 다시 어머니와 식사를 하고 보니 어머니의 식사 속도는 마치 이제 먹는 법을 배우는 아기마냥 아주 저만치로 되돌아가 있다. 그래서 나도 더 느리게 먹으려고 애쓰다가 나중엔 어머니가 드시기 편하게 반찬을 쪼개거나 더 조각내 드린다.

며칠째 쉬지 않고 내리는 장마에 잔뜩 무거워진 몸을 어젯밤 늦은 시각에 뉘었는데 오늘 새벽에도 영락없이 전화가 울렸다. 나는 심드렁한 목소리로 점심시간에 가겠다고 했다. 좀 더 자고 일어난 후 집안청소와 샤워를 끝내고 나서 나는 비가 주룩주룩 내리는 날, 어머니와 함께 먹을 간단한 점심을 만들어 가기로 했다. 감자를 쪄서 으깨고 계란 후라이와 치즈 한 조각을 얹어서 만든 식빵 샌드위치, 그리고 농협 앞의 할머니에게서 산 삶은 옥수수가 오늘의 메뉴였다. 특별히 발달된 미각을 갖지 못한 내게도 별로 맛이 없는 샌드위치를 어머니는 또 열심히, 오래도록 씹고 삼키시면서 "맛있다"고 하셨다. 그런데 문제는 옥수수였다. 따끈하게 잘 삶아진 옥수수 하나를 어머니는 근 한 시간을 씹으시는 거다. 옛날, 세 식구가 둘러앉아 순식간에 몇 개씩 먹어치웠던 옥수수를. 다 드신 어머니는 "점심 잘 먹은 답례는 해야지" 하시며 커피를 타 주신다. 어머니의 왕성한 에너지와 엄격하고 정확한 생활 방식(한 예로, 어머니는 여태까지 약속시간에 단 1분을 늦은 적이 없다. 항상 10분, 20분 전에 미리 나가 계신다. 약속시간을 지키지 않는 사람과는 당연히 같이 일을 하지 않으셨다)은 성장기의 내게 긴장과 저항감을 주곤 했는데, 시간을 훌쩍 넘어 그것들을 거의 소진한 내 어머니는 점점 더 작은 아이가 되어간다. 때로는 귀엽고 때로는 걱정스러운 아이.

어머니가 어렵지 않게 드실 수 있는 부드러운 음식들이 어떤 것인지를 생각해봐야겠다. 엊그제 슈퍼마켓 구석에서 잠시 내 눈길을 끌었던 팥죽이라면, 어머니가 좋아하실라나? 내일은 서점에 가서 어머니가 재미로 읽으실 만한 책을 몇 권 찾아봐야겠다.

개발원 식구들의 춘천 나들이

2004.08.06

지난 월-화요일엔 개발원 식구들이 춘천 나들이를 했다. 일박 일정으로 천안 디아코니아를 함께 다녀오려던 애초 계획이 무산되면서 갑작스레 행선지를 춘천으로 돌리는 바람에, 숙박할 곳과 둘러볼 곳, 음식 메뉴 등을 생각하고 정하느라 나는 며칠 내내 이 짧은 나들이 준비에 마음이 분주했다. 원장님을 비롯해서 정겨운 사람들이 함께 모여서 이곳저곳을 옮겨다니며 보냈던 시간은 충분히 즐겁고 신선했고, 의미 있었다. 동생 목사가 한나절 훌륭한 운전기사를 해주어서 매우 고마웠고, 저녁식사를 하느라 짧은 시간을 함께 보냈던 올케는 이튿날 내게 이렇게 말했다. "다들 왜 그렇게 웃겨요. 언니가 그렇게 서울에 쫓아다니는 이유를 알겠네."

함석헌 선생이 쓴 '그대 그런 사람을 가졌는가'라는 시가 있다. "먼길 떠나면서 처자를 맡길 수 있는…"으로 시작하는 그 시는 고독한 원자처럼 서로간의 사귐의 깊이를 상실하고 체념과 무관심으로 살아가는 현대인들의 깊은 곳을 융숭하게 드러내 보인다. 20대 시절에 그 시를 대했을 때, 나는 '그런 한 사람'을 꼭 만나고 싶다는, 어디엔가 그러한 사람이 있을 거라는 생각을 했다. 그러나 30대 후반을 통과하는 지금까지 살아오면서 내가 터득한 것 가운데 하나가 그러한 사람은 세상에 '없다'는 것이다. 나의 '없다'는 말은 그러한 대상들에 대한 후험적 고백이 아니다. 그러한 차원에서라면, 나의 짧고 단편적인 경험으로는 결코 '있다' '없다'를 자신 있게 말할 수 없으리라. 내가 말하는 '없다'는, '그러한 사람'이라는 대상적 범주에 마땅히 포함될 나 자신이 실은 '그러한 사람'이 아니라는 사실의 발견이자 고백인 셈이다. 나 자신이 '그러한 사람'이 결코 아닌데, 어떻게 '그러한' 대상을 제대로 만나고 포용하고 벗할 수 있으랴. 어느 때부터인가 내게 그 시는 '그러한 사람'을 만나고 가지라는 말이 아니라, 각 사람의 내면에 자리잡은 '그러한 사람'과 별로 닮지 않은 나 자신을 돌아보는 반어적 계기로 다가왔다. 반면에, '그러한 사람'을 잃어버린 대신 나는 새로운 차원의 사귐을 알게 되었다. 함석헌 선생이 말하는 완전무결하고 극진한 벗을 상상하는 일이 자칫 일상의 진흙탕에서 나뒹구는 개개인들의 외로움과 고립감을 고취할 수 있다면, 자신의 부족함과 연약함을 내보이고 긍정할 줄 아는 사람들 간의 지속적이고 의식적인 만남은 예상치 못한 깊이와 높이를 획득해갈 수 있다는 점이다. 그 만남 속에서 각 사람의 장점과 약점은 서로서로 교차하고 공유되어 누구도 예상치 못한 새로운 차원으로 이끌어간다. 오히려 이제는, 서로간의 긴장과 차이, 상충과 긍정의 용기를 통해 열리는 사귐의 과정을 말하지 않는 함석헌 선생의 저 시가 약간은 추상적이고 고독해 보인다. 서로 다른 사람들이 모여서 빚어가는 다양하고 특유한 빛깔의 상호 어울림은 어쩌면 사귐의 전부일지도 모른다. 많은 남성들이 내보이는 내적 공허함과 외로움의 상당 부분이 저러한 측면과 관계있을 수도 있을 것이다. 어느덧 개발원 사람들은 내게 상당한 깊이와 높이를 획득한 사귐의 벗들이 되었다. 동료요, 친구요, 선배요, 자매요, 동시에 동지이기도 한 사람들, '그러한 사람'이 또 있을까 싶다.

화를 내다

2004.08.13

밤 12시 5분 전, 문자가 날아왔다. "오늘 유성이 많이 떨어진대요." 윤희다. 옷을 걸쳐 입고 어둑한 바깥 계단을 걸어 내려가서 한참동안 하늘을 쳐다보았다. 유성은 보지 못했지만 별빛이 더 영롱해 보였다.

지난 주 토요일 늦은 저녁에 '춘천아트 페스티벌'에 가느라 놓쳤던 영어공부를 주일 오후에 하기로 했었다. 한낮 더위는 말할 수 없이 무겁고 찐득거렸지만 윤희와 나는 녹차와 커피 한잔으로 기분을 달래며 책상에 마주 보고 앉았다. 가만히 앉아있어도 땀방울과 불쾌지수가 온몸을 타고 흐르는 시간에 두 사람이 서로 짜증을 느끼지 않았다면, 그것이 오히려 이상했을 것이다.

무더운 날씨 탓이었는지 윤희는 수십 번이나 반복해온 관계대명사를 자꾸 놓치고 있었다. 내 속에서도 은근히 짜증이 높아 가는데, 어느새 윤희의 짜증과 우울은 저만치 앞서 달려가고 있었다. 그러던 어느 순간, 윤희는 똑같은 패턴을 또 틀렸고 나는 힘없이 그 문제를 설명해주다가 퍼뜩, 이 아이가 '의도'적으로 틀리고 있는 게 아닌가,란 생각이 들었다. 그래서 왜 그것이 답인지를 제대로 설명해보라고 조금 강도 높게 윤희를 다그쳤다. 그러자 윤희는 내 눈길을 피하면서 이미 여러 복잡한 감정들에 섞인 목소리로 "전도사님이 그게 답이라고 하니까, 답이겠죠 뭐"라고 말했고, 열등감과 빈정거림에 가까운 그 말을 듣는 순간 그렇잖아도 팽팽해지던 내 신경이 일순간 딱 끊어지고 말았다. "너만 덥고 나는 안 덥니? 시험을 네가 보지 내가 보니? 이런 식으로 할 거면 하지 말자." 주일 오후에 나는 윤희에게 짧은 화를 낸 것이다. 그리고 평소답지 않게 화를 내는 내 눈치를 자꾸 살피며 더 음울해하는 윤희를 보면서 금방 후회하고 말았다.

지금은 화를 낼 기력을 잃은 식물처럼 앉아계시지만, 내 어머니는 수십 년간 벌컥 화를 내시곤 했다. 그다지 화낼 일이 아닌 것에 그리 쉽게 화를 내는 어머니가 참 이상했고 이해할 수 없었다. '어머니는 장이 짧거나 마음이 짧은 것이 분명해. 나는 어머니와 달리 장도 길고 마음이 긴 사람이 되어야겠다'고 생각하기 시작한 것이 초등학교 5학년 때였던가. 장(臟)이나 마음을 길쭉하게 늘려서 화나 분노가 금세 밖으로 표출되지 않는, 그것들이 긴 장과 마음을 따라 돌다보면 어느새 안에서 사라져 없어져버리는, 그런 사람이 되고 싶었다. 돌이켜 보면, 바라던 사람이 되지는 못했지만, 인지상정 가운데 하나인 화를 다스리려고 제법 애썼다. 어릴 적부터 느닷없이 과하게 던져지는 어머니의 화에 대해 같은 생각을 했던지, 동생 역시 무던히 화를 참는 편이다.

불의한 체제와 제도, 권위에 맞서 분노하고 대항하는 것과 화를 내는 것은 전혀 다른 일이다. 가르침과 바로잡음 역시 화와 상응할 수 없다. 그럼에도 화가 난다면, 되도록 급하지 않게, 합리적인 언어로 내야 한다. 제 성질을 못 이겨 일순간 폭력적으로 내쏟는 화는 상대방을 누그러뜨리기는커녕 도리어 반발하게 만들고 관계의 질을 떨어뜨린다. 어릴 적 어머니의 화 앞에서 단 한 번도 그 화에 수긍한 적이 없었고 십대 성장기엔 오히려 과도하게 짧은 장과 마음을 가진 어머니를 동정하게 했던 경험을 거치면서 나는 그것을 너무도 잘 알게 되었다.

짧고 작은 소리였지만 화를 내고 보니, 금세 후회가 되고 자책감이 들었다. 아닌 체 하지만, 나 역시 짧은 장과 짧은 마음 길이를 가진 사람이라는 사실에 한참 동안 편치 않았다. 그리고 물음이 하나 생겼다. 이렇게 스스로 편하지 않은 화를 내 어머니는, 또 많은 사람들은 왜 그리 자주 내는 것일까.

윤희가 여러 번 내게 화를 냈으니 한 번 정도 화를 낸 것은 괜찮다고, 나도 화를 낼 줄 아는 사람임을 보여줄 필요가 있다고 말할 수, 없다. 화는 결코 자신에게나 타인에게나 정당할 수 없다. 윤희가 며칠 전 내 화를 어서 잊어주었으면 좋겠다.

여교역자 수련회

2004.08.27

원주에서 있었던 전국여교역자 수련회에 다녀왔다. 나로서는 여교역자 행사에 처음 참석한 셈이다. 교계 여러 행사가 겹치기도 했고 이런 저런 사정이 있어서였는지 올해는 유난히 적은 인원이 참여했다고들 했다. 몇몇 반가운 동문들 외에는 알지 못하는 어른들이 대부분이었지만, 같은 연회의 새로 허입하는 젊은 전도사 등 몇 사람도 만날 수 있었다. 이 행사에 참석하기 며칠 전부터 나는 적잖은 긴장 같은 것을 느꼈고, 수련회가 진행되는 중간 중간에도 자꾸 저만치 조용히 걸어 나가려는 나 자신을 붙잡아들이느라 버둥대곤 했다.

참 이상한 일이었다. 춘천 첫 목회지에 나온 후 여성 목회자라는 나의 정체성을 온전히 설명해주는 단체, 여교역자연합회는 항상 멀찍하면서도 복잡한 뭔가를 동반하는 그런 곳이었다. 한마디로 설명할 수 없는 이런 감정은, 예컨대 각기 현장에서 신학을 추구하는 여신학자들, 분주한 활동과 싸움 속에 살아가는 여성운동가들, 멀리서도 곧잘 소식을 듣게 되는 여동문들에게서는 잘 묻어나지 않는 낯설고 색다른 것이다. 그것은 분명한 나의 일부임에도 동시에 그것을 부정하고픈 욕구에 다가서게 하는 쉽지 않은 것이었다. 여기엔 멀리서도 타인들을 통해 듣곤 했던 여교역자들의 현실과 그 보수성도 크게 작용했을 것이다. 그런데 그것이 전부가 아니었다.

이번 행사에 참여하면서 어쩌면 내가 잘 알지 못하고 알기를 기피해 오던 그것에 좀 더 바짝 다가가게 될 것이란 예감이 며칠 전부터 자꾸 내 신경을 곤두서게 만들었다. 그리고 수련회의 엄연한 일원으로 그 자리를 지키면서 나는 내가 알기를 두려워하던 것, 그럼에도 때때로 나를 곤혹하게 하던 것이 무엇이었는지를 좀 더 내밀하게 알아챌 수 있었다. 나는 그 자리에서 어쩌면 나 또한 몇 번의 자리에서 쉽사리 판단하고 객관적인 눈으로 묘사했을 그들, 여교역자들의 현실 자체, 그 무력감과 고립감을 단숨에 읽고 말았다. 좀 더 솔직히 말하면, 그동안 내가 비판이나 동정의 대상으로 삼았을 수 있는 무력감과 고립감이 이젠 결코 나와 무관한 것이 아니라는 것까지. 그동안 나는 나이든 여교역자들에게서 보았던 거칠고 보수적이고 시기와 질투에 의한 언사와 행동에 대해 연민이 아닌 비판의 눈빛을 보냈지만, 내가 쉽게 동의할 수 없었던 그러한 언행의 뒷면에 자리잡고 있는 그들의, 일생동안 뛰어넘을 수 없었던 무력감과 고립감을 엿보게 된 것이다. 아니, 좀 더 솔직히 말하면, 나는 어머니의 일생을 통해 여교역자들의 그러한 내밀한 정서를 이미 낱낱이 알고 있었을 게다. 단지, 그것을 구태여 나의 것, 나의 자리로 받아들이지 않았을 뿐. 이번 행사에서 나는 여전히 내 눈살을 찌푸리게 하거나, 못 본 척하고 싶은 일들을 서슴지 않는 어른들의 여러 모습들을 보면서 '어머니'를 대하곤 했다. 섣불리 일체감을 긍정하기도 부정하기도 어렵지만, 내 정체의 뿌리 깊은 어떤 것을 낳았고 그것과 찐득찐득 연결되어 있는 존재, 어머니. 쉽사리 사랑하기도 어렵지만, 모른 척 하거나 등을 돌리기는 더 어려운 존재, '어머니.'

이번 기간에 내가 마주치게 된 또 하나는 나의 과거요, 내 역사의 일부인 그들에 대한 '연민의 눈'을 내가 처음으로 갖게 되었다는 것이다. 오늘날 우리가 어느 정도 남성과 크게 다르지 않은 교육의 기회를 갖게 되고 오히려 가부장적이고 권위적인 제도를 다른 각도에서 바라보는 새로운 교육을 추구하는 지점에 도달하기 시작했다면, '여교역자', 그들은 분명 당대의 남성들에 비해 아주 적은 교육과 경험을 가진 사람들이었다. 그들이 평생 지녔던 내적, 외적 박탈감과 편견은 오늘날 우리 앞에 여전히 놓여있는 그것과는 질적, 양적으로 큰 차이를 보일 수밖에 없다. 소수의 여성목회자로서 그 무력감과 고립감 속에서 살아가느라 이들은 더욱 하느님과의 관계에 몰두하고 하느님의 사랑도 경쟁과 소유의 대상으로 삼았을 것이다. 평생 열악한 목회생활에서 은퇴하신 안식관 할머니들은 걸핏하면 자기가 더 하느님의 사랑을 독차지한 사람이라고 싸운다고 한다. 교회 안에 존재하면서도 교회와, 세상과의 괴리감이 너무 커서 그들은 스스로 자신을 가로막는 거대한 돌덩어리들을 만들었을 것이다. 지금 우리는 이 거대한 돌덩어리에 조금씩 균열을 내고 좀 더 평등한 교회와 목회를 지향하려는 힘과 시간, 희망과 더불어 일상을 견뎌내지만, 무력하게 고립되어 평생 살아온 그들은 이 거대한 돌덩어리 너머를 내다볼 여력이나 시야를 갖기 어려웠을 것이다. 그러니 적은 수의 여성들끼리 더 아웅대고 헐뜯고 경쟁했을 것이다. 보수적인 시대와 삶의 조건 속에서 평생 혼자 살아온 많은 여교역자들이 서로 간에 사랑과 배려, 용기를 주고받기보다는 미움과 편가름에 익숙해있는 것은 어쩌면 당연하고 자연스러운 일이다. 배려없는 말을 주고받고 말 한마디에도 툭 삐치고 토라지는 그들의 여전한 모습이 이번에는 이상스레 내게 큰 상처를 내지는 않았다. 같은 방에서 지낸 몇몇 할머니들에게 귀를 기울이거나 커피를 타드리는 내게 처음엔 경계 어린 시선을 보내다가 점차 부드러운 것으로 바꾸는 그들을 대하면서, 어쩌면, 여기가 내 자리였음을 몰랐던 내 무지가 그간 나를 괴롭혀왔던 것은 아닌가, 생각해 보았다.

세상의 존재가 각각 차이와 동일성을 무한하게 내뿜으며 진화한다는 측면에서 볼 때, 무한한 차이와 동일성을 가진, 그 동일성마저도 깨지기 쉬운 여성목회자들을 단지 그들의 성별 기준 하나로 묶어낸다는 것이 이미 크나큰 모순일 것이다. 그러나 내가 이번 수련회에서 강렬하게 느낀 것은, 그 온갖 차이와 비전의 차이에도 불구하고 내가 선 자리는 그들 평생의 무력한 눈물과 결코 무관할 수 없다는 것, 그들의 내적 외적 고립감과 편견, 한계를 딛고 서서 나는 또 한걸음을 내딛어야 한다는 것, 그리고 내가 바라보고 희망하는 것이 결국 그들의 것이어야 한다는 것이다. 내가 쉽게 미워하거나 사랑할 수 없는 어머니들, 이름 없이 살아온 이 땅의 숱한 여교역자들이 여전히 아웅대는 자리, 그곳에서 나는 나 자신이기도 한 그들, 그들이기도 한 나 자신과 더불어 작은 연민과 동행의 가능성을 엮어가고 있었다.

지난 수요일 일기

2004.09.10

저녁식사를 한 후 모처럼 커피빈을 갈아서 커피를 끓였다. 맥심 커피와 함께 따라온, 내가 좋아하는 짙은 색상의 잔에 가득 따라서 훌훌 불어 마시는 중이다. 일주일 내내 잠 부족에 시달리면서 커피 갈증을 여러 번 느꼈지만 집에서 커피를 만들어보기는 이번 주 처음이다. 이상한 것은, 길거리나 자판기에서 급히 빼 마시는 커피로는 때때로 진하게 찾아드는 커피 갈증이 잘 해갈이 안 된다는 거다. 그렇다면 그것은 어떤 다른 것에 대한, 위장된 갈증이란 말인가?

지난 수요일에 학교 문제와 '기독교영화제' 행사 관계로 서울에 다녀왔다. '기독교영화제'의 여성영화 비평세미나는 처음 해보는 일이라 도무지 일의 진행방식, 향방을 알 수 없어서 답답했지만 '설마 신정 언니가 날 골탕 먹이랴' 하는 심정으로 머릿속을 비워버린 일. 이 일과 관련해서 미리 받아본 여성 다큐 두 편은 모두 좋은 작품이었다. 좀 더 여성주의의 세밀한 시선을 담아주었더라면, 하는 아쉬움도 있었지만 '모성' 그리고 '전쟁과 여성'의 주제를 다룬 두 작품을 보면서 여성들이 카메라를 쥔다는 것의 거대한 힘을 느낄 수 있었다. 그간 여러 번 메일로만 만났던 집행위원장 유재희 씨는 실제로 보니 생각보다 더 젊고 활기찬 여성이었다. 신정 언니는 이 일과 연루하면서 쌓인 피로 때문이었을까, 조금 지쳐 보였다. 다큐 감독 류미례 씨는 다큐 안의 차분한 목소리와 달리 젊은 아줌마 특유의 입담을 보여주었다. 또 한 발제자 박진숙 씨는 소위 '신앙 좋은' 사람의 한계 때문인지 여성주의에 대한 깊은 이해를 담지 못했던 것 같다. 신정 언니와도 공유한 이야기지만, 일단 '기독교인'으로 불리는 사람들이 더 개인주의적인 시선에 고착해버리는 현상을 볼 때마다 안타깝기 그지없다. 고민 없이 한 세상을 사는 일이야 각 개인의 자유겠지만, '기독교인'이라는 이름으로 '세계 시민'으로서의 책임과 도의마저 저버리는 태도가 이토록 팽배해 있음을 대할 때마다 적잖은 절망감과 고립감이 든다. 더구나 그러한 주류 기독교인들이 '여성주의적' 영화보기를 시도한다니, 어렵고 난감한 일이었음이 틀림없다. 이미 서로간의 '차이'를 인식했기 때문이었을까, 비평 세미나가 시작되었을 때 오히려 난 홀가분한 상태였다.

나는 지금도 말할 때마다 부담스럽고 어색하다. 어릴 적, 선생님이 출석을 부를 때마다 너무 당황한 나머지 내 번호가 지명되는 순간에 적절히 타이밍을 맞추어 "네" 소리를 놓치곤 했던 때보다야 한결 나아졌다고 하지만 사람들 앞에서 뭔가를 말하는 일은 여전히 쉽지 않다. 그래서 내가 일찍이 글쓰기에 마음을 붙였는지도 모른다. 이것은 일부분 나의 내성적인 성격에, 또 일부분 남들에게 나를 드러내는 데 몹시 큰 어려움을 겪는 탓에 기인할 것이다. 세상을 사는 일이 한편으로는 자아와 세상이라는 양쪽을 적절히 조율하며 오가는 것이라면, 내가 세상과 만나기 위해 건너야 하는 강은 결코 쉽게 좁혀들지 않는다. 말하기의 두려움을 일찍부터 귀 기울여 듣는 일로 어느 정도 보상하려고 했던지, 사람들은 내게 말할 때 매우 편안하다고 했다. 세상살이의 필수 조건인 '말하기'를 피할 도리가 없고 때로는 말하고 싶지 않아도 말해야 할 때가 있음을 알게 되면서 어쩔 수없이 나의 말하기도 조금씩 조금씩 늘어갔다. 나처럼 말하기의 두려움과 싸우며 말하기를 배워가는 사람의 한 가지 장점이라면, 생각했던 것을 모두 말하지 못하는 실수는 연발하지만 너무 과도한 장황설, 쓸데없는 수다, 흐름을 방해할 정도로 빗나가거나 횡설수설한 이야기를 할 에너지로부터는 자유롭다는 것이다. 그 때문인지 어느 때부터 사람들은 내가 말하는 것에 '명료하다', '정확하다'는 반응을 보인다. 그러나 내가 말할 때마다 저 밑바닥에서 숭글거리며 나를 놓아주지 않는 거센 저항의 기운과 힘겹게 싸우고 있다는 것은 잘 눈치 채지 못할 것이다. 그런데 그렇게 말하고 있노라면 다행히도, 고맙게도, 사람들이 내 말에 유심히 귀를 기울이고 있음을 알게 된다. 그러한 감응을 감지하는 순간 나는 다시 또 말을 이어갈 힘을 얻는다.

그날 저녁 시간 생면부지의 사람들과의 비평 모임도 그러했다. 내 앞에 앉아있던 낯선 사람들, 도저히 어떤 생각을 하는지 알 수 없었던 사람들 앞에서 이야기를 하는 동안 그들이 내 이야기에 귀를 기울이고 있음을 감지할 수 있었다. 발제, 진행자인 신정 언니의 질문에 대한 응답, 참석자들의 질문 등으로 모임이 그럭저럭 잘 끝났을 때 몇몇 젊은 여성들이 내게 다가와 "교회에서 전혀 들어보지 못한 얘기다", "관련된 책들을 소개해 달라", "졸다가 확 깼다"고 소감을 말했다. 그들과 이야기를 나눌 시간이 없었으므로 이메일 주소만 챙겨들고 행사장을 빠져나왔다. 앞으로 이 영화제의 한구석에서 '기독교와 페미니즘'의 고민이 점차 깊어지고 숙성될 수 있기를 진심으로 바란다. 그리고 이 공간이 기성 교회 틀에 안착해서 신앙과 세상에 대한 상상력을 질식당한 사람들에게 세상을 보는 새로운 눈과 감성을 제공할 수 있는, 가능성과 씨름하는 계기가 되기를 바란다.

아, 그런 자리에 나를 불러준 신정 언니에게 고맙다는 말을 해야겠다.

머리를 자른 뒤 우울함

2004.10.02

10월 첫날이었던 어제는 하루종일 이리저리 바쁘게 돌아다닌 하루였다. 아침엔 집안청소를 하고 정기검진 받으러 어머니를 병원에 모시고 갔다가 마켓에 들러 장을 보고, 저녁 무렵엔 동생이 와서 화장실을 고쳐주었고, 어머니와 함께 동네 미용실에 갔다 와서 함께 저녁을 먹었다.

썩 마음에 들진 않지만 싸다는 이유로, 그리고 시간이 지나면 그 머리가 그 머리라는 내 무심함으로 단골이 된 동네 미용실에 오랜만에 들렀더니 아줌마는 그간 일어났던 이 얘기, 저 얘기를 또 단숨에 마구 쏟아냈다. 너무 많은 이야기들을 한꺼번에 하는 바람에 도저히 이야기의 갈피가 없을 정도다. 게다가 함께 들어간 내 어머니에 대한 과장된 품평까지. 어머니가 먼저 머리를 자르기 시작할 때부터 불안해지기 시작했다. 이미 내가 경험한 바지만, 이 아줌마는 머리를 자르는 동안 수다가 앞서는 바람에 종종 머리모양을 망치기 때문이다.

내 머리를 자르기 시작할 때부터 아줌마의 수다는 더욱 심해졌다. 자식처럼 끼고 사는 강아지가 감기를 앓아서 너무 고생했다는 둥, 옆집으로 이사 온 빵집 아저씨가 자기 집 쪽으로만 냄새를 피워서 대판 싸웠다는 둥, 추석 전날 동네에 변태가 나타났는데 자기가 직접 봤다는 둥, 동네가 점점 살벌하고 무식하게 변해서 살기가 어렵다는 둥…. 끝도 없는 이야기, 이야기. 아니나 다를까, 처음에 "지금 상태의 바가지 머리대로 깨끗하게 잘라 달라"고 했던 내 주문을 잊어버린 것일까, 아줌마는 머리를 계속 잘라댔다. "아줌마, 머리가 너무 짧아진 것 같아요" 했더니 "아이구, 내가 깜빡 하고 그만 상고커트를 했네" 한다. 그러고도 다듬어야 한다고 또 한참 가위질을 한다. 입에선 쉴 새없이 수다가 계속 나오고. 아줌마의 수다는 한번 틀어놓은 수도꼭지에서 쉴새 없이 물이 쏟아지는 것과 똑같다. 겉으로 티는 안내려고 했지만 이미 내 얼굴은 굳어 있었고, 주절주절 이야기를 겨우 쓸어들이던 아줌마는 미안해서였는지 천원을 깎아주었다. 그러나 천 원을 받아들 때 기분은 더 망가져버렸다. 이번엔 해도 해도 너무했다. 난 저 아줌마가 정말 싫어졌다. 돌아오는데 미용실 골목까지도 정이 확 떨어져버렸다.

어머니와 밥상을 대하는 내내 기분이 안 풀렸다. "엄마, 내 머리 너무 짧지 않아? 머리를 이 모양으로 만들다니. 아, 당분간 아무데도 안 갈 거야. 미용실 아줌마 제 정신이 아닌가봐. 저러니 손님이 없지. 나 너무 우울해." 성이 들어간 내 말에 어머니는 딱 세 마디 하신다. "남의 머리 깎는 사람이 너무 말이 많더라. 머리야 또 기르면 되지. 마음을 너그럽게 가져라" 말씀이야 맞지만.

화창한 햇살이 비쳐드는 토요일. 내 기분은 여전히 언짢은 상태이다. 아무리 들여다봐도 머리가 너무 짧다. 머리 깎고 절로 들어간 셈치고 공부에나 전념해야 할 모양인가. 이 우울함, 며칠 갈 것 같다.

가을이 깊어가는 소리, 그 아름다운 아침에

2004.10.07

길고 지루했던 여름이 지나가고 가을이 왔나 싶더니, 이젠 하루하루가 가을의 절정이다. 가을이 너무 깊어가는 바람에 현기증이 일어날 정도이다. 월요일엔 동생 부부, 이웃 교회 전도사와 문배마을을 올랐다. 오랜만에, 또 동생네와는 처음으로 가는 길이 무척 상쾌했고, 산턱 곳곳에 찬란한 가을햇살 받고 천연색으로 물들어가는 나뭇잎들과 눈을 마주치는 일은 즐겁고도 시렸다. 가을이 거리낄 것 없는 제걸음으로 지나가는 것, 조금도 기다려줄 기미 없이 하루하루가 다르게 흘러가는 것이 한편으로는 아쉽다.

어제 오후 시립도서관 앞뜰에도 서서히 단풍이 수놓이고 있었다. 노랗게 빨갛게 물들어가는 잎들을 바라보다가 평일 낮시간의 고요함 속에서 아무렇게나 앉아 책을 읽다가 돌아왔다. 이따금씩 우리네 삶과 세상을 누구보다 깊고 철저한 눈으로 읽어내리는 좋은 책들을 만나면 전율, 소름이 느껴진다. 책 속의 이여자들도 깊어가는 가을을 즐겁게 아쉬워하고 있을까.

시험 기간이라 수요기도회에 아무도 오지 않을 거라 여기고 조금 일찍 교회에 당도했다. 혼자라도 할 일은 많다. 이것저것 정리하고, 찬양하고, 성경 읽고, 기도하는 일이 혼자 있을 때는 더 길어지기도 한다. 그런데 문 두드리는 소리가 나서 나가보니 뜻밖에도 윤희가 서 있다. 고3이 된 후에 거의 수요기도회에 나오지 못했던 아이인데 말이다. 아마 내일까지 중간고사라고 했던 것 같은데. 학교에서 일찍 보내줬는데 교회 가고 싶은 마음이 들었단다. 지난 토요일과 주일에도 윤희와 나는 많은 이야기를 나누었다. 수능을 한 달 남겨두고 고민이 이루 말할 수 없이 많은 윤희. 나는 자기 앞에 주어진 시간 앞에서 최선을 다할 뿐더러 넘치는 고민 속에서 살아가는 윤희를 대할 때, 거의 내 멋대로, 최소한의 노력을 하는 것으로 자족해버린 내 고3 시절을 떠올리면서 일말의 미안한 마음이 들 때가 있다. 가끔 이 아이가 "전도사님의 고3 시절은 어땠어요?"라고 물을 때마다 실은 할 말이 없다. 죄스럽고 미안해서이다. 요즘은 기도시간이 되면 이 아이들을 위한 기도가 가장 먼저 떠오르고 나도 모르게 간절해진다. 수요기도회를 끝낸 후 나는 윤희를 집까지 바래다주었다. 골목 상가들을 구경하고 교회에 놓을 조금 큰 쓰레기통을 하나 사고 아이스크림도 빨면서 천천히 걷다보니, 깊어진 가을 밤 운치가 제법 멋있다.

어젯밤 선배 언니는 전화를 하면서 자기네 집 뜰에 흐드러지게 떨어지는 은행을 주우러 오라고 했다. "새로 이사한 집 2층이 전부 네 거야"라고 해서 한참을 웃었다. 가을이 물들어가는 소리, 아침에 깨어보면 한 치 더 깊어진 그 소리가 가슴을 뭉클하게 만드는, 또 하나의 가을 아침이다.

무서운 까마귀들

2004.10.12

며칠간 감기몸살로 아팠다. 지난 금요일에 머리가 무겁고 오슬오슬 춥고 쉴 새 없이 콧물이 흐르기 시작했다. 약방에서 내주는 종합감기약 하루치는 아무런 효용도 없었고, 걸핏하면 힘이 없는 몸을 눕히고만 싶었다. 토요일엔 원주에서 가까운 후배의 결혼식이 있었는데, 결국 나는 인편에 축의금만 보내고 참석하지 못했다. 청첩장을 두 번이나 보내고 전화까지 주었는데 말이다. 동기들이 인생의 필수 관문이라 여기고 한창 결혼 사업에 몰두하던 시절엔 거의 다녀 본 적이 없는 결혼식인데, 학교 오래 다닌 죄로 후배들 결혼식을 몇 번씩 다니게 된 내 인생의 '시간'도 참 희한하다. 주일을 치르고 나니 몸은 더욱 기진맥진해졌고 줄줄 흐르는 콧물을 연신 닦다보니 콧잔등이 따끔거리고 아파오더니 아예 곪는 중이었다.

어제 아침엔 어머니가 공과금 처리하러 우체국에 가야겠다고 하셔서, 밥 한 숟가락을 뜨는 둥 마는 둥하고 외출을 했다. 햇살은 이리도 따스한데 내 머릿속은 왱왱거리고 핑핑 돌았다. 어머니와 막국수를 사먹고 집으로 돌아오는 길에 마켓에 들러 반찬거리와 먹을 것을 좀 사야겠다는 생각이 들었지만, 그저 눕고 싶은 마음에 그냥 돌아왔다. 한잠을 잤을까, 전화가 울리는데 홍천에 사는 후배 부부다. 지난 토요일에 감기로 못 왔다는 소리를 듣고 안부 전화를 한 모양이다. 그러더니 내 힘없는 목소리를 듣더니 춘천으로 오겠다고 했다. 손님이 온다니 집구석을 좀 치워야지 생각하면서도 몸을 일으킬 용기를 못 내고 마냥 누워있었다.

후배 부부는 생각지도 못한 많은 것들을 양 손 가득 들고 왔다. 쌀자루, 배추김치, 열무김치, 고구마, 야채거리, 영양제 한 통, 떡, 꿀…. 교회에 쌀 떨어진 지 한 달이 넘었고 지금은 누가 보내준 국수를 끓여먹는 중이고, 나 또한 쌀이 거의 바닥난 상태라 추수 무렵이니 마음씨 좋은 누가 주기만을 기다리고 있었다. 김치를 담그지 않으니 이런 싱싱한 김치도 얻어먹지 않으면 구경할 수가 없다. 방 한가득히 들어온 먹을 것들을 보자니 이들이 하늘에서 보내주신 까마귀들이구나, 싶었다. 차를 마시면서 이런저런 이야기를 나눈 후 동네 분식집에서 양푼비빔밥을 한껏 먹고 나서, 부부는 빈 김치통을 들고 돌아갔다. 이번 주일엔 오랜만에 아이들과 따뜻한 밥을 지어먹어야겠다.

집에 돌아온 지 5분도 안되었을 때, 또 옆 지방 후배 부부가 곧 들르겠다고 전화를 했다. 이상하게도 아픈 날이면 전화와 손이 더 많다. 부부는 얼마 전 집에서 가져온 거라면서 꽤 묵직한 양의 고구마를 들고 왔다. 한동안 내 집 손님들은 고구마 간식을 즐길 수 있을 게다. 올해 말에 부목사로 옮겨가고 싶어하는 이 부부는 요즘 교회도 수리하고, 이런 저런 세미나에 다니는 둥 바쁜 시간을 보내고 있다. 내가 할 수 있는 거라곤 오로지 차 봉양뿐인데, 따뜻한 차를 가운데 두고 이야기는 시간가는 줄 모르고 이어진다. 그들이 이젠 집에 가야겠다고 일어선 시각은 밤 열한 시 사십 분! 까마귀들이 모두 돌아간 후 그릇을 씻다보니 온몸을 달구던 감기 증상이 어느새 한결 가라앉아버렸다. 아픈 사람 앉혀 두고 진드기처럼 눌러 붙어있던 까마귀들에게 감기도 두 손을 든 것일까.

들어온 쌀과 김치, 호박볶음으로 맛난 점심을 먹고 나니 이젠 시간을 다투어 해야 할 일들만 남아 있다. 창밖의 햇살은 저리도 화창한데 말이다. 가을이 점점 깊어간다.

갑작스런 갈림길

2004.11.13

어젯밤 아홉 시에 용기를 내어 교대 교정을 30분가량 걸었다. 아무도 없는 깜깜한 교정을 띄엄띄엄 가로등이 지키고 있었고 유난히 추운 겨울바람이 쌩쌩 불었다. 너무 추워서 몇 바퀴를 걸어도 몸은 따스해지지 않았지만 마치 차가운 얼음물에 얼굴을 푸욱 담근 것 같은 차가운 청량감을 느낄 수 있었다. 장단지가 어는 듯하긴 했지만.

오늘 밤 아홉 시엔 두터운 겨울 바지와 장갑, 모자로 무장을 한 채 50분가량 걸었다. 오히려 어젯밤의 바람이 오늘은 그닥지 않아서 별로 춥지 않았다. 이웃 교회 후배 목사와 동행을 하면서 많은 이야기도 나눴다. 교대 안을 환한 물감빛으로 물들였던 가을 잎새들은 하나도 남지 않고 자취를 감추었다. 뒤편의 상록수들만이 가냘픈 녹빛을 보존하고 있을 뿐. 여름밤 늦게까지 운동장을 뛰고 걷던 그 많은 사람들도 이젠 완전히 사라져버렸다. 추위 때문인지 훨씬 더 어둡게 느껴지는 교대 교정은 어느 때보다 고요하고 적막하다. 그리고 나는 이러한 적막감과 고요함을 좋아해서 그 속으로 자꾸 걸어 들어간다.

그런데 집으로 돌아온 지금 채희동 선배 목사의 갑작스런 죽음 소식을 읽고는 멍한 상태에 빠졌다. 며칠 전까지도 지나가는 길에 웃는 낯으로 떠들고 웃었던 사람이었는데, 이렇게 한순간에 생과 사의 가름을 달리하다니. 며칠 전에는 감리교 게시판에 84학번 이재범 목사의 부음이 올라와서 착하고 성실하게 보였던 그의 얼굴을 떠올리며 아쉬워했었는데. 뜨거운 태양볕 아래 자신을 불태우던 잎새들이 순간 떨어지듯이, 좋은 선배들이 갑자기 세상을 떠나버리고 있다. 아직은 젊고, 아직은 할 일이 많다고 생각했던 사람들이.

떠난 사람들의 자리가 한동안 시리고 슬플 것이다. 그리고 그의 어린 유족들(채 목사와 사모는 12살 차이 띠동갑이다)은 또 어떠랴. 생명과 환경문제에 누구보다 지대한 관심과 사랑을 지녔던, 만년 소년 같은 순하디 순한 사람을 대형 유조차가 들이쳐 뭉개버렸다니, 어쩌면 그는 마지막 순간까지 자신의 길을 간 것인가? 이 생과 사의 가름 앞에 아무런 할 말이 없다. 나는 이러한 죽음을 놓고 하느님이 불러갔다는, 이해할 수 없고 무책임한 말 따위는 바치지 않으련다. 그러나 생명 자체이며 가장 작은 자들의 호흡까지 들으시는 주님께서 이 비극적이고 슬픈 사고와 죽음, 고통을 우리와 함께 기억하고 끌어안아주시길 기도할 뿐이다.

슬픔과 아득함이 감도는 밤이다.

냉천골의 겨울바람을 맞으며

2004.11.15

지금 여기는 학교 연구실이다. 아침나절에 서울에 올라와서 선배와 저녁식사를 마친 후 학교에 들렀다. 이젠 학교에 아는 얼굴이 없을 법 한대도 몇 십 미터 안 되는 교문 올라오는 길이 오래 걸린다. 작은 땅덩어리에 규모 없는 건물들만 가득 들어서버린, 정도 향취도 느껴지지 않는 학교. 예전엔 웰치예배당, 그 전의 대학원 오르는 길, 혹은 그 전의 아레오바고 광장 자체가 동문들의 가슴 속을 이어주는 고향의 우물가였다면, 지금은 그 나마의 이음새를 어디서, 어떻게 찾을 수 있을까, 아쉬운 마음이 든다.

조금 전에 채희동 선배의 장례예배에 다녀온 친구의 전화를 받았다. 채 선배가 사고를 당한 지점이 마을 어귀의 높은 곳이었다는데, 만약 그놈의 대형 유조차가 채 선배를 들이박지 않고 둑 아래로 굴러떨어졌더라면 다섯 채 시골집들이 큰 피해를 입었을 것이라는 이야기를 했다. 역시 선배는 생전의 자기다운 희생과 솔선, 겸허함을 마지막까지 지닌 채로 세상을 떠나간 것일까. 사모가 그 교회의 새로운 부임자가 되어 자신들이 일구어 오던 꿈을 위해 노력하겠다고 했다는데, 선배의 가난하고 복된 삶을 잘 아시는 하느님은 분명 그 가족을 외롭게 두지 않을 것이다.

슬슬 피곤과 추위가 느껴지는 시간이다. 옆에 있는 선배는 학기말고사 시험문제를 만들고 있고, 나는 한 시간만 책을 읽을 생각이다. 찬바람이 그득한 냉천골에 서니, 그야말로 한 해의 끝자락에 선 기분이 든다. 내 살아있음 안에 깃들며 새로운 평화와 반역을 꿈꾸게 하는 죽어간 모든 것을 기억하며.

긴 하루

2004.11.21

분주히 움직인 긴 하루가 이제 겨우 저물어간다. 사흘을 서울에서 지낸 탓인지 한 주간이 더욱 다사다난했던 것 같다. 느닷없이 차가운 시베리아의 공기를 쐬면서 인생을 다시 들여다본 듯도 하고.

아침나절에 택배회사의 연락을 받고 교회로 달려갔다. 본부 교육국에서 낸 대강절 묵상집을 신청했더니 오늘 도착한 것이다. 겉장을 성탄절 카드로 사용할 수 있게 만들어진 이 예쁜 책자를 교회 아이들과 부모님들, 몇몇 이웃들과 나누려고 조금 넉넉한 부수로 신청을 했었다.

김칫국을 끓여서 찬밥에 대충 점심식사를 마친 후 일주일에 한 번씩 하는 집안청소를 시작했다. 고백할 것이 있는데, 나는 매일 하지도 않는 집안청소 때문에 청소하기 전날부터 가볍지 않은 우울증을 앓는다. 물론 치우고 정리하고 닦는 일에 썩 부지런하지 않은 내 성격도 한몫 거들었을 테지만, 오랫동안 나는 청소와 관련한 내 우울한 감정의 실체에 대해 정확히 이해할 수 없었다. 그러다가 춘천에서 크고 작은 산들을 오르면서 나는 그 감정에 한층 더 다가갈 수 있었다. 산을 오르면서 매번 나는 보잘 것 없고 약해빠진 내 체력 상태와 모질게 만나고 대면했다. 즉 내 우울감은 청소라는 일의 중량에 대한 스트레스와 크게 관련된 것이었다. 허리와 무릎을 굽혀 쓸고 닦고 정리하고… 허리와 무릎의 만성통증을 가진 내게 청소는 결코 작은 일이 아닌 것이다. 이렇게 말하면 '그렇다면 하루에도 몇 번씩 쓸고 닦는 사람들은 뭐란 말이냐'라고 말할 사람이 있을지 모르지만, 그러한 사람들을 생각한다고 해서 내가 느끼는 이 우울증이 무화될 리는 없을 것이다. 일상화된 노동, 모든 여성들이 쉴 새 없이 하는 노동인 청소가 이런 우울감을 동반한 것일 수도 있다는 사실을 모른 척 하거나 인정하지 않는 자세가 잘못된 것이지, 별 것 아닌(?) 노동에 우울감을 느끼는 사람을 탓할 수는 없을 테니까. 물론 어렵사리 청소를 마치고 나면 당분간 우울감도 가신다.

청소를 끝낸 후 한층 가벼워진 마음으로 주보를 만들고 설교의 윤곽을 대략 만들었다. 내일은 추수감사절이므로 각자 감사기도문을 준비해 와서 예배시간에 읽기로 했다. "무화과나무에 과일이 없고 포도나무에 열매가 없을지라도… 나는 주 안에서 즐거워하련다. 나를 구원하신 하느님 앞에서 기뻐하련다"는 하박국 선지자의 고백은 묵상할 때마다 눈물을 솟게 하고 가슴을 뻐근하게 만든다.

내일 공동식사에 쓸 쌀, 국거리, 몇 가지 물건을 챙겨들고 교회로 갔다. 추수감사절 글씨를 찾아서 붙이고 무, 사과, 배추를 제단 앞에 소박하게 늘어놓았다. 제단보도 흰 색으로 바꿔놓았다.

집에 돌아오니 조금 늦은 저녁시간인데 밥통이 비어 있다. 평소 토요일 저녁은 공부하러 오는 윤희, 윤미와 함께 식사를 하므로 반찬 한 가지라도 만들곤 했는데, 수능이 끝나고 오늘은 공부를 쉬는 바람에 쌀을 담가놓는 것도 잊어버린 것이다. 윤희와 윤미는 강원대 수시지원 일차에 모두 합격해서 12월에 인터뷰를 남겨둔 상태이다. 영문과에 지원한 윤희는 그간 모의고사에서 한 번도 도달하지 못한 영어점수를 받아서 몹시 상기해 있다.

모처럼 두 주째 얼굴도 보지 못한 동생네에 전화해서 밥 한 끼 얻어먹자고 했더니, 동생부부는 속회모임 때문에 아직 바깥에 있다. 그러면서도 국수라도 끓여줄 테니 한 시간만 있다가 꼭 오란다. 동생네는 내게 언제나 이런 곳이다. 결국 내가 동생네서 어렵사리 얻어먹은 것은 라면이었지만, 간만에 풀어보는 이야기보따리와 싱싱한 김치 맛은 일품이었다. 이번 주간에 동생은 교회의 기름보일러를 연탄보일러로 바꾸는 공사를 했다. 근 백 만원이라는 큰돈이 들어갔지만 치솟는 기름값에도 끄덕하지 않고 겨울을 날 수 있게 되었다. 교회에서 기도하다가 주무시는 할머니들도 아낌없이 온기를 쬘 수 있게 되었으니 여러 모로 잘한 일이었다. 그리고 내일 오후엔 교회 김장을 하는 날이라 정신없이 바쁠 것이라고 했다. 순번을 정해서 하는 교회청소 당번이 이번 주일이 하필 동생부부라 두 사람은 청소해야 한다며 또 부리나케 교회로 내려갔다. 청소를 마친 부부는 그제서야 내일 예배를 위한 준비에 들어갔을 테니 아마 오늘은 날밤을 새야 하지 않을까.

내일 밤에는 또 하루의 모든 일을 마친 가벼운 마음으로, 어머니를 뵈러가야겠다. 어머니 뵌 지도 열흘이 되어간다. 지척에 살면서도.

소양강변 자전거도로, 거기서 떠오른 기분 좋은 생각

2004.11.22

어제 오후에 이웃한 석사교회에서 담임목사 이·취임예배가 있었다. 인근 각처에서 온 손님들과 교인들이 모여 두 시간에 걸친 긴 예배를 드리고 정갈하게 차려진 저녁까지 먹고 집으로 돌아오는데 이웃 교회 목사 부부가 집에 데려다주겠다고 했다. 석사교회에서 내 집은 바로 코 닿을 거리인데, 웬? 괜찮다고 사양하다가 문득 짚이는 데가 있었다. 작년 추수감사절 오후에도 이 부부는 자기네 교우들과 지내고 남은 떡, 과일을 싸들고 찾아왔었다. 올해도 잊지 않고 들고 온 박스 안엔 고구마와 버섯 봉지까지 들어 있었다. 그들은 보이차를 마시면서 한참동안 이야기를 나눈 후 돌아갔다.

오늘은 간만에 어머니, 동생 내외와 함께 점심을 먹었다. 어제 오후에 팔미교회에서 담근 김장김치 한 통을 들고 온 동생과 어머니에게 어제 들어온 떡과 과일을 나누어 드렸다. 점심을 먹은 후 학교에서 돌아온 세 조카들까지 합세해서 공지천 자전거도로로 산책을 나갔다. 시립도서관을 오가느라 자주 지나치면서도 소양강 하류를 끼고 소박하게 나 있는 2km 가량의 자전거도로를 한 번도 들르거나 걸어본 적은 없었다. 그리 춥지 않은 날 오후에 조카들은 자전거를 타고, 동생은 자전거도로 너머 소양2교까지 달리고, 나와 올케, 막내 조카는 천천히 걸었다. 여름과 가을엔 운동 나온 사람들로 북적거린다는데 제법 차가운 날씨여서인지 두어 사람이 오갔을 뿐 한적하고 고요했다.

호수 위엔 수수한 저녁 햇살이 아직 남아 있었고, 나는 강바람에 마음을 맡긴 채 가볍게 걸어다녔다. 춘천의 곳곳엔 이렇게 소박한 기쁨과 여유를 즐길 수 있는 곳이 많이 있다. 얼마 전에 미국에 계신 권희순 목사님께 내년 1월 지방사경회 강사로 오실 수 있느냐고 메일을 보냈더니 기쁘게도 오겠다는 답장을 주셨다. 어제는 자세한 일정과 날짜를 알려드릴 겸 메일을 쓰면서 미리 오셔서 춘천의 강바람 쐬면서 저와 데이트하자고 청했더니, 오늘 그러자는 답장이 왔다. 내년 1월 하순경 이 곳은 많이 추울까. 강은 두텁게 얼어 있거나 흰 눈으로 덮여 있겠지. 그렇더라도 장갑과 목도리를 두르고 찾아온다면 마음만은 편하고 고요하게 걸을 수는 있을 게다.

아참, 인근의 몇몇 목회자들끼리 아침모임을 한 번 만들어보자는 이야기를 동생과 잠깐 나눴다. 춘천의 각지에도 이런 저런 꼴로 뭔가를 만들고 몰두하는 좋은 목회자들이 있는데, 이들의 하나같은 양상은 자기만의 방에서 거의 나오지 않는다는 거다. 그런데 몇 달 동안 교육국 교재 집필 모임 일로 목요일마다 서울을 다녔던 동생은 목요일 아침마다 교육국 사무실에서 열리는 한 성경공부 모임(중진급 괜찮은 목사들이 모인다는)에 합류할 것을 제안받았다고 했다. 그러나 춘천에서 서울의 아침 시간 모임에 합류하기란, 죽고 사는 일이 아니라면 어디 가당한 일인가. 이참에 춘천에서 아침 모임을 만들어보자는 것은 나의 제안이었다. 어떤 형식으로든 작은 모임의 필요성을 느끼긴 했지만, 이방인일 뿐만 아니라(춘천은 이곳 출신의 목회자들이 득시글대는 동네이다) 아직 나이가 적고 여성으로서 느끼는 한계(다른 것이 아니라, 비혼여성으로서 '유부남'들과 어울리는 일은 상당한 부담감과 지혜를 필요로 하므로) 때문에 접어버리곤 했었는데 오늘 문득, 같은 이방인인 동생과 의기투합하게 된 것이다. 하! 이방인들끼리도 뭉치면 새로운 생각을 할 수 있다! 일단 동생이 몇 목사들의 의사를 묻고 일을 진전해보기로 했다. 변방을 사랑하는 사람들끼리의 조촐한 작은 모임이라니, 어쨌든 기분 좋은 일이 아닌가.

이제 커피 한 잔으로 정신을 달래고 어서 진급논문을 써야겠다. 목요일엔 훌훌 벗고 개발원 수련회를 다녀와야 하니까.

개발원 수련회와 첫 눈

2004.11.27

새벽녘까지 진급논문 설교를 쓰다가 서너 시간 잠을 잔 후 단양으로 향했던 목요일 아침, 도시 전체에 짙은 안개가 두텁게 내려앉아 흐릿한 기운을 뿌리고 있었지만 기분은 차고 쾌청했다. 가는 길에 홍천 톨게이트 부근에서 주연 언니를 태우고서 이런 저런 이야기를 풀다보니 어느덧 단양이었다. 개발원 수련회에 모여든 사람들은 안목사와 이솔이까지, 열 명이었다(두 부녀는 다음 날 이른 아침에 서울로 떠났지만). 아무리 단출할 지라도 개발원 식구들의 모임은 나날이 그 열기와 영적 아우라를 더해 가는 중이다. 서로간의 정과 나눔의 깊이도 그윽해지지만, 개발원의 그것처럼 상호 어울림으로 만들어낸 소통과 넉넉함으로 개개인을 자유롭게, 성숙하게 하는 모임이 세상엔 그리 많지 않을 것이다. 물론, 개발원이 안고 있는 숙제와 고민 역시 만만치 않지만서도. 내가 30대에 만난 이들은 때로 가장 든든한 친구, 또 때로는 편안한 가족처럼 느껴진다.

도도한 강줄기를 따라 돌고 돌아 찾아간 금수산 등산(산책이었나?)에서 우리는 한바탕 웃음과 편안한 고요함 사이로 마음대로 오갈 수 있었다. 낯선 우리 일행을 고즈넉하게 받아준 산길은 어쩌면 그렇게도 우리 무리를 위해 지어진 듯 했을까. 각자의 걸음걸이로 천천히 올라간 길 한가운데서 우리는 신아가 준비해온 잔치떡과 식혜를 먹고, 색깔 맞추기 놀이를 즐겼다. 장다리 식당의 마늘정식은 모든 사람들의 식욕과 기분을 한껏 위무해 준 더할 나위 없이 좋은 저녁식사였다. 이리 저리 길을 헤매느라 낯선 길과 풍경을 계속 만나면서도, 마치 그 모든 것이 우리에게 안성맞춤으로 베풀어진 향연의 일부인 양 우리는 마냥 들뜨고 행복했을 뿐이다. 숙소에서 밤늦도록 이어진 토론과 향후 고민 나눔, 일량이가 준비해 온 미술치료 시간, 가야 할 길이 아직 멀고 어두운데도 우리는 왜 이리 넘치게 행복한 것일까.

원장님이 달고 온 고상한 앤틱 풍의 귀걸이가 독특해보여서 멋지다고 말했더니 선뜻 빼주셨다. 이런, 이런, 이럴 참이 아니었는데… 신아는 교회 도서관에 놓을 책을 한 가방 싸왔다. 주연 언니는 단양 가는 길에 자동차 기름을 넣어주어서 미안하고 고마웠다. 강을 낀 산세와 주변 절경을 한 눈에 내다볼 수 있는 이렇게 아름다운 곳에서 하룻밤을 묵을 수 있었던 것은 선미 언니의 콘도 회원권 덕택이기도 했다. 실로 오랜만에 은결이 들쳐 업고 먼 길 달려온 소영이, 피곤에 겨워 이른 잠에 빠졌던 희수… 모일 때면 갑절로 풍성해지고 흩어져서는 서로를 비쳐주는 등불이 될 수 있기를 진심으로 기도했다.

미완 논문을 마저 쓸 작정으로 열 한 시에 먼저 단양을 빠져나왔는데, 고속도로를 들어서자마자 굵직하고 희뿌연 물방울이 세차게 차 유리에 부딪쳤다. 아, 눈이다, 눈. 첫눈이었다. 스노우타이어도 달지 않았고, 마음 한편에는 낯선 길 위의 긴장감과 진급논문 제출에 대한 부담감이 무게를 더해가고 있었는데도, 제법 푸짐하고 거세게 내리는 눈발은 또 한편 신선한 설렘과 즐거움을 만끽하게 했다. 아아, 흰 눈이 세상을 하얗게 뒤덮은 뒤엔 뭔가 좋은 일이 기다리고 있을 것만 같은 이 유아적 기분이라니. 꽤 속도를 내서 홍천까지 당고 보니 눈은 완전히 그쳐 있었다.

정겹고 뿌듯하고 피곤하고 생각이 많았던 수련회. 새로이 한 걸음 내딛기가 쉽지는 않겠지만 이미 우리 안에서 우리 모두를 하나 되게 하는 힘을 믿고 서로를 축복하는 수밖에…. '수유&너머' 공간에서 배운 한 줌의 지혜와 용기를 각 사람이 마치 전체가 지닌 온전함과 창조성으로 자기 자신을 만들어가는 수밖에…. 그러다 보면 우리 모두의 다양하고 찬연한 비전이 무지개처럼 펼쳐지지 않을까. 어느 한 가지 색이 아닌, 그렇지만 어느 한 색도 퇴색됨 없는.

'축복쌀'과 멋진 성탄트리

2004.12.10

하루가 참 바쁘게 지나갔다. 추운 날씨에 호호거리며 집에 돌아온 후 도리어 허탈해질 정도로.

내심 기다리고 원하던 성탄 선물을 받게 되었다. 쌀이 바닥이 난 지 꽤 지났지만 나는 홍천 후배네서, 동생네서 조금씩 얻어온 것으로 끙끙 버티던 중이었다. 추위가 닥치기 전에 어디선가 쌀을 보내줄 것이라고 내심 믿고 기다리면서. 마침내 어제 이웃교회의 송년잔치에 오라고 해서 갔더니, 동네 독거노인들 백 수십 명을 모셔다가 뜨끈한 배춧국으로 점심 대접한 후 40kg 쌀 포대를 들려 보내는 거다. 이름하여 '축복쌀.' 물론 나뿐 아니라 몇몇 목회자들도 쌀 한 포대씩 얻어왔다. 아, 감사해라. 이 쌀이면 내년 봄까지는 나도, 교회도 충분할 게다.

오늘은 집 청소, 공과금 처리, 어머니집 청소까지... 대체 나는 몇 집 살림을 돌보고 있는 걸까. 몸의 피로보다 마음의 피로가 조금 더 무겁게 내리누르는 날이었다. 그런데 저녁나절에 후배 목사가 상태가 괜찮은 성탄 트리장식이 있는데 원하면 주겠다는 연락을 주었다. 그 연락에 피로의 반절이 날아가 버리고 말았다. 교회에 아주 작고 소박하다 못해 초라한 장식품이 있긴 한데, 며칠 전부터 길가와 상가에 늘어져 있는 성탄장식물이 자꾸 눈에 들어오고 있었다. '올해는 조금 쓸 만한 것으로 사야 할까 보다'는 생각이 몇 번이나 코끝을 오락가락하던 참이었는데... 후배네 교회로 달려가서 성탄트리를 가져다가 교회에 옮겨놓았다. 선뜻 내어줄 것은 없고, 고마운 마음을 근처 빵 가게에서 빵 사 천 원어치로 갚고 말았다. 우리 예배실 사이즈엔 조금 넘치다 싶을 만한 크기다. 주일 오후에 아이들과 멋있게 장식해야지. 예수님께 부치는 편지도 한 통씩 써서 붙여야지. 예수님께 드릴 작은 선물들도 주렁주렁 달아놔야지.

이제는 내 부족함과 기다림을 조용히 감사로 바꾸어주시는 분께 작은 촛불을 드릴 시간.

하룻 동안의 한기도 이리 무거운데…

2004.12.18

한기를 느끼며 깨어났을 때가 어제 새벽 네 시 오십 분이었다. 보일러가 완전 먹통이 되어 있었다. 이 새벽에 수리센터에 연락할 수도 없고 추워서 잠도 오지 않고. 두터운 양말과 겨울옷을 껴입고 앉아서 성경 읽고, 찬송 두어 곡 부르고, 대강절 묵상집 읽고, 뜨끈한 차를 연신 마시다보니 어언 아침이 되었다. 수리센터에 연락을 했더니 열한 시 경에 기사가 왔는데, 한참 들여다보더니 모터와 물통을 갈아야 하는데 오후에 다시 와서 고쳐주겠단다. 방은 점점 더 차가워지는데… 기사가 떠나고 마음까지 울적해질 무렵에 나는 따뜻한 밥을 짓기 시작했다. 김치찌개를 끓이고 감자와 고구마를 볶고… 설거지를 마쳤을 때 기사가 당도했다. 그가 보일러를 손보는 동안 홍삼차를 끓여냈다. 이 추위에 남의 집 보일러 고치러 다니는 그가 단지 한 사람의 직업인 이상으로 고맙게 느껴졌다.

오후 세 시 반에 기사가 작업을 끝냈지만 내겐 그에게 치러야 할 현금이 없었다. 그러자 그는 순순히 저녁나절에 보일러 작동

상태를 확인할 겸 다시 들르겠다고 했다. 아, 고마워라. 걸쭉한 꿀을 섞은 홍삼차의 효력이었을까. 나도 그제야 집을 나와서 근처 빵집에서 이웃 교회 선배 목사를 만나고 은행에 들르고 교회에 가스레인지를 갖다놓고(엊그제 이웃 교회 목사가 사택을 옮기면서 사용하던 가스레인지를 주었다. 우리 교회에 그것이 없다는 것을 알고서) 우편물 체크하고….

집에 돌아오니 아뿔싸, 집이 여전히 냉방이다. 지금쯤은 따뜻해진 방구석이 날 기다려줄 줄 알았는데, 마침 기사가 다시 와준 것이 다행이었다. 그가 플래시를 비춰 가며 이것저것 손보는 동안 나는 내심 불안해졌다. 금방 고쳐지지 않을 시엔 엄마 집에 가서 자야 하나? 내일은 할 일이 많은데… 기사의 말이 에어를 빼야 하는데 보일러 설치를 에어를 뺄 수 없도록 해 놔서 가게에 가서 다시 장비를 가져와야겠단다. 한참 후에 그는 긴 고무호스와 몇몇 조립품을 들고 다시 와서 호수를 벽에 박아놓았다. 호스의 물을 타고 가스가 자연스레 빠져나갈 수 있도록. 보일러실의 냉기를 참지 못하고 방과 보일러실을 오가며 들여다보니 그 기사는 생각 외로 참 무던하고 꼼꼼한 사람이다. 실은 올해 초봄에 보일러를 고친 적이 있었는데, 그때 왔던 동네 아저씨가 날품으로 처리해놓고 간 것이다. 오전에 약정한 가격을 이미 지불한 상태이므로 해 늦도록 수고하고 손봐준 기사는 과외로 일을 더 해준 것이다. 에어를 거의 빼내고 그제서야 보일러가 제대로 작동하는 것까지 확인한 후에 그가 떠난 시각이 오후 여덟 시

반. 하루 종일 몸에 와 닿았던 냉기가 그제서야 스멀스멀 피로를 몰고 왔다.

그때 쯤이었다. 윤미로부터 "저 강대 합격했어요"란 문자를 받은 것이. 얼른 전화를 해보니 윤미가 상기된 목소리로 입학금 면제라는 소식까지 들려준다. 하지만 윤희는 강대 수시에 안됐다고 했다. 기쁨과 아쉬움이 교차하는 순간이지만, 윤희는 한림대 영문과에 합격한 상태이므로 충분히 즐거워할 일이다. 저번 주 토요일부터 두 아이들은 「어린왕자」의 영문판을 함께 읽기 시작했다. 오늘 우리 집에 모이면 맛있는 것을 해주겠다고 했는데 뭘 해줄까나?

한기와 무거운 피로를 느끼며 일찍 잠들었던 어젯밤, 나는 며칠 전 서울 지하철을 오가며 마주쳤던 거리의 사람들, 노숙자들을 떠올렸다. 정녕 그들은 이 겨울을 어떻게 보낸단 말인가? 하룻 동안의 한기도 이렇듯 무거운데 수개월의 추위를 그들은 어떻게 견딘단 말인가? 올해의 성탄헌금은 그들에게로 보내야 할 것 같다.

멀리서 친구가 찾아오니 이 아니 기쁜가

2004.12.28

어제는 멀리서 친구가 찾아오는 것이 가장 큰 즐거움이라는 옛 선인의 말이 생각나는 날이었다. 신아 부부가 '감리교어린이도서관협의회' 송년모임차 춘천엘 다녀갔다. 감기 기운인지 차안에서 토했다는 이솔이가 핼쑥해진 채 먹지도 놀지도 못한 것이 아쉽긴 하지만, 동생네 부부까지 합세해서 같이 지낸 시간은 참 재미있고 따스했다.

이 추운 날씨에 소양강가에 있는 어린이회관에서 찬 강바람을 쐬면서 허허거리고, 근처 시립도서관 내를 어슬렁거리며 흘낏거렸다. 월요일이라 휴관인 줄 뻔히 알면서도 김유정문학관이 있는 실래마을로 가서 정겨운 시골 풍경을 감상하기도 했다. 두 부부는 마침내 12월 1일부터 '신남역'이 '김유정역'으로 바뀐 것을 마치 자기들 일처럼 흡족히 여겼다. 오고 가며 스치는 풍경 사이로 흘러드는 이런저런 대화들은 또 어찌나 풍요하고 그윽한지. 짧지 않은 시간을 함께 엮어가는 친구들이 문득 찾아와서 잠시 머물다 가는 일은, 우리네 작은 일상에 더욱 보드랍고 환한 촛불 하나 더하는 것처럼 지극한 일이다. 산 밑 '고은집'에서 먹은 한식과 동생 부부가 교회 권사님네 식당에서 대접한 닭갈비와 만둣국도 세밑 추위에 찾아준 나그네들의 시름을 씻기에 충분한 성찬이었다.

저녁식사를 하러 가기 전 잠시 내 집의 따스한 온기와 차로 몸을 달래며 이야기를 나누다가 우리는 문득, 어떤 좋은 지점에 도달하게 되었다. 꽤 오랫동안 내 마음 속에서 이따금씩 소원처럼 일어나던 생각이 부부의 선한 생각과 일순간 철썩, 하고 입을 맞춰버린 것이다. 그 일이 잘 성사가 될 수 있다면 얼마나 좋을까. 이래서 사람은 결코 혼자 사는 것이 아니며, '선'은 어느 한 사람이 소유할 수 없는 공동의 것일 게다.

부디 부부로부터 좋은 소식이 올 수 있기를 바라면서 시작하는 오늘 하루.

아침기도

2004.12.30

이 쩌렁한 추위에
국가보안법 연내폐지를 위해
여의도에서 단식 중인 많은 사람들

동남아 해일과 지진으로
죽음으로 떠밀려간 수만 명의 사람들
땅 지형조차 바꾸어버렸다는
너무 거대한 자연의 분노

집 없이, 먹을 것 없이 떠도는
한겨울 거리의 노숙자들

하루치의 생존을 위해

손발에 땀이 흐르고 물집이 잡히도록

애써야 하는 숱한 사람들

별일스럽지도, 자연스럽지도 않은

한 해의 끝자락,

촛불 주변으로 고이는

간절한 아픔

12월 마지막 날 아침

2004.12.31

어제는 춘천 동,서,남,북 네 개 지방 목회자 부부들의 송년모임이 있었다. 작년에 처음 해본 모임이 반응이 좋아서 지속적으로 하기로 했단다. 함께 예배를 드리고(현 동부연회 감독이 와서 설교를 했다) 큰 교회에서 준비한 뻑적지근한 점심식사 후에 유쾌한 경품잔치를 했다. 이런 자리는 오랜만에 사람들을 보는 재미가 있어서 좋다. 워낙 이런 경품복이 없는 나까지도 묵직한 올리브유를 받았을 정도이니 거의 모든 사람들이 상품 하나씩을 받은 셈이다.

그런데 몇몇 지인들과 함께 식사를 하다가 나도 모르는 사이에 혀를 깨물어 먹고 말았다. 식사를 끝내고 나서야 기분 나쁘게 신경 쓰이는 가벼운 통증을 느끼게 되었는데, 오늘 아침에 일어나보니 어제보다 혀가 부었는지 묵지근한 통증이 갑절이나 더하다. 너무 과한 성찬 앞에서 어쩌자고 나는 혀를 깨물어먹었단 말인가.

게다가 양 입술가가 허옇게 트고 물집이 잡힐 것 같더니, 어제 아침엔 급기야 빨건 피를 내며 터지고 말았다. 뭔가 영양분이 부족했던 것일까. 하기야 겨울이 되면 내 피부는 더욱 수난을 겪는다. 땅에 떨어져 이젠 메말라 바삭거릴 뿐인 겨울 들판의 잎사귀들마냥, 겨울이 되면 내 피부는 어찌나 메말라 버리는지. 피부 건조현상은 가장 가녀린 살끝을 갈라지고 터지게 만든다. 그래서 손톱 밑과 발톱 밑의 연약한 살들은 마치 무엇에 베이기라도 한 듯 거친 상처투성이가 되고 건조해진 입가가 터지게 된다. 손끝 살이 어찌나 험해지는지 세수를 할 때면 손끝 살에 얼굴이 베일까봐 조심해야 할 정도이다. 한겨울의 메마른 추위를 막고 견디느라 고생이 심한 것은 바로 이 연약한 피부인 것이다.

2004년의 마지막 날 아침. 지나온 한 해를 접고 새로운 한 해를 맞아야 할 시간. 돌아보면 지나온 시간은 늘 다사다난, 감회는 단순하지 않다. 사람에게 주어진 '시간'은 마치 형벌과도 같은 축복이란 생각이 든다. 그러고도 남는 게 있다면 힘겹게 깨닫는 감사가 될 것이다.

ps. 올해, 아주 짧은 기간의 연애경험도 있었다. 그 연애는 내가 원하지 않았음에도, 내리는 비를 피할 겨를이 없는 것처럼 강렬히 다가왔다. 그러나 그뿐. 그 강렬한 감정에 빠져드는 즐거움은 아주 잠시, 나는 어느새 그 커튼의 뒤편에 대한 의혹에 더욱 시달리고 있었다. 역시 나는 이런 식의 강렬하고 압도적인 감정을 좋아하거나 견뎌낼 수 있는 사람이 못 된다는 것을 또 한 번 알게 된 셈. 더구나 상대방이 그런 농도의 감정을 과도히 좇고 있을 때엔. 나는 어느새 그 게임에서 나와 버리게 된다. 좋아한다는 것이 꼭 저러한 붉고 뜨거운 색깔일 필요가 있을까. 오히려 나는 강렬하지 않은 색깔들, 무채색에 가까운 것들을 더 좋아하는데 말이다. 내가 소리 없이 게임에서 나와 버린 통에 적지 않은 후유증을 겪긴 했지만, 다시 한 번 나를 지켜보게 했던 일이었다.

2005

일기노트

새해 첫 시간에

2005.01.01

2004년의 마지막 시간과 2005년 첫 시간을 교회에서 윤희 윤미와 지냈다. 동장군이 최후의 위용을 떨치는 듯 몹시 추운 한밤에 사발면을 후후 불며 먹고 타임 테이블을 썼다. 개발원 수련회에서 했던 마음 그리기를 해보았더니, 두 아이는 십대의 상상력에 걸맞는 약간은 우스꽝스러운 캐릭터들을 그리는 거다. 아하, 마음의 표현도 나이 따라 흘러가는 거구나. 이 아이들의 것에 비하면 개발원 사람들의 그림은 얼마나 자연의 빛과 색깔을 닮은 것이었던가. 그러고도 남은 15분. 짧지도 길지도 않은 그 시간에 우리는 촛불 앞에서 조용한 묵상을 했다. 지나온 한 해 동안의 일들을 그저 물 흐르듯 떠올려보고 흘려보냈다. 그러고 나서 최대한 가볍고 가뿐해진 마음으로 송구영신예배를 드렸다. 전능하신 하느님, 이 시간 저희가 드넓고 환한 마음을 지닐 수 있도록 인도해 주소서.

묵상하는 동안, 나는 2004년이 내게 가져다 준 것이 과연 무엇이었는지를 나 자신에게 물어보았다. 꼭 해야 할 일들을 별로 한 것이 없다는 자괴감이 파고들었다. 나는 같은 물음을 다시 물어보았다. 한참 동안의 깊은 침묵 끝에, 그러고도 가슴을 옭죄는 수초가 흐른 후, 내 밑바닥에서 소리가 들려왔다. "2004년에 너는 하나님과 아주 조금은 가까워졌잖니." 쿵. 쥐죽은 듯 고요해졌던 심장 박동이 다시 살아나기 시작했다.

이 깨달음은 내게 아주 특별한 의미를 지닌다. 너무 멀리 있어서 느낄 수도, 사랑할 수도 없었던 하느님에게 나는 이제야 조금씩, 어린아이의 걸음마로 다가가는 중이다. 늘상 달리기에서 꼴찌를 면치 못했던 것처럼, 나의 신앙의 여정도 아주 느리기만 하다. 그러나 지나간 한 해를 돌아보는 시점에서 그간의 행보가 하느님과의 미약한 사귐과 이어졌다는 발견은 내게 기쁨을 주기에 충분하다. 이러한 기쁨 속에서 새해가 밝았다.

미리 보내는 사순절

2005.01.05

요사이 나의 하루하루는 마치 규칙적인 행군을 하는 군인과 같다. 작년 12월에 갑자기 끼어들게 된 사순절 묵상집 집필로 인해서다. 도르테 죌레의 「고난」을 함께 읽고 첫 모임을 가진 것이 12월의 끄트머리 어느 날, 성탄절 직후부터 나의 사순절이 시작되었다.

시간을 내기가 수월하지 않을 만치 분주히 살아가는 세 사람이 뜻밖에도 아주 용이하게(?) 이 일에 착수할 수 있었다는 것이 퍽 의외였다. 별다른 면식이나 교류도 없던 선배 목사가 선뜻 응해 준 것도 희한했고. 주머니 사정도 썩 넉넉지 않은 사람들인데도 원고료 무일푼일 가능성이 90%라는 사실에 아무런 이의도 달지 않는 것도 별난 일이었다.

짧은 글일수록 정연한 사고와 응축된 표현을 요하는 법. 성서일과에 따라 성서본문을 찾아 읽고 묵상한 뒤 글을 쓰는 일은 예상했던 것보다 힘겨운 일이다. 각 사람에게 할당된 열일곱 편의 묵상글을 촉박한 시간 내에 완성하려면 하루에 한 편 이상을 써야 할 판이니, 정작 책상머리에 앉아서 생각하고 글에 몰두하는 시간 외, 밥 짓고 외출해 있는 동안에도 내 머리는 자꾸만 사순절로 달려가곤 한다. 글에 대한 부담 때문인지 맞춰둔 알람시계보다 수십 분씩 일찍 눈을 뜨곤 하는 요즘, 몸도 마음도 더욱 무거울 수밖에 없다.

워크숍을 하다보면 서로의 생각과 문체의 차이가 확연히 드러난다. 그러나 아주 중요하거나 확실히 좋은 아이디어가 아니라면 그 차이와 간극을 그냥 두면서 오히려 그것들에서 재미를 느끼게 된다. 대개의 경우는 선택된 본문 구절에서 남다른 묵상거리를 끄집어낸 그 기발함을 칭찬해 주는 편이다.

그동안에도 나는 동생의 글을 좋아해 왔지만, 이렇게 가까이에서 동생의 생각의 흐름과 글체를 들여다보니 예전에 미처 발견하지 못했던 그의 면모를 보게 된다. 평소에 아주 과묵한 편인 동생이 의외로 풍부한 관찰력과 논리를 지니고 있음을 알고 있었지만, 그 관찰력과 논리적 사유가 저렇듯 날카롭게 빛나고 있는 줄은 미처 알지 못했던 것 같다. 그래서 동생은 행간 사이의 논리적 비약이나 너무 커다란 여백 같은 것을 곧잘 지적해준다. 동생은 그러한 날카로움을 과묵함 뒤편에 깊숙이 감추어 둔 것이다. 여럿이 하는 작업은 이런 식의 묘미가 있다.

하루하루를 시간에 바투며 뭔가를 끌어올리기 위해 버둥대다 보면 어느새 나의 주변은 마치 말 없는 기도라도 하듯 정갈해져 있다. 온갖 자료를 늘어놓아야 하는 논문 작업과 달리 묵상글에 몰두하다 보니 먼지 나뒹구는 소리까지 들릴 정도로 마음과 주변까지 절제되고 간소해진다. 1월 16일경에야 이 행군이 끝날 것이다. 오늘은, 사순절이 시작되면 우리끼리 부활절을 자축하자며 껄껄거렸다. 어쨌든 시작한 일이니 의미 있고 기억할 만한 시간이 되길 바랄 뿐이다. 하나님의 영이 우리와 함께 계심을 믿고, 다시 행군할 채비를 차려야겠다.

어머니의 혹

2005.01.26

며칠 전에 어머니를 위해 병원 예약을 해둔 시간이 오늘이었다. 오후에 동생부부와 함께 어머니를 모시고 신경과로 향했다. 어머니가 눈에 띄게 정신을 빼먹는 일이 잦아졌기 때문이다. 기억력 테스트를 마치고 CT촬영을 한 결과, 어머니의 뇌 앞부위에서 커다란 혹이 자라고 있음을 알았다. 다행히 양성 같지만 필시 수술을 해야 할 것이라는 의사의 말이 마음에 묵직한 바위가 얹히는 것 같았다.

고령에, 당뇨, 고혈압 환자인 어머니에게 수술이라니… 금요일에 MRI를 다시 찍기로 하고 며칠분 약을 지은 후 돌아왔다. 밖 출입이 서툴기도 하지만 우리가 세심히 조심한 덕에 어머니는 '신경과'에 왔다는 것을 잘 모르고 돌아가신 셈이다. 단지 당뇨 검진 때문에 병원에 왔다가 뇌에서 혹이 발견된 정도로만 아시는 것 같다. 혹 제거를 하지 않으면 혹이 점점 더 뇌를 눌러서 치매 증상이 더욱 심해진다는 말이 하루 종일 내 머릿속으로 휭휭대고 날아다녔다.

어머니의 혹이 어머니의 뇌를 더 이상 짓누르거나 고통을 주지 않기를 간절히 기도해야 하는 밤이다.

행사 다음 날

2005.01.28

5일간의 겨울 신앙 강좌가 깊은 은혜와 감동 속에서 끝났다. 매일 강좌가 끝난 뒤 잔일 처리, 헌금 계산, 때로는 강사 배웅까지 마치고 밤 열한 시 즈음에 돌아오면 눈꺼풀이 천근처럼 내려앉았다. 그러나 회계 내역 정리, 지출상황 점검, 돈 계산까지 마치고 나니 새벽 한두 시에 잠들 수 있었다. 처음엔 회계 정리만이라도 누군가에게 맡길까 생각했지만, 현행법보다 무서운 관습법마냥 내려오는 남자들의 마구잡이 혹은 기분 내키는 대로의 지출 버릇을 알게 된 이상 딱히 그럴 마음이 생기지 않았다. 그래서 며칠 힘들더라도 돈 문제까지 깨끗하고 깔끔하게 처리해야겠다고 작정하고 시작한 행사였다. 그렇게 배움의 즐거움과 육체적 피로 속에서 나뒹굴던 며칠을 보내면서 나는 내 일면에 자리잡은 옹고집과 결벽증이 생각보다 무섭고 크다는 것을 스스로 깨닫곤 했다. 나 스스로도 지겨울 정도였으니 혹 이러한 나를 몰래 엿보는 누군가라도 있었다면 얼마나 짜증스러웠을까.

다섯 강사의 강좌는 모두 더할 나위 없이 훌륭하고 진지했다. 게다가 색다른 전공과 색깔을 지닌 다섯 강사의 강의가 놀랄 정도로 희한한 연관성을 지니고 흐르는 바람에 모든 청중들이 이 행사를 도우시는 영의 특별한 손길을 체감할 수 있었다. 지방 목사들은 이전에도, 향후에도 이렇게 좋은 행사는 다시 없을 거라며 좋아했고, 그동안 지방 행사에 전혀 모습을 드러내지 않았던 목사 두어 명도 첫날부터 부부동반으로 빠짐없이 참석하는 기이한 현상도 있었다. 오늘 오후에 내게 전화를 준 한 목사는 오늘 새벽기도 시간에 은혜가 넘쳐서 내내 눈물만 흘렸다고 했다. 나 역시도 깨달음과 은혜의 말씀에 새 힘을 얻었기에 피곤한 일정을 너끈히 견딜 수 있었다. 우리 모두에게 이 깊고 깊은 은혜를 주시려고 이미 충분한 준비를 해놓고 기다리신 하나님의 자비하심이 놀라울 뿐이다.

그 와중에도 동기 목사, 그리고 후배 전도사가 각각 다녀갔다. 점심을 함께 먹고 강변을 드라이브하거나 따뜻한 찻집에서 차를 마시면서 이야기를 나누었다. 비슷한 나이를 먹으면서도 각자 살아가는 방식은 어찌 그리 다른지, 삶의 신비로움은 크고도 멀다.

오후에 동생 부부와 함께 어머니를 모시고 병원에 가서 MRI 촬영을 했다. 생각보다 시간이 오래 걸렸지만 계속된 소음으로 전혀 쉴 수도 없이 꼼짝없이 누워있었던 그 시간을 어머니는 잘 참으셨다. 다음 주에 결과가 나온다니 그때 의사와 수술 상담을 할 수 있을 게다.

내일 오전에는 몸의 피로를 풀 겸 동네 안마산을 올라야 할까 보다.

어머니의 생신

2005.02.04

며칠간 꽤나 추웠던 날씨가 조금 풀리는 듯했던 어제는 '들꽃향'이라는 한적하고 정갈한 식당에서 가족끼리 점심식사를 했다. 무척 분주하게 지나가 버린 1월과 어머니의 뇌종양으로 인한 시름을 잊을겸해서 모처럼 내가 쏘기로 한 식사였다. 실은 오늘이 어머니의 생신인지라 작은 케이크를 준비한 생신 축하 식사였다. 겨울 신앙 강좌의 강사를 대접하느라 알게 된 이 식당은 아파트촌과 복잡한 LG마트를 지나 바로 산자락에 위치해 있다. 깨끗한 음식도 그렇지만, 식당을 돌아 저만치엔 이 겨울에도 이름 모를 들꽃들이 도란도란 숨어있을 것 같은 맑은 산기운에 마음이 끌린다.

식사를 마친 후 예약된 시간에 가족은 한림대성심병원으로 향했다. 지난 주에 찍은 MRI 결과를 보기 위해서였다. 넉넉한 시간에 도착했지만 우리 앞의 어떤 환자가 의외로 시간을 많이 잡아먹는 바람에 40분이나 늦게 의사를 만날 수 있었다. 의사는 먼저 찍었던 CT촬영과 별 차이는 없다면서, 원칙적으로는 수술을 해야 한다고 말했다. 그리고 어머니의 종양이 양성 같아 보이지만 수술 전에는 장담할 수 없다고도 했다. 어머니가 고령에 당뇨, 고혈압 환자이므로 당장 수술을 하라고 강요하지는 않겠다고, 6개월 정도 기다렸다가 종양을 다시 찍어보고 그 때 결정하자고 말했다. 우리가 생각하고 바라던 바를 의사가 친절히 설명해준 셈이다. 당뇨약보다 세 배나 비싼 약 한 달치를 사서 어머니의 집으로 갔다가 나는 따뜻한 차 한 잔을 마신 후 깊은 잠에 빠져들었다. 어젯밤에 기름이 떨어져서 보일러 작동이 안 되는 바람에 두텁게 옷을 껴입고 잠자리에서 떨었던 피곤까지 겹쳤나보다.

오늘은 어머니집에서 온 가족이 점심식사를 했다. 올케가 정성스레 만들어온 미역국과 여러 나물반찬을 모두들 어찌나 맛나게 먹는지 세상에 이보다 더한 성찬이 있을까 싶었다. 올케의 친정아버지 기일이라 동생네가 추도예배에 참석하러 서울로 떠난 후 설거지와 그릇 정리를 하고 난 뒤 저녁나절에 어머니의 아파트를 나섰다. 살갗으로 파고드는 바람은 분명 겨울바람인데 어느새 바람 한켠엔 봄냄새가 묻어 있다. 아, 우수가 지났다더니.

이번 주일에 예레미아서를 성경퀴즈로 하기로 했기에 저녁을 먹고 난 뒤 퀴즈문제를 만들었다. 내일은 상품으로 줄 학용품과 몇몇 생활용품을 사다가 포장을 해야겠다. 또 한 주일이 이렇게 지나간다.

ps. 급히 미국에 가신 권 목사님이 내 어머니를 위해 기도한다는 고마운 메일을 보내주셨다. 권 목사님이야말로 한국에 어머니가 입원해 있고 미국에 딸이 입원해 있는 힘든 상황을 견디고 계신데…. 오늘 밤에도 환자를 돌보는 수많은 사람들에게 하느님의 위로와 평안이 함께 하기를.

설 명절 즈음

2005.02.10

온 나라가 들썩이며 이동하는 설 명절이지만, 내겐 별로 새로울 것 없는 날들이다. 이렇게 조용한 명절을 지낼 수 있는 것은 워낙 떠들썩하고 분주한 것을 못 견디는 성격 탓도 있겠지만 결혼제도에 편입하지 않았기 때문이겠지. 더구나 작년부터 단촐하기 그지없는 내 가족이 한 도시에 모여 살게 된 덕분일 게다.

설을 잘 지냈냐는 주변 사람들의 안부전화를 받고서야 내가 얼마나 소박하고 조용한 명절을 지냈는지를 새삼 깨달았다. 내가 얼마나 혈연, 가족 중심의 복잡한 삶에서 멀찍이 떨어져 있는지를. 나는 이렇듯 단순하고 조용하고 독자적인 삶 이외의 것을 꿈꿔본 적이 없다. 혈연, 그것도 부계 중심의 혈연을 중심으로 숨 막히게 짜여진 한국사회에서 살아가면서 나는 그 사회로 걸어 들어가고 싶지 않았고 앞으로도 그러할 것이다. 그로 인해 치를 대가도 적지 않지만 순간순간 내가 벅차게 느끼는 자유순간에 비하면 그 대가는 견딜 만하다. 아무런 대가도 치르지 않으면서 어찌 삶을, 자유를 얻을 수 있으랴.

며칠 전 잠을 자다가 무슨 꿈을 꾸었는지 침대에서 굴러떨어지다가 왕창 까인 팔꿈치가 며칠째 몹시 아프다. 떨어진 순간에도 너무 아파서 눈물이 핑 돌았다. 고등학교 2학년 가을, 어느 햇살 좋은 토요일 하교길이었던가. 왠지 기분이 좋아 뛰어가다가 시멘트 길에서 아주 보기 좋게 미끄러지는 바람에 피가 철철 날 정도로 무릎살을 왕창 까인 이래로 이렇게 맨살을 왕창 까인 것은 처음인 것 같다. 아참, 그때 바지가 찢어져서 아기주먹만한 구멍이 났었는데 나는 어머니에게 대충 비슷한 색깔의 천을 대달라고 해서 줄곧 그 바지만 입고 다녔다. 친구들이 보기 싫으니 그만 입으라고 꽤나 타박을 주었는데도. 실은 달리 입을 바지가 없었고, 나는 새 바지를 사고 싶지 않아서였다. 내가 입기 싫은 옷은 죽어도 안 입으면서 남들이 보기 싫다는 옷은 엄청 질기게 입고 다녔던 것엔 당시의 치기어린 반항도 섞여 있었을 게다. 어느새 이십 년이 지났으니 새 살이 나고 아물려면 더 오래 걸리겠지.

재작년 말에 후배로부터 얻어온 중고 세탁기가 드디어 완전히 망가지고 말았다. 몇 번 누전이 되어 사용할 때마다 가슴을 조이게 하더니 세탁 도중에 내부 부품에 불이 나서 시커먼 연기가 났다. 다시 손빨래를 시작했는데, 조금 힘들긴 하다. 짤순이를 살까, 생각하는 중이다.

건조하고 까칠한 추위가 살갗을 파고들던 오늘 오후에 모처럼 교대를 걸었다. 한겨울 추위가 조금씩 물러가고 있으니 다시 걷기를 시작해야겠다. 위장기관이 안 좋아서 늘 소화가 안 되고 속이 더부룩하다. 게다가 만성 속쓰림까지. 내 평생의 과제 중 하나인 건강을 어쩌자고 나는 이렇듯 방관하고 방치하기만 하는지.

그리고 어느덧 사순절에 들어섰다.

호수변 자전거도로에서

2005.03.07

주일 오후 일정을 마친 후 공지천 자전거도로로 향했다. 대학 신입생이 되어 한층 성숙해진 윤희, 윤미가 따라붙었다. 아직 조금은 춥지 않을까 예상했지만 저녁 직전의 강가에 머무르는 햇살은 안온하고 풍성했다.

강줄기 따라 난 2km 길이의 좁은 길을 왕복으로 걸었으니 모두 4km, 십리를 걸은 셈이다. 오랜만에 걸어서인지, 오래 걷기엔 썩 편치 않은 신발 때문인지 다리가 휘청거리긴 했지만, 50여분 강바람에 푸욱 젖어들며 오가는 길은 상쾌했다. 한여름엔 이 길이 몹시 인파로 붐빈다던데, 아직은 추위의 여파로 한산하고 조용하다. 산책은 부지런하고 삶을 조율할 줄 아는 사람만이 즐길 수 있다는 누군가의 글이 생각났다. 매사에 바쁘다고 허둥대는 사람은 실제로 게으르고 삶의 균형을 잃었기에 뛰어갈지언정 여유 있게 산책은 할 수 없다는 거다. 산책을 즐기는 삶을 사랑해야 하는 이유가 여기에 있다. 이 예쁜 길을 처음 누가 생각해냈을까?

몹시 피로하고 가라앉아 있었던 며칠 전, 누군가가 하얀색 작은 다기세트를 선물했다. 지금 내가 사용하고 있는 중국산 다기에 비하면 여주에서 직접 사왔다는 이것의 모양은 훨씬 세련되고 곱다. 마침 이튿날 저녁에 이웃의 후배 부부가 방문했길래 사용해보니 조금은 더 길이 들어야 할 것 같다.

어머니와 이야기를 하다보니 불과 서너 달 전 일도 기억하지 못하신다. 처음엔 왜 그것도 기억 못하냐고 우기거나 성을 내기도 했지만, 이젠 말을 거두고 그냥 웃는다. 내가 더 다그치는 기색을 보이면 자신의 병을 아는 어머니가 긴장하기 때문이다. 기억 좀 못하면 어떠랴. 일생을 무겁고 힘들게 만들어온 기억과 생각쯤은 이젠 스윽 내려놓으면 어떠랴.

선배언니가 몹시 아프다는 소식을 들었다. 그 소식을 듣는 순간 울컥 하고 뭔가가 올라왔다. 불행 중 다행으로 다른 부위로 전이되지는 않았다는데 그동안 언니가 얼마나 힘들었을까. 곧 전화라도 해야지 마음먹었지만 아직도 전화를 못했다. 아픈 사람을 대하기가 적이 두려워서일까. 나날이 피어오르는 봄햇살에 언니의 몸과 마음이 차차 쾌유되길 바란다. 아, 참, 언니는 봄을 가장 싫어한다고 했던가.

언니, 그래도 따뜻한 햇살이 제일이라우. 삶에서 두텁게 쌓인 먼지와 아픔을 털어내기엔 이 봄볕이 최고라우.

곧 외출을 해야 하는데, 잠을 설쳐서인지 머리가 무겁다.

지금은 꽃샘추위

2005.03.14

영동지역에 두어 차례 큰 폭설이 내렸음에도 춘천은 말짱한 것을 보면, 영동지역에서 어린 시절을 보낸 내게 춘천은 참 생뚱맞은 곳이다. 그때는 '대관령을 넘어야 진짜 강원도'라는 그곳 사람들의 푸념조 타령이 대체 뭔 소리인가 싶었는데, 대관령을 한참 넘어선 춘천에 살면서 보니 그 말이 새삼 실감이 나곤 한다. 실제로 이곳은 강원도의 폭설과는 거의 무관하고 서울, 경기권의 날씨와 상응한다. 날씨부터 이러하니 길게 누워있는 강원도 땅의 지리적 특성만치나 오래도록 영동, 영서 지역민들의 삶의 방식이나 정서도 깊은 이질성을 길러왔으리라.

논문 개요학기를 맞아 일주일에 한 번씩 서울행을 하려니 마음과 시간이 무척이나 복잡해졌다. 논문과 관련된 한 과목을 청강하면서 오랜만에 한참 어린 낯선 후배들을 보는 일도, 오랜만에 교학처와 도서관을 찾고 교수와 지인들을 만나는 일도 무척 새롭게 느껴진다. 몇 년 전 휴학할 때 분명 잘 둔다고 어딘가에 둔 학생증을 결국 찾지 못해서 1년 남은 재학기간을 위해 재발급 신청을 해야 했다.

오랜만에 들어본 수업시간엔 그동안 좋든 나쁘든 모교가 신학적 패러다임의 전이를 겪고 있다는 인상이 들었다. 그리고 더욱 내밀하게 느낀 점은 수년 전에 내가 번역한 책의 영향도 그 속에 함께 흘러가고 있다는 것. 새롭게 익히고 공부해야 할 것 투성이지만, 좋은 책 몇 권을 잘 소개하는 일 역시 당대의 사유적 고투를 위해 할 수 있는 최선의 길이 될 것이다.

며칠 전에는 오대산 근처에서 걷기와 마음공부를 주업 삼아 살아가는 후배가 하룻밤 묵고 갔다. 몇 달 만에 만난 후배의 얼굴은 예전의 수척함과 그림자가 많이 사라지고 훨씬 뽀얗게 건강해 보였다. 하루에 두세 시간 이상, 많이 걷는 날은 여섯 시간을 걷는다고 하니, 후배도 어지간히 지독하게 살고 있는 셈이다. 스승의 강연 일정에 따라 이곳저곳으로 움직일 때가 있는데 아직도 그런 여정은 익숙치 않아서 한 번 다녀오면 며칠씩 쉬어야 한단다. 그녀를 위해 사다 놓은 몇 가지 찬거리로 다음 날 아침을 풍성히 차려먹었다. 남의 집에서 늦은 시간까지 수다 떨고 이렇게 편한 마음으로 길 떠날 수 있어서 고맙다는 인사말이 매우 인상적이었다. 집에 있던 사과 세 알을 들고 찾아온 후배는 이렇듯 푸짐한 인사를 하면서 떠나갔다. 서울 가면 무시로 묵을 방을 내주는 선배네가 새삼 떠올랐다. 앞으로도 후배의 발걸음이 닿는 곳마다 평화와 축복이 그득하길!

후배를 보내고 오는 길에 안과를 찾아갔다. 사람마다 유난히 약한 부위가 있기 마련인데 내겐 눈도 그 중 하나이다. '안구건조증'이란 현대 의학적 병명에 가두기엔 평소 내 눈은 항상 너무 피곤하고 무겁다. 저녁때가 되면 온 몸의 피로가 눈으로 집중하는지 눈이 매우 아프고 서걱서걱해진다. 혹 밤중에 세수를 하지 않고 잔 날이면 눈과 얼굴 피부의 심한 통증 때문에 이른 새벽에 깬다. 이렇듯 평소에도 아픈 눈의 통증이 더욱 심해지면 아침에 눈을 뜨는 시각부터 이미 내 눈은 남의 눈알을 박아놓은 양 나를 고통스럽게 한다. 하는 수없이 안과를 찾았다. 처방전이야 뻔하고 몇천 원짜리 인공눈물을 집어넣는 일 밖에 별도리가 없겠지만서도 그거라도 해야겠기에. 그래서 받아온 인공눈물을 생각날 때마다 내 뻐근한 눈에 한 방울씩 흘려 넣는 중이다. 꽃샘추위의 기승이 사라지면서 내 눈 통증도 좀 가라앉아 주면 좀 좋으련만.

며칠째 꽃샘추위의 위력이 대단하다. 연 이틀은 온종일 잿빛 하늘이 사람을 웅크리게 만들더니 어제 한낮엔 잠시 눈발이 세게 휘날리고 우박이 쏟아졌다. 그리고 오늘은 영하 10도로 뚝 떨어진 날씨가 무서워서 어제부터 별렀던 교대 산책을 접고 말았다. 내일 저녁엔 필히 교대를 걸어야지. 이번 주에 벧엘성서대학도 개강을 했고 어느덧 사순절 5주에 접어든다.

사탕 받을 사람 있어요?

2005.03.14

어제 오후 기도회를 마치고 약사동에 사는 도영이를 데려다 주는 길이었다. 6학년이 된 도영이는 매일 식당일 나가시는 엄마, 뺀질이 오빠와 살면서 맨날 심심하다고 투정을 부리는 아이다. 집이 가까워질 무렵, 도영이가 갑작스레 묻는다.

"전도사님, 내일 화이트데이인데, 사탕 받을 사람 있어요?"

"응? … 글쎄…."

"난 없어요. 그래서 너무 슬퍼요."

"너 저번 달에 오빠한테 초콜릿 줬잖아. 오빠한테 달라고 하면 되지."

"우리 오빠요? 날라리라서 그런 거 몰라요. 내가 초콜릿 준 것도 아마 잊어버렸을 거에요. 난 슬픈데, 전도사님도 슬프죠?"

"??!!"

나는 차를 세우고 도영이네 집 앞 슈퍼마켓에 들어가 알록달록 사탕이 가득 들어있는 사탕봉지를 사서 도영이의 품에 안겨주었다. 좋아라고 집으로 뛰어 들어가는 그 아이의 뒷모습을 보면서 나는 약간 씁쓸해졌다. 이 좁은 땅덩어리에서 무한경쟁 지칠 줄 모르는 상술은 아이들의 심정까지 슬프게 만든다. 도영이의 말이 아니었다면 오늘이 화이트데이인 줄도 모르고 지나갈 뻔 했다. 오랜만에 어머니와 청국장을 먹으러 가기로 했다.

작년 오늘, 사탕 꾸러미와 함께 받았던 선물이 내 책장 한구석에 놓여 있다. 스페인산 작은 목각인형 두 개. 사탕을 받았던 그날은 기뻤던가? 생각이 잘 안 난다. 오늘도 이렇게 무덤덤한 것처럼.

다시 걷기

2005.03.21

늦은 저녁시간에도 완연한 봄기운이 나풀댄다. 그래서 며칠 전부터 다시 걷기를 시작했다. 이런저런 사정으로 매일 걷기는 불가능하지만, 가급적 즐거운 숙제를 하는 기분으로 걸으려고 노력하는 중이다.

교대 운동장 한 바퀴가 대략 550보. 50여 분 열 바퀴를 부지런히 걸어도 5,500보다. 하루 1만보를 걸으려면 족히 한 시간 반을 쉬지 않고 걸어야 한다는 건데… 하긴 이렇게 따스한 봄날에 바깥에 서면 한량없이, 정처없이 걸어다니고 싶을 것이다.

그런데도 나는 아직 낮빛보다 어두운 방 형광등 아래 앉아 꼬물락거리고 있다. 누가 옷을 몇 벌 보내주겠다고 했는데 택배를 기다리다 보면 저녁시간에야 걸을 수 있겠다. 정말로 입을 옷이 마땅치 않아서 하는 수없이 시장엘 가야겠다고 생각하고 있었는데(이 생각을 실천하려면 또 얼마나 걸릴지도 모르겠지만서도) 뜻하지 않은 반가운 소식이다. 요즘 비타민 부족 현상인지 손가락 끝이 마구 갈라지고 일어나고 피가 났는데, 어제 누가 보내준 딸기 한 접시를 한꺼번에 다 먹고 잤더니(내게 과일은 보신 약이나 다름없다) 놀랍게도 살이 모두 여물었다. 와아~ 이렇게 때마침 찾아드는 천사들을 매일매일 대하며 살아간다.

부활의 아침, 그 빛을 기다리며

2005.03.27

하루가 참 짧다. 하루 종일 종종걸음치며 움직였는데도 아직 설교 준비가 안 끝났다. 늦은 시각에 쫓기며 설교 준비 중인데도 이상하리만치 작은 설렘 같은 것이 퐁퐁 날아다닌다. 부활절 아침이 곧 다가오기 때문일까. 지난하고 힘들었던 사순절과 고난 주간의 마지막 시간이어서 그런 걸까. 이왕 늦은 김에 떼제 음악을 켜고 뜨끈한 홍차를 끓였다.

하루 종일 교회 청소, 집 청소, 장보기, 계란 삶기, 카드 쓰기, 영어공부, 걷기, 주보 만들기 등으로 분주하게 보내는 동안 부활의 기쁨과 환한 빛이 조금씩 내 주변으로 흘러드는 것 같았다. 구비구비 험한 골짜기를 피해갈 수 없는 인생, 몇 가닥 생각에도 쉬이 넘어지고 지치는 우리네 고달프고 연약한 삶의 자락들, 그 한가운데서 막을 사이도 없이 옷깃을 뚫고 쳐들어오는 세찬 바람처럼 불현듯 삶을 송두리째 벼랑 끝 아찔함으로 내모는 무의미함과 무기력. 이렇듯 어지럽고 불안한 인생 한가운데 신앙의 절기를 모신다는 것은 삶의 그 모든 것에 맞서 새로운 시간, 새로운 의미의 자리를 마련하는 일이다. 인생의 모든 싸움, 슬픔, 외로움에도 지침 없이 오히려 그것을 넉넉하게 받아 안을 수 있는 신앙의 형형한 눈빛과 깊이를 세우는 일이다. 이러한 절기적 삶의 양식을 고이 받아들이는 사람은 나날이 신적 현존에 다가

가게 될 것이다.

이렇듯 하루를 빠듯하게 보내다보면 때로는 깊은 아쉬움이 찾아온다. 그야말로 '일상'적인 하루하루를 지내다보면 과연 무엇이 남을까? 하는. 아이나 남편이 있지도 않고, 하루 네 다섯 끼를 먹는 것도 아니고, 특출하게 완벽하고 조화로운 삶을 살지도 못하는데 시간은 어느새 열 손가락 사이사이로 마구 빠져나가 종국엔 허망한 심정이 된다. 그렇다고 해서 씻고, 닦고, 밥하고, 잠자는 시간을 줄일 수야 없지 않은가. 논문과 번역일, 이래저래 읽고 쓸 것에 대한 걱정만 쌓인다.

아직 잠자리에 들지 못한 이 밤은 그래도 기다림과 설렘과 새로운 무엇에 대한 희망 같은 것이 내 주변을 감돈다. 몇 시간 후면 찾아들 새날의 빛과, 지나온 시간들의 고통과 말없음, 그 모든 것에 고개를 숙이고 싶은, 그러한 밤이다.

어제는 한 후배 부부로부터 축 부활절 카드를 받았고, 오늘은 또 다른 후배로부터 축 부활 전화를 받았다. 아! 나도 지인들에게 즐겁게 절기 카드를 보낸 적이 있었는데, 올해는 교회 아이들에게만 카드를 썼다. 내년엔 좀 더 의미 있는 부활절을 만들어야지.

'북 크로싱'이 내게 보내준 책 한 권

2005.03.31

어제 저녁 시간에 서울에서 돌아와 교회로 갔더니 그저께 아침에 내가 부쳤던 우편물 하나가 반송되어 와 있었다. 190원짜리 우표 한 장을 붙였는데 '30원 부족'이란 메모가 달려 있었다. 같은 지방의 어느 교회로 어제까지 들어가야 하는 것이라 기도회를 마친 뒤 늦은 밤길을 달려 교회 문틈에 놔두고 왔다. 오늘 새벽에 받아보셨겠지. 집에 들어서니 이틀간 서울에서 정신없이 보내느라 부족했던 잠과 피로가 한꺼번에 쏟아져 내렸다. 허기를 채우느라 남은 밥과 국을 데워 간단한 저녁을 먹으면서 인터넷을 들여다보다가 갑자기 정신이 번쩍 들었다.

3일 전이었던가? 우연히 어떤 사이트에서 류시화의 책(주로 역서) 몇 권을 나누어주겠다는, 알지 못하는 사람의 글을 보고 혹시나, 하는 마음으로 메일을 보냈다. 갖고 싶은 신간 두 권의 제목을 달고, 이 중 아무 거라도 좋다고 했고, 혹시 못 받더라도 감사히 여기겠노라고 했다. 그런데 어젯밤 우연히 그 사이트에 들어가 보았더니 글 올린 사람이 책 받을 사람들의 명단을 올려놓았다. 그런데 글쎄 내 이름이 제일 위에 떠억 올라와 있었고, 받을 책 역시 내가 가장 받고 싶었던 헨리 데이빗 소로우가 지은 <구도자에게 보내는 편지>였다. 그리고는 "책 받으시는 분들도 나중에 다른 분들께 좋은 책 나누어 주십시오"라는 끝

인사가 달려 있었다. 요즘 일간에서 불고 있는 '북 크로싱(Book crossing) 운동'의 일환인 셈이다.

오늘이나 내일 도착할 책을 기다리며 설렘이 느껴진다. 이름도 얼굴도 낯선 미지의 누군가로부터 이런 책 선물을 받기가 두 번째다. 처음 책을 받았을 때는 미안하고 고마워서 다시는 이런 짓 못하겠다 싶었는데… 나도 조만간 책 몇 권을 정리해서 누군가에게 보내줘야겠다. 알지 못하는 그 사람 역시 미지의 누군가로부터 책 선물을 받으면서 형용할 수 없는 감격을 느꼈을 것이다. 그래서 그러한 선물을 또 남에게 줄 수 있는 것이다. 책 한 권에 이러한 기쁨과 신선한 충격이라니…. 간간이 있는 이러한 일들이 삶의 피로의 한 켜를 사뿐히 가져가 버린다.

커피 인생

2005.04.02

아침에 늘 커피를 마시지는 않지만, 향긋한 커피향이 슬쩍 당기는 날이 있다. 난 커피 중독자는 아니지만, 하루에 한두 잔의 커피를 즐기는 편이다. 오늘따라 모닝커피의 향내가 코에 스칠 때마다 여러 사람들의 얼굴이 다녀간다.

나는 중학교 2학년 때부터 커피를 마시기 시작했다. 요즘이야 커피를 마시는 연령대가 한참 낮아지긴 했지만(물론 고등학생이었던 작년까지도 커피를 사양하던 우리교회 아이들도 있지만), 당시만 해도 커피를 마시기엔 꽤 어렸던 나이였다는 것을 나중에야 알았다. 별다른 간식이나 음료가 없었거니와 그것에 대한 욕구도 없이 자랐던 나는 젊어서부터 커피 애호가였던 어머니 덕분에 아주 자연스레 어머니 곁에서 커피를 홀짝거리게 되었다. 나이가 들면서 어머니는 커피를 몇 잔 마신 날은 심장이 뛴다고 하시며 하루에 한 잔만 드셨지만, 나와 동생은 여전히 커피 애호가로 남았다. 나는 차를 마시면서 커피에 대한 욕구를 훨씬 삭감시켰다면, 동생은 하루에 서너 잔도 좋아라 마시는 여전한 커피광으로 살아간다.

그런가 하면 하나 뿐인 내 올케는 커피를 지독히도 안 마시는 사람이다. 식구가 많은 서울 중산층에서 자라난 그녀의 말에 의하면, 커피는 개개인의 취향이었을 뿐 가족 전체가 즐기는 일은 없었다고 한다. 놀 사람, 먹을 것이 다소 풍부한 환경 탓이었을까. 지독한 커피광인 남편을 만나 아이 셋을 낳으며 십여 년을 살면서도, 얼추 커피 맛을 알았을 법도 하건만, 지금까지도 커피를 타기만 할 뿐 마시는 일이 거의 없다. 남에게 이런 저런 커피를 권하면서도 정작 자신은 커피를 마시지 않는 올케가 이따금은 괴이해 보인다. 저렇게 부드럽고 상냥한 여자가 어떻게 이 향긋한 커피향을 마다할 수 있는 걸까. 하기야, 올케는 커피뿐만 아니라 물과 음료 류 자체를 별로 즐기지 않는다.

실로 긴 세월 끝에 공부를 마치고 돌아온 좋은 선배가 있다.

작년에 귀국 축하 겸 점심식사를 하려고 무심코 학교 근처 명동 칼국수로 들어갔는데, 선배가 빨건 양념이 먹음직스러운 김치를 물에 빨아서 먹는 거였다. 이유를 물었더니, 미국 교회 풀타임 목사로 일하는 부인 사이에 늦게 생긴 아이를 돌보며 공부하느라 심한 위궤양 환자가 되었다고 했다. 아이를 재우고 나서 새벽 한두 시에 책상 앞에 앉아 연신 커피를 마셨던 7년이 가져다준 대가였다. 위궤양 환자가 된 후 커피, 술, 김치, 밀가루 음식 등 일체의 자극적인 음식물을 삼가서인지 선배의 얼굴은 건강을 장담하면서 방만하게 살아가는 사람보다 오히려 맑고 깨끗해 보였다. 이젠 커피를 마시지 않는 선배는 내게 미국산 커피를 선물로 내밀면서 웃음을 지었다. 자신의 기호식품을 삶의 대가로 잃어야 한다는 것은 어쩌면 씁쓸한 일이지만, 선배는 커피를 마시지 않고도 여전히 호탕하게 잘 살아간다.

오랜만에 만난 또 한 사람이 있다. 오래전 같이 학교에 다니던 시절에도 하루에 대여섯 잔의 자판기 커피를 마셔대던 그녀에게 나는 곧잘 "그렇게 커피를 마시면 얼굴이 커피 색깔 된다"고 농담을 걸곤 했다. 사실 그녀의 얼굴빛은 약간 거무스름하기도 했으니까. 오랜만에 만났을 때 나는 그녀의 건강 상태가 궁금했다. 혼자 살면서 커피 중독이었던 그녀 역시 어떤 삶의 대가를 치렀을지 걱정스러웠다. 나중에야 그녀는 조심스레 수년 간 우울증을 앓았고 지금도 약을 먹는 중이라고 귀띔해 주었다. 커피는 좀 줄였냐는 내 말에 그녀는 "내가 그렇게 살면서 어떻게 커피마저 줄일 수 있었겠니?”라고 했다. 잠이 안 오고 다리가 후들거리면서도 지금까지도 하루 대여섯 잔씩 커피를 마실 수밖에 없다는 그녀의 이야기를 들으면서 나는 선뜻 예전의 농담을 다시 꺼낼 수가 없었다. 그저 “언니, 이제 나이를 생각해서라도 커피 좀 줄이세요”라고만 겨우 말했을 뿐.

이젠 나도 모닝커피 한 잔을 마시면서 인생을 들여다보는 나이에 이른 것일까. 오늘 아침의 인스턴트커피의 구수한 향과, 커피가 목구멍을 타고 내려가는 그 자극적인 맛이 여느 때보다 더욱 찐하고 묵직하다. 커피와 함께 하는 수많은 인생길에 좀 더 그윽하고 깊은 평화가 찾아들었으면 좋겠다.

어머니의 손님들

2005.04.09

이번 주에 동해에서 어머니의 옛 교우들이 두 팀이나 왔다 가셨다. 어머니가 아프다는 소식을 듣고 더 늦기 전에 먼 길을 달려온 듯했다. 어머니의 손님이 오면 그들을 맞이하고 식사대접하고 배웅하느라 동생네와 내가 더 바쁘다. 오늘 오후에도 다섯 분 교인이 오셔서 나는 하던 일, 하려던 일을 모두 중단하고 그들을 맞이하러 나가야 했다. 너무 바쁘고 번잡한 시간에 들이닥친 손님들을 향해 ‘하필 왜 토요일 오후야’라고 속으로 조금 삐

죽이기도 하면서. 게다가 하루 종일 내리는 장대비와 검은 하늘, 아침부터 쪼아대는 두통 때문에 언짢은 마음이 더했다.

어제 아침나절에 어머니의 전화를 받았다. 어머니는 앞뒤 설명도 없이 다짜고짜로 열 시까지 은행 2층에 데려다 달라고 하셨다. 어느 은행에, 왜냐고 물었더니 은행 이름도 모르면서 사은품을 받으러 무작정 가야 한다고 하셨다. 어느 은행인지 모르니 갈 수 없다고 한참 설명하자 어머니는 마치 사탕을 얻어먹지 못한 아이처럼 한없이 아쉬워하셨다. 평생 노인정에서 공짜 밥 한 끼 얻어먹은 적 없고, 공짜 물품 타러 다녀본 적 없는 어머니는 뇌종양을 앓으면서 확실히 이상한 증세를 많이 보이신다. 평생 사본 적 없는 건강식품을 자꾸 사들이는 것처럼. 어머니가 그러실 때마다 마음이 쫄아 들어 어머니 댁으로 향하곤 한다. 별다른 대화를 하거나 맛난 음식도 못해드리면서 그저 두어 시간 옆에 앉아 있다가 돌아온다. 어느새 내 안에 안쓰러움과 함께 짜증도 쌓여가고 있나보다.

어머니 댁에서 오랜만에 담소를 나누고 차를 마시고 닭갈비 집에서 저녁을 먹고 집으로 돌아올 무렵엔 거세고 무서운 빗줄기가 쏟아지고 거리는 깜깜했다. 조심조심 운전길이었지만 내 마음은 조금 환해져 있었다. 오늘 하루 중 몇 시간을 내기에도 이렇듯 짜증이 났던 나는 바쁜 일상을 접고 먼 길을 찾아온 분들의 깊은 정성 앞에서 미안하고 죄송했다. 오랜만에 여러 분들을 만나게 된 어머니도 내심 기쁘셨는지 활기 있게 보였다. 동생과 내가 지척에 있으니 이렇게라도 손님 시중을 들 수 있다는 것은 결국 서로 기쁜 일이리라.

너무도 깜깜해진 빗길을 헤치며 돌아오는데 주제 사라마구의 소설 「눈 먼 자들의 도시」가 덮치듯 떠올랐다. 위험천만하기에 또 그만큼 세심한 주의를 요하는 그런 날이다. 소설처럼, 이런 날씨 한복판에서야 인간은 우리의 삶의 한층 더 깊숙한 지층을 들여다보려고 한다. 할 일은 쌓여있는데 가는 사람 오는 사람과의 식사 약속까지 계속 쌓이는 중이다. 주여!

내 다리도 휘게 될까

2005.04.19

노란 개나리와 분홍 철쭉이 안마산의 곳곳을 장엄하게 잠식하고 있었다. 산길에 우거진 봄꽃들이 저렇듯 화사한 얼굴로 인사를 하니 내 얼굴에도 웃음이 인다. 내가 사는 동네와 산 아래 성당 근처에 무더기로 피어있는 목련엔 이상하게도 눈길을 주지 않는 나를 발견했다. 저렇듯 희고 화사한 꽃잎들이 하룻밤 새에 처참하고 처연하게 떨어져버린다니, 연민보다는 민망한 배신감이 들어서인가. 화려하거나 뛰어나게 곱지 않아도 이웃집 언니 동생처럼 다가와 맑은 기운을 선사해주는 개나리, 진달래, 철쭉 같은 꽃들이 훨씬 더 정겹고 좋다.

산길을 오가면서 다리가 몹시 불편해 보이는, 아니 아주 다리가 구부정하게 휜 할머니를 보았다. 멀쩡한 다리를 가진 나도 (실은 겉으로만 멀쩡할 뿐이지만) 이 나지막한 산길에서 더운 숨을 헐떡거리는데, 저분은 한 걸음씩 뗄 때마다 얼마나 힘이 들까. 운동 삼아 오셨는지 송골송골 맺힌 땀을 닦으면서 절룩절룩 올라가고 계셨다.

내가 사는 동네에도 다리가 휜 노인들이 여럿 계시다. 이상한 것은 그들이 주로 여성들이라는 거다. 선천성 장애가 아니었다면 후천적으로 다리가 휘었다는 말인데, 평생 살림살이가 너무 고되었던 걸까, 아니면 줄줄이 자식 낳은 후 산후조리가 보잘 것 없었던 걸까. 먼저 가족들 배 채우느라 영양부족에 시달린 결과일까. 자못 궁금해지고 마음이 쓰인다. 걷다보면 어느새 무릎 언저리에 찌르르 통증이 오르내리거나 바람이 드나드는지 시큰거려서 다리를 절룩거리게 되는 내게 남의 일이 아닌 것이다.

봄을 십수 년 더 맞다보면 내 다리도 저렇게 휘게 되지는 않을까. 문득 아주 어렸을 적의 아버지가 떠올랐다. 느지막이 본 딸자식을 어찌나 이뻐했는지 아버지는 노상 나를 안고 다녔다고 했다. 그러다가 어머니가 나를 업으려 하면, 또 교인이 날 업고 다니는 걸 보면 기겁을 하고 달려왔다지. 그렇게 업으면 애 다리가 휜다고. 물론 내 기억엔 없는, 어머니에게 들은 말이다.

통 밥맛이 없어하시는 어머니와 모처럼 구봉산 언덕받이에 있는 유천식당에서 저녁을 먹었다. 청국장과 밥 한그릇에 나물

류를 비롯한 반찬 가지 수가 많은 집이다. 길옆의 꽃구경과 봄기운 느끼시라고 차 창문을 열어놓았는데, 어머니는 낯설기만 한 동네에서 길을 잃을까봐 두려워하셨다. 하기야 어머니는 아직도 당신의 아파트 단지 앞도 잘 인식하지 못하신다. 집 나가면 영락없이 길을 잃고 마는, 그 두려움에 바깥출입을 전혀 안하는 어린애가 된 것이다. 어디 그뿐이랴. 저녁을 배불리 먹고 나와서는 "저 주인이 동해의 어느 교인의 장모가 아니냐?"고 물어서 또 나를 기함하게 했다.

반짝거리는 햇살 아래서 노인의 신체적, 정신적 퇴행, 그 쓸쓸한 씁쓸함에 대해 여러 번 생각했던 날이다.

ps. 오랜만에 원두커피를 마셔보았다. 모카자바 커피원두를 갈았더니 고소하고 달콤한 향이 집안에 고인다. 뭔가에 집중하는 시간이 길수록 나 자신을 격려하고 위무해 줄 뭔가를 또 찾게 된다. 고작해야 오랫동안 안 듣던 음악을 찾아듣거나, 냉장고 구석에 처박혀 있던 원두커피를 꺼내 갈아보거나, 새우깡을 사다 먹거나, 김치 부침개를 부치는 등이지만. 이렇게 좋은 봄날에는 산책을 자주 나가는 것도 좋은 방법이겠다.

앞으로도 봄꽃만 같아라

2005.04.21

어제 오후 돌아오는 기차에 몸을 실었을 때 몸은 이미 피곤하다 못해 제멋대로 들쑤시고 있었다. 극도로 피곤하거나 통증이 있을 때는 잠도 오지 않는다. 손가락 하나 까딱할 수 없는 그런 멍하니 지쳐있는 상태로 한 시간 이상을 있었나보다. 그나마 잠깐 졸기라도 했던 것은 가평을 훨씬 지나서였다.

몸은 그랬지만 이상하게도 내가 관계하는 주변 모든 것들에 대한 고마움이 마치 전류에 감전이라도 된 듯 새삼 나를 사로잡았다. 그것은 미처 내가 셀 수 없었던 지경에까지, 머리카락을 한 올 한 올 집어내듯 끊임없이 이어졌다. 한편 너무 피곤한 상태라 모든 것을 내려놓고 그저 잠 속에 빠져들고 싶은 생각이 굴뚝같은데 그것을 지긋이 내리누르며 마치 들풀의 저항처럼 일어나는 고마움, 감동…. 삶의 뿌리를 송두리째 흔드는 위대한 대격랑은 아니지만 때때로 깊고 따뜻한 강물에 몸을 적시는 것처럼 내 삶에 찾아오는 순간이다. 물론 뜻한 것은 아니었지만.

어제 점심식사를 한 후 희수, 미랑이와 함께 서대문 근처 구세군 장터에 들렀다가 횡재를 했다. 질감도 좋고 멀쩡한 트렌치코트를 8천 원에 샀다. 구겨진 코트를 발견하고 갸웃거리며 그것을 입어보았는데, 그것은 영락없는 내 옷이었다. 트렌치코트가 하나 있으면 좋겠다고 생각한 것이 벌써 몇 년째인데, 생각지도 못한 곳에서 좋은 옷을 가장 저렴하게 골라왔다. 좋아라.

관회수교 입구의 벚꽃나무 아래서 후배와 한참 웃고 떠들고 있는데, 어느 교수의 얼굴이 건물 안쪽을 얼핏 지나가길래 짧게 인사를 했다. 그러고 일이 분이 흘렀을까. 그 교수가 지나가면서 기분 좋은 웃음을 띠고 제대로 인사를 건넸다. "정 전도사의 웃음소리가 저 꽃들보다 더 만개했네." 새로울 것 없이 듣는, 내 웃음소리가 괴상하다는 이야기인데 저 정도면 썩 괜찮은 인사 아닌가. 지금은 은퇴하신, 남다른 유머와 위트로 항상 남들을 웃겼던 옛 교수가 이런 말을 한 적이 있다. "내 유머와 웃음은 내 비관적인 성격에서 나오는 거야." 너무도 비관적이기에 웃을 수 있다는 노교수의 말에 나는 탄복을 한 적이 있었다. 어쨌든 삶의 희로애락을 건너며 저렇듯 호탕한 웃음을 선사할 줄 아는 사람은 행복한 사람이 아니었을까. 내 웃음소리는 과연 어디에서 나오는 걸까. 그것 역시 나의 깊숙한 비관적 측면에서 나올지라도, 앞으로도 그침없이 더욱 호탕하고 발랄해졌으면 좋겠다.

공지천 조각공원에서

2005.04.25

해맑은 햇살과 바람이 요요하던 주일 오후에 아이들과 조각공원으로 나갔다. 사진기를 들고 아이스크림을 하나씩 빨면서

쏘다녔다. 조각공원에는 한국전쟁에 참전한 이디오피아 참전 기념비를 위시한 갖가지 조형물들이 곳곳에 서 있다. 호숫가에 위치한 조각공원은 호수를 매립해서 만들었다고 한다. 지금은 화려한 봄꽃들과 나들이 나온 가족들로 한창 붐비고 있었다.

꽃나무와 조형물을 돌아다니며 한참 사진을 찍고 있는데, 윤희가 "저쪽에 걸어가는 아이가 중3때 친구와 비슷하다"고 말했다. 정확히 이름까지 기억하고 있는 걸 보면 꽤나 친했나본데, 윤희는 그 특유의 망설임과 낯가림 때문에 그저 멀어져가는 그 아이를 쳐다보고만 있었다. 만나고 싶으면 쫓아가서 이름을 불러보라고, 만약 그 아이가 아니더라도 문제될 게 없다고 말했더니 계속 주저하고 있다. "윤희야, 넌 이제 대학생이야. 모든 것을 겁 없이 할 수 있어, 넌." 나의 이 말에 겨우 용기를 얻었는지 그제서야 그 아이 쪽으로 달려갔다. 달려가면서 이름을 불렀더니 역시 긴 생머리의 그 아이가 돌아보았다. 두 사람의 우연한 만남은 꽤나 반가웠는지 노상에서 20여분간 쉬지도 않고 떠들고 웃어재낀다.

나도 젊었을 적엔 그랬다. 낯가림도 심하고 인사성도 발달하지 못한 탓에 지나가다가 아는 이와 마주치면 아는 척을 할까말까를 놓고 수번도 더 싸우곤 했다. 이젠 나이 덕분에 뻔뻔함과 무심함을 많이 익히게 되었는데, 유독 그러한 성향이 짙은 어린 윤희를 보고 있자면 저런 것들은 훌쩍 훌쩍 뛰어넘었어야 했다는 생각이 든다. 한번의 용기가 필요한데 그것을 얻기가 참 쉽지 않았다. 화색이 만연해서 돌아오는 윤희에게 "그냥 갈 걸 그랬지?"라고 놀리자 윤희는 머리를 긁적거리며 "그냥 갔으면 정말 후회했을 거예요"라고 말한다.

성격은 순전한 천성이 아니라고 생각한다. 웅크리고 쪼그라드는 성격이 형성되는 데는 그만한 사회적, 환경적 요인도 있는 법이다. 내 경우만 해도 그렇다. 아버지가 돌아가시고 어머니가 목회하게 되면서 내 가족은 여러 차례 이사를 했는데, 전학을 간 날 어머니는 꼭 교실까지 들어오셔서 낯모르는 수십 명 아이들 앞에서 인사를 하셨다(굳이 안그래도 됐는데). 원래 경기도에서 난 어머니가 시골 사투리가 섞이지 않은 억양으로 차분차분히 "애성이를 잘 부탁한다"고 정중하게 인사할 때마다 내가 쥐구멍에 들어가고 싶었던 이유는, 어머니는 거기에서 그치지 않고 "애성이가 산수와 달리기를 못한다"는 내 단점까지 꼭 소개를 했기 때문이다. 반면에 내가 국어를 잘하고 노래를 좋아한다는 이야기는 절대로 하지 않으셨다. 이사 간 첫날부터 나는 "산수와 달리기를 못하는 아이"로 찍혀서 살아야 했는데 어찌 보면 어머니는 숫기 없는 내가 자칫 놀림이라도 받을까봐 나의 단점(?)을 그런 식으로 미리 커버하려고 하셨던 것 같다. 내가 스스로 산수와 달리기를 못한다고 자각하기도 전에 어머니에 의해 나는 그렇게 규정된 셈이다. 어머니가 돌아가시고 나면 아이들은 몰려와서 "너네 엄마, 목사라며? 되게 세련됐다"고 떠들어댔는데 난 왠지 허망해지곤 했다.

나이가 한참 들어서야 어머니가 왜 그런 식으로 생면부지의 아이들 앞에서 나를 소개했는지를 다른 각도에서 생각하게 되었다. 그것은 어린 자식에 대한 어머니 나름의 배려였다기보다 어머니가 세상을 살아가는 방법이었던 것이다. 어머니는 자신의 장점과 강점을 정확히 인식하고 신뢰하는 대신, 자신의 부족한 점에 마음을 졸이며 살아오신 것 같다. 더구나 남성 천지의 목회 세계에서 살아남기 위해 자신의 부족한 면을 감추거나 미리 그것에 대한 양해를 구하는 식으로 말이다. 그러한 어머니였기에 딸의 이런저런 이쁜 면보다는 모자라고 서투른 점에 더욱 마음이 쏠리고 걱정됐을 것이다.

돌이켜 보면, 내가 산수를 싫어하고 달리기를 못했던 것은 단점도 아니었고 잘못도 아니었다. 그것은 그저 나의 일부였다. 크게 드러내거나 감출 필요가 없는 자연스러운 나의 모습일 뿐이었다. 산수를 못하는 것이, 달리기를 못하는 것이, 뭐 어떻다는 것인가. 덧셈과 뺄셈을 넉넉히 익힌 내게 산수는 그 이상의 의미가 없었다. 혹시 모르겠다. 고마운 누군가에 의해 산수와 달리기에 대한 두려움을 극복할 기회가 생겼다면 산수와 달리기마저도 훌쩍 뛰어넘었을지도. 그런데 성장기에 그러한 자신의 모습을 스스로 인정하는 법을 배우지 못했을 때 심하게 위축되거나 관계기피증과 같은 성격에 다가갈 수밖에 없을 것이다. 사람을 피하려 드는 것은 성격 탓이 아니라 자긍심의 결여에 크게 기인한다. 나의 이런저런 면모를 스스로 용납하는 것이 자긍심이라면, 수많은 사람들이 스스로에게 '나는 누구인가'를 묻기 전에 이미 자긍심을 박탈당하는 경험아래 놓이는 성장기를 거치게 된다.

5월 첫 주간 풍경

2005.05.06

기다리던 봄비가 내린다. 갑자기 더워진 날씨에 숨이 턱턱 막혔는데, 어젯밤부터 내린 빗줄기에 오늘은 다소 소슬하게 찬 기운을 몰고 왔다. 한 주간이 너무 빨리 지나가는 바람에 불쑥 난감하고 당황스럽다. 나이가 들수록 세월의 빠름도 더한다더니 슬슬 그 말이 피부에 와 닿는다.

화요일과 수요일, 양일간 다녀오는 서울길이 생각보다 피곤하다. 수요일 오전 청강 수업을 마치고 점심식사 후에 돌아오는 기차 안에서 내 정신은 눈조차 뜰 수 없는 피곤함에 헤매인다. 잠도 오지 않고, 그렇다고 분명한 의식의 줄기를 잡을 수도 없는, 몽롱하고 난해한 구름 위에 둥둥 떠 있는 것만 같다. 그러다가 겨우 춘천 근교에 와서야 약 20분 정도 눈을 붙이게 된다. 그렇게라도 토막잠이라도 자고 나면 그야말로 감개무량이다. 왠지 복잡하고 지저분하다싶은 서울 공기를 밟고 다녀야 하고, 오가는 숱한 사람들과 눈을 마주쳐야 하고, 결코 가볍지 않은 짐을 싸들고 선배네 집에서 하룻밤 외박을 하는 일이 내게 쉽지 않은 게다. 연구실에서 하루 종일 있노라면 눈의 피로도 무거울 테고. 아, 눈은 그때나 지금이나 마냥 욱신거리고 아프다.

그런데도 오라는 이 없는 이러한 서울행을 매주 감행하는 것은 졸업을 위해 나 자신을 좀더 다독이기 위해서다. 스스로 의미와 아픔을 부여하지 않으면 내 성격에 논문과 졸업이란 의미를 획득하기 어려운 것이 될 수 있으므로. 어머니의 병이 악화되자 내가 어머니께 드릴 게 바로 졸업이라는 생각이 든다. 그나마 남아 있는 기억의 조각조차 너무 희미해져 졸업하는 나를 제대로 못 알아보실지도 모르지만…. 어린이날 하루 전이었던 지난 수요일엔 지옥같이 시끄럽고 번잡한 기차를 타고 돌아왔다. 공휴일을 놓치지 않으려는 수많은 젊은이들이 화사한 차림과 시끌벅적함을 동반한 채 기차를 꽉 메우고 있었다. 미리 예약하지 않았으면 나도 두 시간 내내 어느 한 켠 입석표를 부여잡고 더 시달렸을 것이다. 아, 그런데 이 젊은이들은 호탕함도 좋지만 너무 무례하고 시끄럽다.

어린이날이었던 어제 아침, 후배목사가 전화를 걸어왔다. 몇 마디 안부를 나누고 평소와 다름없이 전화를 끊었지만 나는 그의 전화 속내를 어렵지 않게 읽을 수 있었다. 어린이를 키우지 않는 선배가 마음에 걸렸던 거다. 가까운 곳이라면 찾아와서 함께라도 놀겠지만 멀리 있으니 '이 선배가 하루종일 방구석 붙잡고 앉아있는 것은 아닐까?' 염려가 되었던 거다. 후배의 이런 배려어린 마음은 고마우면서도 낯설기 그지 없다. 비혼에 아이도 없는 선배를 챙기려 드는 그가 보편타당하다고 믿는 (가부장적) 가치관에서 아직 벗어나지 못한 채 나를 바라보고 있음을, 이럴 때 문득 깨닫게 된다.

오후에 동생부부, 조카들과 인형극장 근처에 있는 화목원에 다녀왔다. 도립 화목원답게 잘 가꿔진 그 곳은 이미 수많은 인파들로 붐비고 있었다. 하기야 이런 날엔 어디를 가도 번잡하지 않을 수가 없겠지. 온갖 식물들 사이를 누비며 한 바퀴를 돌고나니 몸에서 진땀이 난다. 그리고 어머니를 모시고 소양강댐 앞 '호반'에서 막국수와 메밀전을 맛있게 먹고 돌아왔다. 의암호를 낀 길쭉한 길가에서 바라보는 5월의 신록과 저녁 물빛은 내 모든 상념을 가라앉히고도 저 밑으로 잔잔히 흘러가는 반짝거림이다. 빗줄기가 한 두 방울 떨어지기 시작하는 돌아오는 길가에서 딸기 세 판을 사서 어머니와 동생네에 선물했다. 초등학교 입학식 때부터 줄곧 매고 다닌 해인이 가방이 이젠 색이 바라고 낡았기에 가방값 오만 원을 넣어주었다. 며칠 전에 언뜻 지나가다 보니 가방값이 옷값보다 더 비싸더라.

오늘 병원에 가는 길에 어머니가 또 이상한 말씀을 하시는 바람에 마음이 울컥거렸다. 지난밤에 자고 있는 동안에 원주이모 아들이 살짝 다녀갔다는 거다. 내가 알기로 그이는 벌써 오래 전에 병으로 세상을 떴는데 말이다. 이젠 이런 말에도 아무런 타박을 놓지 않는다. 내 타박을 견딜 힘이 어머니에게 없으므로. 그저 그랬느냐고, 오랜만에 얼굴 봐서 좋았겠다고 하고 웃는다. 백내장 수술을 하려면 당뇨 수치가 더 내려가야 하는데 아직도 높은 편이다. 침침한 시력으로도 마음 편히 사실 수 있다면야 당뇨도, 까짓것 아무런 문제도 아니다.

라디오 '세상의 모든 음악'에서 흘러나오는 선율에 마음을 한껏 싣고 잦아드는 빗소리에 잠시 고개를 숙여본다. 어느덧 5월 6일 저녁, 그 고즈넉함이 깊어간다.

ps.누수공사가 끝났는데도 물이 계속 새더니 다시 공사를 해야 한단다. 아, 이 눅눅한 기분을 계속 견뎌야 하다니….

이 집에서 행복했던 나날들이여

2005.05.23

아침 일찍부터 윗집 누수공사가 시작되었는지 쿵쾅거리는 소리가 대단하다. 기술자가 두어 차례 왔다갔지만 누수상황이 전혀 나아지지 않자 지난 토요일에 주인은 다른 기술자를 불러들였다. 제발 이번 공사로 제대로 고쳐졌으면 좋겠다. 주인의 말에 의하면 일 년에 한 번씩 누수공사를 하게 된다는데, 집주인도 참 고생이겠다 싶다.

촛불을 켜고 잠시 묵상을 하자니 이 집에서 보낸 이년 반 이상의 시간이 참으로 행복했다는 생각이 들었다. 이곳저곳으로 흘러 다니며 혼자 살아왔지만, 특히 이 집으로 이사하던 날 나는 더욱 감개무량에 젖었었다. 어두컴컴한 지하 방도 아닌, 넓은 창문이 달린 방 두개짜리 집이라니. 지은 지 10년이 넘어서 이곳저곳 손볼 것이 많긴 했지만, 이 집에서 숱한 아침을 맞고 밤에 잠들면서 난 얼마나 벅차곤 했던가. 더구나 큰 길 건너편엔 내가 마치 나만의 뜰처럼 달려가 걷곤 했던 교대가 있었고, 차로 5분 거리에 힘들지 않게 오를 만한 안마산이 우뚝 자리잡고 있었다. 그래서였는지, 이 집에 사는 동안 셀 수도 없이 많은 사람들이 다녀갔다. 그 때마다 이 집은 조용한 찻집으로, 때로는 편히 쉬어가는 여인숙이 되었다.

돌이켜 보면 이 집에서만 행복했던 것은 아니다. 서울에서 지하 방 한 칸짜리 집을 얻어 이사하던 날에도 나는 나만의 온전한 공간이 생겼다는 기쁨에 취해서 종일 싱글벙글이었지. 여름 홍수에 집 앞 하수구가 터져서 밤새 물을 퍼내는 등 불편한 일들이 있었지만 피곤한 몸으로 돌아가 몸을 뉘면 더없는 평안이 찾아들었다. 그러다가 이년 내내 여름 홍수에 피해를 입은 후 어머니의 도움으로 같은 빌라 3층으로 이사하던 날은 잠이 안 올 정도로 흥분했던 기억이 난다. 내가 너무 좋아했던 것일까. 바로 다음 날 학교 간 사이에 어느 좀도둑이 쳐들어와 컴퓨터를 싸게 구입하고 남겨둔 돈 30만원을 고스란히 들고 가 버렸지. 난 안타깝고 속상한 기분에 점심값이라도 아끼려고 도시락을 싸들고 다녔고…. 번역서 「은유신학」도 그 지하방 시절에 나왔다. 좁은 방에 선풍기도 없던 시절, 내 오래된 노트북이 고장 나면 학교 '기독교통합학문연구실'의 낡은 컴퓨터를 사용해가면서 그해 한증막 같은 여름에 작업한 것이다. 봉천동 과외와 교회생활까지 쉴 틈 없이 분주하고 피곤했던 시절이었지만, 힘든 만큼 아니 육체적 피로를 상쇄하고도 남는 감사와 짜릿함이 찾아들곤 했다.

혼자 살아갈 능력을 거의 상실해버린 어머니를 볼 때마다 올해 말까지는 잘 버텨주시길 간절히 바라곤 했지만, 어머니는 더 이상 나를 기다려주지 않고 제 갈 길로 가시는 듯하다. 몇 주 동안 어머니와 살림을 합치는 일을 놓고 많은 고심과 우려를 했다. 별로 넓지 않은 어머니의 집 작은 방 한 칸에서 내가 어머니와의 동거생활을 잘 버텨낼 자신이, 아무리 생각해도 없었기 때문이다. 동생네와는 파트 타임 간병인을 두는 문제를 놓고 상의하기도 했고, 한편으로는 어머니의 집 바로 앞으로 내가 이사를 갈까 생각하기도 했다.

결국 내가 어머니의 집으로 들어가기로 겨우, 며칠 전에 결정했다. 결정하기 전까지는 몹시 힘들었는데 지금은 포기의 심정인 듯 허탈하고 가벼워졌다. 그 와중에 이웃 교회 어느 목사는 혹 간병인을 두겠다면 교회 여선교회와 상의해서 지원금을 내겠다고도 했다. 결국 거절하고 말았지만, 두고두고 생각날 고마운 사람들이다.

이 집을 떠나야 할 날이 얼마 안 남아서인지 새삼 이 공간에 대한 아쉬움이 생긴다. 굳이 이 집에 대한 무엇이라기보다는, 그 동안 혼자 살아오면서 누렸던 자유, 그 자유의 공간에 대한 아쉬움일 게다. 토요일에 다녀간 어느 후배는 몇 번이나 더 잘 생각해보라고 했는데, 그 말의 의미와 무게를 어찌 내가 모르겠는가. 이제, 새로 시작되는 동거생활을 축복해보련다.

두 조카와 산행을

2005.06.07

공휴일 오후에 두 조카를 데리고 안마산엘 올랐다. 한 주 동안 운동을 전혀 하지 못했더니 마치 심술궂은 뚱뚱보가 내 몸을 움켜쥐고 안 놓아주기라도 하듯 심신이 천근만근이었다. 여느 날보다 인파가 많아서인지 산길은 조용하기보다는 활기가 흘렀다.

큰조카 해인이가 선뜻 따라나선 게 이상하다 싶을 정도로 오르는 내내 힘들다고 징징거린다. 뚱뚱하지 않은 아이가 나보다도 산길을 못 올라간다. 우리와 거리가 멀어지면 한참 뒤에서 거의 울상으로 고래고래 '고모'를 외쳐댄다. 결코 산행을 좋아하지 않는 아이가 심심하다보니 엉겁결에 따라나선 것이다. 혼자 내려갈 수도 없고, 대략난감한 상황이긴 했겠다.

거기에 비하면 막내조카 민엽이는 다람쥐처럼 산길을 날아다닌다. 나무 계단길이나 경사길에서는 자기가 '타이어'라면서 네 발로 잽싸게 뛰어올라간다. 나는 하라고 시켜도 결코 엄두도 못 낼 동작인데. 내가 걸음을 떼기가 힘들 때마다 민엽이에게 "안 힘들어?"라고 물으면, 그 아이는 내 어리석은 물음을 짐짓 툭 튕겨내기라도 하듯 "아니"라고 응수한다. 그리곤 한참 처진 해인이에게 뛰어가서 누나 손을 끌고 올라온다. 매사에 겁이 없고 도전정신이 강해서 다치기도 많이 하는 이놈도 정상 바로 아랫길에서는 좀 힘들었는지 이런 멘트를 한 번 날렸다. "아이, 안마산이 조금 싫어지려고 하네." 말도 참 막내답게 한다.

정상에서 한참 놀다가 내려올 때는 두 조카는 물 만난 고기처럼 달려 내려간다. 민엽이는 너무 세게 달리다가 또 몇 번 넘어지기도 했고 해인이는 언제 힘들었냐는 듯 씩씩하기 그지없다. 도중의 샘터에서 쫄쫄거리는 약수를 받아 마시기도 하면서 하산길엔 모두들 신이 났다. 동행길에 재미와 웃음거리를 선사해 준 조카들에게 고맙다고 아이스크림을 하나씩 사줬더니 민엽이가 또 언제 오느냐고 한다. 귀여운 아이들.

지난 주 어느 날, 외출 시에 선크림을 바르고 나갔다가 밤에 돌아와 그냥 쓰러져 잔 적이 있었다. 다음 날 아침 이른 시간에 나는 격심한 얼굴 통증을 느끼면서 깨어났다. 거의 1도 화상이라도 입은 듯한 얼굴의 화끈거림과 통증은 며칠째 계속되었다. 자외선을 차단할 정도니 피부에 미치는 독성의 강도가 더하리라고는 생각했지만, 화상을 입을 정도인 줄은 미처 몰랐다. 안마산에 오르면서 땀을 흘리고 났더니 그 통증이 조금 수그러졌다. 올케가 아이들용 선크림엔 20, 어른용엔 60이 써있다면서 자기도 너무 독해서 아이들용을 바를 때도 있다고 했다. 다음엔 선크림 대신, 챙 달린 모자를 써야겠다.

초등학교 상장을 보며 웃다

2005.06.09

그것이 너무 일찍 눈이 떠진 이유였나보다. 느지막하게 잠자다가 갑작스레 전화를 받으면 짜증부터 날까봐. 어쨌든 오늘은 힘든 노동을 하는 날이었으니. 피곤을 채 풀 새도 없이 이른 새벽에 잠에서 깨는 바람에 촛불도 켜고, 차를 마시고, 이런 저런 생각을 하던 즈음에 전화를 받았다. 아침 열 시에 책장이 도착할 테니 그 전에 어머니 집에 모이자는 올케의 전화. 내가 서울 간 사이에 가구공장 측 사정으로 시간 조정이 있었나보다. 대충 씻고 부지런히 어머니 집으로 달려갔다.

지난 주 우리가 우연히 찾은 가구공장 가게는 다행히도 퍽 친절하고 깔끔한 사람들이었다. 보기 좋게 만들어진 책장과 수납장을 잘 배치해주었을 뿐만 아니라 동생네가 부탁한 헌금꽂이대와 교회 주방 그릇선반도 아주 저렴한 가격으로 제작해 주었고, 일하는 도중 우리가 급히 부탁한 어머니 장농 선반 고치기,

주방 찬장에 선반 달기 등까지 흔쾌히 맡아 해주었다. 그러느라 무려 네 시간 반이 걸렸다. 그동안 한쪽에서는 오래된 낡은 물건과 책 등을 묶어 부지런히 내다버리고 상한 음식물과 쓰레기를 치우고 그릇을 씻어 수납장에 넣고… 우리가 그렇게 분주히 움직이고 드나드는 사이에 어머니는 내내 TV를 보거나, 멍하니 창문 바깥을 내다보거나, 지금 뭘 들고 나가냐고 묻기만 했다. 드디어 오늘 커다란 밀린 숙제를 하나 끝내듯 많은 일을 했다는 포만감으로 버텼지만 저녁 여섯 시 반에 어머니의 집을 나올 때는 기진맥진한 채 허기가 느껴졌다. 아직 치우지 못한 것들, 치우다 만 것들을 뒤로 한 채….

어머니의 묵은 서랍장을 정리하던 올케가 "이건 언니 거네"하며 둥글고 길쭉한 플라스틱 통을 하나 건네주었다. 열어보니 예상치도 않게 초등학교 5학년 때 이런저런 글짓기 대회에서 입상하고 받은 상장 예닐곱 장이 들어있었다. 한 해 동안 받은 글짓기 상장을 누가 이렇게 모아놓았을까? 나는 전혀 생각나지도, 본 적도 없는 이런 물건을. 나였을리는 만무하고, 설마 어머니였을리는 더욱 만무한데. 교내, 군내, 도내, 한국일보 주최, 전국이승복글짓기대회, 무슨무슨 보험회사 주최… 그 꼬마가 한 해 동안 참여했던 대회가 이리도 많았단 말인가.

거의 기억에 없는 이것들은 분명 당시 나를 퍽 이뻐하고 지도하려고 애쓰셨던 담임선생님의 적극적인 활동과 매니지먼트의 결과일 것이다. 게다가 더욱 웃음 짓게 한 것은 무슨 미술사생

대회의 상장까지 끼어 있었기 때문이다. 당시 미술시간을 과하게 싫어하고 이상한 위축감을 갖고 있던 나, 그런 내가 미쳤다고 미술사생대회를 나갔겠는가 말이다. 담임선생의 너무나 강력하고 끈질긴 꼬드김에 내가 넘어갔던 거겠지. 여하튼 까마득한 어린 시절의 추억 한 조각을 어렴풋이 떠올릴 수 있어서 잠시 넋을 놓고 웃었다. 생각해보니 이 상장들이 내 어린 시절을 떠올릴 수 있게 하는 물건의 전부이다. 십여 년 전에 그나마 남은 몇 장의 사진들을 따로 챙겨두었다가 잦은 이사 끝에 잃어버리고 말았으니.

진한 커피를 마시고 성경공부를 다녀왔더니 본격적으로 눈꺼풀이 내려앉는다. 오늘은 일찍 잠들어야겠다. 내 묵은 물건들은 다음 주에나 치울 수 있을 것 같다. 어쨌든 평화!

서랍장을 정리하며

2005.06.17

물건을 정리하느라 집이 발 디딜 틈 없이 빼곡하다. 논문 관련 책들도 제멋대로 여기저기 굴러다니고…. 서랍장을 뒤져서 앞으로도 절대 입을 수 없거나 너무 헤진 옷을 꺼내보니 어느새 한 짐이다. 내게 가방류에 대한 이상스런 집착증세가 있다는, 기실 새로울 것도 없는 사실을 또 한 번 마주했다. '이상스런'이란 말을 사용하는 기준은 의류나 기타 물건류에 대한 것에 비해서 그렇다는 말이다. 쓰지도 않는 여러 스타일의 가방들을 저렇게 꼬깃꼬깃 모아놓은 하등의 이유를 찾지 못해서 내심 슬쩍 민구스러웠다. 이따금씩 교회 아이들과 명동 지하상가에 나설 때도 내 눈길은 유난히 가방류에 머물곤 한다. 물론 쓰지 않는 물건을 사들인 적은 거의 없으니, 모두가 이렇게 저렇게 얻거나 주워 들인 것들이다. 가방류에 집착하는 이유는 아직도 잘 모르겠다.

정리한 옷들을 내일 아침에 동네 의류박스에 갖다놔야겠다. 그리고 내일은 책과 소소한 물건들을 정리해야겠다. 내 몸 하나 건수하자고 이렇게 많은 것들을 짊어지고 다녀야하다니 참으로 부질없고 황당한 일이다. 돈 들여 사지도 않으면서 여기저기서 주워들인 별로 소용도 없는 것들을 버리거나 남 주지 않고 데리고 사는 버릇, 여전히 고쳐지지 않는다. 예전에 누군가는 이런 성격의 소유자들이 만성변비나 구두쇠 기질이 있을 경향이 농후하다고 했는데, 내 경우엔 적절히 맞는 말이다.

오후에 장을 본 후 어머니집에 들렀는데 어머니가 자꾸만 저쪽 베란다에 있는 물건을 누가 사다 놓았냐고 물으셨다. 작은 방(이제 내가 쓸 방)에 있었던 TV 받침대 및 서랍 달린 장을 베란다에 내다 놓았더니, 그것이 갑자기 낯설어보였나보다. 누가, 언제, 얼마 주고 들여놓았냐고…. 며칠 전엔 또 계란을 프라이해서 냉면국수 위에 얹으려고 하시더니, 어젯밤 늦은 시각엔 원주에 사는 생면부지의 언니뻘 친척이 전화해서는 왜 어머니가 딴소리를 하느냐고, 어머니를 왜 안 돌보느냐고 책망을 했다. 아무리 친척 뻘이라지만 얼굴도 모르는 사람에게 생뚱맞은 소리를 듣자니 속이 좀 부글거리더라. 내게 대체 친척이란 존재가 어디 있었던가. 더구나 이젠 어머니의 뇌리에서도 자주 지워져버리는 당신, 내 삶에서 떠올리거나 발성할 일이 전혀 없는 당신이, 과연 내 '친척'일까.

문경새재 옛 길

2005.06.22

월요일에 문경새재 옛길을 걸었다. 족히 네 시간에 걸쳐서. 수년 전 교회 수련회 차 신도로를 달리면서 언젠가는 저 아래 옛길을 한 번 걸어보리라, 생각한 적이 있었는데 그 생각을 실현한 셈이다. 오래 전엔 영남인들의 과거길이었고 지금은 옛 사극 촬영 잔해가 길 초입에 흩어져 있는 그 길은 예상했던 대로 길고, 깊고, 푸르고, 아름다웠다. 그렇듯 아늑한 좋은 길을 걷다 보면 누가 내 등을 밟고 간들 좋을 것처럼, 어느새 나는 그 길의 일부가 된다.

문경새재 걷기는 감신의 두 학회 조인트 리트릿의 일정이었고 나는 이사 직전의 어수선함을 뒤로 한채 그 짭짤한 유혹에 몸을 실었다. 혹 내 나약한 심장이 동행인들에게 누가 될까 내내 한 걸음 앞서서 걸었더니 역시 다른 이들이 너무 잘 걷는다고, 건강하다고 한마디씩 건넸다. 삶은 이런저런 속임수를 디딤돌로 흘러간다. 그 길을 걷고 나서 아득한 고단함이 뭉실거리는 순간, 또 한쪽에서는 이름 모를 용기와 충전감이 나를 토닥이고 있었다.

고단함으로 밤을 지새웠다. 일상에서는 나약하기 짝이 없는 내 육신과 정신이 때로 자신의 조건을 훌쩍 넘어서고 버티기를 시도한다는 사실에 새삼 웃음이 난다. 무엇 때문이었는지, 그래서 무엇이 남았는지는 후일 생각해 볼수록 재미있을 것이다. 시퍼런 젊음과 건강을 누리면서도 삶과 사유에 빗장을 지르는 것들에 항거하지 않는 사람들, 더 이상 선생의 낡은 권위주의와 삶에서 소외된 학문의 틀거리에 저항하지 않는 사람들, 타자들과의 소통과 관계 방식, 공존을 위한 고민과 '행위'에 무감각하고 냉담한 사람들과 부딪칠 때면, 나는 더욱 더, 더욱 주체적으로 '타자'가 된다. 그렇지만 더 이상 소위 '주체'에 의해 휘둘리지 않는 타자, 영원한 각인으로 남을지도 모르는 이등시민의 자리에 더욱 강하게 두 발을 딛고, 그 잘난 일등시민에게 조롱과 야유를 보내고, 채찍질하고, 때로는 위무하고, 또 때로는 그들을 무섭게 강타하는 타자.

어두운 밤길을 달려와 다소 늦게 잠에서 깨어났다. 어제까지도 느끼지 못했던 삭신 쑤심과 피로가 하얗게 몰려든다. 그러나 내일은 이삿날이다. 지금 세탁기에서는 이 정든 집에서의 마지막 빨래가 돌아가고 있고, 나는 이 집에서의 마지막 일기를 쓰는 중이다. 곧 이 집에서의 마지막 점심을 먹고 마지막 커피를 마실 것이다.

문경새재 옛 길을 걸으며 마음에 담아온 개운함으로 짐 정리와 여러 일 처리 등 오늘 하룻길을 더욱 정갈하게 걸어야겠다.

이사

2005.06.24

어언 한 달 전부터 고민하고 신경 쓰던 이사를 오늘 드디어 마쳤다. 저번 주부터 꼬깃꼬깃 숨겨둔 짐들과 쓰레기를 정리한다고 했는데도 오늘 또 엄청난 물건들을 버리고 기부했다. 꺼내 놓으니 더욱 보잘것없는 짐들 사이에서 시름시름하느라 늦게까지 잠을 이루지 못했던 오늘 새벽, 당장 몇 시간 후에 노가다를 뛰어야 한다는 강박관념으로 잠자리에 들었건만 뜻밖에 무지막지한 열대야 현상에 시달리느라 거의 잠을 자지 못했다. 몸의 피로에 발맞추지 않는 말똥거리는 정신과, 쉽게 들 것 같지 않은 잠 사이에서 근 한 시간 반 동안 일종의 공황상태를 겪었다. 두 시간도 채 못자고 일어나 움직이기 시작해서 지금에야 겨우 책상 앞에 앉아본다. 금방 빨래를 돌려놓고. 동생부부가 숙련된 솜씨로 많이 도와주었다.

내 작은 방을 생각하면서 책들을 마구 버리지도 못하고 껴안지도 못한 채 수도 없이 고민했던 것에 비하면, 무사히 그리고 거뜬히 책을 수납한 셈이다. 짐을 나르던 분들은 힘들었겠지만. 부엌과 옷장에 마구 풀어놓고 집어넣은 것들은 대충 정리했으니 이제 며칠 동안 오며가며 책 정리를 해야겠다. 덕분에 어머니 집의 묵은 때도 한번 씻어냈으니 상쾌한 마음가짐으로 이 집에서 살아갈 일이다. 피곤에 쩔어 눈도 뜨기 어려운 상태에서 쉼을 위해 성경공부를 다녀왔더니 그새 어머니는 이 펄펄 끓는 여름날 밤에 온갖 문과 틈을 무지막지하게 죄다 걸고 차단해버렸다. 겁과 두려움이 많아졌다는 것도 예전과 달라진 어머니 모습 가운데 하나이다.

사우나실 같은 집 공기에 혀를 차며 창문을 열고 커튼을 열어제치는 내 모습을 어머니는 두려운 눈초리로 바라보셨다. 젊으셨을 적엔 몸에 열이 많아서 겨울에도 양말을 곧잘 벗어젖히던 분이 뇌의 병이 생긴 이후로는 추위와 더위의 정도조차 잘 감지하지 못하신다. 현관엔 벗어놓은 즉시 까맣게 잊어먹은 빨래가 한가득이다.

어쨌든 다시 한집에서 살게 된 모녀를 위해, 모녀의 삶의 터전인 이 집을 위해 깊이 기도를 드리고 싶은 밤이다. 금요일(어느덧 오늘)에 약속되어 있던 교수와의 면담을 하는 수 없이 월요일로 미루었다. 이 피곤을 어쩔 거나.

ps. 주택가에 속했던 저번 집에서는 잘 들을 수 없었던 소리가 외곽에 있는 어머니댁에서는 밤공기를 뚫고 거세게 들려온다. 저 아랫녘 들판 어딘가에서 울어재끼는 개구리들의 향연. 동생네에서는 시끄러워서 잠을 방해할 정도라는 저 소리에 가만히 귀를 기울여본다.

나이듦은 치유를 위한 시간

2005.07.09.

다사분망하고 피곤한 나날들이다. 늙은 노모와 살림을 합친 뒤 엄청나게 일이 늘었다. 하루에 가사노동에만 서너 시간을 바치나보다. 아직 일이 손에 익지 않아서 그런가, 요즘 더욱 절실히 느끼는 바지만 가사노동은 절대로 단순 육체노동이 아니다. 적절한 계획과 타이밍과 꽤나 진득이 신경을 써야 하는 정신적 노동이다. 가사일에 여직 서툰 나의 넋두리만은 아닐 것이다.

제법 해맑은 햇살이 쏟아지던 어제 오후에 멀리 사는 친구가 춘천에 들렀다. 간단한 요기를 하고 강줄기를 낀 외곽도로를 이리저리 돌면서 꽤 많은 이야기를 나누었다. 결코 가볍지 않은 대화가 오고가던 중 문득 아련하고 진득한 치유의 감정 같은 것을 느꼈다. 젊음과 청춘의 깊은 폭랑을 무사히(?) 건너 이젠 중년의 돌다리를 조심스레 건너가는 그와 나의 속내가 살살 어루만져졌다고나 할까. 삶에서 만난 수많은 희비는 우리를 고꾸라뜨리고 무너지게 만들었다. 그런데 그러한 순간을 통과한 후에야 우리는 비로소 삶의 속살에 가 닿을 수 있었고 삶에 대한 감사와 겸허한 눈길을 겨우 얻을 수 있었다.

나이가 든다는 것. 그것은 강한 빗줄기를 뚫고 슬쩍 그 광명한 얼굴을 내미는 가을 햇살처럼 가슴이 시릴 정도로 고마운 눈물겨움을 좀 더 나직한 손길로 받아들인다는 것. 더 이상 어떠한 환상이나 큰 왜곡을 동반하지 않고도 그 빗줄기와 햇살아래 서 있을 수 있다는 것.

이른 새벽에 일어나니 다시 비가 내린다. 차를 끓였다. 이사온 후 처음으로.

지루하고 찐득거리는 열대야

2005.07.17

오늘 낮엔 몸을 움직일 때마다 땀이 쏟아지더니, 지금은 견디기 힘든 열대야이다. 며칠 전이 초복이었으니 한동안 이런 찜통더위가 계속될 것 같다. 이 더위에 걸핏하면 온 집안 문을 닫아걸고 커튼까지 열심히 처매는 어머니는 나와 몇 번의 실랑이를 벌이다가 조금 전에 겨우 잠드셨다. 내 등살에 거실 창문은 쬐끔 열어놓았지만 주무시는 안방 창문은 여지없이 꼭꼭 닫아 걸어놓으셨다. 오슬 추위가 찾아오는 가을에나 덮을 만한 이불을 목 위까지 덮어쓰고서. 뇌 활동의 저하로 더위와 추위의 감별능력마저 현저히 떨어진 것일까.

교회물품을 사러 간만에 시내 기독교서점에 들렀다가 서점에서 나와 한참 떨어져 있는 주차장으로 걸어가는데 등줄기에서 땀방울이 뚝뚝 떨어졌다. 더위도 피하고 쉬어갈 겸해서 길가 벨몽드상가 1층의 커피점으로 들어섰다. 천 원짜리 커피 한 잔을 놓고 잠시 쉬는 도중 우연찮게 옆자리의 두 젊은 여성이 주고받는 대화를 엿듣게 되었다. 대학생으로 보이는 두 사람 중 한 사람은 커피점의 아르바이트생이었다. 두 사람은 얼마 전 <한겨레21>에 실린 어떤 내용을 두고 이야기하던 중이었나본데, 갑자기 화제가 가톨릭과 개신교의 여성안수문제로 귀착되었다. 그런데 한 여성이 가톨릭에서는 여성이 사제가 될 수 없는 반면에 교회엔 여자목사가 있다고 말하자 다른 여성이 "어머, 정말이야? 여자 목사도 있어? 넌 본 적 있어?"라며 목청을 높이는 것이다. 아, 난 이 대목에서 놀라고 말았다. 아니, 아직도 여자 목사의 존재감이 이렇듯 없단 말인가. 군대와 사관학교도 여성들에게 활짝 열린 세상인데, 이 젊디젊은 여성에게도 교회는 여전히 여성의 존재감을 전혀 심어주지 못한다는 말인가. 직업적 서비스 차원에서 그들에게 다가가 내가 바로 여성 안수과정에 있는 사람이라고 친절히 설명을 해줄까 하다가 그만두고 말았다. 돌아오는 길에 한낮 더위가 마치 녹여버릴 듯 한층 더 으르렁대는 것만 같았는데, 비단 날씨 탓만은 아니었을 게다.

아주 늦게까지 더위를 피해 놀이터에서 재잘대던 사람들이 모두 자취를 감추어버린 시각. 저 아래 논밭에서 들려오는 개구리 울음소리와 칠흑 같은 고요는 여전한데, 한 겹 비닐랩처럼 몸을 휘감아버린 열기에 쉬이 잠들 수 없는, 지루하고 찐득거리는 토요일 밤이다.

전쟁과 평화, 그 틈

2005.07.20

어젯밤 "요즘 어떻게 지내세요?"라는 한 후배의 문자를 받았다. "매일 전쟁 중이야"라는 내 답신에 후배는 "가급적 빨리 평화가 오기 바랍니다"라고 응답했다. 그렇다. 요즘 나는 하루하루가 어머니와의, 또 수두룩한 집안일과의 전쟁을 치르는 중이다. 해질녘에 복잡하게 엉크러진 마음과 몸을 이끌고 탈출하는 심정으로 산책길에 나서서 한참 걷다보면, 그동안 내가 혼자서 너무 편하게 살아왔다는 생각이 든다. 또 한편 다른 이들이 가족과 그 제도 속에서 악다구니로 살아가는 동안 내가 누렸던 혼자 사는 즐거움과 여유를 이젠 다시 가족을 비롯한 누군가에게 나눠줘야 하는 때일 거라는 씁쓸한 자위를 하곤 한다.

어머니와 함께 살면서 가장 힘든 것은 노동양이 많아졌다는 것보다는 온전한 나만의 공간과 시간을 누리기가 힘들다는 것이다. 혼자 아침에 눈 뜨고 잠들면서 느끼던 그 깊은 평화와 고요함을 맛보기가 쉽지 않다. 아마 아직도 내가 걸핏하면 별 것 아닌 일에도 성을 내고 목청을 높이는 근본적인 이유가 그것일 것이다. 물론, 퇴행성 치매증상과 뇌종양, 고혈압과 당뇨 등의 병을 앓고 있는 환자와 함께 산다는 것이 쉬운 일은 아니지만.

어머니의 기억은 근간 수십 년 세월을 훌떡 잘라먹은 채 이십대 시절을 기웃대고 있다. 당시 어머니는 여주의 큰이모네서 할머니와 함께 살았던 모양인데, 식사 때마다 내가 얼굴도 모르는 큰이모와 그 식구들, 할머니가 지금 어디에 사느냐고 물으신다. 누군가가 치매 걸린 노인은 가장 행복했던 시절로 돌아간다고 하던데, 어머니에게는 그때가 그나마 추억할 만한 때였을까. 이틀 전에는 동생 내외를 자꾸 이모 아들이라고 우기기도 해서 무척 놀랐는데, 어제 아침엔 그날 밤에 내 신랑이 다녀가지 않았냐고 물으셨다. 내 신랑이 누구냐고 했더니 내 침대에서 잠시 쉬고 간 머리 빡빡 깎은 중이 내 신랑이 아니냐고 하셨다. 환시와 환청 현상도 점점 늘어간다. 지난 월요일엔 동생이 화곡동에 있다는 치매노인 병원에 어머니를 모시고 다녀왔지만, 퇴행성 치매엔 약이 없으니 환자를 요양원에 모실 게 아니면 혈압과 당뇨나 잘 조절하라고 했단다.

오늘 아침엔 아침식사와 청소를 끝낸 뒤 뒷산에 올랐다. 아파트 뒤편으로 소담하게 난 길을 오르노라니 땀방울이 후두둑후

두둑 온몸으로 떨어진다. 그저께는 누가 다 따먹었는지 길섶의 산딸기가 별로 눈에 띄지 않더니 오늘은 강렬한 햇빛을 먹고 여기저기 빨갛게 얼굴을 내밀고 있다. 이 시간이 내겐 가장 고요한 평화이다. 다시 또 분주함과 전쟁으로 들어가야 하는 내 등을 토닥여주는, 한 모금 시원한 샘물 같은 순간. 그럴 테지. 비로소 좀 더 따뜻하고 포근한 눈길로 어머니를 바라볼 수 있기를 구하는 기도의 시간.

며칠째 오며가며 책 정리를 하는 중이다. 마구 책장에 얹힌 책들을 분류하고 제 자리를 찾아주다보니 어느새 나 자신도 조금씩 정리정돈이 되어가는 듯하다. 분지지역 춘천 어머니집에서의 찜통 같은 무더위, 복잡한 마음과의 전쟁을 치르는 요즘, 간간이 찾아드는 평화와 삶에 대한 통찰력이 어느덧 조금씩조금씩 자라나기만을 바라고 싶다.

지난날에 대한 후회, 그리고 소망

2005.09.04

토요일 오후, 모임을 마치고 교회 청소를 하던 중에 윤희가 문득 이렇게 물었다. "전도사님, 지난 시절을 돌이켜 볼 때 혹시 후회되거나 아쉬운 점 같은 것이 있으세요? 지금 다시 그 시절로 돌아간다면 꼭 해보고 싶다던가, 뭐 그런 거요." 생각이 많은 윤희는 종종 느닷없고 뜬금없는 질문을 하곤 한다. 지난 시절을 후회하거나 아쉬워해야 할만큼 윤희에겐 내가 늙은이로 보이는 건가, 잠시 뒤통수를 맞은 듯이 멍한 기분이 들었다. 그렇지만 한번 더 생각해 보면 윤희 질문의 의도는 그것이 아닐 게다. 내 학창시절에 대한 적절한 관심과 최소한 그보다 나은 삶에 대한 희구, 자신의 미래에 대한 짜릿한 두려움으로부터 탈출하려는 욕구 등이 혼재된, 예민하고 낯선 나이의 여학생의 정당한 질문이었을 것이다.

흠, 글쎄… 얼마 후 두 가지 대답이 선명히 떠올랐고 나는 윤희에게 차근차근 대답했다. 두 가지가 생각났는데, 첫째는 내가 어려서부터 최대한 많이 부지런히 움직이지 못했다는 것이고, 둘째는 휴대 가능한 악기 하나를 아직까지 마스터하지 못했다는 거야. 기타나 오카리나, 단소나 북, 그 어느 것이든.

한참 시간이 지나서야 나는 그 두 가지가 별개의 것이 아님을 상기했다. 만일 내가 행동에 굼뜬 사람이 아니었다면 음악을 듣는 것에 그치지 않고 가볍고 손쉬운 악기 하나쯤은 이미 정통해 있었겠지. 피아노와 같이 둔중하고 휴대가 불편한 악기 말고.

집에 돌아온 후 나는 두 번째 생각과는 자주 해후하곤 했지만 처음 생각과는 거의 마주친 적이 없다는 것을 또 깨달았다. 물론 내가 몸을 움직이는 일에 별로 관심하지 않았다는 사실은 누구보다도 잘 터득하고 있었지만 그것에 대한 아득한 후회나 그와 관련해서 남은 인생에 대한 바람을 떠올려 본 적은 거의 없었다.

즉 나는 그러한 생각을 요즘 와서 집착적으로 하게 된 것이다.

청소를 할 때, 계단이나 뒷산을 오를 때 불현듯 찾아드는 육체적 한계와 통증이 간단치 않은 생각을 몰고 온다. 왜 나는 일찌감치 내 허약하고 고약한 신체적 조건에 맞서볼 생각을 하지 않았을까. 왜 그것에 쉽사리 순응하고 걷고, 뛰고, 재잘대는 일에서 혼자 빠져나왔던가. 그러한 일로는 나 자신이 쉽게 상처받지 않을 거라고, 한 번쯤 고함을 지르거나 맞붙어 보지 않았을까.

환자와 동거를 하고 일방적인 보살핌을 제공해야 하는 때에 나는 종종 내가 몸을 움직이는 일 자체를 못마땅해하는 것을 발견하곤 한다. 그래서 걸핏하면 동선을 줄이고 체력을 소모하지 않을 궁리부터 한다. 어릴 적부터 내 몸에 배어든, 나약하고 소심한 육체적 버릇인 것이다.

요즘 내가 돌이켜보는 것이 이것이다. 손과 발을 좀 더 부지런히, 넓고 섬세하게 움직이는 것이 실은 내 기력을 빼앗는 것 이상으로 나를 더욱 윤기 있고 건강하게 만드는 일이었다는 것을. 자신을 위해서나 타인을 위해서 몸을 날렵하게 움직이는 것이 곧 풍성한 삶의 비결일 수 있다는 것을.

그래서인가. 아침저녁으로 서늘한 바람이 코끝을 스치는 요즘, 나는 문득 이런 생각을 하곤 한다. “이제 시작이다. 앞으로 내 삶은 더 많이 걷고, 숨쉬고, 움직이는 것이 될 것이다”라고. 과연 그러한 소망이 제대로 실현될지는 알 수 없지만, 몸을 움직이는 것에 대한 두려움과 부정적인 생각이 예전보다 어리고 미숙했던 십대와 이십대 시절보다 훨씬 덜해진 것만은 분명하다. 그것 하나만으로도 고맙게 생각해야 할지도 모르겠다.

가을바람이 불기 시작하면서 잊혀지려고 했던 사람들이 하나 둘씩 연락을 해온다. 설교준비에 골몰하던 중 걸려온 전화, 오랜 시간의 공백을 뛰어넘어 어느새 농담과 웃음이 넘나들자 그는 "고맙다"고 했다. 나 같은 두터운 개인주의자에게 지난 여름은 유난히 힘들고 아팠다고, 조만간 따뜻한 점심을 먹자고 잊지 않고 전화를 해준 당신이 내겐 기적 같은 일인데.

어느새 주일을 앞둔 깊은 시간에 빌어보는, 평화.

화려한 외출

2005.09.06

어제만 해도 오늘 서울에 다녀올 생각이 마음을 짓눌렀다. 학교에 등록을 해야 하는지 말아야 하는지의 문제로 마음이 몹시 어수선했기 때문이다. 그러다가 어쨌든 다녀오자고 마음을 먹었고, 오늘 아침에 마침 월요일에 상담공부를 하러 가는 지방 후배 목사의 차를 얻어 타고 길을 떠났다. 기차로 서울을 오가는 일에 슬슬 염증이 나던 차에 맑은 가을햇살과 살랑이는 바람에 몸을 맡기며 경춘가도의 멋스러운 구빗길과 강변북로를 달리는 일은 새롭고 상쾌했다. 아, 경춘가도가 이렇게 아름다운 길이었구나. 어느새 콧노래가 흘러나오고 무겁기만 하던 마음이 조금씩 들뜨고 있었다.

어쨌든 등록을 했고 지도교수에게 얼굴도장(?)도 찍었고, 때맞춰 교내 채플에서 열린 출교당한 채 고인이 된 옛 스승의 추모행사에 참석하는 행운도 있었다. 여전히 스승을 사랑하고 그리워하는 후학들의 정성으로 치룬 행사는 생각지도 못한 감명과 여운을 주었다. 특히 이현주 목사님의 시인답고 예언자다운 짤막한 말씀, 그리고 김경재 교수의 날카로운 서평과 질타는 그 자리의 존재 의미를 뭉클하고도 명징한 통증을 불러일으켰다. 또한 강연에 앞서 시연된 30분 음악회, 중세 교회가 인간의 영혼을 빼앗아가는 악기라고 금기시했다는 오보에의 청량하고 맑은 소리와 부드러운 기타 선율의 하모니에 눈물이 주르르 흘렀다. 누구는 음악을 감성의 도덕이라고 했고, 또 누구는 산 자와의 우정, 죽은 자들과의 우정이라 했다는데, 오늘의 음악회는 내 안의 메마른 감성에 흠뻑 내려앉아 빛바랜 생명력을 다시 건져 올려준 빗줄기 같은 은혜였다.

이국생활을 접고 고국에서 죽고 싶어서 돌아오신 목사님을 십여 년만에 반갑게 해후했고, 큰 은혜를 받으면서도 마음으로만 존경을 표하던 두 분 목사님의 건강한 얼굴을 뵐 수 있었다. 무엇보다도 수 년 전 어느 교회에서 만났던 두 여학생 소식에 가슴이 벅차올랐다. 질풍노도의 사춘기적 광풍을 건너느라 죽을 것처럼 고민하던 두 아이, 어느덧 어엿한 대학생이 된 두 아이는 휴학을 하고 일주일 전에 세 달 반이 걸리는 실크로드 여행을 단독으로 떠났다고 했다. 그 소식을 건네는 분의 입가엔 잔잔한 기쁨과 자랑스러움이 흘렀지만 눈가엔 어머니로서의 걱정에 어쩔 수 없이 눈물이 고여들었다. 내가 그분의 손을 잡고 먼 길에 딸을 훌쩍 보내준 당신이 존경스럽다고 나직이 말하자 그분은 다시 활짝 웃음을 되찾았다. 그리고도 반가운 사람들, 사람들….

후배목사와 돌아오는 밤길은 한적하고 반짝거렸다. 강물 위엔 은은한 달빛과 별빛이 깔려 있었고 가을바람이 제법 거세게 불었다. 의외의 즐거움과 감동, 웃음에 흠뻑 빠져들었던 하루만의 외출, 갈 길은 멀고 몸은 고되지만 삶에 대해 다시금 옷깃을 여미고 웃음 짓게 만든, 마치 향연처럼 내게 베풀어진 화려한 외출이었다.

ps. 늦은 시각에 돌아오니 어머니는 아주 얌전한 자세로 잠드셨다. 마치 어머니를 기다리다가 약간 기진맥진해버린 아이처럼. 어머니를 온전히 사랑의 눈길로 바라볼 수 있는 짧은 순간이다.

'나는 누구인가?' 또 다시 '나는 누구인가?'

2005.09.10

어릴 때 나는 조용하고 얌전한 아이로 통했고 그런 이미지를 고수하는 것이 내게도 편했다. 실은 내겐 싸울 누군가도 별로 없었고 누군가에게, 또 어떤 문제에 대해 거론하거나 시비를 걸 만큼 바깥세상에 관심이 없었다. 수업시간이나 출석부를 때 꼭 해야 할 말조차 너무 거추장스러울 때가 많았고, 몇날 며칠 동안 입을 열지 않고도 심심해 한 적이 없었다. 고1 겨울방학이었던가, 5분 거리에 있는 친구네 집에 한 번 가보지도 않고 집안에만 틀어박혀 있다가 개학을 맞아 학교에 가던 날, 문득 '혹시 내가 말하는 것을 잊어버리지는 않았을까?' 하는 궁금증에 시달렸던 기억이 난다. 꼭 그렇게 살고 싶은 것은 아니었지만 그때 나는 예민함과 공격성은 깊이 숨기고 대충 유순하고 점잖은 아이처럼 보이고 싶었나보다.

30대에 와서야 나는 어린 시절의 몇몇 추억을 떠올리면서 실은 그것이 아님을 깨달았다. 인간은 시간 속에서 성장하고 변화하게 마련이지만 어느 순간 나는 내가 과연 조금씩 변화한 것인지, 아니면 어릴 적의 내 모습이 나의 잘못된 편견과 왜곡에 의한 것인지를 조금 더 들여다보고 싶었다. 그리고 나서야 내가 떠올린 몇몇의 사건들은 오랫동안 내 뇌리의 시야에 거의 모습을 드러내지 않았던 굵직한 일들이었다. 가령, 중학교 1학년 때 국어교사였던 담임선생의 무능력과 지나친 수줍음을 못마땅해 했던 나머지 반 아이들을 선동해서 수업 거부에 이르게 하고 결국 학교 측에서 권고 휴직하게 했던 일, 중학교 3학년 때 한 교회 선생의 개인사를 빌미로 그를 몹시 싫어하고 괴롭혔던 일, 신학대학에 진학하려는 나를 못마땅하게 여긴 고3 담임선생의 폭력적 보복에 지루하게 맞섰던 일(일례로, 그는 토요일 자율학습에 임하지 않은 학생들을 월요일이면 어김없이 체벌했는데 반 아이들은 맞는 게 무서워서 대충 시간을 때우는 식이었다. 그러나 이미 학기 초에 그의 요구에 응할 필요가 없다고 판단한 나는 매주 토요일, 일요일 자율학습을 빼먹었고 월요일 아침이면 누구보다 먼저 당당하게 나가서 체벌에 응했다. 선생은 그런 나에게 더 거친 고함과 회초리를 들었지만 나는 무섭거나 아프기는커녕 독사눈을 뜨고 신음소리를 내는 그의 행동에 코웃음쳤다) 등이 있다. 20대에도 몇몇 예사롭지 않은 사건들이 있었는데, 나는 그런 사건들을 겪으면서도 줄곧 '얌전하고 조용하고 점잖은' 사람인 척 하고 싶었던 걸까. 30대 후반, 이제 나는 더 이상 그런 사람의 이미지를 원하거나 고수하고 싶지는 않다. 오히려 지금은 비판정신과 저항심과 공격성을 나의 주된 이미지로 읽으려 드는 사람들이 훨씬 더 많다. 수 년 전엔 여학생에게 폭력을 행사한 어느 남학생을 고발하고 쫓아낸 일에 연루되었던 내게 당시 어떤 모자란 놈은 "그렇게도 남의 시선을 끌고 싶냐"고 폭언을 하면서 평생 나를 두고두고 잊지 않겠다고 했다.

사춘기에 겪었던 큰 사건들이 내게 가져다준 상처와 후유증을 나는 망각으로 대처하려 했고, 나이 든 후에도 관계의 변화나 단절 등의 사적인 방식으로 살아왔던 것 같다. 더구나 어렸을 때나 지금이나 죽도록 사랑하거나 힘들어야 할 대상을 만드는 일에 별로 관심이 없이 살기 때문에 실제 나의 달라진 모습이나 주위 사람들의 반응 등은 내게 그리 중요한 일로 다가오지 않았다.

아픈 어머니와 동거를 시작한 후, 나는 하루에도 몇 번씩 '내가 누구인가'를 되묻곤 한다. 이렇게 뼈아픈 막소리를 마구마구 내지르는 나는 누구인가, 무기력한 어머니의 겁에 질린 얼굴에 대고 더욱 포악한 소리를 해대는 나는 누구인가. 외출하는 내게 '어디 가냐?'고 묻거나 이른 아침에 내 잠을 깨우는 어머니에게 된통 면박을 해주고픈 충동에 시달리는 나는 누구인가. 시간에 맞춰야 하는 갖가지 약봉지를 마구 짓밟아버리고 싶은 심정이 드는 나는 누구인가. … 그럴 때의 나는 과연 어린 시절의 나, 사춘기의 나, 20대와 지금의 나와 동일한가, 다른가. 아니, 지금의 내가 어린 시절의 나이기는 한 것인가.

주변인들은 쉽게 말들도 잘 한다. '나였다면 어머니를 시설에 맡겼을 거다. 그건 너 혼자 감당할 수 있는 문제가 아니야.' 그들은 아직 당하지도 않은 일을 참 잘 안다는 생각이 든다. 실제로 그 말은 맞다. 어차피 나 혼자 감당할 수 없는 일이다. 그런데 이렇듯이 지옥과 같은 감정을 넘나들면서도 한편 이런 상황을 쉽게 포기하거나 탈출하기도 어렵다는 것을 그들도 알까. 감당할 수 있어서가 아니라 감당할 수 없는 줄 뻔히 알면서도 놓아버리지 못하는 시간이라는 것을.

울다 지쳐서 기진맥진해버린 어젯밤에는 아파트 꼭대기에 올라가 마구 소리를 지르고 싶었다. 이 힘든 동거가 얼마나 지속될지, 내가 내 어두컴컴한 내장을 얼마나 들춰내야 할지, 아직은 알 수가 없다.

마지막 준회원 교육을 다녀오면서

2005.10.01

지난 목요일과 금요일에 속초에서 열린 준회원 세미나에 다녀왔다. 9월의 마지막을 준2년급 세미나와 함께 보낸 셈이다. 내년엔 목사안수와 동시에 정회원이 될 테니 마지막 준회원 교육이어서인지 작년, 재작년과 조금 다른 감회가 뒤섞이기도 했다. 10월 한 달은 또 이렇게 세미나와 시험준비, 진급논문, 그리고 지방의 이런저런 행사와 더불어 흘러갈 것이다. 매년 2박3일씩 묶어두던 세미나를 올해는 감사하게도 1박2일로 줄여주어서 가뿐히 다녀올 수 있었다. 별것도 아닌 행사를 2박3일씩 끌고 가느라 그동안 연회본부에서도 꽤 많은 시간적, 재정적 출혈이 있었을 텐데, 웬일인지 올해는 행사의 쓸데없는 무게를 대폭 줄

이는 결단을 내렸다.

지방 회원들과 봉고 한 대로 미시령을 오르내리는 동안 황금빛 직전의 노란빛으로 물든 들판과 여러 색으로 단풍 들기 시작한 깊은 산림에 눈길을 주는 일은 잔잔한 경쾌함을 맛보게 했다. 석 달 동안 어머니와 하루하루를 들쑥날쑥한 싸움으로 소진하느라 내가 미처 창밖으로 깊은 시선을 주지 못하는 사이에도 저 들녘과 숲, 강가의 생명들은 제 몫의 아름다움과 결실을 맺는 일에 저리도 유유히 흘러가고 있었다. 순간적으로 찾아드는 부끄러움, 그리고 아쉬움….

일곱 명의 여성 준회원들에게 두 개의 방이 배정되었고, 그 한 방에는 처음 보는 어떤 전도사가 갓 낳은 딸과 딸을 돌봐줄 친정어머니를 모셔 왔다. 아직 모유 수유 중이라 세 모녀들이 쉽지 않은 여행에 함께 나선 것이다. 연회의 준회원 교육 역사상 아마도 처음 있는 일인듯 싶었으나 그것은 아무런 문제나 관심거리도 되지 않아 보였다. 오히려 작년과 올해에 출산 경험을 한 사람들이 세 명이나 되는 터라 식사시간 등 위아래 층으로 이동하는 동안 여자들은 서로 그 예쁜 아기를 안고 가겠다고 아우성을 치고 식탁에서 서로의 출산과 수유 경험을 자랑스레(?) 떠벌리는, 보기 드문 진풍경이 벌어지기도 했다. 오랫동안 남자들만의 행사처럼 여겨져 온 자리에서 말이다. 그 중에는 작년 연회의 준회원 허입하는 자리에 임신한 채 나갔다고 어떤 할머니 목사에게 된통 눈물 빠지게 혼이 났던 후배도 있었는데, 한 해 사이에 경험을 공유하게 된 다른 동료들을 갖게 되어 다행히도 기운을 회복하게 된 셈이다. 그 후배 일로 여자 목회자들 사이에서도 왈가왈부 말이 많았는데, 이번 준회원 세미나의 경험이 다시는 그런 말도 안되는 남성적 논리를 말끔히 잠재우는 시금석이 될 수 있을 것 같았다.

어느덧 10월의 첫 하루를 맞는 일이 아직 서먹하고 낯선 느낌이다. 할 일이 산적해 있고 덧없이 흐르는 시간의 흐름 앞에서 하염없이 작아진 몸과 마음으로 간신히 서 있다고나 할까. 어머니와의 향후 동거문제를 두고 머리가 몹시 아팠던 요즘이었는데, 지난 월요일에 다녀온 서울행에서, 그리고 이후 며칠간 곰곰한 생각을 통해 조금씩 생각이 가닥을 자리잡아가는 중이다.

이 깊어가는 가을이 속수무책이다.

10월의 숲, 그 언저리 일들

2005.10.13

요즘을 일컬어 가을의 극치라고 하나보다. 투명한 푸른빛 하늘엔 곧 살랑살랑 자취를 감출 것만 같은 새털구름 몇 점이 한가로이 떠돌고 한낮의 따사롭고 기분 좋은 햇살은 무겁고 반복적인 일상의 옷을 벗고 어디로든 훌훌 떠나보라고 유혹한다. 분지 지역의 특성상 더욱 짧을 수밖에 없는 가을 향취가 더없이 고맙기는 한데, 아침마다 어쩔 수 없이 작은 아쉬움을 느끼게 된다. 분지 특유의 날씨가 이때에 더욱 기승을 부리는지, 두텁게 습도 낀 안개와 찌푸린 하늘이 오전 늦게까지 천지에 깔려있기 때문이다. 아침식사 후 가볍게 뒷산을 오르고 싶은 마음은 곧 소나기를 뿌릴 듯 잔뜩 구겨진 잿빛 하늘에 짓눌려 허물어지곤 한다. 그렇게 한참동안 안절부절 하다가 뒷산 산책을 거의 포기한 시점에서야 창 밖 하늘엔 맑고 고운 기운이 퍼져가는 것이다. 얄밉고 얄궂기만 하다. 어쨌든 요사이가 바로 사계 중 내가 가장 좋아하는 시즌인 것이다.

도시 태생도 아니면서 나는 사계의 운행을 아주 섬세하게, 가깝게 느껴보지 못했던 것 같다. 그런데 사계의 시간을 따라 함께 흘러가는 자연의 미묘한 변화를 조금 더 가깝게, 경이롭게 바라보게 된 것은 춘천에서 산을 오르게 되면서이다. 특히 최근 몇 달동안 뒷산을 자주 오르면서 사계의 변화만이 아니라 매 월마다 숲이 색다른 색깔과 숨결을 지녔다는 것을 어슴푸레하게 읽게 되었다.

10월의 숲, 거기엔 의연하고 씩씩한 녹빛이 사방을 꽉 메웠다. 한겨울 추위와 고독을 이겨내고 한여름 뜨거운 태양과 폭우를 거뜬히 몸 안 가득히 받아 안은 10월의 산과 숲은 더 이상 거칠 것 없는 우렁찬 기상을 뿜어내며 섬뜩할 정도로 짙고 깊고 고고하다. 근 열흘 만에 오른 오늘 아침 산길에서 나는 그 짙푸른 의연함 앞에서 잠시 현기증이 났다. 언뜻 그것은 기근과 흉작을 견디고 대가의 식솔들을 족히 거두어낸 어느 사대부 여인의 서슬 퍼런 생명력에 비유되면서 아찔한 몸서리를 치게 만들었다.

몇 가지 일들. 지난 주 목요일, 선배와 후배들이 찾아와서 거나하고 걸쭉한 밤시간을 보냈다. 다음 날 가을 산행을 잔뜩 기대했지만 하루종일 비가 내리는 바람에 빗길 드라이브와 '돌담길'의 뜨끈한 만둣국으로 위안을 삼았다. 몇 마디 대화와 눈빛으로도 언제 어디서나 교감을 불러일으키는 사람들, 그들은 우리네 인생길 어두운 골목길 어귀에서 반짝거리는 등불과 같다.

동생네에서 만 10년간 쓴 고장 난 오디오를 버린다기에 수리해서 쓸 양으로 얻어왔다. 아직 라디오는 살아있어서 아침저녁으로 제법 용량이 큰 스피커를 통해 음악을 들을 수 있다. 수년간 사용해오던 카세트라디오는 어머니 방에 옮겨놓았다. 남이 쓰던 고물이지만 내겐 처음 사용하는 오디오이어서인지 며칠 사이에 벌써 정이 든 것 같다.

내일은 어머니를 모시고 대학병원과 안과 두 군데를 모두 다녀와야 한다. 그러려니 내 마음은 더 바빠지는데 어머니는 오늘 끝내 샤워하기를 거부하셨다. 내 어머니만치 이기적이고 배려없는 사람도 퍽 드물 거라는 생각에 또 기분은 언짢아지고… 며칠 전에는 감기몸살과 배탈이 겹쳐 찾아오는 바람에 꼼짝도 못하고 누워서 앓고 있는데 어머니는 신림 이모네 식구들이 저녁 먹으러 올 거라면서 빨리 큰 솥에 밥하고 국을 끓이라고 성화를 대셨다. 물론 그 말은 어머니의 어지러운 상상에서 나온 것이었는데, 딸내미는 아파서 퍼드러져 있는데 빨리 일어나 손님 맞아야 한다고 난리를 부리는 어머니가 못내 서운해서 눈물이 쪼르르 흘렀다. 내가 일찍이 '어머니'라는 보편타당해보이는 명사에 눈길도 주지 않았던 이유 중 하나는 분명 이렇게 자식을 사랑하지만 사랑하는 방식을 몰랐던, 그래서 끝내 자기를 탈출할 수 없었던 내 어머니 때문이었다. 나는 누군가에게 내 어머니와 같은 사람이 절대로 되고 싶지 않았던 거다.

물론 훌쩍 나이를 먹은 지금은 바로 그 점 때문에 되려 어머니에게 감사하고 싶다. 일찍이 세상의 절대 다수 여자들이 겁도 없이 뛰어드는 혈육에 의한 '어머니의 길'이 내 길이 아닐 수도 있다는 상상을 했으니 말이다. 어쨌든 어머니와의 관계는 자꾸 나를 고민하게 만들고 새로운 방식의 확장을 꿈꾸게 한다. 이것이 내 나름의 사랑의 길을 만들어갈 수 있기를 기도할 뿐이다.

중국 장가계와 상해 여행

2005.11.14

지방회에서 하는 중국 여행에 참여하게 되었다. 하루가 다르게 더 많이 나를 의지할 수밖에 없는 어머니를 두고 4박5일 여행을 하게 된 것이다. 이런저런 고민 끝에 이 여행을 통해서라도 훌쩍 집을 떠나 온전히 쉬고 싶다는 욕구의 발견이었다. 다행히

싱글로 참여하는 내가 부담해야 할 비용도 아주 적었기에 어머니를 동생네에 무작정 맡겨놓고 집을 떠났다. 떠나기 전 날, 어머니께 여행일정을 말씀드리자 어머니가 힘없는 어조로 이렇게 말씀하셨다. "중국 가는 게 너의 활동력을 위해서는 좋을 일인데, 나한테는 좀 섭섭하다." 이 말은 평생 자신의 욕구를 돌보지 않고 억누르고 살아오신 어머니에게서 별로 들어보지 못한, 순진난만한 아기가 되어버린 어머니의 솔직담백한 투정이었다.

상해를 거쳐 우리가 당도한 곳은 중국 남방의 산악지역인 '장가계'라는 곳이었다. 이미 수년 전부터 한국인들의 주된 관광 상품으로 각광받고 있는 곳이었는데, 비교적 따뜻한 기후와 저렴한 관광비용이 그 이유인 듯했다. '토가족'이라는 가난한 중국 소수민족이 생계를 유지해가는 깊은 산자락에서 발에 밟히듯 소란하고 화려한 한국 사람들을 마주치는 일이 썩 즐겁지는 않았다. 지층의 융기와 침몰을 통해 웅장하고 기괴한 암석들이 산자락에 높이 솟아 있었는데 특히 황룡동굴의 우람한 위압감과 신비감은 말을 잊게 만들었다. 황룡동굴에서 돌아와 난생 처음 전신 맛사지를 받은 후 고단한 몸을 뉘었던 화요일 밤, 아니 다음 날 이른 새벽에 꿈을 꾸었다.

꿈속에서 나는 얼굴을 알 수 없는 누군가에게 어머니를 위해 눈물을 뿌리며 항변하고 있었다. 어머니의 은퇴와 관련해서 힘들었던 일, 어머니의 고독한 말없음, 급기야 뇌의 파손으로 일생의 기억이 삭제되어버리기까지…. 평소에 다른 이와 별로 나눈 적도 없는 이야기를 나는 매우 공격적인 어조로 쏟아놓고 있었다. 그러다가 잠에서 깨고 보니 실제로 나는 눈물범벅이 되어 있었고 다시 잠을 이룰 수가 없었다. 평소에 별로 꿈을 꾸지 않는 편이기도 하거니와 이렇듯 생생하고 리얼한 꿈을 꾸다니, 다소 생소한 느낌이 들었다. 몸을 뒤척이다가 문득, 삶이란 결코 '자연'스럽지 않은 일이라는 생각이 강렬하게 스쳐갔다.

삶이란 부단히 울부짖고 항변하고 보호해야 하는 것이라는 생각. 고국을 떠나 타국의 깊은 산중에 몸을 뉘인 날, 나의 무의식이 부스스 깨어 일어나 그렇게라도 내게 말을 건네고 싶었던 걸까. 새로운 경험 또 하나, 그날 저녁 상해로 가는 비행기 안에서 갑자기 어머니가 떠오르면서 주체할 수 없이 눈물이 솟구쳤다. 타국의 높은 하늘로 날아올랐을 때 이상스레 쏟아져 내린 내 눈물은, 아마 지고의 존재에 대한 감지 앞에서 흘러내린 내 기도가 아니었을까.

우리가 다음 이틀을 묵었던 상해는 역시나 사뭇 색다른 문화와 볼거리로 가득 찬 대도시였다. 상해에서 두 시간 걸리는 '소주'라는 도시를 오가며 상해를 한 번 휘돌아 보니 영락없이 뉴욕 맨해튼 한복판에 와 있는 듯했다. 현지 가이드 말에 의하면, 중국은 너무 급속히 변하고 있으며 그것의 중심엔 오로지 돈밖에 없다고 했다. 무의미하게 움직이는 세상의 변화에 염증과 무기력을 느낀다는 그는 중국엔 인권도 없고 저항도 없으며 고발정신도 없다고, 오직 늙어죽을 때까지 정권을 잡고 있을 황제 일당, 공산당만 있다고 푸념했다.

상해에서 서커스를 관람했다. 주로 어린 여자, 남자들의 고된 몸훈련 끝에 선보여진 곡예들이 주를 이뤘는데 맨 마지막에 둥근 철망 안에서 벌어지는 남자들의 오토바이 곡예가 있었다. 여섯 사람이 한 치의 오차도 불사하는 무서운 질주와 불꽃 회전을 감행하는 동안 주변 사람들, 특히 사모들은 눈을 감거나 숨을 죽였다는데 희한하게 나는 그 곡예에 신이 들려서 마구 환성을 지르고 두 팔을 흔들어댔다. 묵혀둔 체증이 화악 뚫리는 쾌감을 맛보았다고나 할까.

미개발된 자연의 아름다움과 저렴한 물가, 가난한 소수민족의 지역인 장가계, 그리고 자본주의적 개발의 첨단을 향해 치닫는 듯한 상해. 썩 대조적인 풍경을 연출하는 두 곳의 공통점이라면 고온다습한 남방의 기후였다. 얼마나 습도가 높고 비가 잦은지 호텔방에 빨아놓은 양말이 이틀이 되도록 뽀송하게 마르지 않았다. 그러나 나는 호텔식, 한식, 중식 모든 식사를 맛있게, 감사히 대할 수 있었고, 사방 길거리에 쏟아져 나와 천원을 외치며 과일이나 작은 물건을 파는 중국 아이들과 눈을 마주칠 때면 우리의 이러한 적잖은 소비가 과연 저 아이들의 서글픈 뱃가죽에 가닿기나 할 것인지, 아련하고 슬퍼지기도 했다.

어느 동행

2005.11.27

그것은 밀물과 썰물의 교차
나는
뻔뻔했고, 솔직했고
충만했고, 아쉬웠고
그리고 고마움

살아감의 이유, 그것은 놀이였음을
찰나를 넘어 순식간에 기억해낸 아침, 그 잿빛 안개에
숨죽이고 두 손 모으다

차가움과 따숨은 한 곳으로 모이고, 자꾸만 모여들고
회빛나무 껍질로 그들은 그릇과 선박을 짓는다 했지

황량하고 메마른 겨울바람, 습한 불놀이 끝
결국 밀물과 썰물의 교차, 그 예고된 애달픔
그래서 불쑥 치민 눈가의 물기

산은 산이요, 물은 물이라

이제 나는 다시 산으로 간다

그 출렁이는 추억을 주워 들고

어머니의 방

일기노트

거기는 재미없을 거야

2005.07.22

티비를 보거나 신문의 커다란 그림을 구경하는 것 외엔 어머니는 다른 무엇을 잘 보지 못하신다. 백내장으로 인해 왼쪽 시력을 거의 잃었지만 당뇨수치가 아직 높아서 수술을 하지 못하고 있다. 성경책도, 다른 책들도 보지 못하는 어머니가 안타까워서 단지 얼마 전에 새 안경을 하나 맞춰드렸을 뿐이다. 그래서일까, 어머니가 이미 고인이 된 이들이나 낯모르는 이들과 자주 어울려 지내시는 것이.

오늘 낮엔 점심을 드시다말고 "인생은 참 허무해. 너무 허무해" 하신다.

"왜요?"

"보고 싶은 사람들이 벌써 모두 세상을 떠나고 나 혼자 남았다니. 몇 번 보지도 못했는데, 인생이 참 짧아."

"엄마, 보고 싶은 분들은 이미 하늘나라에 가 계시니까 거기 가서 또 만나세요."

"만나 봤자지 뭐. 거기는 재미 없을 거야…."

어머니가 걸핏하면 오래 전에 돌아가신 할머니와 큰 이모를 찾는 통에 요 며칠 심하게 실랑이를 하면서 그분들이 이미 고인이 되었다고 말했더니 어머니는 이젠 수긍을 하신 모양이다. 그런데 그 수긍이란 것이 인생무상인가보다. 평생을 전도사로, 목사로, 효녀로 사셨던 분이 하늘나라에 대한 동경은 별로 없으신 걸까. 아니면 어머니의 평생은 참 힘들었다는 내 생각과는 달리 어머니는 현세의 삶에서 남모르는 재미를 느끼셨던 걸까.

"거기는 재미없을 거야"라는 어머니의 힘없는 말이 꽤나 쓸쓸했다.

어머니가 사는 세상

2005.08.09

어머니와 함께 살면서 조금씩 어머니가 사는 세상을 엿보고 적응해가는 중이다. 이 집엔 어머니와 나, 두 사람이 살지만 어머니의 정신과 마음이 머무는 세상엔 실제로 더 많은 가족들이 살고 있다. 내가 알기도 하고 모르기도 한 그들은 어머니의 삶의 지경 안으로 수시로, 자유자재로 드나든다. 그들은 모두 이 세상에 존재하지 않는 고인이란 공통점을 갖고 있는데, 나는 어머니와 그들과의 이상스럽고 난데없는 교통에 놀라기도 하고 어이도 없어서 처음엔 화를 내거나 소리를 지르기도 했다. 그러나 이 집에서 어머니와 한 달 반 가량 함께 지낸 지금은 그 낯설고 복잡한 심정이 많이 가라앉거나 포기, 혹은 포용의 방향으로 바뀌고 있다. 오늘만 해도 그랬다.

한 철 내내 신발 하나로 버티면서도 신발장 안의 오래된 여름

구두를 더 늦지 않게 수선해야겠다고 일찌감치 마음먹었지만 오늘에서야 어머니와 나의 구두 한 켤레씩을 들고 집을 나섰다. 너무 오래된 낡은 벽의 페인트 조각들이 너덜너덜 떨어지는 것과 같은 형상의 구두 두 켤레를 수선하는 사람에게 맡기는데 그것이 나의 게으름과 무관심을 드러내기라도 하듯 왠지 민망했다. 교회를 들러 보고 슈퍼마켓과 은행에 들리고 동사무소 일도 보고 이웃교회에 들러 동료 목회자들과 한바탕 수다까지 떨고 돌아오는 길모퉁이에서 막 쪄낸 듯이 김이 모락모락 피어나는 옥수수를 세 개 샀다. 당뇨병 환자인 어머니는 한꺼번에 많이 드시지 않는 대신 쉬이 배고파하기 때문에 어느새 나는 외출 길에 어머니의 작은 간식거리들을 챙기는 버릇이 생겼다.

집에 돌아와 옥수수를 꺼내 놓으니 어머니는 반색을 하며 맛있게 드신다. 그럴 때의 표정은 영락없이 군것질에 탐닉하는 어린아이의 바로 그것이다. 옥수수 하나를 드시고 난 후 어머니는 그제야 입을 여신다.

"참 이상해."

"뭐가요?"

"니가 나간 후에 내가 잠깐 소파에 누웠는데 꿈에 할머니가 놀러 왔더라. 뜨끈뜨끈하게 찐 옥수수 세 개를 들고 와 먹으라고 해서 할머니와 아주 맛있게 나눠먹었다."

"내가 없을 때 엄마 심심하지 말라고 할머니가 오셨나보네."

"꿈에서 깨고 나서 옥수수가 먹고 싶었는데 니가 진짜로 옥수수를 사왔잖아."

"앞으로도 좋은 꿈 많이 꾸세요. 그래야 내가 또 맛있는 거 사다 드리지."

요즘 어머니와 이런 식의 대화를 많이 한다. 어머니는 배고플 때 뭘 드시고 나면 보고 싶은 누군가가 자꾸 생각나고 그분이 다녀가신 기분이 드나보다. 그분들은 주로 할머니와 첫째 이모이다. 때로는 아주 옛적 바닷가에 살 때의 오래된 교인들일 수도 있고.

삶의 반경이 좁아지고 육신은 몹시 허약해졌지만 어머니가 사는 세상은 삶과 죽음을 넘나드는, 더욱 넓은 곳이 되었다. 여전히 현실적 시간과 공간에 묶여서 한 치의 어긋남도 두려워하는 우리에겐 버거울 정도로. 그런데 어느 때는 그러한 어머니의 낯설고 괴상한 행동이 이상하게 자유로워 보인다.

어제는 시내 유명한 안과에 가서 검진을 받고 어머니의 백내장 수술 일정을 잡았다. 이번 주 목요일과 금요일에 덜컥 수술 날짜가 잡히고 보니 조금은 걱정이 된다. 별 것 아닌 수술이라고 하지만 어린아이와 같은 어머니에겐 겁나는 일일 텐데….

어머니의 짧은 노랫소리

2005.08.25

축축하게 감기는 비를 맞으며 안과와 안경점에 들렀다가 점심을 먹고 돌아오는 차 안에서 어머니는 깊은 한숨을 쉬셨다. 병원에서도, 늦은 점심식사를 할 때도 아무 말 없이 그림처럼 앉아만 계시더니.

"왜요? 엄마."

"할머니와 이모들이 일찌감치 세상을 간 게 얼마나 다행인지 모르겠다."

"무슨 말씀이세요?" (오늘은 제대로 현실 파악을 하신 게 다행이다)

"할머니와 이모들이 아직 살아있었으면 이렇게 아픈 나를 보고 얼마나 가슴이 아팠겠냐."

"……"

병원과 안경점, 식당을 오가면서 그리 묵묵했던 어머니는 여전히 할머니, 이모들과 접속을 하고 있었나보다. 이렇게 비를 맞으며 당신을 부축하느라 애를 쓰는 자식들은 안중에도 없고. 조금은 섭섭한 마음을 어쩌지 못하고 집 가까이 왔을 때, 문득 어머니의 입에서 한 소절 정도의 짧은 노래가 흘러나왔다. 저 노래가 찬송가 몇 장이더라. 참 오랜만에 듣는 어머니의 나지막한 노랫소리다. 내색하지 않았지만 장시간의 긴장이 슬며시 풀어진 탓일까, 아니면 할머니 생각에 골몰하다가 옛적 할머니에게 불러드리던 노래가 자신도 모르게 튀어나온 것일까. 내가 중고등학교 시절이었을 때 어머니의 찬송이 아침저녁으로 들려오곤 했다. 반갑다 싶은 순간 이미 사라져버린 노랫소리의 여운을 길게 붙잡고 잠시 만일 살아계셨다면 할머니의 연세가 어떻게 되었을까, 생각했다. 일백하고도 십오세가량. 모녀의 정과 기억은 오래고도 질기다.

간만의 대화

2005.09.01

묵묵히 점심식사를 하시던 어머니는 마지막 숟갈을 놓으며 물으셨다. "둘째 이모네 아들이 어디 있다니?" 이미 오래 전에 돌아가신 둘째 이모 얼굴을 알 턱이 없는 나는 아무렇지도 않게 "이모 얼굴도 모르는 내가 그걸 어떻게 알겠어요?"라고 퉁명스레 대답했다. 절대적 보살핌을 필요로 하는 환자와 사는 일에 지쳐서 요즘 나는 어머니에게 몹시 쌀쌀맞아 있던 차였다. 어머니는 내 대답을 또 아무렇지도 않게 받는 둥 마는 둥, 다시 묵묵해지셨다.

설거지를 하는데 전화벨이 울렸다. 내 손전화기가 아닌 집으로 오는 전화를 난 가급적이면 어머니에게 받도록 한다. 그나마 간간이 울리는 전화를 통해서라도 타인의 목소리를 듣고 말하도록 하기 위해서다. 어머니가 전화를 받았고 나는 얼마간이나 수도꼭지 앞에서 멍하게 손을 움직이고 있었을까. 무심코 고개를 돌려보니 어머니는 실제 손님이라도 맞은 듯이 전화기를 들고 아주 공손하고 예의 있게 "네, 네" 하고 계신다. 무슨 전화길래 저리 오래 받으시는 걸까. 설거지를 끝내고 돌아다보니 어머니는 아직도 통화중이다. 그런데 문득 어머니의 한 마디가 귀에 걸린다. "약이요? 약 아직 조금 있어요."

아차 싶은 마음에 수화기를 낚아채고 "누구세요?" 했더니 "대전 금산지부예요" 한다. 불과 몇 달 전까지도 치매 노인에게 전화상으로 물건을 팔아먹은 그놈들, 몇 상자를 돌려보냈지만 결국 어머니의 돈 칠팔십만 원을 갈취해 간 그놈들이다. 차곡차곡 안으로 쟁여놓았던 화 덩어리가 일순간에 솟구쳤다. "이봐, 당신들, 나는 치매 걸린 어머니와 같이 사는 딸이오. 아직도 정신을 못 차렸수? 다시 한 번 이딴 전화하면 정말로 고발하겠어요." 전화를 끊고나서도 울화가 쉽게 가라앉지 않는다.

"엄마, 어쩌자고 또 저런 전화에 대고 네, 네 하고 있어요? 나, 정말 속상해요. 저런 전화 걸려오면 그냥 끊으세요."

"전화를 왜 끊어. 둘째 이모네 딸이 전화를 했는데."

"엉?"

"이름이 뭐라더라… 괜히 전화를 끊어가지고 이모 소식도 못 물어봤잖아."

"이모 딸이 아니라 엄마한테 이상한 약 팔아먹으려는 장사꾼이에요."

"아니야, 이모 딸이야."

"……"

간만에 주고받은 어머니와의 대화였다.

어머니의 기억력 부족이 부러울 때

2005.09.10

어머니를 향한 나의 무서운 포격 앞에서 어머니는 겁나고 질린 눈을 뜨고 가만히 계셨다. 이따금씩 "니가 어릴 때는 이렇지 않았는데…" "할머니나 이모들이 살아있었으면 내가 니하고 안 살았을 텐데…"라는 말을 겨우 반복하고 계셨다. 나의 이성적인 판단으로는 어서 어머니를 공격하기를 그쳐야 했지만, 나의 말과 행동은 이미 이성의 경계선을 저만치 넘어선 것이었다. 그러다가 나는 제풀에 지쳐 소파에 몸을 엎어서 누워버렸다. 눈물 콧물로 범벅이 된 채. 그러자 비로소 어머니가 얼마나 힘드실까, 생각이 들면서 잠시 미안한 마음이 솟구쳤다. 그러나 그것 또한 내 의지로 잘 되지 않고 그저 멍멍한 상태로 누워있는데, 어머니가 입을 여셨다.

"그런데 이번 태풍 때 속초에 비가 너무 많이 왔다더라. 집이

물에 잠겼대.”

“…….”

조금 전의 그 폭풍과 같던 전쟁 상황을 어머니는 그새 잊으신 걸까. 아니면 짐짓 모른 척 하고 건너뛰려는 것일까. 분명 저 말은 방금 전 뉴스 화면에 나왔던 태풍 소식의 한 장면을 어머니가 당신 버전으로 각색한 것일 텐데, 대체 저 웃을 수도 울 수도 없는 말의 출현이라니. 물론 나는 너무 지친 나머지 그 말에 웃을 수가 없었다. 단지, 어머니의 뛰어난 기억력 부족이 부러웠을 뿐.

우울하니까 노래를 부르지

2005.10.01

어제 저녁 시간. 내가 준회원 교육에 다녀오는 동안 동생네에서 이틀을 지낸 어머니를 모시고 오던 길이었는데 굵은 빗줄기가 수 시간째 쏟아지고 있었다. 차 안에서 어머니는 흥얼흥얼거리더니 가사도 정확치 않게 찬송가를 몇 곡 내리 부르셨다. 시력을 잃기도 했지만 급속한 기억력 감퇴는 어머니가 평생 입에서 읊조렸던 찬송가 가사마저 거의 토막토막 절단 내버렸다. 때문인지 어머니는 거의 노래를 부르는 법이 없었는데 오늘은 빗속 차 안에서 연달아 몇 곡을 내리 부르는 것이다. 부르다가 가사를 잃어버리면 다른 노래로 넘어가고 몇 소절 부르다가 기억이 안 나면 또 다른 노래로 넘어가고….

"엄마, 오늘은 기분이 꽤 좋은가 봐요. 찬송가를 이렇게 여러 곡이나 부르시고."

"내가 그랬나? …"

"내가 없는 동안 뭐 맛있는 거 드셨어요? 우리 엄마가 웬일이지?" (한껏 기분을 업 시킬 양으로)

한참 있다가 튀어나온 어머니의 대답.

"우울하니까 노래가 나오는 거야."

실제로 어머니가 우울한 기분에 노래를 했는지, 은근히 편안한 마음에 노래가 나왔는지는 영 알 수가 없다. 양쪽 모두 그럴 듯한 말이기도 하고 어쩌면 양쪽 무드가 동시에 작용했을 수도 있을 것이다.

그렇잖아도 잠들기 어려워하는 어머니를 위해 침대맡에 찬송가를 틀어드릴까, 생각한 적이 있는데 어서 실천에 옮겨야겠다. 어머니의 기억에서 그 조각난 찬송가 가사가 더 자취를 감추기 전에.

내가 네 할머니지

2005.10.05

며칠 전부터 어머니와의 실랑이가 하나 더 늘었다. 어머니의 중얼거림을 무심코 듣다가 뭔가 이상해서 어머니와 나의 관계를 물어보았더니, 내가 당신의 손녀라는 것이다. 남동생 목사를 두고 수십 년 전에 돌아가신 큰 이모네 아들이라고 한 적은 많았으나 당신을 수종 드는 나, 딸조차 몰라보게 되니 참으로 어이가 없었다. 한 밤 잘 주무시고 나면 좀 나아지려나, 하는 기대도 품어보았지만 서너 날이 지난 오늘도 어머니는 나를 손녀라고 하셨다. 어쩌다 하나밖에 없는 딸까지 몰라보게 되었냐고, 내가 힘없이 푸념을 늘어놓자 어머니는 내 한숨소리까지 그대로 흉내 내며 너야말로 어쩌다가 어미와 할미를 구별도 못하게 되었냐고 도리어 역정을 내신다. 어머니의 딸은 어디 있냐고 했더니 이미 오래 전에 죽었다나 어쨌다나. 그렇다면 어머니의 기억에서 딸인 나는 이미 사라져버렸다는 것일 텐데.

어쩔 수 없이 드는 서운함과 놀라움이 아주 크지는 않다. 석 달 넘게 어머니와 이런 저런 실랑이를 해오면서 많은 부분을 포기하거나 내려놓아야 한다는 것을 배웠기 때문일까. 혹시나 하는 마음으로 하루에 두 세 번씩 어머니에게 '내가 누구냐'고 묻긴 하지만, 저만치 알 수 없는 길을 헤매고 다니는 어머니가 꼭 내 옆으로 돌아와 주기를 바라는 마음에서는 아니고(물론 그래주시면 더없이 고마울 테지만) 그렇게 몇 마디라도 어머니와 주거니 받거니 정을 통하고 싶어서일 뿐.

어머니처럼 육체와 정신의 굴레를 훌훌 벗고 어디론가 마냥 떠나보고 싶은, 맑디 맑은 가을이다.

학교 갔다 와서 숙제했지

2005.10.20

요 며칠 이런저런 일들로 밤늦은 시간에 귀가를 할 수밖에 없었다. 저녁식사까지 챙겨드리면서도 장시간 외출을 하려면 혼자 계신 어머니가 걱정스러워진다. 게다가 내가 낮이고 밤이고 자주 집을 비우니 어머니는 더 말이 없어지고 기운 없는 눈치이다. 그래서 귀가를 할 때면 꼭 어머니에게 살가운 척, 오늘 무슨 재미있는 일을 하셨느냐고 물어본다. 그런데 요사이에 어머니의 입에 새롭게 붙은 말이 학교 갔다 왔다는 말이다.

"밥 먹고 학교 갔다 오고 숙제 하고 텔레비전 봤지."

"… 아이고 잘 하셨네. …"

내가 집에 있는 날이면 커피와 다양한 차를 자주 만들어드리는데, 내가 없는 사이에 어머니는 그것이 궁금했나보다. 밤늦게 돌아오면 어머니가 뭘 타 드신 컵이 보인다. 뭘 드셨냐고 물으면 커피를 먹었다는데 실은 제대로 커피를 타 드신 적이 없다. 어떤 날은 컵 안에 빨건 고춧가루가 남아 있고 어떤 날은 깨소금이 흉하게 말라 붙어 있다. 저번 날에는 남아있는 물에 기름방울이 둥둥 떠 있었지. 그뿐이랴. 어머니는 설탕과 소금을 '절대로' 구분을 못하신다.

대체 저렇게 희안하고 맵고 짠 물을 한 컵 가득 어떻게 드셨을꼬. 커피가 맛있었냐고 몇 번씩 물어봐도 어머니의 대답은 "응"이 전부이다. 뇌질환으로 맛 감별까지 거의 잃어버린 것은 알고 있었지만 다시 난감해지곤 한다. 저렇게 맛없고 괴상한 차를 자꾸 드시려고 하는 것은 심심해서일까.

타인과의 동거

2005.10.29

그저께부터 어머니는 아침 늦은 시각까지 깊은 잠에서 깨어날 줄 모르신다. 억지로 깨워드리면 몸을 제대로 가누지를 못해서 이리 픽 저리 픽, 위험천만한 곡예를 하신다. 그저께는 침대 모서리에 머리를 찧으시더니 어제는 화장실 바닥에서 철퍼덕 미끄러진 채 일어나지 못하는 바람에 나까지 혼비백산하고 말았다. 그때 놀라신 탓인지 오후엔 누워 있다가 옷에 한가득 오줌을 지리고 말았다. 그리곤 퀭한 눈으로 날 자꾸 쳐다보시는데 문득 저 분이 누구인가 싶었다. 나에 대한 기억이 아주 혼미할 뿐인 저 분은 대체 누구일까….

오늘 오후에 어머니는 변의를 제대로 알아채지 못하고 옷에 질펀히 묻혀놓으셨다. 어머니를 씻겨 드리고 옷을 갈아입히고 빨래를 하고 청소를 하고 나니 등줄기에서 땀이 송송 묻어났다. 그렇게 종종걸음을 치는 나를 물끄러미 쳐다볼 뿐인 어머니에게 "엄마 때문에 애성이가 쬐끔 힘들어질라고 하네"라고 한마디 튕겼더니 어머니도 대뜸 튕기신다. "너만 힘드냐, 나는 더 힘들다." 어제보다 더 멀고 낯설어 보이는 어머니.

잠시라도 집을 비우기가 겁이 난다. 내가 누구인지조차 오락가락하면서 절대적으로 나를 의존할 수밖에 없는 어머니, 그리고 적잖은 보살핌을 베풀면서도 어머니의 기억에서 거의 삭제되고 마는 나. 저녁나절이 되어서야 잠시 볼일을 보러 나갔다가 들어오는데 붉디붉은 석양이 동네를 불태우고 있었다. 문안 방문은커녕 내가 먼저 연락을 하지 않으면 전화조차 인색한 동생네를 향해 또 슬며시 불거져 나오는 섭섭함과 시퍼런 기색을 조금씩 여미면서 두 방울 눈물을 흘리고 말았다. 도저히 혼자 참을 수 없는 감정에 몇 번 전화기에 대고 동생에게 큰소리를 질러보았지만, 여전히 동생네는 이를 데 없이 착하고 무심할 뿐이다.

내 형편과 어려움을 잘 알고 있는 한 선배는 얼마 전에 조심스레 이렇게 말했다.

"내 어머니가 치매에 걸렸다면 나는 분명 두 말 않고 시설에 맡겼을 거야. 그런데 우리 누나들은 그렇게 하지 못하겠다고 하더라. 대부분의 남자들과 여자들의 사고 차이인 것 같기도 해. 그런데 그 일이 어느 한 사람이 감당할 수 없다는 것은 너무 자명한 일이 아닐까?"

물론 선배는 남자이고 현재 내 사정을 누구보다 안타까워하면서 해준 조언이다. 그 때는 그저 묵묵히 듣고 있었지만 날이 갈수록 나의 심장을 선연히 치고 가는 깨달음이 짙어간다. 착하고 무딘 내 동생을 비롯한 대부분의 남자들을 그렇게 양육해낸 무심함, 그리고 보살핌의 무능력에야말로 구원이 머물 수 없다는 생각. 보살핌의 대상에 대한 연민은 고사하고 적어도 타인(다른 가족)의 희생과 노동 착취를 조장하는 현실 위에 가냘프게 서 있는 그 무심함을, 대체 무엇이라고 불러주랴.

가까운 안보리에 있는 광림교회 노인요양원은 월 일백만 원을 내야 하고, 조금 멀리 있는 어느 곳은 월 육십만 원을 내야 한다고 한다. 어머니와의 동거가 이렇듯 어렵고 고달파지면 어쩔 수 없이 나 또한 다른 어느 곳에 어머니를 위탁할 수밖에 없을 것이다. 경비도 너무 비싸고 어머니가 가여워서 지금으로서는 아직 받아들이기가 쉽지 않지만. 그런데 하루에도 몇 번씩 섬뜩하게 찾아드는 이 낯섬, 내 어머니가 길가에서 아무런 상관없는 내게 도움을 청하는 이상하고 낯선 노인으로 다가오는 이 차가운 어색함을 내가 얼마나 견뎌낼 수 있을지 의문이다. 그렇다면 어머니는 이미 내게 여느 타인과 다를 바 없는 사람일 뿐인데, 이 쉽지 않은 '타인과의 동거'에서 과연 무슨 의미를 찾을 수 있을지가 두렵다.

몸이 고되니 생각도 고단한 밤이다.

어머니의 가출

2005.11.21

그나마 어머니가 밖으로 나도는 일이 없는 게 얼마나 다행이냐고 동생네와 웃어넘겼던 것이 불과 한두 달 전의 일이다. 그런데 이번 주간에 어머니는 내가 없는 사이에 두 번이나 가출을 하셨다. 요사이 급작스레 더 나빠진 시력 탓에 그리 멀리 가지는 못하셨지만 우리 모두를 놀라게 한 위험천만한 일이었다. 내가 곁에 있는 동안에도 어머니는 할머니집에 간다고, 화장실에 간다고 하면서 하루에도 몇 번씩 신발을 찾아 헤맨다. 우선 급한 대로 이름과 연락처를 새긴 목걸이를 만들어 드려야겠다. 그리고 내가 어머니의 안전을 더 이상 책임질 수 없음을 절실히 깨닫게 되었다. 가까운 요양원으로 보내드려야 할 때가 성큼 다가온 것이다.

가족을 제대로 알아보지 못하는 어머니, 집 안팎을 구별조차 못하고 나로서는 알 수 없는 과거의 사람들만 떠올리려고 하는 어머니, 걸핏하면 용변 보다가 실수하는 어머니, 나를 보고 방실방실 웃다가도 어느 순간엔 생전 남모르는 사람인양 멋쩍어하는 어머니…. 그런데 이런 어머니를 잘 맡아 관리해줄 요양원이 과연 있기는 한 것일까?

어머니의 입원 그리고 수술

2005.11.23

어제 정기검진을 위해 병원을 갔던 어머니는 예상치 않게 수술을 염두에 두고 입원을 하게 되었다. 그동안 신경내과를 다녔는데 어제는 동생부부가 무심코(실은 어머니가 "병원에 왔는데 수술은 안해?"라고 묻는 바람에) 신경외과를 찾았다가 그 분야의 전문의를 만나서 수술을 염두에 둔 상세한 설명과 정보를 얻게 된 모양이다. 어머니의 종양은 내과에서 진단했던 것보다 훨씬 더 크고 깊었고, 외과의는 수술을 하지 않으면 곧 손과 발, 입까지 모두 마비가 될 거라고 했단다. 어머니의 후각이 이미 오래전에 사라진 것도, 최근에 시력까지 잃게 된 것도 그 종양 때문이었다니, 우리 모두의 무지가 너무 컸다는 자책감이 든다. 종양이 20-30년은 진행되었을 테고 그동안 분명히 머리 통증이 있었을 것이며 어머니가 그것을 참아왔을 거란다. 불쌍한 어머니.

더 좋아지지는 않겠지만 급속한 마비를 막기 위해 수술을 해야 할 것 같다. 수술 후 후유증이 오지 않을지 나로서는 매우 염려가 되지만 이미 오늘 수술을 염두에 둔 동맥 혈액검사에 들어갔다. 어젯밤에는 이러한 상황에서 어떤 결정을 해야 할지를 알지 못해서 나는 아주 복잡하고도 차가운 심정으로 앉아 있었다. 동생 부부는 이미 수술 쪽으로 결정을 내리고 나를 설득하는 중이었건만, 나는 왜 그리 한 치의 믿음을 그 어디서도 발견할 수 없던지… 잠자리에 들기 전 겨우 한 마디의 기도를 드렸다. "주님, 내게 믿음을 주소서."

내일 모레가 진급논문 마감일이라 마음과 몸이 바빠야 하는 탓에 사뭇 뭔가에 눌리는 듯하다. 고맙게도 올캐가 내가 논문을 쓸 수 있도록 며칠 간 어머니와 함께 병원에서 자겠다고 했다. 어서 점심식사를 하고 병원에 다녀와야겠다. 힘든 피검사를 마치고 핼쑥해져 계실 어머니에게 수고하셨다고 활짝 웃어줘야지.

어머니 이양운 목사와 정애성 목사

병상일기

일기노트

한글날 맑음

2020.10.09

지난 밤 짧은 잠이 아쉽지만 아침나절은 상쾌하다. 10월의 아침은 더더욱. 창문을 열고 물을 끓이고 몸을 움직이다 보면 내가 존재하고 있음을 슬며시 느끼게 된다. 오늘은 사과 반 조각과 송편 두 개를 조반으로 먹는다. 사과는 수원에 사는 친구 문재가, 쑥 송편은 안경이 목사가 한가위 선물꾸러미에 보낸 것이다. 은혜로운 밝은 햇살과 상쾌한 바람, 음악과 커피, 그리고 밥 짓는 소리 속에서 두 시간여 번역과 공부. 요사이 아침에 맑은 기쁨을 느낀다. 신앙인에게 기쁨은 그저 인간 본연의 다양한 감정 영역의 일부가 아니라 하나님의 동행과 현존에서 비롯되는 지극한 것이다. 이 아침도 감사합니다.

덧. 어제는 동네 내과에서 독감 예방 접종을 했다. 왼팔이 아직 뻐근하다.

차갑고 햇살 좋은 날

2020.10.24

한낮 햇살은 여전히 좋지만 어느새 아침저녁의 공기는 제법 차다. 그새 꽤 많은 일이 있었다. 지난주 토요일엔 윤미와 남이섬 나들이를 했다. 도시락과 커피를 준비해 가서 따사로운 가을 햇살을 누비며 걸었다. 1년 만에 다시 만난 윤희가 멋진 사회인으로 열심히 사는 모습을 보니 다행스러웠다. 샘지가 12월 초에 나올 예정. 며칠 전에 송대선 목사에게 샘지 원고를 부탁, 승낙받았고 감사의 표시로 샘지 과월호 몇 권 등을 택배로 부쳤다.

어제는 친구 지영이가 사무실 일을 쉬고 다녀갔다. 작년과 올해 사이에 지영이는 또 많은 일을 겪었다. 암수술과 항암, 부작용, 이사, 윤미향과 정의연 사태 등. 쉬이 진정될 수 없을 만큼 너무 깊은 상처를 남긴 정의연 사태는 지금도 현재진행형이다.

동희의 소식도 가슴 아프다. 오랜만에 같이 밥 먹고 커피 마시고 스러져가는 일몰을 구경하고 꽤 많은 이야기를 나눴다. 볼수록 삶의 탄력성, 생명력이 좋은 친구이다. 몸과 마음이 힘든 소영이는 결국 함께하지 못했다.

오늘 오전에는 박순경 선생님의 부고 소식. 병원에서 지인들과 마지막 인사를 나누신다는 말을 얼마 전 들었더랬는데… 맑고 명석한 영혼의 소유자였던 선생님, 편안히 하늘나라에 안기소서. 햇살이 좋아 잠시 걷고 싶긴 하나 집에서 밀린 번역작업을 하기로.

덧. 며칠 전 퀴어성서주석 번역작업이 마무리되어 출판사로 넘겼다는 소식을 연희언니에게서 들었다. 지난하고 힘든 작업이었을 텐데 참으로 다행스러운 일이다. 나는 실명 대신 필명(풀수레)을 사용하기로. 어제는 동성부부의 결합과 인권을 보장해야 한다는 프란체스코 교황의 전언이 들려왔다. 때마침 가문 땅에 내리는 빗줄기 같은 반가운 소식이건만 한국 교회, 특히 개신교 상황은 어둡고 답답할 뿐이다.

햇빛 화창하고 따뜻한 날

2021.01.25

작년 12월부터 시작한 방사선 치료 20회가 지난주 화요일에 끝났다. 심해진 숨 가쁨 때문에 병원을 찾았는데 생각지도 못한 폐렴과 입원, 극심한 변비에 음식물 섭취가 쉽지 않은, 꽤 고달픈 시간이었다. 인근의 동생 부부가 식사를 챙기는 등 여러 도움을 주었다. 그래도 병자의 시간은 오롯이 개인의 것임을 다시 깨닫는다.

병원의 진료는 끝났지만 그 이후 나의 건강을 도울 수 있는 것은 온전히 나의 몫이다. 동생네는 양평 생활을 주장했지만 나는 집에서 건강하게 살아보기로 했다. 우선은 두 가지, 식사에 신경을 쓰고 힘들거나 밥맛이 없을 때는 주저 없이 맛있는 밥을 사 먹는다. 둘째, 기후 조건이 따라주는 한 매일 밖으로 나가 햇볕을 쬐고 한 시간 이상 걷는다. 며칠째 잘 실행 중이다. 셋째, 매일 병상일기를 적는다.

오늘은 강대 병원에 예약 진료차 춘천 나들이를 한 주연언니네(부부와 현서)와 김유정 문학관 근처에서 함께 식사하고 커피를 마셨다. 주연언니는 작년에 허리가 부러져 크게 고생하고 재활 중이다. 다행히 몇 달 사이에 뼈가 잘 붙어 요즘은 매일 걷는다고 한다. 몇 달 사이에 현서는 어린이티를 완전히 벗고 사춘기 소녀로 부쩍 자라버렸다.

주연언니네와 헤어진 뒤 인근의 둘레길을 천천히 걸었다. 여전히 숨은 찼지만, 화창한 햇살이 노니는 고요하고 한적한 길을 마스크를 벗고 왕복 2.4킬로쯤 걸었다. 다음에는 조금 더 걸어보아야겠다. 밥맛도 돌아오는 중이다. 감사한 하루.

맑고 따스한 날

2021.01.27

오전에 번역작업을 재개했다. 작년 12월 병원 진료를 시작한 후 처음이다. 그리고 병원진료 후 처음으로 밥을 했다. 예전처럼 현미와 쌀, 콩, 귀리, 보리와 검은 쌀을 섞어서. 밥을 넘기기 힘들던 시간을 생각하면 거친 감이 없지는 않으나 일단은 먹어보다가 소화가 힘들면 현미를 줄이기로. 점심을 먹고 한 시간 뒤 공지천 걷기에 나섰는데 소화가 힘든지 아니면 식사 후라 그런지

속이 불편하고 숨이 더 찼다. 하루 세끼 먹는 것이 종종 버겁게 느껴진다. 두 끼니나 두 끼니 반 정도가 나을 것 같다.

돌아오는 길에 미용실에 들러 머리 손질을 했다. 마음도 후련. 저녁은 가볍게 샌드위치로. 혜경씨가 논문 내용을 소개하는 글을 썼는데 읽어봐 달라고 문자로 요청해왔다. 평소 같으면 쾌히 응했을 법하지만 거절했다. 타인의 글을 꼼꼼하게 읽는 일은 꽤 많은 에너지를 요하는 법인데, 아직 몸이 그만큼 회복되지 않은 상태. 혜경 씨는 아픈 것을 왜 알리지 않았냐고 하지만 죽을 일은 아닌 듯한데 이런 일을 알리는 것이 더 피곤하지 않을까? 사람마다 다르긴 하겠다. 피곤해서인지 빨래를 돌려놓고 일찍 잠들었다.

한파로 집에 갇힌 날

2021.01.29.

원래는 점심 약속이 있었으나 한파로 연기하고 온종일 집에서 지냈다. 점심과 저녁에 청국장을 먹었다. 오후엔 최순양 박사의 전화, 최근의 힘든 이야기들을 나눴다. 주변 사람들에 대한 걱정과 애정이 있는 사람이다. 폐렴을 앓았다는 말을 했더니 고구마를 보내주겠다고 했다. 전화를 끊자마자 도착한 카톡 선물 메시지. 고마움. 기차 타고 놀러 오세요~

오전에 눈, 쌀쌀한 오후

2021.01.30

유난히 눈이 많이 내리는 겨울이다. 오전에 유미 학생의 전화를 받았다. 점심에는 감리사가 설 선물로 준 현미 가래떡 하나를 썰어 떡국을 만들어 먹었다. 간만에 송암호 산책로를 걸으려고 나갔더니 겨울이라 폐쇄 중. 꽁꽁 언 강에 텐트를 치고 빙어낚시에 한창인 사람들을 구경하며 1킬로 정도 걸었을까. 숨이 찬 건 여전하다. 마트에 들렀더니 명절 밑이라 그런지 물가가 꽤 비싸다. 저녁은 마트에서 사 온 잡채와 튀김으로. 현미떡을 동생네에 나눠주고 귤과 청국장을 받았다.

따뜻한 별

2021.02.01

기차편으로 서울행을 했다. 작년 5월 여성신학회 회의차 이후 첫 서울행이다. 그래서인지 전날 기차 예약과 오가는 동선을 확인하며 약간의 부담과 우려가 있었다. 결론적으로는 잘 다녀왔다.

유미와 연신내역 근처에서 만나 저녁으로 쌀국수를 먹었다. 유미는 참 독특하고 자의식 강하고 발랄하고 진지한 사람이다.

스물다섯 살, 난 그 나이에 어디를 헤매고 있었던가. 지난밤에 잠을 설쳐서인지 컨디션 난조였지만 천천히 지하철역을 오르내리며 집에 도착하니 밤 10시. 유미를 만난 것이 가장 잘한 일이다.

체중이 조금 늘었다

2021.02.09

방사선 진료 후 두 주가 지났고 담당의사와 면담. 모범생처럼 적당히 친절한 분이다. 숨은 여전히 차지만 밥을 먹는 것이 훨씬 좋아졌고 체중이 1.5킬로 늘었다. 두 주 후에 다시 보기로.

쌀쌀한 입춘

2021.02.10

간만에 설교연구 화상모임에 참여했으나 컨디션 때문인지 무엇 때문인지 재미를 별로 느끼지 못했다. 남자들의 모임에서 때때로 부딪치는 이해력과 공감의 차이 등이 좀 더 날카롭게 느껴지는 듯. 그들은 늘 같은 말을 하고 자기 이야기만 한다. 성장과 진보가 없다는 섣부른 판단을 내리누르며 앉아 있었다. 오후 2시에는 새로 건축한 광염교회에서 지방 감신 동문 모임에 참석. 지방회와 감리사 선거가 돌아오니 어지러운 혼란상이 더 불거지나보다. 서로 쌓인 오해와 혼란을 한꺼번에 풀 수는 없을 테지만 그동안 무관심하게 어두웠던 지방 분위기를 조금 더 이해할 수 있어서 좋았다. 감사의 마음을 담아 신동재 목사에게 부탁해서 디아스포라 커피 홀빈 한 봉지씩, 총 15봉을 선물했다. 꽤 거금(?)이 들어갔지만 이렇게 마음을 나누게 되어 기쁘다. 신 목사는 내게 따로 커피 선물을 했다.

설날, 맑고 온화한 날

2021.02.12

설날을 맞아 오전 열한시경 동생네에서 떡국을 먹은 후 갑작스레 영월로 향했다. 본디 예년처럼 홍천 수타사를 함께 걸을까 했으나, 코로나와 잦은 눈 때문인지 산소길이 폐쇄된 상태라고. 정오를 지나 하염없이 노곤한 햇살을 즐기며 요즘 듣는 노래를 흥얼거리며 영월에 도착. 기억도 흐릿한 서면 쌍용리 아버지 옛 묘소 자리와 태어난 집, 단종의 유배지 청령포와 800미터 봉래산 정상에 자리한 천문대를 둘러보았다. 아버지의 묘소는 내가 초등학교에 입학한 후 얼마간 다녔을 학교 가는 지름길이었던 산길 한 귀퉁이에 자리해 있었다. 아버지를 그곳에 묻고 어린 남매와 친정어머니를 이끌고 얼마간이라도 이모 집으로 향해야 했던 엄마의 심정이 어떠했을지….

시장에서 올챙이 국수와 메밀전으로 가볍게 저녁을 먹은 후 어느덧 어두워진 밤길을 달려 귀가한 시간이 저녁 7:30경이던가. 짧은 영월 여행이었으나 모두에게 나름의 추억과 즐거움을 선사하기는 충분했다. 코로나가 진정된 다음에는 꼭 안동여행에 나설 수 있기를.

온화

2021.02.14

윤미와 예배와 점심을 같이 했다. 헤어 손질용 동백오일과 케이크를 선물로 받았다. 이미 어른이 되어버린 윤미는 볼 때마다 더 자라고 익어가는 느낌이다. 올해까지만 방송일을 하겠다니 그동안 건강을 잘 지킬 수 있기를 바란다. 요사이 새삼 떠올리는 사실, 내 평생 입은 사랑과 은혜가 넘치고 과하다는 것. 너무도 불균형한 삶이다. 미세먼지 지수를 걱정하며 걷지 못했다. 내일은 꼭 나가서 걷자, 또 추워지기 전에.

2021년 6월 30일 가족들과 함께 안동 여행.
권정생 선생님 생가에서 동생 정명성 목사와 찍은 사진이
생의 마지막 사진이 되었다.

나, 세상 떠날 때

– 정명성

당신의 은총이 필요함을 깨달을 만큼
충분히 병약하고 무기력하게 하소서
육신의 애착을 놓을 수 있도록
필요한 고통과 아픔을 허락하소서

팔다리 여위더라도 걱정하기 않기를
내 등에 날개가 돋아나는 중이니
호흡이 힘겹더라도 안심할 수 있기를
나 하늘로 올라가고 있음이니

나의 마지막 숨들을 평화롭게 하소서
애초에 당신 것이었던 숨
당신에게로 되돌아가는 것이니

두려움 없이 잠들게 하소서
나, 당신 품에서 깨어날 것이니

2021년 10월 11일
춘천호반병원 장례식장

우리가 어디서 와서 어디로 가는지? 우리가 누구인지? 왜 이렇게 살고 있는지? 어떻게 살아갈 것인지? 스스로에게 묻고 답하던 것을, 함께 나눌 수 있었던 것이 축복이었네. 직면한 문제들을 미주알고주알 캐물으며 해답을 찾기 위해 시작된 만남이었었지. 마침내는 받아들이는 품만큼, 딱 그것만큼만, 그것만이 내 세상임을 서로 인정하고, 격려하고, 용기를 북돋울 수 있어 좋았어. 그저 같이 밥 먹고, 수다를 떨며, 햇볕과 바람을 쐬며 함께 걷는 것만으로도 충분히 행복했어. 우리들의 앎을 몸으로 살아낸다는 것의 의미와 아픔과 기쁨, 고통과 환희의 체험을 나누던, 무슨 말이든 할 수 있었던, 그 찬란했던 날들이 계속될 것이라는 걸 알아.

추도예식(감리교여성지도력개발원 주관)에서
김주연 목사

2022년 10월 10일
일주기 추모예배, 춘천안식공원

일주기 추모예배 후 춘천의 어느 카페에서. 정애성을 추억하고 기억하는 저마다의 이야기가 우리들 가슴에 끝없는 그리움이 되어 번졌다. 우리는 푸른 하늘 아래서 맘껏 그를 불렀고 그리워했다. 미처 이 책에 기록하지 못한 이야기는 애도의 은총이 되어 우리들 가슴에 새겨졌다. 안녕! 아주아주 그리운 우리들의 아름다운 벗이여!

소피아의 방

여성신학자 정애성 유고집

초판 1쇄 2023년 2월 23일

지은이 정애성
펴낸이 고은경

기획 유고집 편집위원회
(정명성 김연진 김주연 김신아 남궁희수 김유미 고은경)
디자인 박지영

펴낸곳 명작출판사
주소 경기도 양평군 강상면 신화길 69-64
전화 031-774-7537 팩스 031-772-7535
E-mail truso@hanmail.net

출판등록 제2017-000010호(1997. 12. 2)
ISBN 978-89-90137-17-3 03810

값 25,000원
잘못 만들어진 책은 교환해 드립니다.